utb 2691

Eine Arbeitsgemeinschaft der Verlage

Böhlau Verlag · Wien · Köln · Weimar
Verlag Barbara Budrich · Opladen · Toronto
facultas · Wien
Wilhelm Fink · Paderborn
Narr Francke Attempto Verlag / expert verlag · Tübingen
Haupt Verlag · Bern
Verlag Julius Klinkhardt · Bad Heilbrunn
Mohr Siebeck · Tübingen
Ernst Reinhardt Verlag · München
Ferdinand Schöningh · Paderborn
transcript Verlag · Bielefeld
Eugen Ulmer Verlag · Stuttgart
UVK Verlag · München
Vandenhoeck & Ruprecht · Göttingen
Waxmann · Münster · New York
wbv Publikation · Bielefeld

Prof. Dr. Jörg Roche lehrt am Institut für Deutsch als Fremdsprache der Ludwig-Maximilians-Universität und an der Deutsch-Jordanischen Universität in Amman. Arbeits- und Forschungsschwerpunkte: Sprachenerwerb, Mehrsprachigkeit, Berufs-, Fach- und Wissenschaftssprachen, Interkulturelle Kommunikation, Medien in der Sprach- und Kulturvermittlung und die Didaktiken von Deutsch als Fremd- und Zweitsprache.

Jörg Roche

Fremdsprachenerwerb Fremdsprachendidaktik

4., überarbeitete und erweiterte Auflage

Narr Francke Attempto Verlag Tübingen

Bibliografische Information der Deutschen Nationalbibliothek
Die Deutsche Nationalbibliothek verzeichnet diese Publikation in der Deutschen Nationalbibliografie; detaillierte bibliografische Daten sind im Internet über http://dnb.dnb.de abrufbar.

4., überarbeitete und erweiterte Auflage 2020
3., vollständig überarbeitete Auflage 2013
2., überarbeitete und erweiterte Auflage 2008
1. Auflage 2005

Dischingerweg 5 · D-72070 Tübingen

Internet: www.narr.de
eMail: info@narr.de

Einbandgestaltung: Atelier Reichert, Stuttgart unter Verwendung eines Gemäldes von Pieter Bruegel, *The Tower of Babel*, Rotterdam, Museum Boymans – Van Breuningen.
CPI books GmbH, Leck

utb-Nr. 2691
ISBN 978-3-8252-5403-2 (Print)
ISBN 978-3-8385-5403-7 (ePDF)

MIX
Papier aus verantwortungsvollen Quellen
FSC www.fsc.org FSC® C083411

Inhalt

Einführung

Das Lernen von Sprachen gehört zu den alltäglichen Dingen der Welt. Fast jeder Mensch beherrscht mindestens ein sprachliches Zeichensystem, viele sogar mehrere, manchmal ohne sich dessen bewusst zu sein. Bestimmte Sprachen scheinen wir dabei leicht erwerben zu können, bei anderen, den so genannten fremden, fällt es aber anscheinend schwer. Wie kommt es, dass der Zugang zu den Sprachen und zum Sprachenlernen oft so schwerfällt und wie ließen sich Sprachen leichter lernen und vermitteln?

Hierauf will die Einführung *Fremdsprachenerwerb – Fremdsprachendidaktik* all denen einen leicht verständlichen Überblick bieten, die sich aus privatem, akademischem, beruflichem oder öffentlichem Interesse damit beschäftigen. Es geht diesem Buch in erster Linie um die Darstellung der Grundlagen des Sprachenerwerbs und der Sprachenvermittlung. Zu Grunde liegt dabei die Erkenntnis, dass sich erst dann sinnvolle Ableitungen für die Lernpraxis und die Unterrichtsmethodik entwickeln lassen, wenn es auf theoretisch fundierten Grundlagen geschehen kann. Ansonsten besteht die Gefahr, dass sich viele gutgemeinte unterrichtsmethodische Bemühungen in einem Methodenaktionismus verlieren.

Im Mittelpunkt der Überlegungen steht in diesem Buch daher immer die Perspektive des Lerners, also die der kognitiven Dimension des Sprachenerwerbs. In den Köpfen der Lernerinnen und Lerner muss sich schließlich der Spracherwerb abspielen, nicht in den Grammatiken oder Lehrplänen. Diese Einführung stellt aus diesem Grund den verbreiteten Praktiken und Annahmen der Sprachvermittlung immer wieder die wichtigsten Grundlagen von Lerntheorien und Informationsverarbeitungsprozessen, die neuesten Erkenntnisse der Spracherwerbsforschung, Modelle der Sprachbeschreibung und Grammatik und die Variation der Zielsprache gegenüber. Neuere Forschungsergebnisse bestätigen, dass Unterschiede und Gemeinsamkeiten der Strukturen von Erst- und Fremdsprachen von geringerer Relevanz sind, als die kognitiven Prozesse (Strategien, Techniken) der Lerner, die sich mit unterschiedlichen Lernerfahrungen und unter unterschiedlichen Gewichtungen der motivationalen Faktoren dynamisch verändern. Eine Unterrichtsmethodik, die sich vor allem an strukturbezogenen Vergleichen zwischen Erst- und Zweitsprache orientiert, hat sich als nicht mehr zeitgemäß erwiesen.

Diese Einführung ist für Leserinnen und Leser gedacht, die sich auf die Abenteuer Sprache und Sprachenerwerb einlassen wollen. In diesem faszinierenden und mit zunehmender Globalisierung immer bedeutender werdenden Bereich muss man mit vielen Überraschungen und ungelösten Fragen rechnen. Das Buch zeigt auf, wo es sich lohnt nachzuforschen. Es ermutigt die Leserinnen und Leser, selbst mit Sprachen und ihrem Erwerb zu experimentieren, und verweist daher immer wieder darauf, wie das Funktionieren der natürlichen inneren Mehrsprachigkeit des Menschen („Wie im richtigen Leben") als gute Grundlage für den Erwerb von weiteren Sprachen fungieren kann. Damit will es gleichzeitig jetzigen und zukünftigen Lehrerinnen und Lehrern die nötigen Grundlagen vermitteln, mit denen sie selbständig, kompetent, energisch und mutig an einer Optimierung des Fremdsprachenunterrichts in ihrem eigenen Bereich, in ihren Schulen und in Gesellschaft und Bildungspolitik mitarbeiten können. Auf der Grundlage der theoretischen Erkenntnisse skizziert dieses Buch didaktische Leitlinien und methodische Verfahren so, dass sie sich mit der Lern- und Lehrerfahrung der Leserinnen und Leser verknüpfen lassen und eine Umsetzbarkeit in der Lehr- und Lernpraxis ermöglichen.

Fremdsprachenerwerb – Fremdsprachendidaktik ist eine erste Einführung in das spannende Gebiet des Lernens und Lehrens von fremden Sprachen, die ihre Fremdheit verlieren sollen. Um die Breite und Tiefe des Gegenstandsbereiches darzustellen, muss das Buch in dem vorgegebenen Rahmen und Format der utb-Bände oft zusammenfassend verfahren. Es ist hier nicht immer möglich, einzelne Positionen und die innerfachliche Diskussion so genau nachzuzeichnen, wie es für die weitere wissenschaftliche Auseinandersetzung erforderlich ist. Durch die weiterführenden Literaturangaben im Anschluss an die einzelnen Kapitel erhalten Leserinnen und Leser jedoch eine Orientierung für das weitere, vertiefende Lesen und für eine weiterführende wissenschaftliche Beschäftigung. Die Literaturangaben sind nach Verständlichkeit, Übersichtlichkeit und Zugänglichkeit ausgewählt. Die zentralen Begriffe werden auf verständliche Art erklärt und, wo das forschungsbedingt sinnvoll erscheint, mit den englischen Fachbegriffen ergänzt. Zur besseren Orientierung sind Kernbegriffe im Text fett hervorgehoben und die Themen in der Randspalte genannt. Das kostenfrei zugängliche Digitale Lexikon Fremdsprachendidaktik (**www.lexikon-mla.de**) erklärt die meisten Fachbegriffe in verständlicher Sprache.

Die Beispiele zur Illustration stammen aus verschiedenen Sprachen, orientieren sich aber aus Gründen der besseren Verständlichkeit meist am Deutschen als Fremdsprache oder am Englischen. Damit sollte es allen Leserinnen und Lesern leichtfallen, die dargestellten Sachverhalte ohne sprachliche Schwierigkeiten, aber dennoch aus der Perspektive eines fremdsprachigen Lerners, nachvollziehen zu können.

Bei der Darstellung ist auf Kürze, Prägnanz und Anschaulichkeit geachtet worden. Das schließt den sprachlichen Ausdruck mit ein. Wo es um Lehrerinnen und Lehrer, Lernerinnen und Lerner und ähnliche Personengruppen geht, werden aus Gründen der Kürze in der Regel abwechselnd feminine und/oder maskuline Bezeichnungen verwendet, zur Orientierung an der englischsprachigen Fachliteratur gelegentlich auch nur maskuline (zum Beispiel *learner* oder *instructor* im Englischen). Eine Gleichsetzung von grammatischem (Genus) und natürlichem Geschlecht (Sexus) zu vermuten, wäre jedoch – zumal in der heutigen Zeit – geradezu töricht.

Übungsaufgaben zu jedem Kapitel ermöglichen die Wissenskontrolle, ein Register erleichtert die Orientierung im Band. Die Lösungen zu den Übungen können unter **www.utb-mehr-wissen.de** eingesehen werden.

Einige Materialien und Unterlagen wurden von freundlichen Kolleginnen und Kollegen für dieses Buch zur Verfügung gestellt. Ihnen sei an dieser Stelle ganz herzlich gedankt. Die Quellen und Urheber sind entsprechend vermerkt. Ferran Suñer und Elisabetta Terrasi-Haufe haben wertvolle Rückmeldungen und Materialien zum Manuskript einer früheren Auflage geliefert, Patricia Boos und Laura Sommer haben kompetent, gewissenhaft und zuverlässig an der Neuauflage bibliographisch und redaktionell mitgewirkt und Kathrin Heyng hat die Umsetzung durch den Verlag wieder sachkundig und professionell geleitet.

1 Von der Inputsteuerung zur Kompetenzorientierung

Dieses Kapitel gibt einen Überblick über die grundlegenden Orientierungen und Praktiken der Vermittlung von Sprachen und über theoretische Leitlinien moderner Ansätze des Lernens und Lehrens von Fremdsprachen. Damit werden wichtige Elemente der geschichtlichen Entwicklung des Fremdsprachenunterrichts für ihre Bedeutung heute nachgezeichnet und neue lernpsychologische, erwerbslinguistische und didaktische Leitlinien für die weitere Entwicklung der Fremdsprachendidaktik skizziert. Gängige Unterrichts- und Lernverfahren und ihre Grundlagen werden präsentiert. Aus diesem Überblick ergibt sich ein Bezugsrahmen für den Fremdsprachenerwerb und die Fremdsprachendidaktik und damit für die weiteren Kapitel dieses Buches.

Wie lernen wir (fremde) Sprachen und wie und wann lernen wir sie am besten? Lernen wir Fremdsprachen so, wie wir unsere Erstsprachen lernen? Welche Rollen spielen dabei die Strukturen der vorerworbenen Sprachen, die Sprache der Umgebung, angeborene Fähigkeiten, Sprachverarbeitungssysteme und Imitationsverhalten? Auf welche Weise beeinflussen sich die erworbenen und im Erwerb befindlichen Sprachen gegenseitig? Die Antworten auf diese Fragen – das ist ein typisches Merkmal von Wissenschaften – sind zwar umstritten, aber an Versuchen, verschiedene Modelle auszuprobieren, fehlt es nicht. Ein Blick auf die am weitesten verbreiteten Methoden wird dies zeigen. Im Anschluss daran wird versucht, den lerntheoretischen Rahmen dieser Methoden und der aus ihnen entstandenen Mischmethoden und neuen Verfahren abzustecken.

Eines der Hauptmerkmale traditioneller Methoden des Fremdsprachenunterrichts, die auch die Praxis heutiger, weitgehend eklektischer Unterrichtsverfahren und Lehrmaterialentwicklungen bestimmen, ist ihre Fixierung auf die grammatischen Strukturen der beteiligten Sprachen in Lehrzieldefinitionen, der Progression, der Fehlerdiagnose und Fehlerkorrektur, der Gewichtung von Interferenz und der Übungstypologie. Die beliebig dosierbare Steuerbarkeit des Unterrichts und des Lernerverhaltens sind darin fest verwurzelte Vorstellungen. Dabei zeigt sich in der neueren Forschung, dass das Verständnis der Prozesse des Sprachenerwerbs, das heißt wie Lerner mit den sprachlichen Strukturen in ihren Strategien und Techniken umgehen, mindestens ebenso wichtig für die Lehrmethodik ist. Mit der Kompetenzorientierung neuer didaktischer Ansätze wird versucht, diesen Paradigmenwechsel über neue Lernzielbestimmungen in der Unterrichtsmethodik abzubilden. Die eklektische Praxis des Unterrichts ist jedoch noch stark von strukturellen Inputtraditionen und -modellen bestimmt. Bei den Modellen der **Structured Input Activities** von Wong (2004), der **Inputverarbeitung** von van Patten (2004) und der **Verarbeitungssteuerung** nach Sharwood Smith (1993) zum Beispiel stehen die Kernfrage der Steuerbarkeit des Erwerbs durch bestimmte Strukturen im Input und Verfahren der Hervorhebung und Verstärkung beziehungsweise der Regelkonstruktion im Mittelpunkt des Vermittlungsansatzes. Viel Aufmerksamkeit wird in diesem und ähnlichen Modellen darauf verwendet sicherzustellen, dass der Input für den Lerner möglichst optimal strukturiert ist, und Übungen zu konstruieren, mit denen der Lerner zur Beachtung wichtiger struktureller Merkmale gebracht werden kann. Auch in den bekanntesten traditionellen Unterrichtsmethoden spielt die Inputorientierung eine zentrale Rolle. Aus diesem Grunde und weil diese Methoden auch heute noch eklektisch und wenig reflektiert eingesetzt werden, sollen sie im Folgenden skizziert werden.

Kompetenz-orientierung

1.1 Die Grammatik-Übersetzungsmethode (GÜM)

Es gibt zwar kaum verlässliche Aussagen darüber, wie die Menschen in früheren Zeiten miteinander kommunizierten, wir wissen aber, dass bereits früher verschiedene Sprachsysteme nebeneinander existierten, also auch Kommunikation über kulturelle und sprachliche Grenzen hinweg und Fremdsprachenerwerb stattgefunden haben müssen. Man kann dies zum Beispiel an verschiedenen Schriftzeichensystemen wie den Hieroglyphen oder verschiedenen Petroglyphen (in Stein geschlagene oder geritzte Schriften) rekonstruieren und an verschiedenen anderen Aufzeichnungen aus den vergangenen Jahrhunderten und Jahrtausenden ablesen. Noch heute lässt sich der Austausch von Sprachen an Entlehnungen, Scheinentlehnungen, Analogiebildungen und Fremdwörtern in den lebenden Sprachen erkennen. Schließlich gibt es aber auch die eine oder andere explizite Aussage zum Dilemma der Vielsprachigkeit. So wissen wir aus der Bibel (Genesis 11,1–11,9) vom Sprachengewirr in Babel und vom Hochmut der Menschen, der – wie auch heute noch oft – die funktionierende Kommunikation zu Fall gebracht hat. Spätestens seit der Einführung von privaten und später auch öffentlichen Bildungssystemen versuchen Gesellschaften, das Schicksal Babels zu vermeiden, indem sie den müh- und wundersamen Weg des Sprachenlehrens und -lernens beschreiten.

Grammatik

In den Anfangszeiten des Sprachunterrichts galten die Klassiker der Antike als Orientierung, und zwar sowohl inhaltlich als auch sprachlich. Es galt, den Vorbildern aus der ruhmreichen Geschichte Griechenlands und Roms nachzueifern und die Grundlagen der abendländischen Geisteskultur verstehen zu lernen. Ziel war es, die Originaltexte von Aristoteles, Homer, Caesar, Cicero oder Catull zu verstehen und zu übersetzen. An den sprachlichen Strukturen der frühen Leitbilder sollten die eigenen sprachlichen Fertigkeiten und die Fähigkeiten des Geistes allgemein geschult werden. Am Beispiel der klassischen Sprachen sollten sich auch die Strukturen und Wurzeln der eigenen am besten erklären lassen, so eine heute noch weit verbreitete Annahme. Die Grundstrukturen der lateinischen Grammatik wurden als der Generalschlüssel zu den Sprachen unseres Kulturkreises betrachtet, wenn nicht sogar zu den Sprachen schlechthin. Nach diesem klassischen Modell des Fremdsprachenunterrichts wurde zunächst auch der Unterricht der modernen Fremdsprachen mit der Einführung des öffentlichen Schulwesens im 19. Jahrhundert abgehalten. Es ging auch hier zunächst vor allem um die Grammatikbeherrschung als Ziel und die Übersetzung als Methode des Unterrichts. Ein lerntheoretisches Konzept gibt es für dieses Verfahren jedoch nicht. Es reflektiert lediglich die damals geltenden bildungspolitischen Vorstellungen vom Sprachenlernen. Schematisch dargestellt werden kann das Prinzip dieser so genannten **Grammatik-Übersetzungsmethode (GÜM)** etwa folgendermaßen:

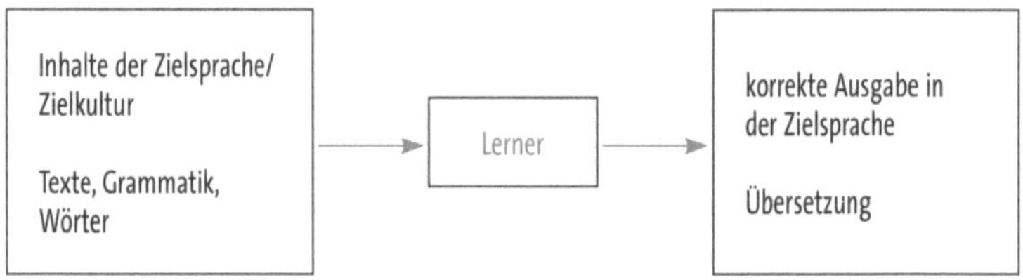

Abb. 1.1: Schematische Darstellung der Grammatik-Übersetzungsmethode

German One

Beispiel

Das amerikanische Deutsch-Lehrwerk *German One* von 1949 veranschaulicht die Verfahren der Grammatik-Übersetzungsmethode: Am Anfang steht ein Lesetext, der weit über dem Niveau der Lerner liegt (hier Anfänger) und daher in der Regel mit verschiedenen Begriffserklärungen versehen werden muss (meist in der Randspalte oder wie hier im Glossar im Anhang). Die Wörter werden wie eine Gleichung als Übersetzung angegeben (zum Beispiel Landkarte = map). Mit umfangreichen grammatischen Erklärungen soll der Textinhalt erschlossen werden. Diese Grammatikregeln werden sofort in Übungen und Textübersetzungen verwendet.

ERSTE AUFGABE 9

2. **Die** Kirche ist groß. **Sie** ist nicht neu.	2. The church is large. It is not new.
3. **Das** Theater ist sehr gut. **Es** ist kein Kino.	3. The theater is very good. It is not a/no/ movie theater.
4. Herr Wagner und Fräulein Kainz haben keine Stellung. **Sie** sind jung.	4. Mr. Wagner and Miss Kainz have no jobs. They are young.
5. Fräulein Kainz wohnt in München. **Sie** ist hübsch und heiter.	5. Miss Kainz lives in Munich. She is pretty and cheerful.

The personal pronouns of the third person singular, corresponding to **der, die, das,** are **er, sie, es** (examples 1–3). The personal pronoun of the third person plural is **sie** (example 4).

If **das** Fräulein is referred to by a personal pronoun, the feminine form **sie** is standard usage (example 5).

1.5 The Third Person, Singular and Plural, of the Present Tense (and the Infinitive)

	INFINITIVE	
1. Herr Wagner **wohnt** in Köln.	wohnen	1. Mr. Wagner lives in Cologne.
2. Er **studiert** Musik.	studieren	2. He studies music.
3. Herr Pitt **hat** eine Stellung.	haben	3. Mr. Pitt has a job.
4. Herr Wagner und Fräulein Kainz **leben** in Deutschland.	leben	4. Mr. Wagner and Miss Kainz live in Germany.
5. Sie **studieren.**	studieren	5. They study.
6. Sie **haben** keine Stellung.	haben	6. They have no jobs.
7. Der Hafen **ist** gut.	sein	7. The harbor is good.
8. Sie **sind** jung.	sein	8. They are young.

The ending of the third person singular, present tense, of most German verbs is **-t** (examples 1–3); the ending of the third person plural is **-en** (examples 4–6). The present infinitive is identical with the third person plural (examples 4–6, middle column).

By cutting off the ending of the verb in examples 1, 2, 4, 5, 6 we arrive at what is called the base of the verb: **wohn-**, **studier-**, **leb-**, **hab-**. This means that most German verbs have a base to which a characteristic ending is added: **-t** for the third person singular, present tense, **-en** for the third person plural and for the infinitive.

The verb **haben** shows a slight irregularity in that it has dropped the **b** in the third person singular: **hat** (example 3). The third persons of **sein** are as irregular in German as the same persons of 'be' are in English (examples 7 and 8).

Abb. 1.2: Grammatik-Übersetzungsmethode am Beispiel des Anfängerlehrwerks *German One*

1.2 Behavioristische Verfahren

Als sich die Vorstellungen vom – und die Anforderungen an das – Sprachenlernen zu ändern begannen, intensivierte sich auch die Suche nach alternativen Verfahren des Fremdsprachenunterrichts. Er sollte nicht mehr nur an klassischen Vorbildern und auf eine kleine Bildungselite ausgerichtet sein, sondern zunehmend praktische Zwecke erfüllen. Eine europäische **Reformbewegung**, die Ende des 19. Jahrhunderts entstand (Viëtor, Gouin, Jespersen und andere, vergleiche dazu: Wilhelm Viëtor: Der Sprachunterricht muss umkehren. Heilbronn 1882), machte sich praktische Orientierung

diese pragmatische Ausrichtung zum Ziel, allerdings für weitere 60 Jahre ohne durchschlagenden Erfolg. Ein zu großes Umdenken und Umhandeln hätte diese Neuorientierung verlangt, zu eingefahren waren die Methoden des Unterrichts. Erst in den 40er und 50er Jahren des 20. Jahrhunderts schien schließlich ein Verfahren, das scheinbar nach den Prinzipien des Erstsprachenerwerbs (L1-Erwerb) modelliert war, einen leichteren Weg zum Erfolg zu versprechen: die **audiolinguale Methode**. Im Zentrum dieser Methode steht das Imitieren von gehörter Sprache durch die Lerner. Man nahm an, dass dies dem L1-Erwerb von Kindern entspräche. Auch sie imitierten einfach das, was sie hörten. Man müsse also nur lange und oft genug hinhören, um die richtigen Laute in der richtigen Reihenfolge zu produzieren. Der Fremdsprachenunterricht machte aus dieser Beobachtung eine Methode. Indem den Lernern entsprechende Modelle in Form von einfachen Lauten, Lautkombinationen, Wörtern und Sätzen vorgegeben und diese Muster, so genannte **Patterns**, durch ein Reiz-Reaktionsverfahren immer wieder eingeübt und gedrillt wurden, sollten sich die Fertigkeiten zur eigenständigen Nutzung der Fremdsprache entwickeln. Lerntheoretisch ist dieses **Pattern-Drill-Verfahren** als verhaltensformendes, also behavioristisches Lernen bekannt geworden, und zwar nicht nur im Bereich der Fremdsprachen, sondern beim Lernen allgemein. Behavioristisches Lernen ist also ein mechanischer Prozess, der von einem auditiven oder einem kombinierten audio-visuellen Reiz (Stimulus) ausgelöst wird und aus der entsprechenden Reaktion (Response) auf diesen Reiz besteht. Gelernt wird ein Verhalten, und zwar in erster Linie am Modell, an dessen Imitation und mechanischer Wiederholung.

S(timulus/Reiz) ⟶ R(esponse/Reaktion)

Abb. 1.3: Grundschema behavioristischer Lernmodelle

audiolinguale und audiovisuelle Methode

Je nach Schwerpunkt der Reizauslösung unterscheidet man zwischen audiolingualer (AL) und audiovisueller Methode (AV) im Fremdsprachenunterricht. Die erste (AL-)Methode wurde besonders in den 40er und 50er Jahren in den USA propagiert und massiv gefördert, vor allem weil man sich davon versprach, möglichst schnell möglichst viele Soldaten auf den Einsatz in den schnell wechselnden Kriegsgebieten vorzubereiten. Sie wird deshalb auch ‚Army Method' genannt. Die AV-Methode entstand in Frankreich, vermischte sich später mit der AL-Methode und wurde so als „la méthode" (die Methode) für eine ganze Sprachlehrgeneration prägend (bis in die frühen 70er Jahre). Um das mechanische Verfahren zu optimieren, bietet es sich an, auf elektronische Medien zurückzugreifen. Das wurde schon früh mit Tonbändern, Kassetten und Sprachlaboren praktiziert und wird auch heute noch in der Werbung mittels Schlagworten wie „in 30 Tagen Spanisch, Französisch etc. lernen" angepriesen. Die älteren Medien wie Kassetten sind mittlerweile durch neue Medien wie CD-ROMs, DVDs und teilweise das Internet ersetzt worden. Das Lernschema dieser Programme bleibt aber das gleiche. Nach Issing (2002: 156) kann man behavioristisch vermittelte Verfahren deshalb folgendermaßen grafisch darstellen:

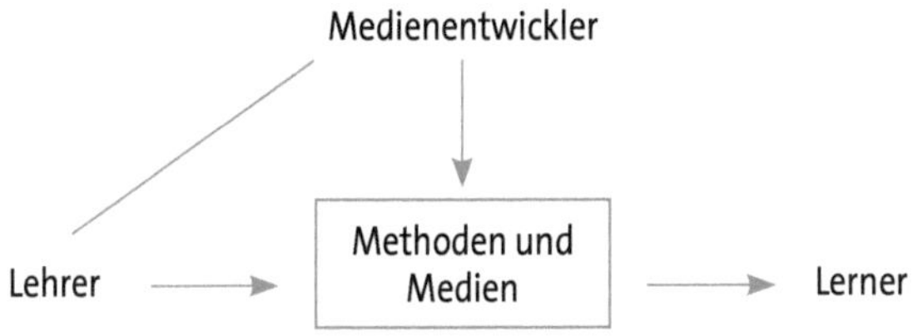

Abb. 1.4: Erweitertes Schema behavioristischer Verfahren: der Lerner als Rezipient (nach Issing 2002: 156)

Die Medien können nach den Vorstellungen dieses Ansatzes den Unterricht vor allem dadurch optimieren, dass sie die entsprechenden Stimuli in der richtigen Dosis und in ausreichendem Maße, in muttersprachlicher Qualität und gegebenenfalls auch ortsunabhängig (also nicht nur im Unterrichtsraum) zur Verfügung stellen und positive Reaktionen durch akustische und visuelle Signale verstärken (Applaus, Trompetenfanfaren, grüne Ampeln und Ähnliches). Die Medien lassen eine im Sinne des Behaviorismus optimale Steuerbarkeit des Lernablaufes und damit ein optimales Training der Lerner zu. Der Fachbegriff, mit gesteuertes Lernen

dem diese Verhaltensschulung gefasst wird, lautet Konditionierung. Die Effekte der **Konditionierung** sind übrigens vor allem in psychologischen Experimenten (und zunächst mit Mäusen und Ratten) untersucht worden. Der größte Versuch am Menschen bleibt aber wohl der Sprachunterricht. Wie dieser Versuch auch heute noch in eleganter Verpackung fortgesetzt wird, zeigt folgendes Beispiel.

„Dynamic Immersion"

Beispiel
In einem der am weitesten verbreiteten Lernprogramme heißt es: „Mit unserer Lernmethode übersetzen Sie nicht in Ihre Muttersprache. Stattdessen schafft das Programm eine interaktive Lernumgebung, die Ihnen intuitiv das Vokabular, die Grammatik und die Aussprache Ihrer neuen Sprache direkt vermittelt. Diese wissenschaftlich fundierte Methode greift auf die natürlichen Lernkapazitäten des Gehirns zurück und trainiert Sprache spielerisch" (www.rosettastone.de/methode). Diese vollmundig als „Dynamic Immersion" bezeichnete Methode besteht im Wesentlichen aus dem Hören (und gelegentlichen Lesen) einzelner Wörter, Satzteile, Sätze oder kürzerer Redebeiträge, die den Prozess des L1-Erwerbs im L2-Erwerb simulieren und beschleunigen sollen. In Wirklichkeit finden hier vor allem das behavioristische Prinzip des Nachsprechens auf Bild- und Tonimpulse und das Prinzip der Benennung einzelner, meist kontextloser Elemente Anwendung. Im Wesentlichen wiederholt der Lerner das Gehörte/Gelesene, ohne es je in natürliche Lern- und Handlungszusammenhänge einbetten zu können. Bezeichnend für dieses mechanistische Verfahren des Sprachdrills ist der Mangel an kulturspezifischen Elementen: das verwendete Bildmaterial ist bei allen Sprachen identisch. Konkrete Hinweise auf die angebliche wissenschaftliche Fundierung bleiben die Webseiten schuldig. Dagegen beeindruckt das Programm mit kleineren technischen Finessen, deren Wirksamkeit in der Forschung jedoch nicht belegt ist.

Die klassischen Unterrichtsverfahren der Grammatik-Übersetzungsmethode und die behavioristischen Verfahren, die vorwiegend mit vorstrukturierten Lehrelementen und lehrergesteuert vorgehen, gelten in neuerer Terminologie als die typischen **Instruktionsverfahren** und die Medien, die sie nutzen, als die typischen **Instruktionsmedien** (im Englischen spricht man hier auch von „interventionist methods“). Damit können sie von zwei anderen Hauptverfahren des Spracherwerbs unterschieden werden, die stärker auf die Selbständigkeit (Autonomie) des Lerners und des Lernens Bezug nehmen: den so genannten **kognitivistischen Verfahren**, die auf die Vermittlung von metasprachlichem Wissen ausgerichtet sind, und den **konstruktivistischen**, die von selbst-generierenden Prozessen der Wissenskonstruktion gesteuert sind. Diese unterscheiden sich zumindest theoretisch in einer Reihe von Aspekten, ergänzen und überlappen sich aber auch in einigen Annahmen, Zielen und Methoden. In einer Mischgruppe von Ansätzen kommen sie mit unterschiedlicher Gewichtung und Funktion zur Geltung. Auch hier spielt die mediale Realisierung eine entscheidende Rolle.

Lernerautonomie

1.3 Kognitivistische Verfahren

Bei den kognitivistischen Lernverfahren stehen Struktur und Prozesse des Gehirns im Mittelpunkt des Interesses der unterrichtlichen Steuerung. Der Spracherwerb als komplexer Prozess der Informationsverarbeitung erfolgt über die Stufen **Wahrnehmen, Erkennen/Identifizieren, Sortieren, Klassifizieren, Verstehen, Behalten** und **Automatisieren**. Lernen gilt demnach als das gezielte Erinnern an Aufgenommenes und die gekonnte Anwendung des Gelernten. Bearbeitet und aktiv gehalten wird das Gelernte in verschiedenen Gedächtnisspeichern, und zwar im Ultrakurzzeit-, Kurzzeit- und Langzeitgedächtnis. Diese Speicher sind jedoch keine passiven Schubladen, wie häufig angenommen wird, sondern dynamische Wissensnetze mit bestimmten Arbeitsfunktionen. So lassen sie sich danach bestimmen, wie lange und in welcher Form Information im **Arbeitsgedächtnis** bearbeitet wird, ob die Daten als einmaliges

Informationsverarbeitungsprozesse

Ereignis (**episodisches Gedächtnis**) oder ob sie universell nutzbar gespeichert werden (**semantisches Gedächtnis**). Unterschieden werden muss weiterhin zwischen dem Faktenwissen, das heißt dem **propositionalen** oder auch **deklarativen Gedächtnis**, und dem Methoden- und Vorgangswissen, das heißt dem **prozeduralen Gedächtnis**. In Kapitel 3 wird noch genauer auf die Prozesse der Sprach-, Bild- und Informationsverarbeitung eingegangen. Hier soll nur festgehalten werden, dass verschiedene Speicherfunktionen bei der Informationsverarbeitung eine wichtige Rolle spielen und dass diese vom Gehirn ständig organisiert, vernetzt und umorganisiert werden. Bei den kognitivistischen Unterrichtsverfahren, die die dargestellte Dynamik der Verarbeitung jedoch nicht berücksichtigen, geht es darum, die relativ komplexe, vernetzte Speicherung von Wissen und den Zugang zu den Speichern durch metasprachliche Regeln und eine regelgeleitete (deduktive) Steuerung des Unterrichts und Lehrmaterials zu optimieren. Kognitivistische Verfahren und „Kognitivierung" beschreiben äußere Steuerungsverfahren des Unterrichts mit dem Ziel der metasprachlichen „Sprachbewusstheit", nicht den Versuch, die natürlichen Erwerbs- und Verarbeitungsprozesse des Lerners zu ergründen und in Lernverfahren zu modellieren (Ellis 1994, Norris/Ortega 2000, Jessner 2006).

Interessanterweise haben die kognitivistischen Verfahren damit eine Reihe von grundsätzlichen Gemeinsamkeiten mit den behavioristischen Instruktionsverfahren, vor allem die äußere Steuerbarkeit des Lerners. Allerdings stehen hier die Speicherung, die Einsicht und die Übertragbarkeit des Wissens als Ziele des Lernens über den mechanistischen Reflexen. Kognitivistischen Modellen geht es um die Vermittlung von Einsichten in den Lernprozess selbst und um die Übertragbarkeit des Gelernten auf neue Wissensfelder. Die Lerner sollen die Lernverfahren

Lernstrategien

also auch durchschauen und daraus entsprechende Lernstrategien für das selbständige Weiterlernen ableiten. Dieses Lernziel des Durchschauens der Lern- und Verarbeitungsprozesse wird **metakognitive Reflexion** genannt. Die zur Optimierung eingesetzten Lernmedien sind dabei als Mittler grundsätzlich unterschiedlich geeignet. Sie sind aber immer nur Hilfsmittel, die Inhalte transportieren. Ohne Inhalte sind sie praktisch wirkungslos. Das erklärt, warum der Motivationscharakter der Medien überschätzt wird und sich ihr Neuigkeitseffekt im Unterricht so schnell abgreift. Das gesamte kognitivistische Verfahren lässt sich nach Issing ungefähr so darstellen:

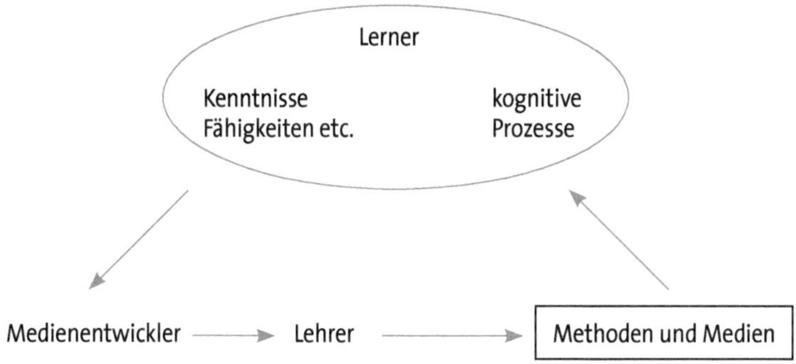

Abb. 1.5: Schema kognitivistischer Verfahren: *Die Medien und Methoden der Lehrer, Lehrbuchautoren und Medienentwickler wirken von außen auf die internen Verarbeitungsprozesse des Lerners, die er zwar durchschauen, aber kaum beeinflussen kann (nach Issing 2002: 156)*

1.4 Konstruktivistische Verfahren

Konstruktivistische Verfahren basieren auf der Annahme, dass Informationen nicht 1:1 im Gehirn abgebildet werden, sondern dass sie im Wechselspiel mit der Umwelt individuell erzeugt und mittels permanenter Erkennungs- und Organisationsprozesse in bestehende Wissensnetze eingebettet werden (Assimilation). Gleichzeitig finden Akkommodationsprozesse statt, durch die das bestehende Wissenssystem an die Umwelt und das in ihr verfügbare neue Wissen angepasst wird. Lernen heißt somit, kognitive Konstruktionen neu aufzubauen und existierende ständig umzugestalten. Das beste Lernmaterial im Sinne konstruktivistischer Theorien stellen demnach Baumaterialien und Werkzeuge dar, die es dem Lerner ermöglichen, in seiner Lernumgebung eigene Wissenssysteme beliebig zu gestalten. Konstruktivistische Ansätze (siehe Wendt 1996 oder Wolff 2002) beziehen sich häufig auf die philosophischen, biologischen und neurophysiologischen Grundlagen des **Radikalen Konstruktivismus**, der in den 1960er und 70er Jahren von Ernst von Glasersfeld und seinen Kollegen am *Biological Computer Laboratory* in Illinois entwickelt wurde, aber nicht für die unmittelbare Anwendung in Lehr- und Lernverfahren gedacht war. Das Radikale daran ist, dass Organismen als Systeme betrachtet werden, die sich selbst organisieren und begründen, also selbst-referenziell und selbst-explikativ sind. So auch das menschliche Gehirn, das nur über eine Umsetzung der physikalisch-chemischen Umweltereignisse in die Sprache des Gehirns mit der Umwelt korrespondiert. Konstruktivistisches Lernen lässt sich in Anlehnung an Issing folgendermaßen darstellen:

Gehirn als selbst-referenzielles System

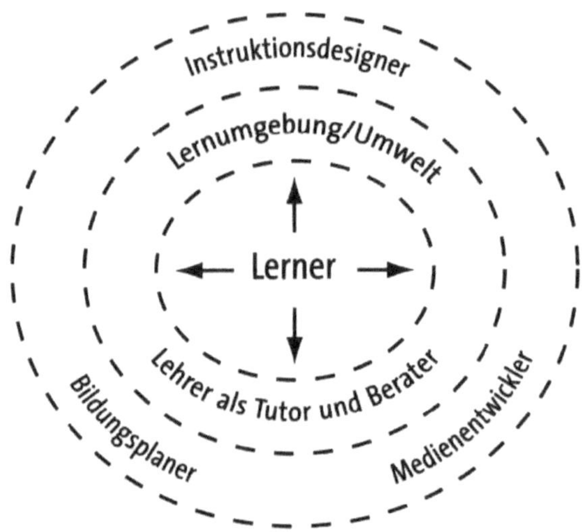

Abb. 1.6: Schema konstruktivistischer Verfahren (nach Issing 2002: 156)

Beim Sprachenlernen sind im konstruktivistischen Sinne optimale Lernumgebungen praktisch nur durch ein komplettes, begrenztes oder modelliertes Eintauchen (**Immersion**) in die zielsprachige Kultur gegeben. Im Unterricht sind diese idealen Ausgangsbedingungen nicht automatisch vorhanden, aber durch verschiedene Medien und didaktische Verfahren leicht herstellbar. Zu den Verfahren, mit denen solche komplexen, natürlichen Lernumgebungen hergestellt oder simuliert werden können, gehören bilinguale Klassen und Immersionsschulen, in denen Lernstoff in der Fremdsprache unterrichtet wird. Auch der klassische Schüleraustausch und das Nutzen fremdsprachiger und fremdkultureller Ressourcen am Lernort basiert auf dem Immersionsprinzip. Immersion funktioniert nicht wegen der „Beschallung" durch die fremdsprachige Umgebung, sondern durch die aktive Auseinandersetzung damit. Daher lassen sich mit Themen und Materialien, die für die Lerner Relevanz haben, sowie mit handlungs- und aufgabenbasierten Lernverfahren wie etwa der Szenariendidaktik oder dem Projektlernen auch im Unterricht reiche Lernumgebungen im Sinne konstruktivistischer Lerntheorien modellieren.

handlungs- und aufgabenbasiertes Lernen

Da aber all diese Maßnahmen nicht überall möglich (und erfolgreich) sind, kommt gerade den Medien bei der Schaffung reicher Lernumgebungen eine herausragende Rolle zu. Durch sie werden authentische Situationen realitätsnah und materialreich präsentiert, zum Beispiel in Simulationsspielen. Dabei geht es nicht nur um Abwechslung, Realitätsnähe und Nähe zur Zielkultur. Lerntheoretisch entscheidend ist, dass authentisch reiche Lernumgebungen das Lernen kontextualisieren, verschiedene Zugangsmöglichkeiten und Perspektiven bei der Bearbeitung einer Aufgabe fördern, die reale Kommunikationssituation mit den vielfältigen sprachlichen und außersprachlichen Bezügen abbilden (Pragmatik) und daher auch vielfältige und echte Rückmeldungen in der Kommunikation enthalten, die für das Weiterlernen elementar sind. Diese sind auch deshalb nötig, weil der Sprachenerwerb in reichen Lernumgebungen weitestgehend als Teil einer Handlung nebenbei erfolgt, damit also viel komplexer und differenzierter ablaufen kann als in einem strikt geplanten und vorstrukturierten Unterricht. Man spricht hier von **inzidentellem Lernen**.

Beispiel

Verzweigende und auf mehreren Ebenen verlinkte Lernumgebungen (**Hypermedia**) und mediale Werkzeuge zum selbständigen Arbeiten, mit denen etwa eine Webseite oder ein Text produziert werden können, eignen sich am besten für die Bearbeitung komplexer Situationen. Den CD-ROM-Sprachprogrammen *Berliner sehen* (Deutsch für Fortgeschrittene) und *Dans un quartier de Paris* (Französisch für Fortgeschrittene) lag zum Beispiel bereits in der frühen Mediennutzung ein strikt konstruktivistisches Lernmodell zu Grunde. Sie enthalten eine Reihe unverbundener Ressourcen zu einem bestimmten Stadtviertel in Berlin oder Paris. Der Lerner kann sich mit diesen authentischen Interviews, Kartenausschnitten, Dokumentaraufnahmen und anderem selbständig, ohne Grammatikerklärungen und ohne andere Vermittlungshilfen einen Zugang zu dem Leben im Stadtviertel, seiner Geschichte und den Anliegen der Bewohner verschaffen. Nach Möglichkeit soll er sich aber auch darüber hinaus über die besprochenen Themen und die verwendete Sprache informieren (siehe Softwareliste Kapitel 6.8.3).

Abb. 1.7: Beispiel für konstruktivistisch verfahrende Sprachprogramme: *Berliner sehen*

1.4.1 Moderater Konstruktivismus

Konstruktivistisches Arbeiten setzt eine eigene, relativ starke Arbeitsmotivation und meist auch schon recht gute Fremdsprachenkenntnisse voraus. Lerner können ohne diese Grundausstattung unter Umständen überfordert werden. Sind Lerner zum Beispiel einer sehr reichen Lernumgebung ausgesetzt, wie sie fremdsprachige Internetseiten bieten, um selbständig und ohne Hilfen Aufgaben zu bearbeiten, können sie leicht in der Flut der fremden Sprache und Kultur untergehen, wenn sie nicht über die nötigen Sprach- und Navigationskenntnisse verfügen. Um dieser Gefahr zu begegnen, hat sich in der Unterrichtspraxis eine Reihe von theoretisch begründeten Mischformen entwickelt, die die Stärken instruktionistischer und konstruktivistischer Verfahren gleichermaßen nutzen. Dieser **moderate Konstruktivismus** wird im Softwarebereich häufig auch als **instruktionales Design der zweiten Generation** oder **Anchored Instruction** bezeichnet. Seine Verfahren fördern das Lernen in einer komplexen und kontextualisierten Lernumgebung, wobei allerdings der Erwerb hierfür wichtiger kognitiver Grundlagen mehr oder minder stark durch Unterrichtsmaßnahmen gefördert werden kann. Aufgaben werden im Unterricht vorbereitet, Hilfsmittel werden erklärt und zur Verfügung gestellt und die Lehrerin begleitet das Lernen wie eine Trainerin. Die Lerner sind an der Entwicklung des Themas soweit wie möglich direkt beteiligt, setzen das gemeinsam Erarbeitete um, erproben es selbständig, experimentieren damit und entwickeln es (auch nach individuellen Interessen) selbständig weiter.

Beispiel

Xtranormal: Storytelling

Als mediale Realisierung bieten sich offene Lehr-/Lernsysteme mit Betreuungsmöglichkeiten durch Lehrkräfte (tutoriellen Komponenten) an, wie beispielsweise das Programm zur Erstellung von Cartoons *Xtranormal: Storytelling* (www.xtranormal.com). Mit diesem Programm können Schüler eigene Drehbücher in verschiedenen Sprachen schreiben und verfilmen. Es ist als Spielprogramm, nicht als Sprachlernprogramm, entwickelt worden. Diese authentische Gebrauchsfunktion ist eine Grundbedingung für sinnvolles und relevantes Sprachhandeln von Lernern. Für das Erlernen der Fremdsprache Englisch eignet es sich besonders gut, weil die Lerner verschiedene Szenen und Charaktere aus vorgegebenen Menüs auswählen und auf eine Reihe von weiteren Hilfen zurückgreifen können. Figurenbeschreibungen, Skriptvorgaben und Dialogteile sind schon vorhanden. Die Lerner können sie übernehmen, ändern oder eigene produzieren. Bestimmte Geräusche, Stimmlagen, Bewegungsanweisungen und der Dialogtext lassen sich dabei maschinell sofort in Ton oder Bild umsetzen und ausprobieren. Der für den Spracherwerb so wichtige Bezug zur Umsetzung der Sprache ins Handeln wird also gleich mitgeliefert (**Parallelinformation**). Das Programm verfügt auch über deutsche, französische und viele andere Stimmen. Die englischsprachigen Anweisungen müssen für den Unterricht in anderen Sprachen aber unter Umständen in diese Sprachen übertragen werden, sofern die Schülerinnen und Schüler nicht über Englischkenntnisse verfügen oder diese nicht genutzt werden sollen. Die Produktionen können prinzipiell auch nach dem Unterricht weiterbearbeitet, einer Filmkritik und Preisverleihung im Unterricht unterzogen oder im Internet veröffentlicht werden (vergleiche auch die Programme *puppet pals*, *comic life* oder *letter quiz* für andere Zielgruppen).

1.4.2 Aufgaben- und Handlungsorientierung

Die Prinzipien der aufgaben- und handlungsorientierten Sprachdidaktik, die auf konstruktivistischen Lernmodellen basieren, lassen sich gut anhand des Lehrwerks *Berufsdeutsch* illustrieren, das sich an Schülerinnen und Schüler von Berufsschulen wendet, und zwar bisher besonders in den Ausbildungszweigen Hotel- und Gaststättengewerbe, Einzelhandel und Metallbau. Im Mittelpunkt steht dabei die Vermittlung von sprachlichen und fachlichen Kompetenzen, die Schülerinnen und Schüler in dem von ihnen gewählten Beruf brauchen, unabhängig davon, ob sie Deutsch als Erst- oder Zweitsprache haben. Damit verfährt das integrative Sprachförderung

Lehrwerk im Gegensatz zu vielen Modellen der Sprachförderung von Kindern und Jugendlichen mit Migrationshintergrund nicht segregativ sondern integrativ. Alle Inhalte sind darauf abgestimmt und mit realistischen Aufgaben versehen, die im Berufsleben und in der Ausbildung anfallen können. Zu den Aufgaben gehören unter anderem die Anfertigung eines Bewerbungsportfolios, die kontinuierliche Sammlung von selbst bearbeiteten oder erstellten Tabellen, Diagrammen, Ressourcen und Checklisten für den Beruf und die authentische Kommunikation in Gesprächen, Verhandlungen und Präsentationen mit Kolleginnen und Kollegen, der Geschäftsführung, Zulieferern und Kunden, mündlich und schriftlich. Traditionelle Sprachübungen gibt es dabei kaum mehr, da sie sich berufsnah und für Lerner interessanter im Rahmen realistischer Aufgaben durchführen lassen (siehe hierzu Abbildung 6.6).

Eine grundlegende Darstellung konstruktivistischer Lernverfahren findet sich in Wendt 1996, eine Einführung in die Handlungsdidaktik mit einer Kritik gängiger Inputverfahren und den Ergebnissen einer explorativen Studie einer Kinder-Akademie liegt in Roche/Reher/Simic 2012 vor, weitere Ausführungen zur aufgaben- und handlungsorientierten Sprachdidaktik mit Hinweisen für die Umsetzung im Unterricht finden sich in Müller-Hartmann/Schocker-von Ditfurth 2005, Bausch et al. 2006, Hölscher/Piepho/Roche 2006, Bach/Timm 2013, Roche/Terrasi-Haufe 2017, Roche/Uth 2019.

1.5 Kommunikative Didaktik und alternative Methoden

Als wichtigster methodischer Ansatz der Periode von 1970 bis 2000 gilt die kommunikative Sprachdidaktik. Sie schließt an die Ziele der Reformbewegung des 19. Jahrhunderts an (siehe Kapitel 1.2). Konzipiert wurde sie im Kontext allgemeiner gesellschaftlicher Reformen als ein soziologisch begründetes Modell des Sprachenlernens, das entsprechend von einem sozio- und pragmalinguistischen Sprachenkonzept untermauert wurde. Es ging dabei in erster Linie darum, die Demokratisierung gesellschaftlicher Strukturen durch eine stärkere Ausrichtung auf den Lerner auch im Unterricht um- und fortzusetzen. Dies geschah wesentlich in Anlehnung an den soziologischen Begriff der **kommunikativen Kompetenz** (Habermas 1981). In der Soziologie steht dieser Begriff für die Befähigung der Bürgerinnen und Bürger einer Gesellschaft, eigenverantwortlich die politischen und wirtschaftlichen Entscheidungsprozesse ihrer Gesellschaft mitzubestimmen. Dazu bedarf es eines gleichberechtigten Zugangs zu den gesellschaftlichen Ressourcen, wie zum Beispiel Bildung, sowie transparenter und durchlässiger Entscheidungsprozesse und Machtstrukturen. Auf den Sprachunterricht übertragen bedeutete dieses Modell die Abschaffung oder zumindest Verringerung elitärer Strukturen, wie sie in verschiedener Form bis zu dieser Zeit üblich waren: Der Lerner wird nicht mehr als ‚leerer Behälter' behandelt, der von oben befüllt oder konditioniert werden muss und im Wesentlichen reagiert. Er ist eigenständig und mündig und kann seine Bedürfnisse selbst artikulieren und steuern. Die Lehrkraft ist folglich auch nicht die Allwissende, die sämtliche Prozesse zu steuern hat, also vorschreibt, was, wie und in welcher Zeit zu lernen und was richtig und falsch ist. Auch das Lehrbuch verliert seinen elitären Charakter. Es ist nicht mehr die einzige und nicht in jeder Hinsicht Norm gebende Quelle des Lehrmaterials. Es bietet vielmehr eine sprachliche Auswahl, die sich vor allem am Lebensalltag der Menschen und nicht an der abgehobenen Sprache (meist nämlich der schriftsprachlichen literarischen) einer höheren Bildungsschicht orientiert. Im kommunikativen Ansatz strebt der Lerner den sprachlichen, vorwiegend den alltagssprachlichen Stand eines „Muttersprachlers" an. Er soll auch handeln wie ein solcher. Er erwirbt die kommunikative Kompetenz eines „Muttersprachlers".

Dieses Hauptziel der muttersprachlichen Kompetenz unterscheidet sich bei genauerem Hinsehen aber interessanterweise kaum von den früheren Unterrichtsansätzen, lediglich die Art und Weise, wie es erreicht werden soll, und welche sprachlichen Varietäten vermittelt werden, sind anders. Und so wurden im Laufe der Entwicklung des Ansatzes die theoretischen Annahmen und Ziele zunehmend durch die direkten Anforderungen der Sprachpraxis und die eigenen Lerntraditionen der Lehrerinnen und Leh-

Sprachpraxis

rer überschrieben. Als Folge davon erscheint der kommunikative Sprachunterricht, also die Praxis, nicht der theoretische Ansatz, heute als ein variantenreiches, oft diffuses Konzept, das fast alles bezeichnen kann, was sich im Unterricht abspielt, ob es in eine kommunikative Systematik passt oder von beliebigen nichtkommunikativen Vorstellungen der Praktiker bestimmt wird. Für manche bedeutet Kommunikativität schlichtweg **mündliche Kommunikation** (inklusive des Vorlesens oder Diktierens von Dialogen), für andere **Alltagssprache** und für wieder andere **sprachliches und nichtsprachliches Handeln**.

Waren die Entwicklung des kommunikativen Ansatzes in der Anfangszeit, wie auch die Umwälzungen in den Gesellschaften allgemein, zum großen Teil einfach eine Bewegung gegen bestehende Prinzipien, so ergab sich daraus im Laufe der Zeit ein auf eigenen Prinzipien aufbauender und an theoretische Konzepte angelehnter Ansatz, der schließlich verschiedene Elemente älterer Methoden in neuer Kombination zusammenbrachte. So kam es neben der Anlehnung an das soziologische Konzept der kommunikativen Kompetenz zu einer stärkeren Gewichtung hermeneutischer Aspekte beim Lesen und später auch beim Schreiben, nun aber im Rahmen eines Konzeptes von Literatur, das vom Leser als deren Mittelpunkt ausgeht. Nach diesem Ansatz liegt der literarische Text nur bedingt als fertiges Produkt eines Autors vor. Der Text entsteht erst im Prozess des Lesens durch den Leser, den Rezipienten (**rezeptionsästhetischer Ansatz/Reader-Response Criticism**). So bringt der kommunikative Fremdsprachenunterricht jenseits der diffusen Praxis eine Reihe von theoretisch begründeten Ansätzen zusammen, die wesentliche Gemeinsamkeiten haben: den Prozess- und Handlungscharakter von Kommunikation und die konstruktive Rolle der Kommunikationspartner für das Entstehen von Kommunikation. Lerntheoretisch ergänzt wird dieses Grundkonzept in neuerer Zeit durch eine Abwendung von instruktionistischen Inputverfahren und eine Ausrichtung auf eine Kompetenzorientierung des Lerners (Outputorientierung). In diesem Sinne ist das Konzept der kommunikativen Didaktik ein konstruktivistisches Modell.

Output-orientierung

In jedem beliebigen Arbeitsgebiet, das wenig klare Konturen aufweist und in dem keine verbindlichen Ausbildungsnormen herrschen, können einzelne Aspekte zur Grundlage eines neuen Arbeits- oder Lehrkonzeptes gemacht werden. Das scheint besonders attraktiv, wenn die bestehenden Methoden nicht die erwarteten Ergebnisse erbringen. Zur treibenden Kraft werden dann die eigenen Erfahrungen, Beobachtungen oder Vermutungen. So etwa lässt sich auch die Entstehung zahlreicher alternativer Methoden im Anschluss an die Phase behavioristischer Methodik beschreiben, die zwar hohe Erwartungen weckten, diese aber in keiner Hinsicht erfüllen konnten. Alternativ sind die Methoden daher auch nur in dem Sinne, dass sie andere Schwerpunkte setzen, als die bereits bestehenden Methoden. Gemeinsam ist ihnen, dass auch sie einzelne psychische oder pädagogische Aspekte isolieren, wie es etwa die **Values-Clarification and Problem-Posing Approaches** durch Einstellung auf die Werte und Ziele der Lerner oder das **Counceling-Learning Community Language Learning** durch Berücksichtigung der psychischen und sozialen Verfasstheit der Lerner tun. Die **Suggestopädie** postuliert im Wesentlichen eine Umgehung der Kognition und betont – ebenfalls ohne wissenschaftlich belastbare Basis – den Vorteil psychischer Entspannung für die Steigerung von Aufnahmefähigkeit und Behaltensleistung. Sie baut darauf ihr gesamtes Lehrkonzept auf und nennt es aus Marketinggründen **Superlearning**. In tranceartige Zustände versetzt, sollen die Lerner Sprachen geradezu unbewusst aufsaugen. Auch die zahlreichen Methoden, die im Gegensatz zur Suggestopädie ohnehin nur lokale oder regionale Anwendung (primär in USA) gefunden haben, weisen einen ähnlichen Mangel an wissenschaftlicher Belastbarkeit auf, bei der **Total Physical Response** beispielsweise führen die Lernerinnen sprachliche Anweisungen und Beschreibungen unmittelbar als Handlungen aus. Wenn die Lehrerin sagt *asseyez-vous*, setzen sich zwar die Schüler im Erfolgsfalle, aber der Anwendungsbereich dieser Methode ist insgesamt sehr beschränkt, weil alltägliche Aktivitäten wie das Aufstehen und Setzen im Unterricht natürliche Grenzen haben. Auch die weiteren alternativen Methoden aus dem Zeitraum 1965–1985 lassen sich in stärker verstehens- und stärker produktionsorientierte aufteilen und nur als Gegenbewegung zu den strikten form- und drillorientierten Methoden erklären. Außer der Total Physical

alternative Methoden

Response Methode stellen auch die folgenden Methoden das Verstehen in den Vordergrund: **Delayed Oral Response**, **Draw the Picture**, **Optimal Habit Reinforcement**, **The Natural Approach** und die **Diglot-Weave Input Method**. Der Natural Approach hat dabei die weiteste Verbreitung in Lehrmaterialien gefunden. Diesem Ansatz liegt die Annahme zu Grunde, die Lerner könnten auch ohne Fehlerkorrekturen durch entsprechende Inputsteuerung korrekt eine Fremdsprache erlernen. Die Diglot-Weave Input Methode baut teilweise auf sprachlichen Gemeinsamkeiten von Erst- und Fremdsprache auf und versucht gleichzeitig, eine pragmatische Nutzung der L1 bei der Vermittlung der L2 – im Gegensatz zu den lange Zeit propagierten einsprachigen Methoden – zu verfolgen. Zu den produktionsorientierten alternativen Methoden gehören unter anderem die **Silent Way Methode**, bei der der Lehrer mit möglichst wenig eigenem sprachlichen Input die Schüler zum Sprechen und Ausprobieren von Sprache animiert und das **Sheltered Initiation Language Learning**, in dem die Schülerinnen die Möglichkeit haben, von Anfang des Unterrichts an eigene Ausdrucksformen bis hin zu kleinen Erzählungen zu entwickeln, ohne ständig korrigiert oder auf Korrektheit gedrillt zu werden. Das **Outreach Learning** wird mit dem Verfahren immersiven Lernens realisiert, wie der Nutzung vorhandener fremdsprachiger Ressourcen und der Bewältigung von Aufgaben in der Lernumgebung.

Diglot-Weave Input Methode

Trotz einzelner beachtenswerter Elemente, die ohne Zweifel Vorteile für das Sprachenlernen besitzen, hat keine der genannten Methoden ihre Eignung bewiesen, eine ernsthafte Basis für eine systematische, theoretisch fundierte Sprachdidaktik zu bilden.

1.6 Kernelemente einer Fremdsprachendidaktik

Theoretische Lehr- und Lernansätze funktionieren in der Praxis in den seltensten Fällen in absoluter Reinkultur. Außerdem können verschiedene Verfahren je nach den Umständen zu gleich guten oder gleich schlechten Ergebnissen führen. In der praktischen Welt des Sprachunterrichts führen solche Erfahrungen sehr häufig zu einem Methodenmix, bei dem die verschiedenen

Methodenmix

Methoden relativ willkürlich kombiniert und ausprobiert werden. Diese jeweils unterschiedlich dosierte Mischung von Methoden beschreibt wahrscheinlich am besten den verbreiteten Zustand des Fremdsprachenunterrichts. Eine kohärente Gesamtsystematik für DEN Fremdsprachenunterricht ist bisher trotz vieler gut ausgearbeiteter Einzelansätze nicht erkennbar. Im Kontext der Entwicklung von europäischen Lern- und Lehrstandards und Verfahren der Qualitätsentwicklung und des Qualitätsmanagements steht die Fremdsprachendidaktik aber heute vor der Herausforderung, eine kohärente und komplexe Gesamtsystematik entwickeln zu müssen. Dabei sind unter anderem folgende Aspekte zu berücksichtigen: Lerntheorien, Lernervariablen, Lernuniversalien, kognitive Prinzipien des Spracherwerbs, strukturelle und pragmatische Aspekte der Systematik, Variation und Entwicklung von Sprachen, individuelle Faktoren der Lehr- und Lernziele, Kompetenzniveaus und Bildungsstandards.

Mit den **Lernervariablen** befasst sich eingehend Kapitel 2 dieses Buches. Die Prozesse der Informationsverarbeitung und des Sprachen- und Wissenserwerbs steuern die **Lernuniversalien.** Sie sind Gegenstand von Kapitel 3. Beide Faktorenkomplexe zusammen stellen den Ausgangspunkt und die Grundlage des gesamten Lernkontextes eines Lerners dar.

Spracherwerb ist durch innere Gesetzmäßigkeiten gesteuert. Die Grundlagen dieser Steuerung durch **Spracherwerbsstrategien** und **-techniken** werden in Kapitel 4 genauer vorgestellt und an Originalaufnahmen von Lernern illustriert. Da die Entwicklung des Sprachenerwerbs immer im Wechselspiel mit der sprachlichen Umgebung verläuft, wird hier auch erklärt, wie vielfältig die Eingabe im Sprachenerwerb ist und wie das Wechselspiel zwischen Lernersprache und Sprachenumgebung abläuft. Der Erwerb von Sprachen wird jedoch immer weniger als von außen gesteuerter – oder steuerbarer – Prozess (Instruktion) verstanden. Entscheidend ist, was der Lerner mit all dem Input machen kann und macht. Daher beschäftigt sich die moderne Spracherwerbsforschung schon lange (und die Sprachdidaktik etwas verlangsamt) mit den kognitiven Prozessen des Lernens und Lehrens und mit den kognitiven Aspekten von sprachlichen

Systemen. Kapitel 4.6 und 5.7 erklären den Weg von der Kognitiven Linguistik zur Kognitiven Sprachdidaktik.

Im Unterricht stellt sich die Frage, wie die Eingabe am besten zu strukturieren und zu dosieren ist. Die Grundlagen verschiedener Inputmodelle werden daher in den folgenden Kapiteln ausführlich dargestellt. Dabei spielen die Beschreibung der relevanten Perspektiven auf **Sprache** und die Darstellung der **Grammatik** eine zentrale Rolle (Kapitel 5). Mit der Umsetzung der Ergebnisse der Grundlagenforschung in **Lehrplänen**, Bildungsstandards, Instrumenten des **Qualitätsmanagements**, **Lehrmaterialien** und dem **Unterricht** befasst sich Kapitel 6. Hier wird besonders auf handlungs- und aufgabenbezogene Konzepte des Fremdsprachenunterrichts eingegangen. Wie Sprache am besten in die fremde Konzeptwelt der Lerner zu vermitteln ist, wird im Kapitel **Interkulturelle Sprachdidaktik** (Kapitel 7) dargestellt. Mit ihrer Ausrichtung auf Fremdheit und im Kontext der Handlungsorientierung und der Fokussierung auf kognitive Prozesse des Lernens kann diese auch als grundlegendes Gesamtkonzept einer modernen Sprachdidaktik verstanden werden.

1.7 Übungsaufgaben zur Wissenskontrolle

1. Versuchen Sie, Ihren eigenen Fremdsprachenunterricht oder -erwerb mit Hilfe der hier genannten Merkmale zu charakterisieren. Wo erkennen Sie klare Elemente eines bestimmten Ansatzes, wo vielleicht mögliche Mischformen?
2. Welche Verfahren, Aufgaben, Ereignisse und Medien sind Ihnen aus dem Fremdsprachenunterricht und -erwerb in besonders guter Erinnerung? Was hat besonders gut funktioniert, was besonders schlecht? An welche sprachlichen Strukturen erinnern Sie sich zum Beispiel noch sehr gut? Notieren Sie sich bitte ein paar Stichpunkte für später.
3. Was sind die Merkmale und Auswirkungen der Inputorientierung gängiger Unterrichtsmethoden?
4. Welche vier wichtigen lerntheoretischen Richtungen lassen sich unterscheiden?
5. Was sind ihre wichtigsten Unterscheidungsmerkmale?

6. Was sind die Grundlagen des handlungsorientierten Ansatzes der Sprachvermittlung und welche Auswirkungen haben sie auf den Unterricht?
7. Was wissen Sie bereits über die genannten Arbeitsbereiche der Fremdsprachendidaktik, welche Fragen haben Sie dazu? Wie könnten sich Erkenntnisse zu den Bereichen auf den Unterricht auswirken?

1.8 Weiterführende Literatur

Bach, Gerhard/Timm, Johannes-Peter (Hg.) (2013). *Englischunterricht. Grundlagen und Methoden einer handlungsorientierten Unterrichtspraxis.* Tübingen: Francke.

Bausch, Karl-Richard/Burwitz-Melzer, Eva/Königs, Frank G./Krumm, Hans-Jürgen (Hg.) (2006). *Aufgabenorientierung als Aufgabe. Arbeitspapiere der 26. Frühjahrskonferenz zur Erforschung des Fremdsprachenunterrichts. Giessener Beiträge zur Fremdsprachendidaktik: Frühjahrskonferenz zur Erforschung des Fremdsprachenunterrichts.* Tübingen: Narr.

Ellis, Nick C. (Hg.) (1994). *Implicit and explicit learning of languages.* London, San Diego: Academic Press.

Habermas, Jürgen (1981). *Theorie des kommunikativen Handelns.* Frankfurt/M.: Suhrkamp.

Hölscher, Petra/Piepho, Hans-Eberhard/Roche, Jörg (2006). *Handlungsorientierter Unterricht mit Lernszenarien. Kernfragen zum Spracherwerb.* Oberursel: Finken.

Issing, Ludwig J. (Hg.) (2002). *Informationen und Lernen mit Multimedia und Internet.* Lehrbuch für Unterricht und Praxis. Weinheim: Beltz.

Jessner, Ulrike (2006). *Linguistic awareness in multilinguals. English as a third language.* Edinburgh: Edinburgh University Press.

Müller-Hartmann, Andreas/Schocker-v. Ditfurth, Marita (Hg.) (2005). *Aufgabenorientierung im Fremdsprachenunterricht. Task-Based Language Learning and Teaching.* Tübingen: Narr.

Norris, John M./Ortega, Lourdes (2000). Effectiveness of L2 Instruction: A Research Synthesis and Quantitative Meta-Analysis. *Language Learning* 50 (3), 417–528.

Roche, Jörg (Hg.) (2019). *Sprachen lehren.* Kompendium Deutsch als Fremdsprache/Deutsch als Zweitsprache Band 5. Tübingen: Narr.

Roche, Jörg (Hg.) (2019). *Propädeutikum wissenschaftliches Arbeiten.* Kompendium Deutsch als Fremdsprache/Deutsch als Zweitsprache Band 3. Tübingen: Narr.

Roche, Jörg (2017). Sprachenlernen und Kognition. In: Roche, Jörg/ Suñer, Ferran (Hg.). *Kognition und Sprachenlernen.* Kompendium Deutsch als Fremdsprache/Deutsch als Zweitsprache Band 1. Tübingen: Narr, 293–316.

Roche, Jörg (2013). *Mehrsprachigkeitstheorien. Erwerb – Kognition – Transkulturation – Ökologie.* Tübingen: Narr.

Roche, Jörg/Reher, Janina/Simic, Mirjana (2012). *Focus on Handlung. – Zum Konzept des handlungsorientierten Erwerbs sprachlicher, sozialer und demokratischer Kompetenzen im Rahmen einer Kinder-Akademie.* Münster: Lit.

Roche, Jörg/Suñer, Ferran (Hg.) (2017). *Kognition und Sprachenlernen.* Kompendium Deutsch als Fremdsprache/Deutsch als Zweitsprache Band 1. Tübingen: Narr.

Roche, Jörg/Terrasi-Haufe, Elisabetta (Hg.) (2018). *Mehrsprachigkeit und Sprachenerwerb.* Kompendium Deutsch als Fremdsprache/Deutsch als Zweitsprache Band 4. Tübingen: Narr.

Roche, Jörg/Terrasi-Haufe, Elisabetta (2017). Lernziel sprachliche Handlungsfähigkeit. In: Günther, Hartmut; Kniffka, Gabriele & Knoop, Gabriele et al (Hg.). *Basiswissen Lehrerbildung: DaZ.* Leipzig: Klett Kallmeyer, 72–89.

Roche, Jörg/Uth, Svenja (2019). Kompetenz-, Gebrauchs- und Handlungsorientierung. In: Roche, Jörg (Hg.). *Sprachen lehren.* Kompendium Deutsch als Fremdsprache/Deutsch als Zweitsprache Band 5. Tübingen: Narr, 59–76.

Sharwood Smith, Michael (1993). Input Enhancement in Instructed SLA: Theoretical Bases. *Studies in Second Language Acquisition* 15 (2), 165–179. www.eric.ed.gov/ERICWebPortal/detail?accno=EJ464166.

Suñer Muñoz, Ferran (2011). *Hypertexte im L2-Spracherwerb. Zur Relevanz des Multimedia- und Modalitätsprinzips im L2-Spracherwerb am Beispiel des Einsatzes graphischer Übersichten in Hypertexten.* Münster: Lit.

Tomasello, Michael (2003). *Constructing a Language. A Usage-Based Theory of Language Acquisition.* Cambridge, Mass: Harvard University Press.

Tyler, Andrea (2012). Cognitive Linguistics and SLA. In: Robinson, Peter (Hg.) *Routledge Encyclopedia of Second Language Acquisition.* Routledge.

van Patten, Bill (2004). Input Processing in Second Language Acquisition. In: van Patten, Bill (Hg.). *Processing instruction. Theory, research, and commentary. Second language acquisition research.* Mahwah, NJ: Erlbaum, 5–32.

Wendt, Michael (1996). *Konstruktivistische Fremdsprachendidaktik. Lerner- und handlungsorientierter Fremdsprachenunterricht aus neuer Sicht.* Tübingen: Narr.

Wendt, Michael (2002). Kontext und Konstruktion. Fremdsprachendidaktische Theoriebildung und ihre Implikationen für die Fremdsprachenforschung. *Zeitschrift für Fremdsprachenforschung* 13 (1), 1–62.

Wolff, Dieter (2002). *Fremdsprachenlernen als Konstruktion. Grundlagen für eine konstruktivistische Fremdsprachendidaktik.* Frankfurt/M.: Lang.

Wong, Wynne (2004). The Nature of Processing Instruction. In: van Patten, Bill (Hg.). *Processing instruction. Theory, research, and commentary. Second language acquisition research.* Mahwah, New York: Erlbaum, 33–63.

2 Lernervariablen

Geschwindigkeit, Verlauf, Qualität und Fertigkeitsniveaus des Spracherwerbs werden wesentlich von individuellen Interessen, Motiven, Vorkenntnissen und Anlagen gesteuert. Diese Faktoren interagieren in individueller Ausprägung und sie verändern sich im Laufe der Zeit. Sie bilden also ein dynamisches System, in dem sowohl Sprachenzuwachs als auch Fossilisierung, Sprachenabbau und Mischformen von Sprachen (Hybridisierungen) möglich sind. Zu den Lernervariablen gehören interne und externe, von der Umwelt bestimmte Faktoren sowie physiologisch bedingte Faktoren wie das Lernalter oder die Sprachlernfähigkeit. Obwohl gerade den physiologisch bedingten Faktoren und dem vermeintlichen Lerntyp verbreitet ein großer – oder gar ausschließlicher – Einfluss zugeschrieben wird, ist die Wirkung gerade dieser Faktoren in Wirklichkeit schwer bestimmbar.

Lernerbiografien

Spracherwerb ist auch in der Erstsprache ein nicht endender Prozess. Selbstzuschreibungen von Menschen, die davon ausgehen, keine ausreichende Sprachlernfähigkeit zu besitzen oder kein Sprachentyp zu sein, haben in dieser Pauschalität keine belegbare Basis, aber sie beeinflussen über die motivationalen Faktoren den Erwerb oder Nicht-Erwerb von Sprachen. Wie in anderen Bereichen des Lernens nutzen Menschen das ihnen verfügbare Inventar jedoch mit unterschiedlichen Schwerpunkten und in unterschiedlicher Intensität. In dieser Hinsicht ist Sprachenerwerb – im Rahmen der erwerbslinguistischen Möglichkeiten und kognitiven Bedingungen – individuell (idiosynkratisch).

2.1 Lernerfaktoren

Durch das Lebensumfeld werden bestimmte Anlagen und Möglichkeiten, die jeder Mensch mit sich bringt, aktiviert und im günstigen Fall weiterentwickelt. Je früher dies geschieht, desto früher werden die Weichen für ein nachhaltiges und anhaltendes Lernen gestellt. Das Umfeld ändert sich jedoch ständig und der Mensch passt sich an dieses veränderte Umfeld an. So kann auch die Notwendigkeit, eine Fremdsprache zu lernen, erst später im Leben, zum Beispiel aus beruflichen oder familiären Gründen, auftreten und durchaus zum perfekten Erwerb einer neuen Sprache führen. Entscheidend für den Erfolg ist das Vorhandensein einer grundsätzlichen Anpassungs- und Aufnahmefähigkeit. Integrative Motive, die die Lernmotivation bestimmen, und die subjektive Einschätzung der Relevanz des Sprachenlernens in Relation zum geschätzten Aufwand spielen eine besonders wichtige Rolle. Die Lernmotivation ist von verschiedenen Faktoren abhängig, die sich gegenseitig beeinflussen und einer lernökonomischen Einschätzung des Lerners unterliegen. Aus der Veränderbarkeit aller Faktoren und ihrer gegenseitigen Abhängigkeit ergibt sich die Dynamik und Ökologie des Faktorensystems.

Ökonomie und Ökologie

Externe Anreize (Anerkennung und Zertifizierung von Qualifikationen, berufliche Anforderungen, gesellschaftliche Wertschätzung von Sprachen und Sprachkenntnissen) sowie instruktionale Maßnahmen und institutionelle Rahmenbedingungen (Lehrplan, Lehrkraft, Unterricht, Zeit, Prüfungsvorgaben) können die Lernmotivation positiv oder negativ beeinflussen. Um die Wirkung solcher Maßnahmen zu optimieren, bedarf es jedoch einer guten Kenntnis der Interessen und Lernpotenziale der Lerner sowie der Einsicht der Lerner in die Relevanz der zu erwerbenden Sprachkompetenzen. Bereits durch frühes Spielen und Experimentieren mit Sprachen, Dialekten, Registern und Varietäten der Sprache können wichtige Grundlagen für das Interesse an und das Bewusstsein für Sprache(n) geschaffen und gefördert werden. Geschieht dies nicht, dann können die Entwicklung sprachlicher Kompetenzen und die Ausbildung sprachlicher Bewusstheit (auch in der Erstsprache) behindert werden. Bei rudimentären Kenntnissen kommt es auch leicht zum Einschleifen verfestigter Routinen, die den weiteren Spracherwerb schwieriger machen können. Der Erwerb weiterer Sprachen kann sich dadurch stabilisieren oder fossilisieren.

Sprachenmanagement

Zu den wichtigen Modellen, die die Dynamik der Lernerfaktoren im Management mehrsprachiger Kompetenzen abbilden, gehören das **Dynamic Model of Multilingualism (DMM)** (Herdina/Jessner 2002), das **biotische Modell/ökologische System** (Aronin/Ó Laoire 2004), das **Faktorenmodell** (Hufeisen 2010) und das **Rollen-Funktionsmodell** (Williams/Hammarberg 1998).

Lernerfaktoren

Lernprofile

Mit den folgenden für das Lernen von Fremdsprachen wichtigen inneren Faktoren lassen sich Profile für Lerner erstellen, die eine Grundlage für den Erwerb und Unterricht von Sprachen sein können:

- Interesse, Zielorientierung, Leistungsmotive, Zukunftsperspektiven,
- Selbständigkeit, Vorstellungen von der eigenen Selbstverwirklichung, Selbstbewusstsein, Selbsteinschätzung (Selbstkonzepte),
- Vitalität,
- Akzeptanz von Offenheit (Ambiguitätstoleranz und Risikobereitschaft) /Angst,
- Extrovertiertheit/Introvertiertheit,
- (Un-)Abhängigkeit von einer Regelorientierung,
- Reflexivität und Impulsivität,
- Fähigkeit und Bereitschaft zu kritischem Denken und zur Selbstreflexion (kritische Kompetenz),
- Fähigkeit zu analytischem und ganzheitlichem (holistischem) Lernen, Merkfähigkeit,
- Empathie/soziale Einstellungen zu Menschen der eigenen und der fremden Kultur, Fremdenfreundlichkeit (Xenophilie) oder Fremdenfeindlichkeit (Xenophobie),
- Aufnahmefähigkeit aus der Umwelt,
- integrative Motivation sich in eine fremde Kultur einzupassen,

- Einstellungen zum Lernen allgemein,
- Einstellungen zu Unterricht und Lehrkräften,
- Präferenzen für bestimmte Aufnahmekanäle und Kenntnis der eigenen Lernorientierung (visuell, analytisch, haptisch und Ähnliches),
- Einstellungen zur Sprache, Sprachbewusstsein, sprachliche Sensibilität,
- emotionale Stabilität, Emotionen, Stimmungen, Temperament.

interessengesteuerter Unterricht

Ein interessegesteuerter Unterricht, das heißt ein Unterricht, in dem Lerner eigene (intrinsische) Zielperspektiven entwickeln, lässt sich am besten mit einer Aufgaben- und Handlungsorientierung verbinden. Wenn Lerner an der Entwicklung der Aufgaben und ihrer Umsetzung direkt beteiligt sind, übernehmen sie Verantwortung und erfahren die Reaktionen der Umgebung auf ihre Handlungen und Sprache unmittelbar. Damit werden die Lerner so weitreichend wie möglich beteiligt, zu selbständigen Entscheidungen (kritischem reflexivem Denken) angeleitet und zu einer Fortsetzung des Lernens über die Grenzen des Klassenzimmers hinaus motiviert. Versuche, Lerner vor allem mit „äußeren" (extrinsischen) Mitteln zu motivieren, wie bunten Fotos in Lehrbüchern oder Zusatzmedien im Unterricht, führen dagegen nicht unbedingt zum Erfolg, zumal dann nicht, wenn dadurch kein Übergang von einer rein extrinsischen Motivation zur Generierung eines eigenen Interesses gelingt. Sprachenlernen kann immer dann besonders erfolgreich sein, wenn ein Lerner die Relevanz extrinsischer Faktoren für die Verwirklichung seiner intrinsischen Motivationsziele erkennt.

Emotion

Eine wichtige Rolle beim Sprachenlernen spielen daher auch die emotionalen Einstellungen des Lerners, das heißt die **affektiven Faktoren** des Sprachenerwerbs. Eine besonders weitreichende, aber in der Forschung und in der Praxis oft zu gering bewertete Bedeutung hat unter diesen Faktoren die **emotionale Stabilität** des Lerners. Sie bestimmt den Spielraum eines Lerners und beeinflusst seine Risikobereitschaft und Belastbarkeit. Lernpotenziale und mögliche Hürden für ihre Entfaltung lassen sich nur vor dem Hintergrund der emotionalen Stabilität realistisch einschätzen. So kann es sein, dass sich Lerner in ähnlichen Lernumgebungen unterschiedlich entwickeln: Der eine erreicht schnell und leicht einen fortgeschrittenen Entwicklungsstand, während ein anderer wegen einer instabilen affektiven Disposition nur zu einer niedrigen Kompetenz gelangt.

Zu der Dynamik der Faktoren gehört auch, dass der Erfolg beim Sprachenlernen nicht nur durch positive Einstellungen ausgelöst wird, sondern dass er gleichzeitig positive Einstellungen bewirken kann. Schließlich trägt auch das Umfeld entscheidend dazu bei, wie sich die einzelnen Faktoren entfalten können, zum Beispiel wie der Spracherwerb bewertet und gewürdigt wird, welche Art von Rückmeldungen Lerner bekommen und in welcher Weise Fehler als natürliche Entwicklungsstufen betrachtet, statt formell sanktioniert werden.

2.2 Lerntraditionen

Sozialisation

Die Art und Weise, wie Menschen aufwachsen, prägt ihr Lernverhalten über Fachgrenzen hinweg sehr nachhaltig. Lernmethoden werden im Laufe der Sozialisation so verinnerlicht, dass sie sich der bewussten Kontrolle oder Reflexion entziehen. Dies ist bei der Curriculumsentwicklung und der Erstellung von Lehrmaterial zu berücksichtigen. Bei der Lehrzielbestimmung und Formulierung von Kompetenzen wird häufig übersehen, dass von außen bestimmte Lehrziele und Lehrmethoden für die Lerner zunächst meist etwas Fremdes darstellen und deshalb auch die Methoden der Lehrzielerreichung nicht unbedingt und für jeden Lerner unmittelbar einsichtig oder nutzbar sind (zu den Lehrzielen vergleiche Kapitel 6). Lerner, die einen lehrerzentrierten Unterricht gewöhnt sind, müssen daher zum Beispiel erst mit den Methoden und Zielen eines kommunikativen, Autonomie fördernden Sprachunterrichts vertraut werden, wenn der Unterricht erfolgreich sein soll. Kulturspezifische und individuelle Lerntraditionen, die sich eher an der traditionellen Steuerung durch Regeln, am systematischen strukturbasierten Vorgehen, oder an der Autorität der Lehrkraft orientieren, sind daher auch dann im interkulturellen Sprachunterricht zu berücksich-

kulturspezifische Präferenzen

tigen, wenn in der Zielkultur eher kommunikative, autonome, auf Kompetenzerwerb ausgerichtete Bildungsziele angestrebt werden. Selbst stark internalisierte Lerntraditionen inklusive averser Lernverhalten sind offenbar veränderbar, wenn Lerner aufgabenbasiert und mit Interesse lernen. Bildungsziele und Lehrmethoden gehören damit zum Vermittlungsstoff eines modernen Fremdsprachenunterrichts.

2.3 Lernertypen

Durch die Zusammenstellung von mehreren Personenmerkmalen lassen sich Einzelprofile von Lernern erstellen. Auf diese Weise lassen sich Lehrmaterialien, Lehrprogramme und der Unterricht auf Lernertypen ausrichten. Wenn gleiche Faktorenmerkmale von verschiedenen Lernern zusammengefasst werden können, entsteht eine Art **Lernertypologie**. Die gängigen Lernertypologien beschreiben zwischen drei und fünfzig verschiedene Typen. Jeder Lernertypus verlangt demnach eine besondere Art von Aufmerksamkeit im Unterricht. Ein reflektierender Lerner ist beispielsweise nicht unbedingt zurückhaltend oder ängstlich. Unter Umständen benötigt er lediglich etwas mehr Zeit, eine bestimmte Art von Ermutigung oder bessere Gelegenheiten zu Wort zu kommen. Andererseits fordert ein gesprächiger Typ in der Regel ein etwas strikteres Moderieren durch die Lehrkraft, und zwar vor allem aus folgenden Gründen: erstens, weil er dazu neigt, die anderen Kursteilnehmer einzuschüchtern, und zweitens, weil er seine Stärken nutzen kann, um mangelnde Kompetenzen in anderen Bereichen auszugleichen. Eines der bekanntesten und am besten ausgearbeiteten Klassifikationssysteme von „kognitiven Lernstilen“ stammt von Kolb (1984). Es bildet zwei Achsen (Dimensionen) ab: eine horizontale zwischen den Polen „aktives Experimentieren“ und „reflektiertes Beobachten“ und eine vertikale zwischen den Polen „konkrete Erfahrung“ und „abstrakte Begriffsbildung“. Demnach ergeben sich vier Haupttypen: die Akkomodatoren, die mit aktivem Experimentieren am besten durch konkrete Erfahrungen lernen, die Konverger, die theoriegeleitet aktiv experimentieren, die Assimilatoren, die

Dimensionen nach Kolb

durch Beobachtungen und Erfahrungen theoriegeleitet einen Sachverhalt erschließen und die Diverger, die vor allem mittels konkreter Erfahrungen und reflektierendem Beobachten lernen. Das in weitere Typen unterdifferenzierte Grundmodell lässt sich folgendermaßen darstellen:

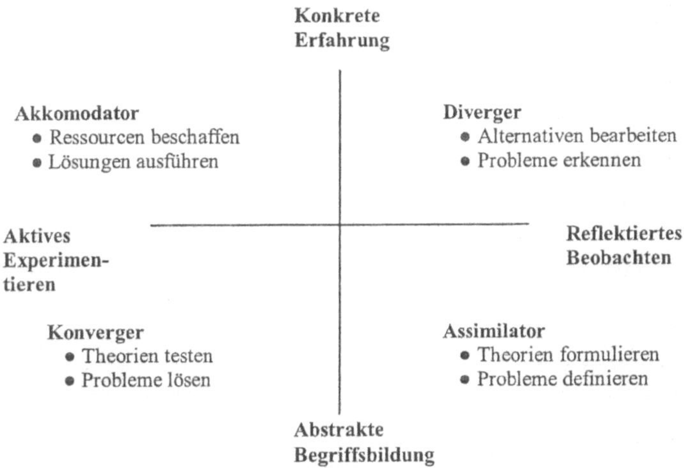

Abb. 2.1: Kognitive Lernstile nach Kolb 1984 (Todorova 2009: 50)

Lernorientierungen

So sinnvoll das Vorgehen auch erscheinen mag, die bisherigen Versuche, Lerner nach Stilen oder Typen zu klassifizieren, wie das Modell von Kolb, sind immer wieder an der Komplexität der Lernerfaktoren und ihrer Dynamik gescheitert. Es gibt sehr viele Merkmale und ihre Konturen sind nicht immer deutlich erkennbar. Außerdem verändert sich die Ausprägung und Gewichtung der Merkmale von Kultur zu Kultur. Mit den **Dimensionen des Lernens** kann zumindest die genannte Variationsbreite von Lernern und Lernkulturen abgebildet werden. Überprüfbare Kriterien einzelner oder kombinierter Lernerfaktoren erlauben die dafür nötige Bestimmung unterschiedlich ausgeprägter, dynamisch veränderbarer Tendenzen der Lerner. Statische Typologien sind dafür wenig geeignet.

Zur Illustration des Einflusses physiologisch bedingter Faktoren im Sprachenerwerb können die folgenden dienen: altersbezogene Faktoren, geschlechtsspezifische Unterschiede und die Sprachanlage. Spielen diese physiologisch bedingten Faktoren beim Sprachenerwerb eine signifikante Rolle und wenn ja, wie wirken sich diese auf die Lernerfaktoren aus?

2.4 Alter und Lernen

Es wird verbreitet angenommen, dass das Alter ein wichtiger Einflussfaktor beim Sprachenlernen ist. Mit steigendem Alter lasse die Fähigkeit zum Sprachenlernen nach. In jüngeren Jahren falle dagegen das Sprachenlernen leichter, weil es spielerisch erfolge. Diese Vermutung hat sich aber nur bedingt als haltbar erwiesen. Kinder, besonders in Kindergarten oder Vorschule, lernen tatsächlich spielerisch. Sie lernen in dieser Zeit aber praktisch alles spielerisch und haben dafür auch genügend Zeit. Außerdem ist das, was sie lernen, anfangs jedenfalls noch von geringer Komplexität und konkret erfahrbar. Mit Schule und Beruf fallen diese günstigen Rahmenbedingungen häufig weg. Mit dem eigentlichen Lebensalter und dem Sprachenlernen hat dies aber nur indirekt zu tun. Natürlich bringt der Alterungsprozess gewisse Nebeneffekte mit sich. Die Wahrnehmung, die Gedächtnisfunktionen, die Flexibilität und die Reaktionsgeschwindigkeit können im Alter bekanntlich beeinträchtigt sein, aber das gilt für das Denken und Lernen allgemein, ist also keine sprachenspezifische Erscheinung und in der Wirkung (oft) weniger verheerend als weitläufig angenommen. In einem neueren Forschungs- und Entwicklungsprojekt zu einem neuartigen Sprachstandsdiagnoseverfahren für Kinder konnte das Forscherteam zeigen, dass Alter, Kontaktdauer zur Zielsprache und andere zeitliche Faktoren keinen ausschlaggebenden Einfluss auf die Geschwindigkeit des Sprachenlernens und den Beherrschungsgrad der Zielsprache haben müssen. Wenn dies dennoch beobachtet werden kann, dann sind oft andere, vorwiegend soziale und motivationale Faktoren für solche Effekte verantwortlich (Roche et al. 2019, Czinglar 2014; 2019; vergleiche Kapitel 4.7). Birdsong (2009) wendet sich deutlich gegen eine Überbetonung des Alters als Einfluss-

spielerisches Lernen

faktor und schlägt die Bezeichnung ‚age-related effects', also altersbezogene Effekte,vor.

Lebenserfahrung

Das Lernen wird mit fortgeschrittenem Alter in verschiedener Hinsicht sogar einfacher, zum Beispiel dadurch, dass man an bereits erworbenes Wissen, erprobte Strategien und komplexe Wissensnetze, Schemata und Modelle sowie an Sprachlernerfahrungen aus anderen Sprachen besser anknüpfen kann. Für das Sprachenlernen bedeutet das konkret, dass bestimmte Sachverhalte oder Vorgänge, die einem erwachsenen Lerner aus der ersten oder einer weiteren Sprache bereits bekannt sind, von ihm in der zweiten Sprache schneller angewandt oder angepasst werden können als von einem Kind. Logische Abläufe, kausales Denken, Raum- und Zeitkonzepte und abstrakte Sachverhalte gehören genauso dazu wie die gesamte Begriffswelt und das Strategienrepertoire (Weltwissen), die bei einem Erwachsenen auf Grund der Lebenserfahrung viel ausgeprägter sind als bei einem jungen Lerner. Das Weltwissen stellt wichtige, zeitsparende Brücken zur Verfügung, die älteren Lernern den Erwerb einer Fremdsprache erleichtern.

Eingeschränkt werden diese positiven Effekte nur insofern, als bekanntes Wissen und eingespielte Verhaltensweisen immer auch den Zugang zu Neuem verbauen können. Am deutlichsten wird das im Bereich der Aussprache. Hier müssen wir uns im Deutschen mit einem limitierten Inventar von 37 Lauten in einem eingeschränkten Variationskanal behelfen. Dieses Inventar wird naturgemäß so häufig benutzt, dass es schnell zu einer Verfestigung der Ausspracheroutinen kommt. Ist das Inventar erst einmal fest eingefahren (fossilisiert), kann dadurch unter Umständen das akkurate Erlernen des Lautinventars einer fremden Sprache behindert werden. Ein Lerner produziert dann eine nicht ganz zielgerechte Aussprache, die zu der Annahme verleiten kann, er beherrsche die fremde Sprache nicht richtig. Inwiefern der Lerner den Wortschatz und die Grammatik wirklich beherrscht, kann auf Grund der Aussprache von außen jedoch kaum entschieden werden.

Aus verschiedenen Perspektiven heraus ist versucht worden festzustellen, ab wann die genannten Stabilisierungen oder **Fossilisierungen** einsetzen. Der Physiologe Eric Heinz Lenneberg

Lenneberg

(1921–1975) hat hierzu als einer der ersten einen Vorschlag geliefert, indem er die **kritische Periode (Critical Period Hypothesis, CPH)** benannt hat. Diese Zeitspanne relativer Flexibilität koppelt Lenneberg an die Phasen der Entwicklung des Gehirns (Maturation). Diese Koppelung hat in der Folge zu der Annahme geführt, mit dem Abschluss des Gehirnwachstums in der Pubertät (mit circa 15 Jahren) ende dann auch die besonders günstige Aufnahmephase für fremde Sprachen. Damit kann aber nicht gemeint sein, dass Spracherwerb nach der kritischen Periode nicht mehr möglich oder sinnvoll sein kann, so wie es fälschlicherweise etwa Esser (2006) polemisch im Kontext der Integrationsdebatte behauptet hat. Offensichtlich gelingt es nämlich vielen Lernern, auch im nach-pubertären Alter noch, ihr Wissen zu erweitern und fremde Sprachen so gut zu lernen, dass kaum Unterschiede zu Sprechern der Zielsprache feststellbar sind. Daher gilt die CPH als überholt (und das ist eine entspannende Nachricht für spätzündende Teenager jeden Alters, überambitionierte Eltern und notorische Integrationsskeptiker). Vielmehr ergibt sich ein differenzierterer Blick auf Erwerbs- und Prägungsphasen (vergleiche Traoré 2000). So ist davon auszugehen, dass die primäre Prägungsphase für das Lautsystem in den ersten sechs Lebensmonaten stattfindet, unter Umständen auch schon vor der Geburt einsetzt. In diesen Phasen ist das Lautinventar des Kindes zunächst noch völlig offen und kann in jede Richtung geprägt werden (Oerter/Montada 1995, Miller/Eimas 1995, Jusczyk 1997, Saffran/Werker/Werner 2006, Leist 2006). Kinder erfahren in dieser Zeit, welches die wichtigen Laute ihrer Sprachumgebung sind und richten ihr Wahrnehmungssystem und später auch die eigene Sprachproduktion nach diesen Lautparametern aus. Mit anderen Worten: In diesen ersten Lebensmonaten findet eine Einengung des Lautinventars statt. Dafür benötigen die Kinder viel Zeit und Aufmerksamkeit. Für die eigene Sprachproduktion ist daher erst nach weiteren Entwicklungsschritten im Anschluss an diese Prägungsphase Zeit (vergleiche hierzu ausführlicher Kapitel 4.6). Mehrsprachig aufwachsende Kinder haben entsprechend eine umfangreichere Aufgabe bei der Analyse, Zuordnung und Entwicklung der Sprachsysteme und benötigen für diese Aufgaben etwas länger. Ihre eigene Sprachpro-

Prägungsphasen

duktion setzt daher unter Umständen etwas später ein als bei einsprachigen Kindern. Allerdings wird dieser Rückstand (von ein paar Wochen) in der Regel schnell eingeholt. Kinder, die mit dem Erwerb mehrerer Sprachen eine entsprechende Sprachbewusstheit entwickeln, können von ihrer Grundinvestition ihr ganzes Leben lang profitieren, in den Sprachen, aber auch beim Lernen allgemein. In aufsehenerregenden Studien mit älteren Bilingualen und in Studien mit Dementen konnten Craik, Bialystok und ihr Team in Toronto nachweisen, dass Bilinguale seltener oder später an altersbedingten Erkrankungen leiden als Einsprachige. Auch zeigte sich in ihren Studien, dass das Einsetzen von Demenzerkrankungen wie Alzheimer sich durch mehrsprachliche Tätigkeiten und durch Sprachenlernen verzögern lässt. Chowdhury zeigt zudem in einer Studie zum Sprachverlust bei Mehrsprachigen, dass sich Attritionseffekte oft nur sehr langsam zeigen und vor allem durch mangelnden Gebrauch der betreffenden Sprachen bedingt sind (siehe Craik et al. 2010).

Exkurs: Lernfähigkeit des Gehirns

Laterialität des Gehirns

Woran es liegen könnte, dass bestimmte Sprachbereiche sich im Spracherwerb flexibler verhalten als andere, versucht eine Einteilung des Gehirns in unterschiedliche Schichten zu erklären, die sich zu verschiedenen Zeiten entwickelt haben. So werden der **Hirnstamm**, der Hypothalamus und das **Kleinhirn** als der entwicklungsmäßig älteste Teil des Gehirns angesehen. Dieser Teil ist aus dem ursprünglichen Reptiliengehirn unserer Vorfahren hervorgegangen und regelt die instinktiven Vorgänge im Menschen. Das jüngere Säugetiergehirn oder **lymbische System** regelt die Emotionalität und das junge **Großhirn**, der so genannte **Neokortex**, ist unter anderem für das rationale Denken verantwortlich. Dementsprechend verhält es sich mit der Lernfähigkeit der Gehirnschichten: je evolutionsgeschichtlich älter sie sind, desto geringer ist ihre Lernfähigkeit. Der Hirnstamm weist daher naturgemäß die niedrigste Lernfähigkeit auf und gilt als kaum beeinflussbar. (Das mag auch verstehen helfen, warum manche Mitmenschen so bissig sein müssen oder aggressiv auf neue Ideen reagieren.)

Das lymbische System lässt sich dagegen bei einfachen Operationen, wie einer reflexartigen Reaktion des Bremsens vor einer roten Ampel, durch Konditionierung beeinflussen. Am ehesten reagiert das Großhirn auf Lernimpulse, und zwar auf verschiedene (kognitive) Arten. Natürlich interagieren die verschiedenen Schichten intensiv, sind also ohne die anderen Schichten nicht operationsfähig. Das bedeutet auch, dass bei Lehr- oder Lernvorgängen auch die Instinkte und Emotionen in einer gegebenen Situation angesprochen und sinnvoll integriert werden sollten, zum Beispiel dadurch, dass Lernen in komplexere Handlungsprozesse eingebunden ist (siehe Kapitel 3.1).

Das Alter spielt als pauschale Erklärung für den Erwerb oder Nicht-Erwerb von Srprachen nur eine untergeordnete Rolle. Viel produktiver ist es, den sekundären Effekten des Alters mehr Aufmerksamkeit zu schenken: der zur Verfügung stehenden Lernzeit, dem Interesse, dem Vorwissen und den fördernden konzeptuellen Grundlagen der zuvor erworbenen Sprachen sowie der Bearbeitung altersangemessener Aufgaben und Szenarien. So kommt es, dass erwachsene Lerner aufgrund ihrer Lebenserfahrung und ihrer damit verbundenen fokussierten Einstellung zum Lernen sowie einem stärkeren Interesse im Unterricht häufig erfolgreicher als jüngere Lerner sind und sich aktiver beteiligen. Wegen ihrer Lebenserfahrung fällt es ihnen meist leichter, über einen größeren Themenbereich zu sprechen und Verbindungen zu anderen Aspekten des Weltwissens und Interessen zu erkennen. Dadurch spüren sie den kommunikativen Druck, die nötigen sprachlichen Mittel effizient und akkurat zu erlernen (siehe hierzu die Arbeiten von Berndt 2003, Häcki Buhofer/Hofer 2003, Singleton/Ryan 2004, Aguado/Grotjahn/Schlak 2005, Grotjahn 2006, Pagonis 2009, Birdsong 2009, Molnár 2010, Schmelter 2010, Stemmer 2010, Edmondson 2010, Wegmann/Pomino 2010, Czinglar 2014).

2.5 Geschlechtsspezifische Unterschiede

Auch bei den geschlechtsspezifischen Unterschieden entscheiden weniger die genetische Prägung oder Sprachanlagen als die sekundären Effekte (Lernstoff, Art, Aufmachung und Vermittlung des Lernmaterials, Zeit) über den Zugang zur fremden Sprache und den Erwerbserfolg. Die Forschungslage in diesem Bereich ist nicht eindeutig, das Spracherwerbsverhalten hängt sehr von den Sozialisierungsvariablen ab (Klann-Delius 2005). Das kann exemplarisch an einer kleinen, aber instruktiven Studie illustriert werden.

Studie

In einer Untersuchung zum geschlechtsspezifischen Deutscherwerb von Kindern, die mittels des CD-ROM-Programms *grenzenlos* (Hölscher/BMW Group 2003) Deutsch als Zweitsprache lernten, wurde untersucht, ob es nennenswerte (signifikante) Unterschiede in Umfang (**quantitativ**) und der Art und Weise (**qualitativ**) des Wortschatzerwerbs zwischen den beteiligten Mädchen und Jungen gab. Untersucht wurden insgesamt 52 Jugendliche im Alter von 13 Jahren. Dazu wurde ein Eingangstest durchgeführt, bei dem die Jugendlichen eine Auswahl von Bildern aus den CD-ROMs benennen sollten. In der Abb. 2.2 ist dies in den Werten links dargestellt (Vortest). Nach einem Zeitraum von 6 Wochen, in dem die Jugendlichen mit den CD-ROMs im Großen und Ganzen frei arbeiten konnten, wurde ein weiterer Test durchgeführt, und zwar mit den gleichen Bildern, aber in anderer Anordnung. Dabei zeigten sich gravierende Unterschiede zwischen den Geschlechtern (in der Abbildung die Werte rechts, Nachtest).

grenzenlos

Beide Gruppen konnten sich von einem gemeinsamen Ausgangsniveau signifikant verbessern, was zunächst für die CD-ROMs spricht. Aber die Mädchen haben ihre lexikalischen Kenntnisse von 50 % auf 90 % fast verdoppelt, die Jungen (circa 70 %) also bei weitem überholt. Aufschlussreich für die Erklärung des Erfolgs und der deutlichen Unterschiede sind dabei die Listen der am häufigsten gelernten Wörter, weil sie klar zeigen, wie positiv die Orientierung

Unterschiede in Lernwegen und Lernergebnissen

auf bestimmte Themen und Begriffe den Spracherwerb beeinflussen.

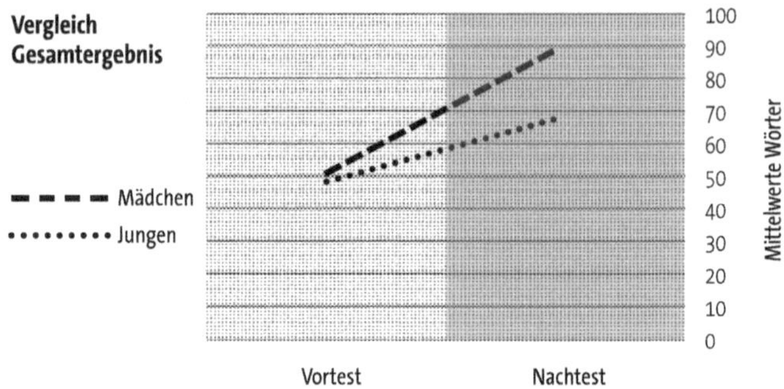

Abb. 2.2: Geschlechtsspezifische Unterschiede bei der Nutzung von Lernsoftware zum Wortschatzerwerb: Eingangs- und Ausgangswerte (Padlo 2004: 48)

Von Mädchen am häufigsten gelernte Wörter	% Mädchen	Von Jungen am häufigsten gelernte Wörter	% Jungen
lieben	100	Auto	100
tanzen	100	Astronaut	100
Eis	100	Mars	100
Katze	100	Roboter	100
Mutter	100	Pistole	96
Flöte	100	boxen	96
Valentinstag	100	Computer	96
Ring	100	Detektiv	92
Klasse	100	Basketball	92
Schwester	100	Klasse	92
Model	100	Feuerwerk	92
Igel	96	Fußball	92
Kleid	96	Sonne	88
Bruder	96	Mond	88
Pizza	96	malen	88
Sonne	96	Taxifahrer	88
Spritze	96	Handy	88

Abb. 2.3: Liste der am häufigsten gelernten Wörter einer Vergleichsstudie von 52 Jungen und Mädchen (Padlo 2004: 55)

Diese Auswertungen zeigen, dass offensichtlich das Interesse der Jugendlichen durch die CD-ROMs unterschiedlich angesprochen wurde. Die Mädchen fanden als Gruppe insgesamt einen besseren Zugang zu bestimmten Themenbereichen der CD-ROMs als die Jungen. In weiteren Befragungen konnte die Beobachtung bestätigt werden, dass die Mädchen die Programme insgesamt viel interessanter fanden als die Jungen. Spielsoftware sei ihnen lieber als Lernsoftware, gaben die Jungen an. Aussagen über genetische Voraussetzungen oder eine geschlechtsspezifische Eignung für das Sprachenlernen lassen sich aus diesen und anderen vergleichbaren Ergebnissen nicht ableiten. Bei der Erstellung von Lehr- und Lernmaterialien sind aber geschlechtsspezifische Präferenzen für bestimmte Themen, Aufgabenstellungen und Lernverfahren zu berücksichtigen (Pavlenko 2001, Schmenk 2002).

2.6 Sprachanlage

Spracherwerbsapparat

Unter Sprachanlage wird gewöhnlich zweierlei verstanden: im weiteren Sinn der gesamte Spracherwerbsapparat mit seiner Hardware und Software, im engeren Sinn auch das Talent, eine Sprache zu erwerben. In der Literatur wird der Erwerbsapparat, also die Sprachlernfähigkeit, auch **Language Acquisition Device (LAD)** genannt. Jeder Mensch besitzt die genetischen Grundanlagen dazu von Geburt an. Im Laufe der Entwicklung werden diese allerdings durch die verschiedenen lernerinternen und lernerexternen Faktoren unterschiedlich aktiviert und ausgeprägt. Diese Ausbildung des Grundinventars spielt eine besonders wichtige Rolle beim Grad und der Geschwindigkeit des Erwerbs. Beide Faktorenbündel sind durch Umweltfaktoren wie zum Beispiel den Unterricht beeinflussbar. Die ausschließende Wirkung einer (vermeintlich) begrenzten Sprachanlage wird jedoch weitgehend überschätzt. Es gibt keinen plausiblen Grund, warum eine L2 grundsätzlich nicht mindestens genau so gut erlernbar sein sollte wie eine L1, wenn die motivationalen Faktoren entsprechend gegeben sind.

2.7 Übungsaufgaben zur Wissenskontrolle

1. Welches sind die wichtigsten Lernerfaktoren beim Fremdsprachenlernen, wie ermittelt man Lernstile?
2. Was bedeutet emotionale Stabilität und welche Rolle spielt sie beim Sprachenerwerb?
3. Inwiefern fördert und beeinträchtigt fortgeschrittenes Alter den Spracherwerb?
4. Wie gestaltet sich die Lernfähigkeit unterschiedlicher Bereiche des Gehirns und welche Folgen hat das für die Präsentation und die Bearbeitung von Lehrmaterialien im Unterricht?
5. Welchen Nutzen haben Lernerprofile, die nach Lerndimensionen gestaltet sind?
6. Wie würden Sie bei der Konzeption eines Sprachunterrichts auf die verschiedenen Interessen und Lerngewohnheiten von weiblichen und männlichen Lernern eingehen?
7. Wie würden Sie die Lerntraditionen einer Lernergruppe ermitteln und im Fremdsprachenunterricht darauf reagieren?

2.8 Weiterführende Literatur

Aguado, Karin/Grotjahn, Rüdiger/Schlak, Torsten (2005). Erwerbsalter und Sprachlernerfolg. Theoretische und methodologische Grundlagen eines empirischen Forschungsprojekts. *Zeitschrift für Fremdsprachenforschung* 16 (3), 275–293.

Aronin, Larissa/Ó Laoire, Muiris (2004). Exploring multilingualism in cultural contexts: towards a notion of multilinguality. In: Hoffmann, Charlotte/Ytsma, Jehannes (Hg.). *Trilingualism in Family, School and Community. Bilingual Education and Bilingualism.* Clevedon/Buffalo: Multilingual Matters, 11–29.

Berndt, Annette (2003). *Sprachenlernen im Alter. Eine empirische Studie zur Fremdsprachengeragogik.* München: iudicium.

Birdsong, David (2009). Age and the end state of second language acquistition. In: Ritchie, William C./Bhatia, Tej K. (Hg.). *The new handbook of second language acquisition.* Bingley: Emerald, 401–424.

Chowdhury, Marco (2020). *Sprachattrition als dynamisches System am Beispiel deutschsprachiger Migranten in Italien.* Bisher unveröffentlichte Dissertation, LMU München.

Craik, Fergus/Bialystok, Ellen/Freedman, Morris (2010). *Delaying the onset of Alzheimer disease.* Neurology, 75 (19), 1726-1729.

Czinglar, Christine (2014). *Grammatikerwerb vor und nach der Pubertät. Eine Fallstudie zur Verbstellung im Deutschen als Zweitsprache.* Berlin: de Gruyter.

Czinglar, Christine (2019). Der Faktor Alter im Zweitspracherwerb: ein Zusammenspiel individueller und sozialer Einflussfaktoren. In: Ender, Andrea/Greiner, Ulrike/Strasser, Margareta (Hg.). *Deutsch in mehrsprachigem Umfeld. Sprachkompetenzen auf Sekundarstufe.* Hannover: Klett-Kallmeyer, 287–303.

Edmondson, Willis J. (2010). Kritisches Alter, Frühbeginn und individuelle Unterschiede. *Sprachlehrforschung: Theorie und Empirie.* Frankfurt/M., Berlin, Bern, Bruxelles, New York, Oxford, Wien: Lang, 269–278.

Ellis 1994 (siehe Literaturverzeichnis von Kapitel 1).

Esser, Hartmut (2006). *Migration, Sprache und Integration.* (AKI-Forschungsbilanz, 4). Berlin: Wissenschaftszentrum Berlin für Sozialforschung gGmbH FSP Zivilgesellschaft, Konflikte und Demokratie Arbeitsstelle Interkulturelle Konflikte und gesellschaftliche Integration AKI.

Grotjahn, Rüdiger (Hg.) (2006). *Der C-Test: Theorie, Empirie, Anwendungen. The C-test: theory, empirical research, applications.* Frankfurt/M.: Lang.

Häcki Buhofer, Annelies/Hofer, Lorenz (Hg.) (2003). *Spracherwerb und Lebensalter.* Tübingen: A. Francke.

Herdina, Philip/Jessner, Ulrike (2002). *A dynamic model of multilingualism. Perspectives of change in psycholinguistics.* Clevedon/Buffalo: Multilingual Matters.

Hölscher, Petra/BMW AG (Hg.) (2003). *Grenzenlos.* Ein neues Programm zum Deutschlernen auf der Basis von interkulturellem Erfahrungsaustausch für Kinder auf der ganzen Welt über CD-Rom und Internet. München.

Hufeisen, Britta (2010). Theoretische Fundierung multiplen Sprachenlernens – Faktorenmodell 2.0. *Jahrbuch Deutsch als Fremdsprache. Intercultural German Studies* 36, 200–208.

Jusczyk, Peter W. (1997). *The discovery of spoken language.* Cambridge, Mass: MIT Press.

Klann-Delius, Gisela (2005). *Sprache und Geschlecht: eine Einführung.* Stuttgart: Metzler.

Kolb, David Allen (1984). *Experiential learning.* Englewood Cliffs, N.J.: Prentice-Hall.

Leist, Anja (2006). Sprachförderung im Elementarbereich. In: Bredel, Ursula/Günther, Hartmut/Klotz, Peter (Hg.). *Didaktik der deutschen Sprache. Ein Handbuch. Band 2. Ein Handbuch.* Paderborn: Schöningh, 673–683.

Lenneberg, Eric (1967). *Biological Foundations of Language.* New York: John Wiley & Sons.

Miller, Joanne L./Eimas, Peter D. (1995). Speech perception: From signal to word. *Annual Review of Psychology* (46), 467–492.

Molnár, Heike (2010). Der Einfluss des Faktors Alter auf die Aussprachekompetenz in der L2. Ergebnisse einer Pilotstudie mit DaZ-Lernern. *Zeitschrift für Interkulturellen Fremdsprachenunterricht* 15 (1), 42–60. https://tujournals.ulb.tu-darmstadt.de/index.php/zif/article/view/177/172.

Oerter, Rolf/Montada, Leo (1995). *Entwicklungspsychologie. Ein Lehrbuch.* Weinheim: Beltz.

Padlo, Barbara (2004). *Geschlechtsspezifische Präferenzen und Differenzen im mediengestützen Wortschatzerwerb.* Unveröffentlichte Magisterarbeit, LMU München.

Pagonis, Giulio (2009). *Kritische Periode oder altersspezifischer Antrieb. Was erklärt den Altersfaktor im Zweitspracherwerb?: eine empirische Fallstudie zum ungesteuerten Zweitspracherwerb des Deutschen durch russische Lerner unterschiedlichen Alters.* Frankfurt/M., Berlin, Bern, Bruxelles, New York, Oxford, Wien: Lang.

Pavlenko, Aneta (2001). *Multilingualism, second language learning, and gender.* Berlin, New York: Mouton de Gruyter.

Riemer, Claudia (1997). *Individuelle Unterschiede im Fremdsprachenerwerb. Eine Longitudinalstudie über die Wechselwirksamkeit ausgewählter Einflussfaktoren.* Baltmannsweiler: Schneider Verlag.

Saffran, Jenny R./Werker, Janet F./Werner, Lynne A. (2006). The infant's auditory world. Hearing, Speech and the Beginning of language. In: Kuhn, Deanna/Siegler, Robert (Hg.). *Handbook of Child Psychology. Cognition, perception, and language. Vol. 2.* New York: Wiley, 58–108.

Schmelter, Lars (2010). (K)eine Frage des Alters – Fremdsprachenunterricht auf der Primarstufe. *Zeitschrift für Interkulturellen Fremdsprachenunterricht* 15 (1), 26–41. https://tujournals.ulb.tu-darmstadt.de/index.php/zif/article/view/176/171.

Schmenk, Barbara (2002). *Geschlechtsspezifisches Fremdsprachenlernen? Zur Konstruktion geschlechtstypischer Lerner- und Lernbilder in der Fremdsprachenforschung*. Tübingen: Stauffenburg.

Singleton, David/Ryan, Lisa (2004). *Language acquisition. The age factor.* Clevedon: Multilingual Matters.

Stemmer, Brigitte (2010). A cognitive neuroscience perspective on learning and memory in aging. *Zeitschrift für Interkulturellen Fremdsprachenunterricht* 15 (1). https://tujournals.ulb.tu-darmstadt.de/index.php/zif/article/view/175/170.

Todorova, Dessislava (2009). *Einsatzmöglichkeiten der elektronischen Medien im interkulturellen DaF-Unterricht. Evaluation des Sprachlernprogramms www.uni-deutsch.de seitens bulgarischer und litauischer Studierender unter Berücksichtigung ihrer Lerndispositionen.* Berlin: Lit.

Traoré, Salifou (2000). Die kritische Periode beim Erlernen einer fremden Sprache. Alte Fragen und neue Antworten. *Deutsch als Fremdsprache* 37–4, 234–239.

Wegmann, Johanna/Pomino, Jenny (2010). 60plus goes Web 2.0. Fremdsprachenlernen in einer medialgestützten Lernumgebung für Lerner im höheren Alter. *Zeitschrift für Interkulturellen Fremdsprachenunterricht* 15 (1). https://tujournals.ulb.tu-darmstadt.de/index.php/zif/article/view/178/173.

Williams, Sarah/Hammarberg, Björn (1998). Language switches in L3 production: implications for a polyglot speaking model. *Applied Linguistics* 19 (3), 295–333.

3 Die kognitive Hardware

Grundlage des Erwerbs von Sprache ist ein geeigneter Verarbeitungsapparat im Gehirn, der sprachliche von nichtsprachlichen Signalen trennen und sprachliche Daten und sprachlich vermittelte Informationen identifizieren, klassifizieren, anderen sprachlichen Elementen zuordnen, systematisieren und in bestehende Wissensnetze einsortieren kann. Die Verarbeitung der eingehenden Informationen erfolgt dabei parallel und koordiniert über die zur Verfügung stehenden Kanäle (Medialität) und der Art (Kodalität) entsprechend. Die Verarbeitung der eingehenden Informationen erfordert eine Anpassung (Assimilation) an die bereits vorhandenen Wissensbestände und gleichzeitig eine Anpassung (Akkomodation) dieser Bestände an die eingehende Information. Diese Prozesse der Sprach- und Informationsverarbeitung sind Gegenstand dieses Kapitels. Die Struktur unseres Gehirns, seine Zentren und Mittel für die Informationsverarbeitung und die Koordination von Sprach- und Bildverarbeitung werden ausführlich behandelt. Anhand eines psycholinguistischen Modells des Sprachverstehens und der Sprachproduktion wird anschließend illustriert, wie die einzelnen Phasen der Sprachverarbeitung von der Konzeptualisierung über das mentale Lexikon bis zur Grammatik und Aussprache ablaufen. Es wird gezeigt, warum die Organisationsprinzipien des mentalen Lexikons und der Zugang zum Wortschatz beim Sprachenlernen eine herausragende Rolle spielen und wie sich die Erkenntnisse aus der Forschung in der Unterrichtspraxis umsetzen lassen. Das Kapitel berichtet von zahlreichen spannenden Ergebnissen sprachwissenschaftlicher, psycholinguistischer, psychologischer und physiologischer Forschung mit der Perspektive, die Ergebnisse für das Sprachenlernen und den Fremdsprachenunterricht nutzbar zu machen, zum Beispiel in Bezug auf die Konzeption, Automatisierung und Korrektur von sprachlichen Äußerungen und in Bezug auf Memorisierungstechniken für den Wortschatz.

Sprach-erkennung

Wie kommt es eigentlich, dass Menschen sprachliche Informationen von unwichtigen Nebengeräuschen unterscheiden können? Wie gelingt es uns, auch unbekannte sprachliche Laute von Tier- oder Maschinengeräuschen zu unterscheiden oder unvollständige und unverständliche Sprache zu rekonstruieren? Woran erkennen wir, dass Ansagen an Bahnhöfen, Flughäfen oder in Telefonschleifen maschinell produziert sind? Warum spielt der ‚foreign accent' beim Verstehen oft gar keine Rolle? Wieso läuft uns schon das Wasser im Mund zusammen, wenn wir die trockenen Wörter einer Speisekarte hören oder lesen? Wie und warum entstehen Versprecher, wann entdecken wir sie und wie korrigieren wir sie?

Sprach-verarbeitung

Menschen verfügen offenbar über einen gut entwickelten und effizienten Sprachverarbeitungsapparat. Dieser Sprachapparat, der aus Wahrnehmungs-, Verarbeitungs-, Produktions-, Organisations- und Speicherprozessen und der dazu nötigen Hardware besteht, erledigt alle anfallenden Aufgaben. Er ist offensichtlich so flexibel und konstruktiv, dass er sich auf verschiedene Sprachen, Akzente und auch Lücken einstellen lässt. Wie wir mit dem angeborenen Inventar umgehen, hängt natürlich von der jeweiligen Umgebung ab, in der wir aufwachsen, leben und kommunizieren, sowie von unserer individuellen Fertigkeit und Bereitschaft, dieses zu nutzen. Mit etwas Phantasie ließe sich die Sprachanlage mit einem Auto vergleichen: Ob wir damit dann nur in den 30er Zonen im Stadtverkehr fahren, Sonntagsfahrer bleiben, einen ramponierten Schrotthaufen bewegen, uns zu Fern- oder Rennfahrern entwickeln, in- und ausländische Modelle chauffieren, liegt im Großen und Ganzen an unseren Interessen und Möglichkeiten und natürlich immer auch an dem Wartungszustand unseres Straßennetzes und den Witterungsverhältnissen.

Die genannten Komponenten der Sprach- und Informationsverarbeitung, die allen Menschen gemeinsam sind, lassen sich unter dem Begriff der **Lernuniversalien** zusammenfassen. Die beteiligten Bereiche im Gehirn und ihre vernetzten Nervenverbindungen, die Hardware also, sowie die dort rapide ablaufenden Prozesse lassen sich nur schlecht direkt beobachten. Man kann ja nicht so einfach in die Köpfe hineinschauen. Zwar gibt es Mess- und bildgebende Verfahren für elektromagnetische Strömungen und Blutströme im Gehirn oder deutliche Anzeichen für Sprachstörungen, wenn bestimmte Teile des Gehirns oder Artikulationsapparates ausfallen. Auch an Versprechern lässt sich ablesen, wie, wo und warum Sprache funktioniert und welche Prozesse für korrektes und vollständiges Kommunizieren erforderlich sind. Aber das, was wir bisher wissen, reicht für eine umfassende Theorie, die auf den Sprachunterricht angewendet werden könnte, noch nicht aus. Dennoch gibt es eine Reihe von Erkenntnissen, die für das Sprachenlernen und den Sprachunterricht schon jetzt fruchtbar gemacht werden können.

3.1 Gehirnzentren

Hemisphären

Die beiden Hälften des Gehirns führen spezifische Funktionen aus. Der linken Hälfte werden logisches und analytisches Denken und die lineare Verarbeitung von Information zugeschrieben. Die rechte Hälfte gilt als verantwortlich für die Aufnahme und Erinnerung visueller, taktiler und auditiver Information. In ihr werden ganzheitliche und integrative Informationen sowie Gefühle effizienter verarbeitet als in der linken Gehirnhälfte. Innerhalb dieser groben Unterteilung (**Lateralität**) lassen sich zudem Teilzentren für spezifische Verarbeitungsfunktionen identifizieren. Diese Verarbeitungszentren sind auf vielfältige Weise miteinander vernetzt und können ihre Funktionen zumindest zu einem bestimmten Grad gegenseitig übernehmen (siehe auch den Exkurs in Kapitel 2.4). Für die Sprachverarbeitung sind vor allem zwei Zentren von Bedeutung: das **Broca-Zentrum**, das die Strukturierung von Sprache und sprachlicher Information steuert sowie die Sprachverarbeitung koordiniert und automatisiert, und das **Wernicke-Zentrum**, in dem die Bedeutung der sprachlichen Elemente verarbeitet wird. Sind diese Zentren

Aphasie

durch einen Unfall oder durch eine Krankheit beschädigt worden, dann können bei den Patienten bestimmte sprachliche Funktionen beeinträchtigt sein oder komplett ausfallen. Solche Störungen bezeichnet man als **Aphasien**. Bei den Broca-Aphasikern ist die Fähigkeit, sprachliche Äußerungen zu strukturieren, beeinträchtigt. Das führt vor allem zu grammatischen Ausfällen und Umstrukturierungen, die jedoch nicht immer agrammatisch sind, wie lange angenommen wurde (vergleiche auch die pragmatischen Strukturierungsprinzipien in Kapitel 4.3). Bei den Wernicke-Aphasikern ist vor allem die Fähigkeit beeinträchtigt, Äußerungen inhaltlich (semantisch) zu koordinieren (Heeschen 1985, Kolk/van Grunsven 1985). Die oft flüssige und grammatisch korrekt erscheinende Sprache besteht aus Wörtern, die kaum Sinn ergeben und deshalb oft schwer zu verstehen sind. Die wichtigsten Verarbeitungszentren für Sprache lassen sich wie folgt darstellen:

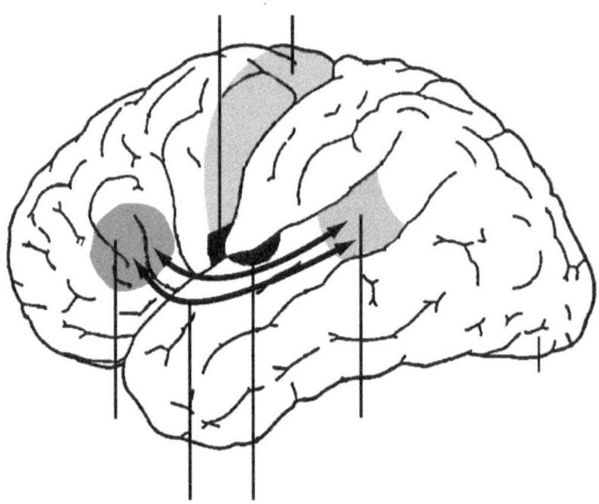

Abb. 3.1: Übersicht über die wichtigsten Verarbeitungszentren des Gehirns

Die wichtigsten Sprachverarbeitungszentren sind über starke Nervenbahnen für den Informationsaustausch und die Koordination von sprachlichen Komponenten verbunden. An der Sprachverarbeitung beteiligt sind zudem die Sehrinde (visueller Cortex), das Hörzentrum (primärer auditorischer Cortex) sowie verschiedene motorische Bereiche, die die Steuerung der Bewegungen von Armen, Beinen, Artikulationsmuskeln und von Gesichtsausdrücken (Mimik) übernehmen. Die Zentren sind alleine kaum funktionsfähig, können aber bestimmte Funktionen gegenseitig übernehmen. Ist die Verbindung der beiden wichtigsten Sprachzentren gekappt, kann Sprache nur rudimentär oder gar nicht verarbeitet werden. Wie die Informationsübermittlung innerhalb der Zentren und der Zentren untereinander verläuft, zeigt die folgende Abbildung der Struktur der Nervenbahnen (**neuronale Struktur**).

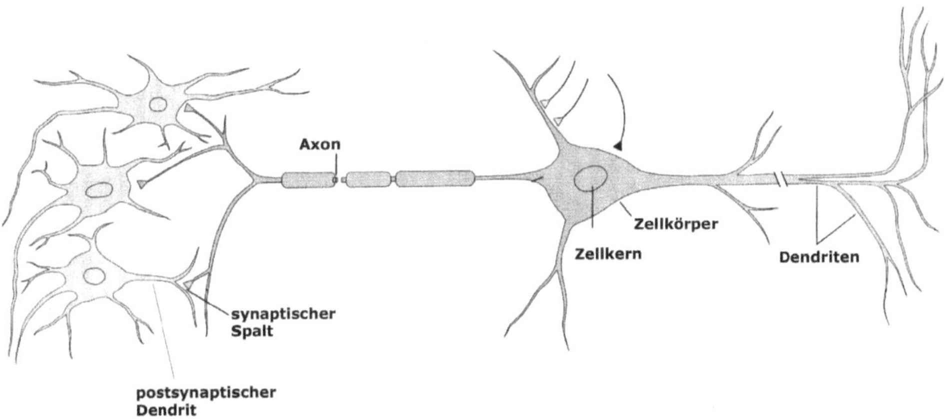

Abb. 3.2: Die Struktur von Nervenzellen (Kandel et al. 1995: 23)

Eine Nervenzelle (**Neuron**) bekommt zunächst über die wurzelartig verzweigten Ausläufer ihrer Zellkörper, die so genannten **Dendriten**, eine Information in Form eines elektrischen Impulses. Entlang ihres langen unverzweigten Fortsatzes, dem **Axon**, gibt sie diese Information an andere Nervenzellen weiter. Durch einen schmalen Zwischenraum, den **synaptischen Spalt**, treten die Nervenzellen in Kontakt. Hier sorgen chemische Botenstoffe, so genannte **Neurotransmitter**, für die Signalübermittlung, das heißt für die Weitergabe der Stärke und Richtung des elektrischen Impulses. Durch diese elektrische Aktivierung verbreiten sich Informationen nicht willkürlich, sondern in einer durch die synaptische Verbindung wohldefinierten Richtung.

Das elektrische Potenzial für die Übermittlung entsteht in der Nervenzelle selbst, indem elektrisch geladene Atome (zum Beispiel Natrium-, Kalium-, Calcium-, Magnesiumione) zwischen dem Inneren und Äußeren der Zelle durch die Zellhülle (**Zellmembran**) strömen. Dabei entsteht ein elektrischer Spannungsunterschied zwischen den Potenzialen auf beiden Seiten der Zellmembran. Bei Überschreitung einer bestimmten Schwelle kommt es zu einer **Spannungsentladung**. Zu ihrer Verstärkung werden die Signale flächenmäßig oder zeitlich gebündelt. Unterschieden werden daher gleichzeitig ankommende Signale durch unterschiedliche synaptische Verbindungen (**räumliche Summation**) und die Kombination zeitlich getrennter Signale (**zeitliche Summation**). Eine Nervenzelle hat zwischen 1.000 und 10.000 Axone. Demnach kann das Aktionspotenzial enorm groß sein. Für den Sprachenerwerb bedeutet das unter anderem, dass über die Nervenzellen eine sinnvolle Koordination der verschiedensten Eingangsimpulse erfolgen sollte. Je mehr Verbindungen in den Nervenzellen bei der Sprach- und Informationsverarbeitung beteiligt sind, desto intensiver ist die **Aktivierung** und desto nachhaltiger wirkt sie. So lässt sich leicht erkennen, dass oberflächliche Drillübungen kaum zu einer intensiven Aktivierung führen können, während fordernde Themen, Aufgaben und Handlungen dazu sehr wohl in der Lage sind.

Aktionspotenzial

Die Neuronen gehen keine festen Verbindungen ein, sondern eröffnen nur verschiedene mögliche Verbindungswege zur Aktivierung von anderen Neuronen. Nicht alle Neuronen sind zugleich aktiv. Die Neuronen, die gleichzeitig aktiv sind, bilden ein **Aktivierungsmuster**.

Vernetzung

Es ist also grundsätzlich von vernetzten Strukturen und Prozessen des Gehirns auszugehen, auch wenn es bestimmte Zentren mit verstärkten Aktivitäten gibt. Daher kann es Sprechern mit aphasischen Störungen auch gelingen, eine Sprache in einem bestimmten Maße wiederzuerlernen. Dann übernehmen andere Teile des Gehirns die Funktionen der gestörten oder fehlenden Zentren. Obwohl der Mensch mit fast allen Nervenzellen, die er jemals haben wird, auf die Welt kommt, sind die Verbindungen zwischen ihnen noch wenig entwickelt. Diese Verbindungen ergeben sich als Folge von **Lernprozessen**. Lernen heißt dabei, dass bestimmte Verbindungen wiederholt aktiviert werden und sich in diesem Prozess zu Zellverbänden oder Aktivierungsmustern zusammenschließen. Je stärker die Verbände ausgebildet sind, desto stabiler und nachhaltiger sind sie und desto weniger Energie ist nötig, um sie wieder zu aktivieren. Meist genügt dann ein schwacher Reiz, um einen ganzen Verband zu aktivieren. Ein umfangreiches Bedeutungsmuster entsteht offenbar aus einem verzweigten neuronalen Netz. Dazu gehören unter Umständen auch verschiedene Aktivierungsmodi durch die einzelnen Sinnesorgane. Der Name eines Getränkes wie *Türkischer Kaffee, Cappuchino, Pisco Sour oder Sex on the Beach* kann so auch durch den Geruch oder den Geschmack mitaktiviert werden beziehungsweise ein Wort kann entsprechende geschmackliche und geruchsbedingte Sinneseindrücke hervorrufen. Unsere Sprache ist also über unterschiedliche Kanäle in mehrere Richtungen vernetzt, zum Sprachverstehen, zur Sprachproduktion und zur ausführenden Handlung. Dies zeigt auch, dass der erste Aufwand bei der Herstellung von Verbindungen zum Informationsaustausch vergleichsweise groß ist und zur schnellen Aktivierung eine gewisse Aktivierungsroutine (Automatisierung) gehört. Um diese zu erreichen, könnte man im Fremdsprachenunterricht in der passenden Phase durchaus auch auf traditionelle Verfahren zur **Automatisierung**, zum Beispiel auf Pattern Drills, zurückgreifen (vergleiche Kapitel 1.2). Sind die Wege eingefahren, reichen minimale Impulse für das Verstehen oder Produzieren von Sprache aus. So wird beispielsweise bei einem geübten Sprecher einer Fremdsprache ein unvollständiger Begriff genügen, um ein ganzes Wort- oder Bedeutungsfeld zu aktivieren. Ein solcher Sprecher wird seine Gesprächspartner oder schriftliche Texte auch dann verstehen, wenn er nicht jedes Wort erkennt.

3.2 Bedeutungskonstruktion

Wie entsteht eigentlich Bedeutung? Sie ist nicht objektiv gegeben, wie Glossare es suggerieren, sondern wird aus den übermittelten Informationen, aus der Situation, aus der körperlichen Erfahrung der Welt und dem Weltwissen sowie aus den eigenen

Absichten konstruiert. Daraus entwickeln sich bestimmte **Bedeutungsmuster** von dem, was wir überhaupt wahrnehmen und wie wir es zu interpretieren haben. Die Dekodierung der eingehenden Informationen erfolgt dabei nicht direkt, sondern vermittelt. Durch die Sinnesorgane werden verschiedene Eingangsinformationen, wie Schall- und Lichtwellen, aufgenommen und zur Weiterverarbeitung an die verschiedenen Bereiche des Gehirns weitergeleitet. So wird visuelle Information als Lichtenergie wahrgenommen und über einen photochemischen Prozess in Nervenimpulse umgewandelt. Über die Nervenbahnen gelangt die Information dann zur Sehrinde ins Gehirn. Ähnliche Prozesse laufen bei der Verarbeitung von Schallwellen (auditive Information), Informationen über den Tastsinn (taktile Information), Informationen über den Geruchssinn (olfaktorische Information) und Informationen über den Geschmackssinn (gustatorische Information) ab. Dabei werden bereits Vorentscheidungen getroffen, welche Teile der eingehenden Informationen wichtig sind und welche nicht. Die erhaltene Information muss anschließend in den zuständigen Bereichen des Gehirns verarbeitet werden. Die Informationen, die zusammengehören, kommen dort in unterschiedlicher Form und unterschiedlich schnell an und werden auch unterschiedlich schnell verarbeitet, dennoch erscheinen sie uns als eine Einheit (vergleiche dazu auch Kapitel 3.5 und 3.6). Die sprachliche Information wird dabei kategorisiert, strukturell, bedeutungsmäßig und funktional zusammengehörige Elemente werden verbunden, unbekannte Wörter oder Strukturen werden analog zu bekannten verarbeitet.

Bei der Interpretation der eingehenden Informationen, dem **Erkennen** oder **Verstehen**, folgen wir bestimmten Wahrnehmungsprinzipien, die uns das Zusammensetzen der Informationen erleichtern. Diese Prinzipien basieren auf unseren Fähigkeiten,

Wahrnehmungsprinzipien

- Die Welt in Domänen zu organisieren,
- Bildschemata zu entwickeln zu nutzen und zu übertragen,
- Muster zu erkennen, die nichtsprachlichen und später auch die sprachlichen Handlungen und Verhaltensweisen zeitlich zu gliedern und zu strukturieren,

- diese beiden gegliederten Welten, also die gegenständliche und ereignishafte einerseits und die abstrakte andererseits, lautlich, gestisch und handlungsbestimmt in Beziehung zu bringen,
- symbolische Beziehungen zu erkennen (zum Beispiel Wörter als Symbole für Gegenstände),
- Sprache kreativ zu gebrauchen.

Vorwissen und Kontext spielen bei der Informationsverarbeitung eine ganz wesentliche Rolle, denn das, was wir wahrnehmen, wird von uns instinktiv mit bekannten Mustern oder Elementen (Merkmalen) von Mustern, mentalen Modellen und Schemata abgeglichen und abgestimmt. Bekanntes lässt sich daher auch schneller und besser erkennen. Fehlende Informationen lassen sich bei dieser Mustererkennung meist aus dem Kontext erschließen. Häufig genügen daher wenige Elemente eines Ganzen, um das Erkennen und Verstehen zu sichern, zum Beispiel die ersten Takte einer Melodie oder wenige Wörter eines Slogans (*wenn's ums Geld geht, alle reden vom Wetter …*). In gleicher Weise sind beim Lernen oder Sprechen von Fremdsprachen wenige Elemente ausreichend, um ein ganzes Wortfeld zu aktivieren oder in eine fremde Sprache zu wechseln.

Wahrnehmung bedeutet allerdings nicht, wie man vielleicht denken könnte, dass objektive Eigenschaften (Formen, Größe, Umfang) eines Gegenstandes erkannt werden. Vielmehr erfolgt die Wahrnehmung vor allem in Form von Kontrasten zu einem Hintergrund. Das heißt, bei der Wahrnehmung von visuellen Informationen werden die von den Lichtwellen übertragenen Differenzen zwischen Hintergrundflächen und den davon abgehobenen Objekten wahrgenommen. Die Silhouette einer Bergkette oder einer Stadt erkennen wir zum Beispiel als Differenz zum Horizont. Buchstaben erkennen wir dadurch, dass sie sich von der meist helleren Hintergrundfläche des Papiers oder der Tafel abheben. Weiß ist deshalb geeigneter als etwa das Schwarz von Schiefertafeln, weil es – bei entsprechend salientem Vordergrund – maximalen Kontrast und damit optimales Erkennen ermöglicht. Dieses visuelle Verfahren gilt in ähnlicher Form auch für die Wahrnehmung auditiver Informationen in mündlicher Kommunikation. Die salienteren Laute (Druckwellen) der Sprache heben sich von den weniger auffälligen Hintergrundgeräuschen ab. Für den Spracherwerb sind diese Prinzipien höchst relevant: Durch Lautstärke, Betonung oder Herausgreifen einzelner sprachlicher Elemente heben wir das Wichtige in der Sprache auch aus dem textlichen Hintergrund hervor. Das betrifft besonders die Inhaltswörter und diejenigen Silben der Wörter, die die Hauptinformation (Wortakzente, Satzakzente) tragen. Durch sie lassen sich komplexe Bedeutungen leichter erschließen.

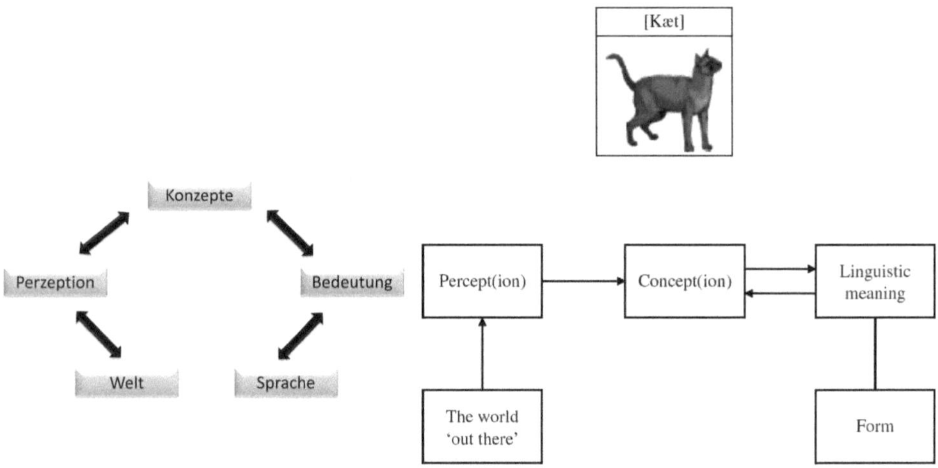

Abb. 3.3: Darstellung des Bezugs von realer Welt und ihrer symbolischen Abbildung durch Sprache sowie (in umgekehrter Richtung) der weltschaffenden Funktion von Sprache (nach Evans/Green 2006: 7)

Sinnkonstruktion

Unser Wahrnehmungsapparat bemüht sich demnach ständig um die Konstruktion von Bedeutung. Einer bestimmten Größe, Darstellung, Farbmarkierung, Umrahmung und ähnlichen visuellen Elementen, sprachlichen Versatzstücken und selbst fehlerhaften, unvollständigen oder durch Geräusche überlagerten Wörtern und Äußerungen wird Bedeutung zugeschrieben. Wir ordnen dabei die wahrgenommenen Elemente – und seien sie noch so rudimentär – bedeutungstragenden, also für uns meist bekannten Einheiten zu. So verstehen wir auch Sprache, wenn sie eliptisch, unvollständig, ungrammatisch oder von Nebengeräuschen überlagert ist. Texte und Filme konstruieren wir als solche, auch wenn sie eigentlich nur aus einer Folge von konstruierten Buchstaben oder Einzelbildern bestehen.

Mit der Bedeutung bildenden Wahrnehmung befasst sich vor allem die **Gestaltpsychologie**. Die Gestaltpsychologie, begründet Anfang des 20. Jahrhunderts von Max Wertheimer (1880–1943), Wolfgang Köhler (1887–1967) und Kurt Koffka (1886–1941) in der *Berliner Schule*, beschäftigt sich mit der Art und Weise, wie Menschen Probleme lösen. Anhand von Wahrnehmungsgesetzen zeigt sie auf, dass Problemlösen weniger durch zielloses Ausprobieren (*trial and error*, Behaviorismus), sondern durch Einsicht geschieht. Dabei spielt die Berücksichtigung der Wahrnehmung von Beziehungen der beteiligten Elemente eine zentrale Rolle (Koffka 1962, Wertheimer 1967, Köhler 1971).

Dazu gehören das menschliche Bestreben, nahe und ähnliche Elemente aufeinander zu beziehen, das heißt eine Zugehörigkeit herzustellen, von glatten Verläufen von Ereignissen auszugehen und auch aus verstreuten Punkten visuelle Muster zu bilden. Diese Erkenntnisse lassen sich in den folgenden Gesetzen zusammenfassen:

Gestaltgesetze

- das Gesetz der Nähe,
- das Gesetz der Ähnlichkeit,
- das Gesetz des glatten Verlaufs,
- das Gesetz der Geschlossenheit und der guten Gestalt.

Wahrnehmungshintergrund

Für das Sprachenlernen sind diese Gesetze von großer Relevanz, weil sie uns erlauben, viele Erwerbsfehler der Lerner besser zu verstehen und weil sie es uns ermöglichen, Lehrmaterialien so zu strukturieren, dass Fehler frühzeitig vermieden werden können. Die Wahrnehmung ist nämlich durch das Vorwissen und durch bestehende mentale Modelle entscheidend geprägt. Auch Lerner konstruieren bestimmte Zeichen, Symbole und Bilder vor dem Hintergrund ihres bisherigen Wissens, das heißt, sie konstruieren Bedeutung aus einzelnen Elementen, ohne unbedingt zu wissen, dass die konstruierten Bedeutungen und Bedeutungsmuster in der fremden Kultur unter Umständen eine andere Funktion haben. Ein umgekehrtes Frage- oder Ausrufezeichen wird Lerner des Spanischen anfangs irritieren oder von ihnen als Schreibfehler interpretiert werden, bis sie gelernt haben, dass diese Markierungen am Anfang eines Satzes den Satzmodus kennzeichnen. Lerner des Deutschen als Fremdsprache werden auf Grund der Gestaltprinzipien anfangs immer in der Nähe des Verbs seine wichtigsten Teile suchen und ohne Hilfe die Klammerbildung im Deutschen kaum verstehen, widerstrebt sie doch dem Gesetz der Nähe.

Bedeutung und Wissen werden in Form vieler Details repräsentiert, deren Verbindungen zueinander im Gehirn hergestellt werden. Diese Details werden im Sinne des Gestaltprinzips der Geschlossenheit erst wirksam, wenn sie ein zusammenhängendes **mentales Bild** (*mental image*) ergeben, das einen Bezug zu einer visuellen Vorstellung herstellt. So sind die Linien, Striche, Flächen und Objekte einer Landkarte an sich genommen völlig belanglose Elemente. Erst dadurch, dass sie als Symbole eine Landschaft abbilden, lassen sie sich entziffern. Geübte Kartenleserinnen sehen daher kartografische Darstellungen nicht nur als oberflächliche, wahllose graphische Elemente oder zweidimensionale Symbole, sondern sie konstruieren daraus tatsächlich dreidimensionale Gebilde und mentale Miniaturlandschaften.

Kognitive Linguistik

Die Wahrnehmung ist zwar nicht objektiv, aber sie basiert auf realen Erfahrungen. Die Kognitive Linguistik geht davon aus, dass diese realen Erfahrungen symbolisiert in Sprache und ihrer Grammatik abgebildet werden. Die Zuordnung von Erfahrungen und Sprache erfolgt dabei in **Basisdomänen**, die das konzeptuelle Gerüst für die Strukturierung von Inhalten bereithalten. Dieses konzeptuelle Gerüst ist aus unserer **perzeptuellen** Wahrnehmung und unseren **körperbasierten Erfahrungen** abgeleitet (Bewegung, Raum, Gravitation, Kraft, Widerstand). Ausgebildet sind die Domänen in **Bildschemata**, mit denen wir die Welt strukturieren. Bildschemata sind rekurrente, kombinierbare und in Clustern gruppierbare Muster des konzeptuellen Systems. Sie ergeben sich aus den unterschiedlichen Perzeptionsmodalitäten optisch, auditiv, haptisch, motorisch und olfaktorisch und lassen sich transformieren, zum Beispiel von einem Ursprung-Weg-Ziel-Fokus zu einem Fokus auf den Zielraum, wie er sich in den Wechselpräpositionen ausdrückt.

Die körperbasierten Erfahrungen werden aber von Sprache zu Sprache unterschiedlich genutzt. So heißt es im Deutschen *im Re-*

gen, im Spanischen und Französischen *unter dem Regen* (*bajo la lluvia*; *sous la pluie*). Dabei werden also unterschiedliche Konzeptualisierungen des Regens zu Grunde gelegt: Im Spanischen und Französischen wird der Regen als eine Entität (Fläche) über uns, und somit nach dem Bildschema oben-unten konzeptualisiert; im Deutschen wird er hingegen als ein Behälter repräsentiert. Das Russische nutzt beide Konzepte: neben der Konzeptualisierung der Sonne als Behälter können sich Sprecher des Russischen auch dafür entscheiden, die besonnte Oberfläche auf dem Boden zu profilieren (Russ. Я стою на солнце, Dt. ich stehe auf der Sonne).

körperbasierte Erfahrungen

Abb. 3.4: Konzeptualisierung des Regens im Deutschen und Englischen

Abb. 3.5: Konzeptualisierung des Regens im Spanischen, Französischen und Russischen

Die Mehrdimensionalität von Sprachen lässt sich demnach nur durch mentale Bilder von ihren Kulturen wirklich ergründen. Nirgends wird dies deutlicher als bei **Metaphern** und in **Redewendungen**. Vergleiche zum Beispiel Englisch *To make hay while the sun shines* – Deutsch *Das Eisen schmieden, solange es heiß ist* oder *Sitting on the fence* gegenüber *Zwischen den Stühlen sitzen.* **Metaphorisierungsprozesse** zeigen sich in allen Bereichen der Sprache und in der Sprachverarbeitung (**Mapping**; Lakoff/Johnson 1980 und Lakoff 1987). Psycholinguistische Experimente belegen daher auch, dass insbesondere abstrakte Begriffe wie Angst, Liebe, Neid eine Vielzahl von Bildern evozieren und daher besonders vielfältig metaphorisch konzeptualisiert werden (Roche 2006, Grady 2007, Danesi 2008, Littlemore 2009, Ramdan 2019).

Metaphorisierungsprozesse

Bedeutungen werden als Bedeutungsinhalte oder schematisch gespeichert. Man spricht daher von **propositionalen Repräsentationen** bei den Inhalten und von **Schema-Repräsentationen** bei der schematischen Speicherung. Propositionale Repräsentationen sind Einheiten aus einzelnen Bedeutungselementen (atomare Bedeutungseinheiten), die den Inhalt von Äußerungen oder Sätzen als lineare Kette oder als Netzwerk darstellen. Durch diese inhaltlichen Elemente wird Wissen gespeichert und lässt sich erweitern. Die Bemerkung eines Fußballtrainers „Spieler X spielt wie Flasche leer" stellt ungefähr dar, wie man sich eine solche atomare Aneinanderreihung von Grundbedeutungen vorstellen muss, wobei die Vergleichsfunktion hier durch das Verbindungselement *wie* ausgedrückt wird (van Dijk/Kintsch 1983: 14). Weitere Beispiele finden sich in der Darstellung von Lerneräußerungen in Kapitel 4.

Prototypen

Bei den Schema-Repräsentationen erfolgt die Speicherung oder Wissensrepräsentation in Form typischer Konzepte, Kategorien oder Muster (Prototypen; zum Beispiel der Schäferhund als prototypischer Hund in westlichen Kulturen oder die Symbolverwendung in Piktogrammen). Anhand der Schemata kann neues Wissen angedockt und abgespeichert werden (dazu vertiefend Rosch/Lloyd 1978, Clausner/Croft 1999, Grady op. 2005, Aurnague/Hickmann/Vieu 2007, Oakley 2007, Taylor 2008).

Der Sprachenerwerb ist von solchen Symbolen, Modellen und Schemata stark beeinflusst. Das zeigt sich unter anderem darin, dass Lerner Raum-, Zeit- und andere Konzepte transferieren (**konzeptueller Transfer**) sowie in **semantischem** und **pragmatischem Transfer**. Zeitangaben sind in vielen Sprachen von Raumangaben abgeleitet. Asiatische Sprachen verwenden dafür gerne räumliche Körperkonzepte wie *am Kopf* oder *am Fuß* einer Zeitperiode. Deutsch und andere europäische Sprachen nehmen dafür gerne Situierungen auf der horizontalen und vertikalen Achse, wie *am Anfang, am Ende, down in history* (dazu Radden 2011). An der sprachlichen Oberfläche zeigen sich diese **Transfererscheinungen** am ehesten in entlehnten Wörtern (**lexikalischer Transfer**) und Kommunikations- und Textmustern, die aus vorerworbenen Sprachen übertragen werden.

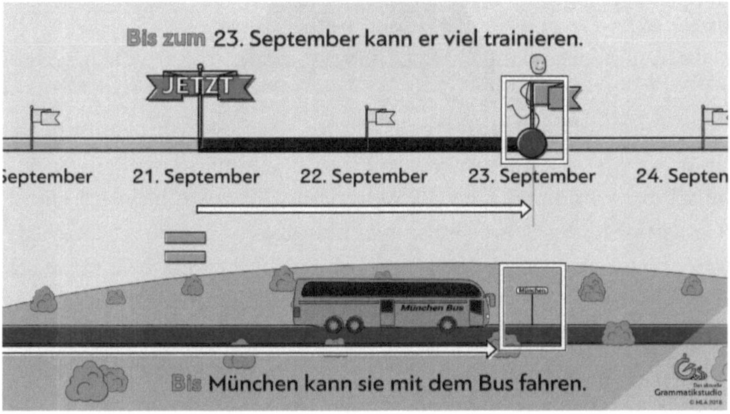

Abb. 3.6: Darstellung der Präposition *bis*. Die Bedeutung von *bis* wird mit der Bewegung des Busses parallel zum mitlaufenden Pfeil und auf den Endpunkt fokussiert illustriert.

3.3 Aufmerksamkeit

Zur Verarbeitung der eingehenden Informationen muss unser Gehirn die nötigen Kapazitäten bereithalten. Mit diesen Kapazitäten (**Aufmerksamkeit**) muss ein Lerner ökonomisch wirtschaften, damit er die anstehenden Verarbeitungsaufgaben bewältigen kann. Daher kann nur eine begrenzte Anzahl von Aufgaben in einem bestimmten Zeitrahmen bearbeitet werden. Dabei spielt die Anzahl von sieben Einheiten eine wichtige Rolle, wobei der Umfang einer Einheit weder zeitlich noch mengenmäßig genau fixiert ist. Es handelt sich also um eine flexible Verarbeitungsgröße, die zum Beispiel auf Silben, Wörter, Aufgaben und Bearbeitungsschritte bezogen sein kann. Diese grundlegende Erkenntnis lässt sich übrigens, wie vieles andere auch, auf Lehr- und Lernsituationen übertragen und dort in einer entsprechenden Taktung operationalisieren, etwa in Bearbeitungseinheiten von circa 7 Minuten. In diesem Sinne ergeben sich für eine Unterrichtsstunde von 45–50 Minuten sieben Unterrichtsphasen als optimales Gliederungsprinzip. Der Nebeneffekt dieses Prinzips ist ein kurzweiliger und in der Regel effizienter Unterricht für Lehrkräfte und Schülerinnen und Schüler.

Gliederungsprinzipien

Ist der Bearbeitungsaufwand wesentlich größer, kann er dadurch besser bewältigt werden, dass größere Aufgaben in kleinere Teilaufgaben unterteilt werden. Lange Kontonummern, Bankleitzahlen oder Telefonnummern lassen sich auch besser behalten, wenn wir sie in kleinere Blöcke aufteilen und somit Kapazitäten des Verarbeitungsapparates frei werden (**Chunking Prinzip**). Lange Wörter merken sich Lerner, indem sie sie trennen oder die Anfangs- und Endsilben zusammenziehen. Auch durch visuelle oder akustische Signale, zum Beispiel durch einen Rhythmus oder eine Betonung, können Lernstoff und Bearbeitungsaufwand gegliedert und die Aufmerksamkeit verstärkt werden.

Salienz

Beim Sprachenerwerb spielen die lautlichen Elemente eine sehr wichtige Rolle, und zwar nicht nur die, die durch Betonung eine Hervorhebung (Salienz) bewirken. Bei der Suche nach Bedeutungen schreiben Kinder im Erstsprachenerwerb (und Lerner im Fremdsprachenerwerb) gemäß den genannten Gestaltprinzipien Lauten ganz allgemein eine große Bedeutung zu. Dieses Prinzip prägt uns offensichtlich derart, dass wir auch später noch unterscheiden, ob jemand einen Akzent hat oder nicht, auch wenn das für das Verstehen gar nicht relevant ist.

3.4 Informationsspeicherung

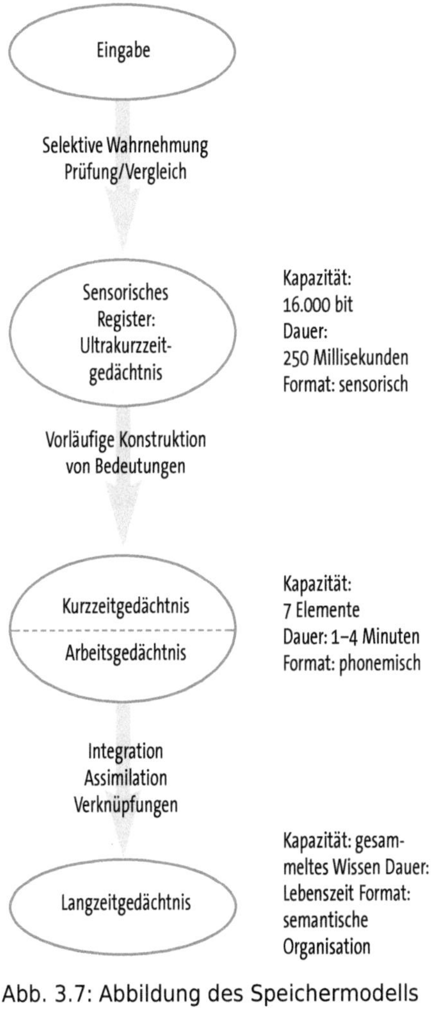

Abb. 3.7: Abbildung des Speichermodells

Ein zentrales Element der Sprach- und Informationsverarbeitung ist die Speicherung von relevantem Wissen. Nicht alles, was verarbeitet wird, ist aber wirklich relevant und sollte deshalb schnellstens vergessen, das heißt nicht gespeichert werden.

Speichermodell

Wie laufen die Prozesse des Speicherns und Vergessens ab? Wie können sie für das Sprachenlernen besser nutzbar gemacht und im Sprachunterricht gefördert werden, besonders natürlich das Vergessen von Fehlern und das Behalten von korrekten Strukturen?

Um diese Prozesse systematisch zu erfassen, stellen ältere Modelle die Verarbeitung der eingehenden Information in verschiedenen Speichern dar, in denen die verarbeitete Information unterschiedlich lange zwischengelagert oder dauerhaft gespeichert wird. Im **Ultrakurzzeitgedächtnis** oder **sensorischen Register** verbleibt demnach die eingehende, bereits gefilterte Information nur sehr kurz, nämlich nur einen Bruchteil einer Sekunde. Im Grunde werden hier die sprachlich relevanten Eingangsinformationen als Input vorverarbeitet und koordiniert. Es entsteht eine vorläufige Konstruktion von Bedeutung auf Grund einer bestimmten Kommunikationssituation. Das daraus entstehende Produkt wird dann an das **Kurzzeitgedächtnis** weitergeleitet und schließlich dem **Langzeitgedächtnis** zugeführt. Der Langzeitspeicher kann Wissen lebenslänglich speichern, unterliegt aber durch die ständig neu eingehenden Informationen stetigen Reorganisationsprozessen. Die Verarbeitung der Information wird also nicht nur in passiven Informationsschubladen geleistet, sondern es sind verschiedene Verarbeitungs- und Organisationsprozesse beteiligt. Deswegen müssen die älteren Gedächtnismodelle erweitert werden, auch wenn man die Begriffe alltagssprachlich gerne und oft verwendet. In der Sprach- und Spracherwerbsforschung spielt die Bezeichnung **Arbeitsgedächtnis (Working Memory)** daher eine wichtige Rolle. Sie bringt die entsprechende Dynamik der Verarbeitungsprozesse besser zum Ausdruck. Im Arbeitsgedächtnis werden Informationen nicht nur abgespeichert, sondern auch sortiert und weiterverarbeitet. Geleistet werden müssen auch die Integration in das bestehende Wissen und die dadurch nötigen Anpassungen sowohl des neuen Wissens als auch des Wissensbestandes. Im Arbeitsgedächtnis laufen also Prozesse der (auch sprachlichen) Informationsaufbereitung, -aktualisierung und -integration ab (Baddeley/Eysenck/Anderson 2009). Ganz wichtig für das Sprachenlernen und den Sprachunterricht: Die Organisation des

Dynamik der Verarbeitungsprozesse

Wissens erfolgt in erster Linie nach der Bedeutung, also nach semantischen Prinzipien, nicht nach der (grammatischen) Form.

Aktivierungsgrad

Bei der Verarbeitung spielt die **Intensität** oder **Tiefe der Aktivierung** eine entscheidende Rolle. Je tiefer oder intensiver die Aktivierung eines Musters oder mentalen Bildes/Modelles ist, desto besser kann es sich an die schon gespeicherten Muster und Schemata (das bestehende Wissen) im Langzeitgedächtnis andocken. Die inhaltliche Verarbeitung, das heißt die Aktivierung der inhaltlichen und der dafür relevanten grammatischen Merkmale, also vor allem der semantischen und für die Bedeutung wichtigen syntaktischen, morphologischen und phonologischen Information, ist meist besonders intensiv.

Die Verarbeitung der Lautstruktur, die rein phonemische Verarbeitung also, erfolgt in der Regel als mitteltiefe Aktivierung, in kürzerer Zeit und mit weniger Aufmerksamkeit/Kapazität. Die Verarbeitung lautlicher (phonetischer) und sensorischer Merkmale erfolgt in der Regel als flache Aktivierung, also reflexartig. Hierfür wird wenig Aufmerksamkeit benötigt. Wenn das Lautinventar verankert ist, wird ein hoher Automatisierungsgrad der Verarbeitung erreicht, der sich der bewussten Kontrolle weitgehend entzieht und daher eine flache Aktivierung bewirkt. Das ist ein ungünstiger Befund für alle Methoden, die sich vor allem auf die Vermittlung von Lauten oder das Erinnern von bedeutungsschwachen Lautketten stützen, also zum Beispiel die audiolinguale Methode.

Automatisierung

Kann der flache Aktivierungsgrad im Ausspracheberech durch eine erhöhte Wiederholungsaktivität gesteigert werden? Da das Wiederholen eines Musters ein mechanischer Prozess ist, wird der Aktivierungsgrad mit erhöhter Wiederholungsrate eher noch flacher (Ebbinghaus-Effekt nach Ebbinghaus 1885). Ein Lerner kann dann vielleicht Wiederholtes eher wiedererkennen oder imitieren, aber nicht unbedingt besser erinnern und nutzen. Werden aber beim Wiederholen neue Informationen mitverarbeitet und andere Verarbeitungsbereiche mitaktiviert, dann vertieft sich der Aktivierungsgrad, und die Chancen zum Andocken an bestehendes Wissen erhöhen sich. Dies kann zum Beispiel durch die Bildung von Assoziationen geschehen oder durch die Aktivierung neuer semantischer Merkmale im Wiederholungsprozess, etwa

Assoziationen

wenn Lerner eine Aufgabe auf andere Bereiche übertragen oder anderen Wortschatz dafür verwenden (**zyklisches Lernen** oder **elaborierte Wiederholungen**). Auch bei elaborierten Wiederholungen spielt die Wissensorganisation nach semantischen Kriterien die wichtigste Rolle. Je besser und schneller sie gelingt, desto nachhaltiger ist die Einbettung, das heißt das Behalten.

3.5 Sprache und Bildverarbeitung

visuelle Information

Visuelle Information spielt bei der Verarbeitung und beim Lernen von Sprache eine sehr wichtige Rolle. Im Fremdsprachenunterricht und bei der Entwicklung von Lehrmaterialien werden zunehmend Bilder, Animationen und grafische Elemente verwendet. Wie aber verhindert man dabei visuellen Aktionismus, der die Lerner ablenkt oder überfordert? Wie muss man sich genau die Verarbeitung visueller und sprachlicher Information vorstellen, wenn sie einen Mehrwert produzieren soll? Diese und andere Fragen treten seit dem Vormarsch der neuen Medien in der Wissensvermittlung zunehmend in den Vordergrund. In Theorien zum multimedialen Lernen wird daher versucht, konkrete Empfehlungen für das Design von Lernmaterialien zu geben. Eine der einflussreichsten Theorien ist die **Cognitive Theory of Multimedia Learning**. Sie behandelt drei entscheidende Prinzipien für die Verarbeitung visueller und sprachlicher Information:

1. die duale Kodierung,
2. die Auslastung des Arbeitsspeichers und
3. das konstruktive oder generative Lernen.

Verarbeitungsprinzipien

1. Das Prinzip der **dualen Kodierung** fasst die Verarbeitung sprachlicher und bildlicher Information in unterschiedlichen Zentren zusammen, die allerdings aufeinander bezogen und miteinander koordiniert sind (siehe Kapitel 3.1). Bei der gleichzeitigen Aufnahme von sprachlicher und bildlicher Information werden also zwei unterschiedliche mentale Repräsentationen produziert, so die Annahme. Diese werden in (mindestens) einem weiteren Verarbeitungsschritt zu-

sammen mit dem Vorwissen in ein Gesamtmodell integriert oder regelmäßig abgeglichen. Beide mentalen Repräsentationen werden gleichzeitig im Kurzzeitgedächtnis gespeichert, wodurch eine Verbindung, ein so genannter **Kontiguitätseffekt**, entsteht. Damit die Verarbeitung der parallelen Information auch effizient erfolgen kann, ist vor allem eine zeitliche und räumliche Koordinierung der Präsentation von Bild und Text nötig.

2. Das Kurzzeitgedächtnis kann, wie bereits gezeigt wurde, nur eine begrenzte Informationsmenge bewältigen. Wird diese überschritten, tritt eine **Überlastung** ein. Das ist beispielsweise der Fall, wenn zusammengehörige bildliche (piktoriale) und sprachliche Information zeitlich und räumlich nicht aufeinander abgestimmt ist. Im Unterricht passiert dies häufig dann, wenn neue Begriffe eingeführt werden, aber die Lerner erst später an einem Bild (**Parallelinformation**) erkennen, um welchen Gegenstand es sich dabei handelt. Um eine Verbindung herstellen zu können, müsste die sprachliche Information lange im Arbeitsgedächtnis aktiviert bleiben, die maximale Aufbereitungsdauer beträgt hier jedoch nur vier Minuten, und dies auch nur, solange die Kapazitäten nicht anderweitig belegt sind. Je kürzer der zeitliche Abstand zwischen sprachlicher und bildlicher Information ist, desto besser. Wird dagegen die maximale Bearbeitungszeit des Arbeitsgedächtnisses überschritten, ist ein kombiniertes Erinnern fast aussichtslos. Gleiches gilt, wenn zu viele Informationen auf einmal präsentiert werden und dabei auf die limitierten Aufmerksamkeitsressourcen verteilt werden müssen. Hier spielt die Millersche Zahl von 7 +/- 2 eine wichtige Rolle. Demnach können sich die meisten Menschen Zahlenreihen von maximal 7 +/- 2 merken. *cognitive load*

3. Das **konstruktive** oder **generative Lernen** ergibt sich, wenn die verschiedenen Informationen in ein gemeinsames mentales Modell integriert werden. Das kann aber nur unter Rückgriff auf das Vorwissen und vorangehende Erfahrungen geschehen, also durch Ankoppelung an mentale Bilder und Schemata. Visualisierungen sind immer dann sinnvoll, wenn sie einen Bezug zur sprachlichen Informa-

tion haben beziehungsweise bereits vorhandene mentale Schemata aufrufen. Sie sind hingegen unproduktiv, wenn sie mehr der Unterhaltung oder Ablenkung dienen. Zuordnendes Lernen kann durch Überflutungen mit visuellen Reizen (wie oft in den elektronischen Medien gegeben) geradezu verhindert werden.

Visualisierungsformen

Bildmaterial im Unterricht: was und wann?
Animation, statische Illustration oder kompletter Verzicht auf Illustrationen, das ist die Frage, die sich im Unterricht oder bei der Erstellung von Lehrmaterial häufig stellt. Wo liegen die Stärken der einzelnen Visualisierungsformen?

Statische Bilder
Sie eignen sich besonders als Orientierungshilfe, zur Verständlichmachung komplexer Inhalte, zur Aufmerksamkeitsfokussierung und zur Behaltensförderung. Sie sind hilfreich, wenn sie Vorwissen aktivieren und zur Entlastung des Arbeitsspeichers beitragen. Prozessinformationen können sie dagegen nur bedingt abbilden, zum Beispiel durch Pfeile oder andere Symbole der Dynamik, da ihnen die zeitliche Komponente fehlt. Sie sind auch da vorzuziehen, wo die Komplexität der Aufgabe eine schrittweise Verarbeitung durch die Lerner erfordert. Dynamische Wissensrepräsentationen könnten hier zu einer Überforderung der Aufmerksamkeitskapazitäten führen oder zu einer nur oberflächlichen Verarbeitung verleiten. Eine scheinbar problemlose Verständlichkeit der Lerninhalte durch Animationen führt nicht notwendigerweise zu einer intensiveren Auseinandersetzung mit den Inhalten.

Dynamische Bilder
Dynamische Bilder eignen sich zur Darstellung sequenzieller oder kausaler Sachverhalte, aber nur solange dies nicht zu einer Reizüberflutung oder Ablenkung führt. Bewegungen, Farbänderungen und Ähnliches lenken automatisch die Aufmerksamkeit auf sich. An der falschen Stelle eingesetzt, ziehen sie daher wichtige Aufmerksamkeitsressourcen von anderen essenziellen Verarbeitungsaufgaben ab.

Auch muss die Präsentationsgeschwindigkeit der Verarbeitungsgeschwindigkeit der Lerner angepasst sein. Eine schnelle Abfolge von Informationseinheiten verlangt zusätzliche Ressourcen und kann daher die Verarbeitung der eigentlichen Aufgabe sogar erschweren. Es ist daher grundsätzlich ratsam, bei Animationen Steuerungsmechanismen zur Verfügung zu stellen, die auf die Lernbedürfnisse flexibel reagieren können. Animationen sind dann effizient, wenn die Lerner über das nötige Vorwissen zur Verankerung der neuen Information verfügen. Sonst wird die präsentierte Information nur oberflächlich interpretiert und schafft damit den subjektiven Eindruck, das Material gut verstanden zu haben, verhindert aber in Wirklichkeit eine stärkere kognitive Aktivierung. Ungeeignet sind Animationen auch, wenn es um die Verarbeitung von Detailinformationen geht. Hier eignen sich eher statische Bilder oder gegebenenfalls auch bildlose Präsentationen.
Visuelle Information, ob bewegt oder statisch, sollte stets der entsprechenden Aufgabe angepasst, mit der Textverarbeitung koordinierbar sein und mit Bedacht eingesetzt werden. Die Masse macht es nicht. In einer beachtenswerten Studie hat Suñer (2011) widerlegt, dass die Menge oder Vielfalt unterschiedlicher Medien in der Sprachverarbeitung eine entscheidende Rolle spielen. Vielmehr lassen sich positive Effekte dann erzielen, wenn der Einsatz der Medien auf die entsprechende Aufgabe abgestimmt ist.

3.6 Sprachverstehen und Sprachproduktion

Verarbeitungsmodell

Im Folgenden sollen die spezifischen Elemente und Funktionen der Sprachverarbeitung genauer dargestellt werden.

Dazu dient ein Modell aus der **Psycholinguistik**, einer interdisziplinären Wissenschaft (seit etwa Anfang der 1970er Jahre), als Orientierung. Die Psycholinguistik übernimmt Erkenntnisse aus der Psychologie, wie zum Beispiel zur Informationsverarbeitung und zu den Speicherverfahren des Wissens, und aus der

Linguistik, beispielsweise zu den grammatischen Regeln der Teilbereiche der Sprache, und entwickelt daraus Modelle der Sprachverarbeitung. Sie gliedert sich in vier große Teilbereiche: die Erforschung des Sprachverstehens, der Sprachproduktion, des Sprachenerwerbs und des Sprachenverlustes (Attrition, Aphasie). Das folgende Modell illustriert das Sprachverstehen (Rezeption, links) und die Sprachproduktion (rechts). Derartige Modelle sind Darstellungen von Prozessen. Sie machen keine direkten Aussagen über die Verkabelung des Gehirns oder die Struktur der Wissensspeicher.

Sprachverstehen

Das Sprachverstehen, das hier exemplarisch am Beispiel des Hörens erläutert werden soll, beginnt mit der Wahrnehmung von verschiedenen Lauten, Tonhöhen, Pausen und Ähnlichem, die in Form von Schallwellen auf die Sinnesorgane einströmen. Die Schallwellen müssen nun auf sinnvolle Weise identifiziert werden, und zwar in Form von Lauteinheiten (Silben, Clustern) oder Phonemen. Das heißt, wir nehmen nicht nur die einzelnen Laute wahr, sondern wir lernen als Kinder bereits, Laute zu Lauteinheiten zu gruppieren. In der Regel tragen oder unterscheiden diese Einheiten Bedeutung. Die Äußerung *Ich liebe in Wein* unterscheidet sich so von der Äußerung *Ich lebe in Wien* zwar nur in zwei Lauteinheiten, aber es kann hier schnell erkannt werden, welche Bedeutungsunterschiede eine einzelne Lauteinheit ausdrücken und welche gravierenden Konsequenzen das haben kann. Sobald die Einheiten identifiziert sind, müssen sie Bedeutungen zugeordnet werden. Wir müssen also irgendwie verstehen können, dass *Wien* und *Wein* nicht das Gleiche bedeuten. Dazu bilden wir Verbindungen von Lauten (so genannte **Cluster**), die auf unseren Wortspeicher (**mentales Lexikon**) zugreifen und versuchen, dort passende Sinneinheiten zu finden. Dabei hilft einmal der Kontext, durch den bestimmte Bedeutungsmöglichkeiten schon voraktiviert sind, wahrscheinlich werden oder ausgeschlossen sind. Es helfen aber auch grammatische Eigenschaften der gefundenen Begriffe sowie Bedeutungsverwandtschaften. So wissen wir, dass an bestimmten Stellen in deutschen Sätzen ein Verb stehen muss (oder kann) und dass manche Begriffe besser zueinander passen als andere. Zusätzlich können – wie bereits dargestellt – auch Sinneseindrücke die Aktivierung von Begriffen bewirken. Eine Lautkette *essen* wird deshalb in bestimmten grammatischen, aber auch von Hunger, Gerüchen oder Kochshows bestimmten Kontexten ohne Probleme als die Tätigkeit *essen* verstanden werden, in anderen als die Großstadt im Ruhrgebiet.

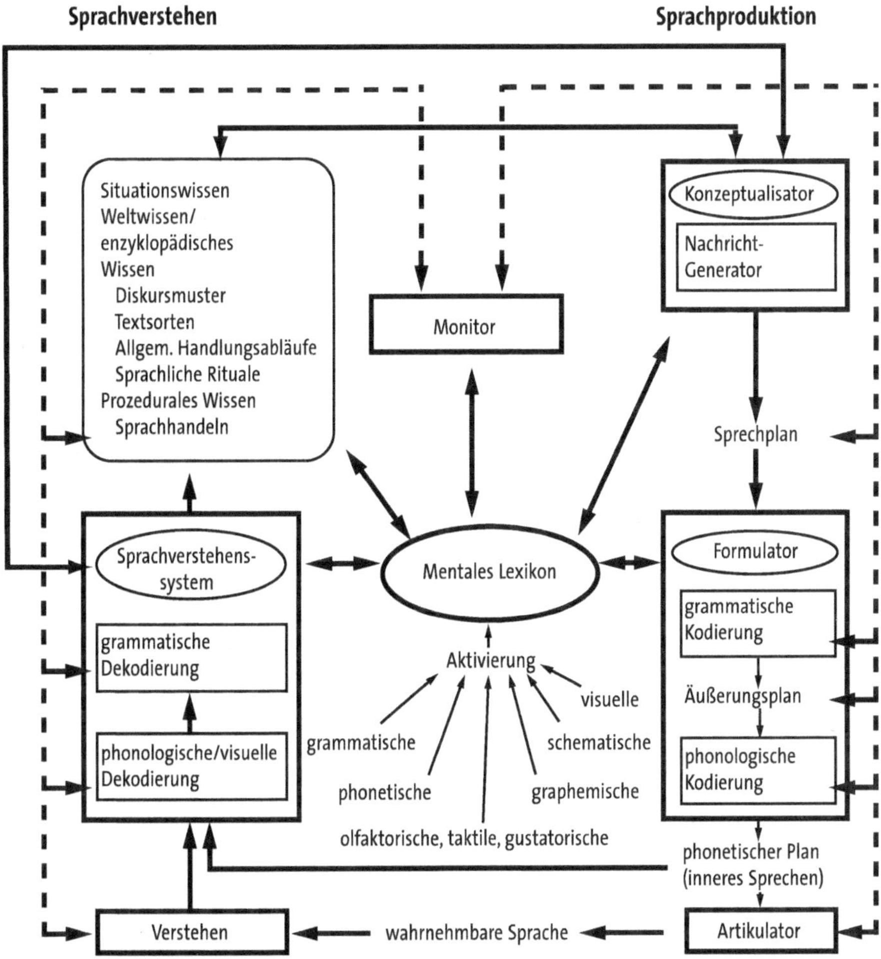

Abb. 3.8: Modell der Sprachverarbeitung: links der Prozessablauf beim Sprachverstehen, rechts bei der Sprachproduktion. Zentrales Element: das mentale Lexikon, das durch verschiedene Kanäle aktiviert wird

In einem weiteren Schritt müssen wir versuchen, die einzelnen Lautelemente zu einem zusammenhängenden Ganzen zusammenzufügen und in unser bestehendes Wissen von der Welt und von der aktuellen Gesprächssituation einzubetten. Weil aber bei so vielen Aufgaben das eine oder andere übersehen werden oder verloren gehen kann, läuft parallel dazu ein **Monitor** mit, der

Korrekturen

normalerweise immer dann Alarm schlägt und Korrekturen veranlasst, wenn irgendetwas nicht plan- oder schemagemäß funktioniert. Das Verstehen ist ein Prozess, der von der konkreten sprachlichen, das heißt hörbaren Oberfläche (im Modell auf der unteren Ebene angesiedelt) zu den versteckten Konzepten (oben) führt, also als **Bottom-Up-Prozess** verläuft.

Bei der Sprachproduktion läuft der Verarbeitungsprozess umgekehrt ab, das heißt von oben nach unten, also **top down**. Der Sprachproduktionsprozess – wir betrachten stellvertretend die Produktion mündlicher Sprache, also das Sprechen – beginnt mit der Konzeptualisierung oder Planung einer Nachricht im Konzeptualisator. Hier werden die Sprechabsichten (die auf **Schemata** basierenden Pläne) in einen konkreten Ablaufplan umgesetzt, der auf einzelnen **Scripts** basiert. Inwieweit dies sprachlich oder außersprachlich geschieht, ist nicht ganz klar. Da die Produktion aber stets in Situationen eingebettet ist, die auch durch Sprache bestimmt sind, kann von einer beträchtlichen sprachlichen Beeinflussung des Konzeptualisierungsvorganges ausgegangen werden. Die Sprachproduktion ist daher grundsätzlich vom Sprachverstehen und von der Wahrnehmung der Umwelt beeinflusst, greift also auf das **Situationswissen** inklusive den vorangehenden Verlauf der aktuellen Sprechsituation zurück. Sie

Wissen

hat darüber hinaus Zugang zum bestehenden **Weltwissen (enzyklopädisches** oder **deklaratives Wissen**, das heißt das Wissen des Sprechers von der Welt) und zu dem **Prozesswissen (prozedurales Wissen**, das heißt das Wissen über die Ablauforganisation des Weltwissens). Zum Welt- und Prozesswissen gehört auch die Kenntnis von **allgemeinen Handlungsabläufen** und ihren sprachlichen Abbildungen in Form von **Diskursmustern**, **Textsorten** oder **sprachlichen Ritualen**.

Bei der Erstellung der Nachricht wählt der Konzeptualisator zunächst die für die Versprachlichung relevanten Informationen aus, ordnet sie und wertet gleichzeitig die eingehenden Nachrichten aus. Der Monitor gleicht nicht nur die eingehenden, sondern auch die geplanten Nachrichten mit den tatsächlich produzierten auf möglicherweise bestehende Diskrepanzen ab.

Monitor

Das Ergebnis des Konzeptualisierungsprozesses ist der **Sprechplan** (die **präverbale Nachricht**). Er wird anschließend an den **Formulator** weitergeleitet, dessen Aufgabe die Konstruktion von Äußerungen ist. Der Formulator hat Zugang zum **mentalen Lexikon**, in dem lexikalisches Wissen in sogenannten Listemen, das heißt, nicht weiter auflösbaren Einheiten als Form (Lexem) und Inhalt (Lemma) gespeichert ist. Die lexikalischen Einträge enthalten die Bedeutung der Wörter, eine Beschreibung der möglichen syntaktischen Umgebungen, zum Beispiel, welche Ergänzungen ein Verb benötigt, und eine Liste der möglichen Endungen. Unterschieden wird zwischen Inhaltswörtern (Substantiven, Verben, Adjektiven, Adverbien, Pronomen) und Funktionswörtern (Artikel, Präpositionen, Konjunktionen). Die Lexeme enthalten die Information über die äußere Form der Wörter (Phoneme, Morpheme, Silbenstruktur etc.). Dieses Lexikon sieht aber nicht aus wie ein normales Wörterbuch, in dem sich zielsprachliche und muttersprachliche Begriffe gegenüberstehen. Vielmehr muss man es sich als multidimensionales und dynamisches Netz mit zahlreichen semantischen und phonetischen Knoten und Verbindungen vorstellen, das alle Sinneskanäle miteinander verbindet. Wenn ein Element aktiviert wird, schwingen eine ganze Reihe weiterer semantischer Merkmale, lautlicher Beziehungen und Sinneseindrücke mit.

Formulator

Aufgrund des gelieferten **Sprechplans** werden also im Formulator die Lemmata aktiviert, deren grammatische Spezifikationen zur Auswahl und Produktion eines syntaktischen Rahmens führen (**grammatische Kodierung).** Dieser kann dann vorübergehend in einem so genannten syntaktischen Speicher abgelegt werden, während bereits die Produktionsprozesse für weitere Äußerungen ablaufen (**inkrementelle Verarbeitung**). Das Ergebnis dieses Formulierungsprozesses ist der **Äußerungsplan** (Oberflächenstrukturen). Dieser wird an einen Prozessor weitergeleitet, der ihm die äußere Form gibt. Diese Prozesskomponente im Formulator umfasst die **phonologische Kodierung** der einzelnen Äußerungselemente und der Äußerung als Ganzes. Das schließt die Endungen, Umlaute und Weiteres (Flexion) und die Intonation mit ein. Als Produkt entsteht ein **phonetischer Plan** in Form von innerer Sprache. Er wird anschließend im **Artikulator** in Anweisungen an den Artikulationsapparat (die circa 400 Sprechmuskeln) umgesetzt, wobei die Pläne offensichtlich schneller produziert als ausgeführt werden können, das heißt, sie müssen vorübergehend gespeichert werden.

Über diese Umsetzungsprozesse machen wir uns als geübte Sprecher unserer Sprache kaum Gedanken. Sie werden von unserem Monitor überwacht, wenn er nicht durch Alkohol, Müdigkeit oder belangloses Gerede unserer Gesprächspartner benebelt ist. Das heißt, er überprüft, ob unsere **Gesprächsabsicht** korrekt realisiert wird und die gewünschten Ergebnisse produziert. Nötigenfalls veranlasst er auch die entsprechenden Korrekturen von Versprechern und Missverständnissen und löst kommunikative Reparaturstrategien aus. Diese Versprecher (*slips of the tongue*), Missverständnisse, Aktivierungsprobleme und Korrekturverfahren sind für das Verständnis der Sprachverarbeitungsprozesse höchst interessant, weil sie uns zeigen, was im Verborgenen eigentlich passiert, wenn alles glatt läuft. Die Tatsache etwa, dass Sprecher in der Lage sind, an ganz unterschiedlichen Stellen Selbstkorrekturen vorzunehmen und sich selbst zu unterbrechen, selbst dann, wenn etwas noch gar nicht gesagt wurde (zum Beispiel das „Ja genau" oder „ich meine" am Anfang eines Referats), verweist auf verschiedene Planungsphasen. Die Tatsache, dass diese Korrekturen oft auch während des Sprechens als unmittelbare Reaktion auf einen Gesprächspartner stattfinden, und zwar auch mitten im Wort oder Satz, zeigt, dass trotz einer linearen (seriellen) inkrementellen Verarbeitung Verarbeitungsprozesse parallel ablaufen und interaktiv sind.

Reparaturen

Wenn ein Sprecher etwa sagt: „Dahinter verbircht sig" statt „Dahinter verbirgt sich", so zeigt der Versprecher an, dass beide Wörter gleichzeitig aktiviert worden sind und vermutlich wegen der semantischen Abhängigkeit, der lautlichen Nähe und der Ähnlichkeit der lautlichen Umgebung vertauscht wurden. Der Sprecher kommt aus einer Gegend, in der aus „Siegburg" oft „Siechburch" wird. Interessant ist auch, dass die übrigen Endungen, wie das -t bei „verbircht", am richtigen Platz bleiben, der syntaktische Rahmen also vorgegeben sein muss.

Die Prozesse der Sprachverarbeitung benötigen **Übung/Automatisierung**. Diese ist aber erst dann sinnvoll, wenn zuvor konzeptuell verankert ist, was Inhalt, Funktion und Ziel der Nachricht sein soll. Reines Nachsprechen ist also denkbar ungünstig zum Sprachenlernen. Auch hat es wenig Zweck, einem Lerner grammatisches Wissen einzutrichtern, wenn die weiteren Prozesse der Konzeptualisierung, Formulierung und Artikulation vernachlässigt werden. Umgekehrt ist es aber auch sehr schwierig, einmal eingeschliffene Kommunikationsroutinen wieder zu ändern. Das ist häufig bei Lernern der Fall, die eine Fremdsprache ungesteuert und ohne strukturelle Hilfen und Korrekturen erworben haben, bevor sie strukturiert und mit Korrekturen die Sprache lernen. Sie verwenden mehr oder weniger systematische Mischformen und sind gegenüber Korrekturen resistent.

Automatisierung

Die klassischen, auch heute gelegentlich noch eingesetzten Pattern-Drill-Übungen haben daher am ehesten im Bereich der Automatisierung der Artikulation ihren Einsatzort, und zwar zum Erreichen einer flüssigen und zielsprachengerechten Aussprache oder auch zum Auffinden der nötigen Lemmata und Lexeme, wenn diese im Lexikon der Lerner schon gespeichert sind. Andere Produktionsprozesse wie die Konzeptualisierung der Äußerungen sind dagegen nicht oder nur wenig automatisiert, es sei denn, jemand „sagt immer dasselbe". Sie verlangen **Planung** und binden einen großen Teil der Verarbeitungskapazitäten des Gehirns, und zwar besonders dann, wenn Kreativität und Kontextgebundenheit gefordert sind, also zum Beispiel in Gesprächen oder bei der Bearbeitung von anspruchsvollen Texten.

Methoden des Fremdsprachenunterrichts

Der beschränkte Erfolg vieler Methoden des Fremdsprachenlehrens kann dadurch erklärt werden, dass sie wesentliche Schritte der Sprachproduktion und des Sprachverstehens entweder völlig übergehen oder vernachlässigen. So wird dem Bereich der Konzeptualisierung weder in behavioristischen Lernmethoden noch in den meisten alternativen Methoden oder in den strukturellen, inputbasierten Methoden ausreichend Aufmerksamkeit geschenkt. In der Grammatik-Übersetzungsmethode wird zum Beispiel impliziert, dass die Lerner den Prozess der Konzeptualisierung im Wesentlichen selbst leisten, in Wirklichkeit fehlt ihnen jedoch meist der Zugang zu den angemessenen Konzepten und Kontexten der fremden Kultur und Sprache (Weltwissen). Darüber hinaus wird in dieser Methode wenig Wert auf die weiteren Verarbeitungsschritte gelegt. Im Mittelpunkt steht der Aufbau des grammatischen Monitors, und zwar als System, das relativ unabhängig von den pragmatischen und funktionalen Bezügen der Grammatik und der Kommunikation existiert. Informationsaufnahme im richtigen Leben erfolgt aber gerade durch die Einbettung in bestehende Beziehungsgeflechte, wobei den Sprecher der Inhalt mehr interessiert als die Form.

3.7 Die Organisation des mentalen Lexikons

> Denn eben wo Begriffe fehlen,
> Da stellt ein Wort zur rechten Zeit sich ein.
> Mit Worten läßt sich trefflich streiten,
> Mit Worten ein System bereiten,
> An Worte läßt sich trefflich glauben,
> Von einem Wort läßt sich kein Jota rauben.

So spricht Mephistopheles zum Schüler im Studierzimmer in Johann Wolfgang von Goethes *Faust (Der Tragödie erster Teil).* Im Zentrum der Sprachverarbeitung steht also das mentale Lexikon als aktiver Speicher unseres Sprachwissens. Die Aktivierung des mentalen Lexikons kann über verschiedene Sinneseindrücke erfolgen, zum Beispiel über die Lautung. Hört ein Sprecher eine Silbe *au*, so werden über die Lautung viele Wörter mit diesem Anlaut aktiviert, also *Au, Auto, autonom, Aurora, Aurelia* und andere aus der *au*-Kohorte. Allerdings ist die Stärke der Aktivierung je nach Kontext unterschiedlich. Das heißt, dass inhaltliche Aspekte (Relevanz, Salienz, Perspektive, Spezifik/Präzision) bei der Auswahl der aktivierten Lemmata und Lexeme eine wesentliche Rolle spielen. Diese Aktivierung funktioniert wie ein Netz von Beziehungen. Zentrale semantische Elemente (Kno-

Aktivierung

ten) werden dabei stärker aktiviert, entferntere werden schwächer aktiviert oder ko-aktiviert.

Das zeigt der folgende Versprecher anschaulich: „Das ist ein Programm, das den künftigen Bedarf abdenkt." Hier bestehen nicht nur phonologische Kohorteneffekte (deckt/denkt), sondern auch semantische (abdecken/bedenken). So kommt es zu dieser innovativen Mischung.

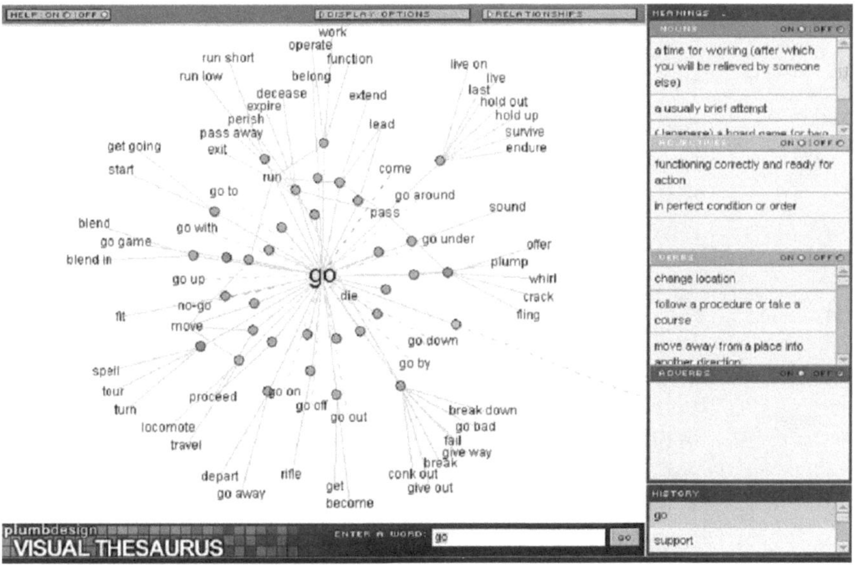

Abb. 3.9: Darstellung eines einsprachigen semantischen Netzes am Beispiel des *Visual Thesaurus* (webbasiertes dynamisches Programm) zur Illustration der Arbeitsweise des mentalen Lexikons

Beim Suchen nach passenden Wörtern für die Konzepte werden somit gleichzeitig benachbarte, das heißt über verschiedene semantische Beziehungen verbundene Konzeptknoten mitaktiviert. Konzeptknoten Der *Visual Thesaurus*, ein webbasiertes dynamisches Programm, das ähnlich (nur viel langsamer) funktioniert wie das mentale Lexikon, illustriert dies auf anschauliche Weise (vergleiche Abbildung 3.9). Bei der Aktivierung des Wortes *go* werden gleichzeitig benachbarte Wörter ko-aktiviert, die allerdings unterschiedlichen grammatischen Klassen angehören (Nomen, Verben, Adjektive,

Adverbien). Verschiebt sich dabei der Schwerpunkt auf andere semantische Elemente, weil *go* in dem gegebenen Kontext vielleicht nicht spezifisch genug ist, so ändert sich die Aktivierung des gesamten Netzes. Es entsteht dadurch ein neues Feld mit anderen und anders gewichteten Knoten. Die lexikalischen Konzepte, die wir normalerweise als Wörter bezeichnen, stellen also Beziehungsgefüge dar, in denen die Bedeutung die Gesamtheit der Verbindungen mit anderen Konzeptknoten umfasst.

Visual Thesaurus

WordNet

Der *Visual Thesaurus* basiert auf dem so genannten *WordNet*, einer an der Universität Princeton entwickelten elektronischen Datenbank zur semantischen Darstellung und Nutzung des Wortschatzes für die englische Sprache (www.visualthesaurus.com). Anwendungen für andere Sprachen wurden im Rahmen des *EuroWordNet* entwickelt, sind aber nur teilweise öffentlich zugänglich. *EuroWordNet* ist ein europaweites Forschungsprojekt verschiedener Universitäten zum Aufbau einer Datenbank von mehrsprachigen Wortverbindungen (semantischen Netzen).

semantische Beziehungen

Wörter der vier großen Inhaltswortklassen (Nomen, Verb, Adjektiv und Adverb) werden dabei nach semantischen Beziehungen verknüpft. Dazu gehören die Kategorisierung nach Über- und Unterordnung (**Hyperonymie/Hyponymie**), die Verbindung über Bedeutungsähnlichkeiten (**Synonymie**), die Verbindung über Gegensätze (**Antonymie**) und die Verbindung über Teilsegmente. Die Bezüge zwischen den Wortbedeutungen sind als gestrichelte Linien dargestellt. Fährt man mit der Maus über diese Linien, wird die Art des Bezuges angezeigt. Jeder Wortbedeutung selbst ist ein kleiner Kreis (Knoten) zugeordnet, wobei jede Wortart in einer anderen Farbe erscheint. Fährt man mit der Maus über ein Wort, so werden zum entsprechenden Eintrag Kurzdefinitionen und Beispielsätze angezeigt. Wird ein Wort angeklickt, rückt es ins Zentrum und neue Netze bauen sich auf. Das Programm eignet sich durch die Darstellung der semantischen Beziehungen sowie weiterer Werkzeuge (Hörbeispiele, Rechtschreibhilfe, grammatische

Zuordnungsfunktionen) auch als Werkzeug zum Erlernen der verfügbaren Sprachen.

3.7.1 Der Erwerb des einsprachigen mentalen Lexikons

Wenn Kinder beginnen, sich mit ihrer Umwelt auseinanderzusetzen, dann versuchen sie als Erstes, Dinge und Vorgänge zu erkennen, von anderen zu unterscheiden und zu benennen. Kinder nehmen dafür einfache Wörter oder Wortfetzen, die sie aufschnappen, weil sie für sie besonders wichtig sind (*Auto, Mama, Papa*) oder weil sie besonders häufig vorkommen. Wichtiger als die Häufigkeit sind allerdings die Inhalte und die Bedeutung, also die Semantik der Wörter, ihre Auffälligkeit, Relevanz und Reichweite. So bauen Kinder zu Beginn ihres Spracherwerbs ein Repertoire von Inhaltswörtern auf, später kommen Funktionselemente wie Präpositionen, Endungen und Artikel hinzu. Den Wortschatz erwerben sie dabei zum größten Teil nicht durch explizites Training, sondern eher nebenbei in der Interaktion mit ihrer Umgebung, also **inzidentell** (siehe Kapitel 1.4).

inzidentelles Lernen

Die Inhaltswörter oder Inhaltselemente des frühen Spracherwerbs bestehen häufig aus Wortfetzen, also Teilen von Wörtern oder Eigenkreationen der Kinder, die sie verwenden, weil sie sie selbst so wahrnehmen (*Wauwau*) oder noch nicht zielgerichtet produzieren können (zum Beispiel *Schlaganzug* statt *Schlafanzug*, *Musser* statt *Großmutter*). Hierbei sind die Anfangs- und Endlaute von Wörtern oder Wortkonstituenten für die Kinder am auffälligsten. Sie werden deshalb besser behalten, auch wenn die Kinder sie nicht immer gleich selbst umsetzen können. Ähnlich ist es auch beim Zweitsprachenerwerb von Erwachsenen. Nur unterscheiden sich die Begriffe und es gibt Unterschiede in der Geschwindigkeit des Erwerbs. Aber auch hier gibt es Abkürzungen, Zusammenziehungen, Neuschöpfungen, Lautschöpfungen, Gestik- und Mimik-Begleitungen und Ersetzungen durch andere Begriffe.

3.7.2 Der Erwerb des bilingualen mentalen Lexikons

Organisationsprinzipien

Welche Rolle spielen die Organisationsprinzipien des einsprachigen mentalen Lexikons beim Erwerb des fremdsprachigen Lexikons? Unterstützen sich beide, teilen sie sich die begrenzten Ressourcen der Informationsverarbeitung oder sind sie sich gegenseitig im Weg? Mit den folgenden drei älteren Modellen lassen sich die Beziehungen zwischen einsprachigem und zweisprachigem Lexikon vereinfachend illustrieren.

Abb. 3.10: Die drei klassischen Modelle der Organisation des bilingualen Lexikons am Beispiel des englischen und russischen Begriffes für Buch nach Weinreich (1953: 9 f.)

Die unterordnende Form entspricht der klassischen **Wortassoziation**, wie sie aus Glossaren bekannt ist. Nicht nur auf dem Papier, sondern auch im Gehirn findet eine direkte Zuordnung eines fremdsprachigen Begriffes zu einem bereits bekannten Konzept und Begriff in der Erstsprache statt. Neuere Untersuchungen zeigen, dass Lerner, die die ganze Schulzeit bis zum Abitur vor allem mittels Wortassoziationen Wörter gelernt haben, trotz der langen Unterrichtsdauer kaum über die **unterordnende Form** der Organisation des bilingualen Lexikons hinauskommen (Plieger 2006). Hieraus lässt sich schließen, dass bei diesen Lernern die Zweitsprache nur als oberflächliche Übersetzung der Erstsprache verarbeitet wird. In dem Modell des **koordinierten Bilingualismus** sind die Konzepte der Erst- und Zweitsprache und ihre Begriffe voneinander unabhängig. Die Speicherung und Verarbeitung verläuft also parallel. Im Fremdsprachenunterricht werden in diesem Sinne oft Wörter (und die ganze Sprache) so vermittelt, als hätten die Erst- und Fremdsprachen wenig bis gar

gemeinsame Konzeptquelle

nichts miteinander zu tun. Das Modell des **verbundenen Bilingualismus** geht dagegen von einer „gemeinsamen" (gemischten) Konzeptquelle aus, die aber jeweils zwei unterschiedliche Benennungen ermöglicht. Das Konzept *BUCH* in dem Beispiel umfasst demnach Merkmale verschiedener Kulturen, ist also gegenüber einem einsprachigen Lexikon erweitert. Der Begriff aus einer der beteiligten Sprachen aktiviert primär das für seine Sprachkultur typische semantische Feld, die semantischen Elemente des anderen Begriffsfeldes können aber mitaktiviert sein. Der verbundene Zugang zum Lexikon bietet Sprechern einen erweiterten Wortschatzhorizont und mehr Wortauswahl, nämlich einen gemeinsamen Bereich und angedockte sprachspezifische Teillexika. Im sukzessiven Spracherwerb kommt es dabei zu konzeptuellen Übertragungen von der einen Sprachkultur auf die andere. Das äußert sich zum Beispiel an Raumkonzepten, die zunächst in die Fremdsprache übertragen werden oder an die sich Lerner anlehnen. Bei der Äußerung *Ich habe fertig* wird zum Beispiel die Besitzbeziehung bei Eigenschaften in romanischen Sprachen auf die Identitätsbeziehung im Deutschen übertragen, schematisch dargestellt also *Ich + fertig* statt *Ich = fertig*, wie auch bei Altersangaben (französisch) *J'ai 16 ans/*Ich habe 16 Jahre* gegenüber *Ich bin 16*). Damit entspricht die Struktur derjenigen in Äußerungen wie *Ich habe Hunger, Geld ..., trage die schwere Last meines (jugendlichen) Alters.* Das *Modified Hierarchical Model* (Pavlenko 2009) bildet die Stärke und Richtung der gegenseitigen Einflüsse der Sprachen folgendermaßen ab:

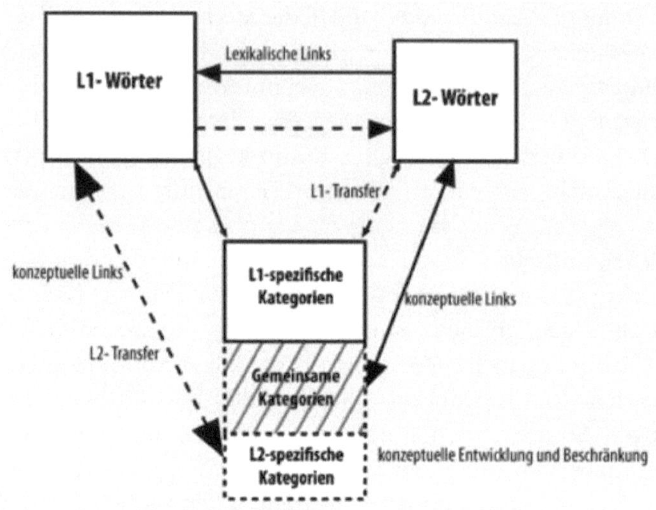

Abb. 3.11: *Modified Hierarchical Model* (Pavlenko 2009: 147), ergänzt durch den Dritten Ort

Das heißt, dass die Wörter der L1 besonders eng mit den ihnen zugrundeliegenden Konzepten verbunden sind und daher auch für nachfolgend erworbene Sprachen eine wichtige Referenzfunktion haben. Neben dem Transfer auf die L2 bilden sich gemeinsame Konzepte aus, an denen sich Lerner orientieren, während sie sukzessive zwischen L1- und L2-Einträgen differenzieren. Die lexikalischen Verbindungen zwischen L1 und L2 sind hier unterschiedlich stark ausgeprägt. Sie wirken stärker von der L2 auf die L1, das heißt, Lernern fällt es auf Grund ihres Vorwissens und ihrer konzeptuellen Basis leichter, lexikalische Elemente in der Fremdsprache zu erkennen, als sie von der L1 in die L2 zu übersetzen. Aus diesem Grund erkennen wir Internationalismen so gut und schnell und fällt es Deutschsprachigen so leicht, Wörter aus dem Niederländischen und den skandinavischen Sprachen zu erkennen: *Ja, dat kan.* Geübte Sprecher, wie etwa mehrsprachig aufwachsende Lerner (ausgeglichene Mehrsprachigkeit) oder Dolmetscher, können aus all den genannten Gründen wahlweise und ohne wahrnehmbare Verzögerungen aus jeder der beteiligten Sprachen Wörter auswählen.

Das Modell von Pavlenko wurde in unserer Darstellung ergänzt. Denn bei ausgeglichener Mehrsprachigkeit entsteht oft noch ein weiterer semantischer und lexikalischer Bereich, der über die Summe von L1- und L2-Wortschatz hinausgeht: eine Art „Dritter Ort“, der durch weitere Sprachen noch ergänzt werden kann. Nicht jeder ist sich dessen bewusst und nur wenige Unterrichtsansätze fördern die dadurch entstehenden Mehrwerte gezielt. In der Interkulturellen Sprachdidaktik, in der Mehrsprachigkeitsdidaktik und in der Literaturdidaktik des Dialogs ist diese dritte Qualität jedoch ein wichtiges Ziel. Bei mehrsprachigen Autorinnen und Autoren gehört sie zur Grundausstattung ihres Erfolges (siehe Kapitel 7, Roche/Schiewer 2018/2019, Hufeisen/Marx 2007, Hufeisen 2010).

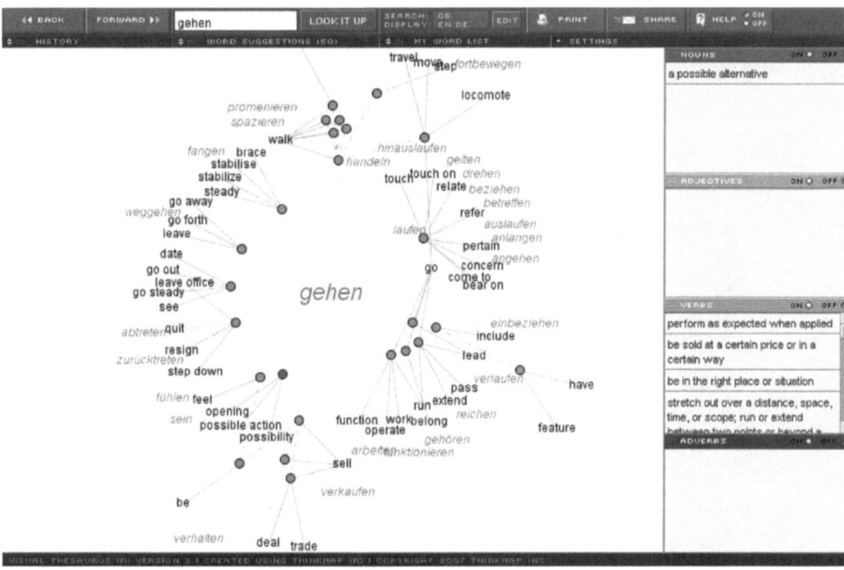

Abb. 3.12: Versuch der Koordinierung der Wortfelder von *gehen* und *go* in einer Pilotstudie des *Visual Thesaurus*

Pilotstudie

Anhand einer Pilotstudie des *Visual Thesaurus* zu den Beziehungen der Wortfelder von *gehen* und *go* lässt sich die Komplexität der Koordinierungs- und Zuordnungsaufgaben des bilingualen Lexikons illustrieren (siehe Abbildung 3.12). Dieses Modell geht von einer verbundenen Struktur des mentalen Lexikons aus. Daher müssten den englischen Begriffen in der Oberfläche des Thesaurus deutsche Entsprechungen zugeordnet werden können, oder es müsste sprachunabhängige Konzepte von *laufen* geben, die unterschiedlich realisiert sind. Diese Zuordnungen funktionieren nur bedingt, etwa bei *go away* und *fortgehen*. Nicht zu allen Begriffen der einen Sprache gibt es Entsprechungen in der anderen. Im oberen Teil der Abbildung gibt es mehrere Verbindungen zu der englischen Bedeutung von *to go steady* (*travel, move, locomote*), aber nur einen Eintrag zum Deutschen (*fortbewegen*), auch wenn *reisen* mit vielen Varianten (*bereisen, verreisen, abreisen, anreisen* ...) denkbar wäre. Zu *funktionieren* im Sinne von *gehen* im unteren Teil der Abbildung gibt es mehrere kontextabhängige Ausdrücke im Englischen (*operate, function, work*). Hieraus ergibt sich, dass die Speicherung von Wörtern im bilingualen Lexikon von fortgeschrittenen Sprechern

- stark abhängig vom Kontext,
- differenziert,
- und dynamisch ist.

Für Fremdsprachenlerner ist der Wortschatzerwerb wegen der Differenzierung, Dynamik und Kontextabhängigkeit so schwierig.

Auch bei den Lernern, die relativ spät beginnen, fremde Sprachen in mehrsprachigen Lernumgebungen zu erwerben, kann davon ausgegangen werden, dass sie den Zweitsprachenerwerb mit dem unterordnenden Modus beginnen. Bei ihnen ändert sich im Laufe des Erwerbsprozesses die Form des Erwerbsmodus vom unterordnenden über den koordinierten bis zum verbundenen, wenn die Sprachen in entsprechenden Kontexten genutzt werden (Entwicklungshypothese).

Erwerbsmodus

Aufnahmen von den Zentren des Gehirns, die an der Verarbeitung von Sprache beteiligt sind, bestätigen diese Beobachtung (Kim/Relkin/Lee/Hirsch 1997): Bei ausgeglichen Mehrsprachigen sind die beteiligten Sprachen (je nach Kontext) stärker vernetzt und zeigen eine stärkere **Ko-Aktivierung**, auch wenn nur eine der Sprachen aktiv verwendet wird. Bei der Aktivierung und Ko-Aktivierung der Sprachen unterscheidet Green (1993) ver-

Matrixsprache

schiedene Stärken: die ausgewählte (*selective*) oder Matrixsprache, weitere mitlaufende, aber nur nach Kommunikationsbedarf aktivierte Sprachen (*active languages, embedded languages*) und nicht aktivierte/nicht benötigte Sprachen (*dormant languages*). Um Sprachen zu aktivieren oder zu reaktivieren, bedarf es einer Mindestkompetenz (Grosjean 2010) in diesen Sprachen, die von der Häufigkeit und Intensität der aktuellen Gebrauchsgeschichte eines Sprechers (Recency) abhängig ist.

Inwiefern diese Sprachen und ihre mentalen Lexika tatsächlich sprachenspezifisch oder unspezifisch im Gehirn gespeichert und koordiniert sind, ist Gegenstand weiterer Forschungen: möglicherweise sind die Sprachen über eine zentrale Schaltstelle, den Sprachenknoten (*language node*) hierarchisch geordnet und werden sowohl allgemein im Konzeptualisator als auch spezifisch in den einzelnen nachgeschalteten Verarbeitungsmodulen aktiviert (**Subset-Hypothese** von de Bot 2004). Die großen strukturellen, semantischen und pragmatischen Unterschiede von Sprachen, die bei separater Verarbeitung einen hohen Aufwand erfordern würden und bei Sprachwechseln zu großen Verzögerungen führen müssten, sprechen andererseits für eine teilweise gemeinsame, parallele Verarbeitung und eine gute Koordinierung der unterschiedlichen Teilsysteme.

3.8 Wortschatzvermittlung im Fremdsprachenunterricht

In diesem Abschnitt geht es um die Vermittlung von Wortschatz im Unterricht. Dazu ist es hilfreich, sich als Erstes anzusehen, wie die Wortschatzvermittlung in Schulbüchern erfolgt und welche anderen Wortschatzquellen (Wörterbücher, Thesauri) es gibt.

Nach der Grammatik stellen die Vokabeln für viele Lerner das größte Problem beim Erlernen einer Fremdsprache dar. Schon der Anblick langer Listen von Wörtern am Ende eines Kapitels oder im Glossar ist oft angsteinflößend. Hinzu kommt dann meist noch das Kleingedruckte, nämlich die grammatische und lautliche (phonetische) Information zum Eintrag, die das Behalten, das

Memorieren der Wörter als schier überwältigende Aufgabe erscheinen lässt. Die Einträge im Glossar haben heute meist die Form wie in dem Englisch-Schulbuch *Green Line* oder dem Französisch-Schulbuch *Découvertes*:

to hope [həup]	hoffen
station ['steɪʃn] Look, the train is coming into the station now.	Haltestelle, Bahnhof.
fish and chips [ˌfɪʃ̩n̩'tʃɪps]	Fisch und Pommes frites
un hôpital [ɛnɔpital] Mme Rigot est infirmière. Elle travaille dans ~.	ein Krankenhaus
les parents (m., pl.) [leparã] M. et Mme Lacroix sont ~ de Julie et d'Isabelle	die Eltern

Die einfache Übersetzung eines fremdsprachigen Begriffes durch einen Begriff der Ausgangssprache der Lerner bildet bei dieser Vermittlungsart das Grundprinzip. In verschiedenen Phasen der Entwicklung von Unterrichtsmethoden ist diese **Paarassoziation** durch einsprachige Erklärungen ersetzt worden. Damit sollte der Erstspracherwerb, bei dem Kinder aus ihrer Umgebung einsprachige Erklärungen erhalten, simuliert werden. Aus den Beispielen ist zu erkennen, dass heute beide Verfahren gerne dadurch gemischt werden, dass gelegentlich fremdsprachige Beispielsätze oder Erklärungen angeführt werden. Aus dem unterordnenden Modell des bilingualen Lexikons ist ersichtlich, dass sich die Fremdsprache wie eine Folie über die Erstsprache legt. Dass dies jedoch die Weite der semantischen Felder nicht adäquat abdeckt, zeigen wörtliche Übersetzungen, zum Beispiel mittels einer Übersetzungsmaschine (vergleiche dazu Kapitel 7.2).

koordinierendes Modell

Geht man dagegen nach dem koordinierenden Modell davon aus, dass der Zweitsprachenerwerb ohne die Anbindung an die Erstsprache auskommt, dann könnte man auch einsprachige Erklärungen in der Fremdsprache, wie etwa die genannten Beispielsätze der Glossare, angeben und hoffen, dass sich dadurch ein Verstehen einstellt. Aber wird dadurch der Erwerb nicht eher konfuser und weiter erschwert? Hier ein einfacher Test: Ist die französische Erklärung von *un hôpital* in dem obigen Beispiel ohne die deutsche Übersetzung so klar, dass daraus nur die Bedeutung *Krankenhaus* erschließbar ist? Wohl kaum. Eher schon träfe dies zu, wenn bekannt ist, dass *infirmière* die Bedeutung von *Krankenschwester* trägt. Aber selbst dann gibt es eine Reihe weiterer möglicher Bedeutungen und Kontexte, auf die die Erklärung zutreffen könnte und die daher weitere Andockungspunkte in den Vorsprachen der Schüler erfordern würden. Die einsprachige Erklärung funktioniert nur, wenn die dort verwendeten Begriffe den Lernern bekannt oder von ihnen erschließbar sind.

Weder Paarassoziation noch Einsprachigkeit führen in Reinnatur offensichtlich zu einem optimalen Ergebnis. Das liegt vor allem daran, dass Übersetzungen nicht das gesamte Bedeutungsspektrum von Begriffen abdecken können: Bei der Übertragung in eine andere Sprache gehen wichtige Bedeutungselemente verloren. Außerdem fehlt die sprachliche und kulturelle Anbindung an die Ausgangssprache. Einsprachigkeit funktioniert in der Regel nicht, da Unbekanntes mit Unbekanntem erklärt wird. Die Schwierigkeit wird noch dadurch potenziert, dass die Erklärungen meist komplex und situationsabhängig sind. Um diesem Dilemma aus dem Weg zu gehen, halten sich Glossare und Wörterbücher an die Grundbedeutung eines Wortes (denotative Bedeutung). Davon zu unterscheiden sind die Konnotationen, die sich aus bestimmten pragmatischen Konstellationen ergeben.

Konnotation

Die denotative Bedeutung von *Baum* umfasst zum Beispiel die wichtigsten Merkmale des Gewächses Baum. Die konnotativen Bedeutungen umfassen Übertragungen und Bilder (Metaphern), wie sie als Stammbaum, Diagramm, Baum des Lebens oder auch als Symbole für Stärke oder die Umwelt bekannt sind. Es hängt also immer vom Kontext und den Kommunikationspartnern und -bedingungen ab, welche Bedeutung gerade die zutreffende ist.

kreative Schöpfungen

Die Vielfalt der begrifflichen Entsprechungen wird dadurch erhöht, dass Sprecher kreativ mit den Begriffen umgehen und immer wieder neue Kontexte oder Bedeutungen erfinden können. Das passiert unter anderem in der Jugendsprache, in poetischer Sprache, im Kabarett, in der Werbesprache, in Berufs- und Fachsprachen und bei Übertragungen aus Fremdsprachen, so genannten **Entlehnungen**, die dadurch zum Teil Neuschöpfungen werden. Bei der Entlehnung aus anderen Sprachen entstehen die gleichen grundsätzlichen Verfahrensfragen wie bei der Worterklärung in Glossaren und Wörterbüchern. Auch hier muss zwischen zwei unterschiedlichen Konzeptwelten vermittelt werden. Die natürlichen Prinzipien der Entlehnung aus fremden Sprachen könnten deshalb ein Muster für die didaktisierte Wortschatzvermittlung sein.

So entstehen neue Lehnwörter

Sprecher von Sprachen, die in Kontakt mit anderen Sprachen sind, entdecken dort oft interessante Begriffe, die sie selbst noch nicht haben. Wie lassen sich diese am besten in die eigene Begriffs- und Ausdruckswelt übertragen? Dafür gibt es verschiedene Lösungsmöglichkeiten: Man übernimmt das Wort in identischer Form (Fremdwort) oder man passt es lautlich, grammatisch, lexikalisch und semantisch an die eigene Sprachumgebung an (Lehnwort). Die identische Übernahme ist dabei eher die Ausnahme. Selbst englische Wörter wie *to download* werden im Deutschen grammatikalisch und lexikalisch angepasst zu *downloaden* oder *downgeloadet*, Wörter wie *airconditioning* oder *mail* werden zu *ärkondischen* und *Mehl* verarbeitet und der Plural wird schon mal nach deutschem Muster gebildet: *Biker welcome* statt *Bikers* heißt es an vielen Restaurants in Deutschland, der Schweiz und Österreich. Sie sind keine Fremdwörter, sondern geborgte Wörter, also Entlehnungen oder Lehnwörter. Bedeutungen können auch ohne die fremden Wörter importiert werden, wenn diese eine zu große Hürde darstellen. Dann werden die semantischen Elemente direkt in die Begriffswelt der eigenen Sprache übertragen.

Fremdwort / Lehnwort

Hier einige Beispiele aus einer exotischen Sprache, der Maori-Sprache. Maori ist eine Sprache der Ureinwohner Neuseelands, die noch von ungefähr 120.000 Menschen gesprochen wird. Neue technische Entwicklungen lassen sich nicht einfach in das Konzeptgeflecht dieser Sprache integrieren. So kennt Maori zwar auch den Begriff *Kamuputa* als Lehn-Übertragung des englischen *Computer*. Die Silbenstruktur ist dabei an die eigene Sprache angepasst, in diesem Falle die strikte Konsonant-Vokal-Abfolge. Konzeptuell interessanter ist aber der gängige Begriff *rorohiko*, der so viel wie *Gehirnblitz* bedeutet (*roro = das Gehirn; hiko = der Blitz* oder übertragen auch *die Elektrizität*). Auch für das Wort *Password* gibt es in Maori ursprünglich keinen Begriff, weil er zuvor genauso wenig gebraucht wurde wie Türschlösser an Bauernhöfen in Deutschland. Hier hilft sich die Sprache mit drei Varianten: entweder *kupu huna* (*kupu = Wort; huna = versteckt*), *hiporete* (*hipo = passieren; rete = erlauben*) oder *whakatoha*, was so viel bedeutet wie auf *einem anderen Pfad* hereinkommen.

Rück-entlehnungen

Manchmal kommen von fremden Sprachen entlehnte Begriffe sogar zurück in die Ausgangssprache. Für das Wort *Karaoke* trifft dies zum Beispiel zu: Das Japanische hat sich dafür *oke* als angepasste Kurzform des englischen Wortes *orchestra* entlehnt und mit der japanischen Vorsilbe *kara* (*leer*) ein neues Hybrid-Kompositum gebildet. Als neues Wort ist es dann ins Englische und in andere Sprachen (zurück-)entlehnt worden und beglückt seitdem, je nach den präsentierten Talenten, einen größeren oder geringeren Teil des Publikums weltweit. Übrigens sind viele neuere Lehnwörter im Deutschen eigentlich Rückentlehnungen aus dem Deutschen oder sie haben eine alte gemeinsame Basis: zum Beispiel ist das alt- und mittelhochdeutsche *turnen* von lateinisch *tornare* abgeleitet, das auch die Basis für Englisch *to turn* und spätere Ableitungen wie *turn on* oder *turn up* bildet und damit auch für das Neudeutsche *antörnen*. Viele neudeutsche Wörter sind Scheinentlehnungen, wie *Handy* (*cellphone, mobile*), *Service-Point* (*customer service*) oder *Public Viewing* (*Leichenschau*), die es so im Englischen gar nicht gibt oder die dort anders verwendet werden.

Schein-entlehnungen

Im Fremdsprachenunterricht können nicht alle Bedeutungen eines Begriffes auf einmal vermittelt werden. Das wäre eine Überforderung der Lerner, und außerdem könnten zu viele Begriffe mit ähnlichen Bedeutungen zu einem konzeptuellen Chaos beim Lerner führen. Eine Auswahl ist also nötig. Andererseits kann die Verkürzung auf eine beliebige Grundbedeutung, die nur mehr oder weniger repräsentative Bedeutungsausschnitte umfasst, bei einer Übertragung auf andere Kontexte Fehler provozieren. So erstrecken sich zwar die Bedeutungsfelder des englischen Begriffes *hope* und des deutschen Begriffes *hoffen* über eine Reihe gemeinsamer Merkmale und Kontexte. Das gilt beispielsweise für den religiösen Kontext des Erhoffens und Erwartens einer besseren Welt. In alltagssprachlichen Kontexten gilt dies aber nur bedingt: Ein in deutscher Sprache verfasster Brief, der mit dem Satz *Ich hoffe, Sie schreiben mir bald* endet, drückt eine wesentlich stärkere Einforderung aus, als eine erwartungsvolle, aber höfliche englische Formulierung: *I hope to hear from you soon.* Noch schwieriger wird die Übertragung bei Varianten der Begriffe: so müsste in Wörterlisten eigentlich die recht häufig vorkommende (frequente) Form *to hope for* mitangegeben werden. Diese hätte als stilistisch hervorgehobene Entsprechung im Deutschen *auf etwas hoffen*, liegt aber alltagssprachlich näher am Begriff *etwas erwarten.* Die Probleme der Übertragung in die Fremdsprache lassen sich demnach grundsätzlich nur im sprachkulturellen (**linguakulturellen**) Kontext lösen. Kontextfreie Grundbedeutungen gibt es nicht. Wenn Wörter kontextfrei gelernt werden, sind Übertragungs- und Einbettungsfehler unvermeidbar.

Beispiel

Der folgende Auszug aus einem Wörterbuch für Lerner des Deutschen illustriert den Aufbau der Einträge in einsprachigen Wörterbüchern. Er zeigt verschiedene Einträge zum Wortfeld *hoffen* und listet jeweils verschiedene (nummerierte) Grundbedeutungen auf.

In eckigen Klammern finden sich Hinweise zur Aussprache in Lautschrift, in spitzen Klammern grammatische Hinweise, in runden Klammern Bemerkungen zur Sprachform (zum Beispiel *ugs.* für umgangssprachlich). Die wichtigsten Stammformen (3. Person Singular, Präteritum und Partizip Perfekt beim Verb, Pluralendung beim Nomen, Steigerungsformen beim Adjektiv im Deutschen) sind ebenfalls aufgeführt. Mit typischen Beispielsätzen wird versucht, Kontextbezüge herzustellen.

hof|fen ['hɔfn̩], hofft, hoffte, gehofft ‹itr.; hat; [auf] etw. h.›: *wünschen, dass etwas passiert; erwarten:* ich hoffe, dass alles gut geht; sie hofft auf schöneres Wetter; ich hoffe darauf, dass er sich meldet.

hof|fent|lich ['hɔfn̩tlɪç] ‹Adverb›: drückt aus, dass man sich etwas wünscht; *nach meinem Wunsch:* hoffentlich geht alles gut!; hoffentlich verpassen wir nicht den Zug.

die **Hoff|nung** ['hɔfnʊŋ]; -, -en: *Wunsch, Erwartung für die Zukunft:* die Hoffnung auf Frieden; er hatte keine Hoffnung mehr; die Hoffnung [nie] aufgeben.

hoff|nungs|los ['hɔfnʊŋslo:s], hoffnungsloser, am hoffnungslosesten ‹Adj.›: **1.** *ohne Chance, ohne Aussicht auf eine positive Entwicklung:* er war in einer hoffnungslosen Lage, Situation. *Syn.:* aussichtslos, ausweglos. **2.** ‹verstärkend bei Adjektiven und Verben› (ugs.) *sehr:* ein hoffnungslos überfüllter Zug; sie hatte sich hoffnungslos in ihn verliebt. *Syn.:* furchtbar (ugs.), fürchterlich (ugs.), leidenschaftlich, total (ugs.), unheimlich (ugs.), wahnsinnig (ugs.).

hoff|nungs|voll ['hɔfnʊŋsfɔl], hoffnungsvoller, am hoffnungsvollsten ‹Adj.›: **1.** *mit großer Hoffnung:* hoffnungsvoll wartete er auf ihren Anruf. *Syn.:* optimistisch, zuversichtlich. **2.** *mit Chance auf Erfolg:* ein hoffnungsvoller Start.

Abb. 3.13: Auszug aus dem *Hueber Wörterbuch Deutsch als Fremdsprache* für die Grund- und Mittelstufe

Exkurs
Wörterbücher für den Unterricht

Welche Begriffe von Wörterbüchern ausgewählt werden, wie viele Informationen zu Aussprache, Grammatik, Grundbedeutungen, Konnotationen und fremdsprachigen Entsprechungen in den Einträgen aufgeführt werden, hängt von dem Zweck oder der Funktion des Wörterbuches und der subjektiven Auswahl der Autoren ab. Manche Wörterbücher ori-

entieren sich bei der Auswahl der Begriffe an sprachlichen Datensammlungen, so genannten Korpora, wie beispielsweise Sammlungen von Zeitungstexten oder Gesprächen. Die folgende Auswahl gibt einen Überblick über verschiedene Typen von Wörterbüchern und lexikalischen Hilfsmitteln, die für das Erlernen des Deutschen als Fremdsprache zur Verfügung stehen. Es handelt sich dabei nicht um Lehrbuchglossare, sondern ausschließlich um zusätzliche Hilfsmittel, so genannte **Referenzwörterbücher**.
Referenzwörterbücher stellen unterschiedliche Aspekte des Wortschatzes in den Vordergrund. Die wichtigsten Wörterbucharten sind hier am Beispiel des Eintrages *abfahren* dargestellt.

Hueber Wörterbuch Deutsch als Fremdsprache

ab|fah|ren fährt ab, fuhr ab, abgefahren <itr.; ist>: *einen Ort fahrend verlassen* /Ggs. ankommen/: der Bus fährt immer ganz pünktlich ab, er ist mit dem letzten Zug abgefahren. Syn.: abreisen.

Abb. 3.14: Auszug aus dem *Hueber Wörterbuch Deutsch als Fremdsprache* für die Grund- und Mittelstufe

Dieses Wörterbuch wendet sich an Lerner der Grund- und Mittelstufe. Der Eintrag beginnt mit der Infinitivform des Verbs und den wichtigsten Grundformen: der 3. Person Singular wegen der möglichen Lautwechsel (*fahren > fährt*), dem Präteritum wegen der möglichen Änderung des Stammvokals (*fahren > fuhr*) und dem Partizip Perfekt wegen der unterschiedlichen Formen und Endungen von starken und schwachen Verben und Verben mit besonderen Endungen (*gegangen, gemacht, marschiert*). Von diesen Grundformen lassen sich weitere Formen ableiten, vom Präteritum beispielsweise der Konjunktiv, vom Partizip unter anderem Perfekt und Passiv. Die Silbentrennung ist durch Striche in der Infinitivform markiert. Die grammatische Hilfsinformation ist in spitzen Klammern angegeben. Dazu gehören Angaben zum Hilfsverb (*ist*) und zur Möglichkeit, Objekte zu nehmen (hier: intransitiv, *itr.*, das heißt ohne Objekt). Die Einträge enthalten auch Informationen zur Verwendung, zu Begriffen mit gleicher Bedeutung (Synonymen) und zu Gegensätzen (Antonymen).

Langenscheidt Großwörterbuch Deutsch als Fremdsprache

ab.fah.ren **1 etw. a.** (hat) etw. mit e-m Fahrzeug wegtransportieren **2 etw. a.** (hat/ist) e-e Strecke suchend entlangfahren **3 etw. a.** (hat) etw. durch häufiges Fahren abnutzen <e-n Reifen a.> **4 j-m etw. a.** (hat) j-m e-n Körperteil durch Überfahren abtrennen: *Ihm wurden bei dem Unfall beide Beine abgefahren*; **5** (von Personen) = wegfahren **6 etw. fährt ab** ein Fahrzeug setzt sich in Bewegung od. verläßt e-n Ort **7 (voll) auf j-n/etw. a.** gespr; von j-m/etw. begeistert sein: *auf ein Mädchen, auf Rockmusik* a. || zu **5** u. **6 ab.fahr.be.reit** Adj

Abb. 3.15: Auszug aus dem *Langenscheidt Großwörterbuch Deutsch als Fremdsprache*

Die Zielgruppe dieses Wörterbuchs sind fortgeschrittene Lerner des Deutschen als Fremdsprache. Daher sind die Einträge stärker differenziert und es wird auf grundsätzliche Angaben zur Grammatik und zur Aussprache weitgehend verzichtet. Dafür enthalten die Einträge stilistische Varianten und zielsprachliche Erklärungen der Wortbedeutungen. Um Übersichtlichkeit zu gewährleisten, werden Symbole und verschiedene Schrifttypen (kursiv, fett) verwendet. Das größte derartige Wörterbuch für die deutsche Sprache, abgesehen von wissenschaftlichen Wörterbüchern wie dem *Grimmschen Wörterbuch*, ist das *Digitale Wörterbuch der deutschen Sprache* (DWDS, www.dwds.de). Ein DWDS

Beispiel für ein einsprachiges Lernerwörterbuch ist das *PONS Basiswörterbuch Deutsch als Fremdsprache.*

DUDEN Sinn- und sachverwandte Wörter

Abfahren: ↑abgehen, ↑abnutzen, ↑abreisen ↑sterben; a. lassen ↑ablehnen; auf jmd./etwas a. ↑begierig; der Zug ist abgefahren ↑versäumen.

Abb. 3.16: Auszug aus dem *Duden Sinn- und sachverwandte Wörter*

Dieser Duden dient als Nachschlagewerk für Synonyme und sachverwandte Wörter. Die Einträge enthalten Verweise auf weitere Einträge im Wörterbuch (durch Pfeil markiert) und kurze Erklärungen zu Wörtern, Ausdrücken und Verwendungsformen. Derartige Wörterbücher finden hauptsächlich beim Verfassen eigener Texte Verwendung, als Hilfsmittel für die stilistische Variation. Thesauri (Singular: Thesaurus), also Wörterbücher, die Synonyme und verwandte Begriffe enthalten, gibt es auch in den meisten Textverarbeitungsprogrammen in elektronischer Form, zum Beispiel in *Microsoft Word.*

Weitere umfangreiche Hilfen beim Auffinden angemessener Wörter geben so genannte Stilwörterbücher, zum Beispiel das ***DUDEN Stilwörterbuch***.

Ein weiteres nützliches Wörterbuch ist der ***DUDEN Richtiges und gutes Deutsch***. Dieser Duden gibt ausführliche Hinweise zu verbreiteten Problemfragen der deutschen Sprache, zum Beispiel zur Verwendung von Fugenelementen und zur Lenkung der Aufmerksamkeit auf eingefahrene falsche Verwendungsweisen von Wörtern. Ähnlich verfährt auch der Duden zu den **Zweifelsfällen der deutschen Sprache**. Diese Wörterbücher werden besonders dann verwendet, wenn das Sprachgefühl Bedenken meldet, verschiedene Varianten bestehen oder sich entwickeln und Klärung nötig ist (zum Beispiel bei korrekt *es ergibt Sinn* statt dem vom Englischen beeinflussten *es macht Sinn*). Wie alle Wörterbücher lassen sich auch diese von Lernern nutzen und für gezielte Rechercheaufgaben im Sprachunterricht einsetzen.

Rechtschreibung

Wörterbücher zur Rechtschreibung, zum Beispiel der ***DUDEN Die deutsche Rechtschreibung, Brockhaus Die deutsche Rechtschreibung, Narr Deutsche Rechtschreibung und Compact Großes Wörterbuch deutsche Rechtschreibung*** listen keine Bedeutungen oder grammatischen Merkmale, sondern nur die korrekte Schreibung, Silbentrennung und gegebenenfalls Abkürzungen und Schreibalternativen auf. Die Bedeutung der Rechtschreibung wird in den Kulturen unterschiedlich gewichtet. Im Französischen und Deutschen wird sie relativ streng gehandhabt und nötigenfalls auch sanktioniert, im Englischen wird sie dagegen auch wegen der zahlreichen regionalen Varianten relativ nachlässig behandelt (zum Beispiel *drive thru* statt *drive through, 4U2drive*). Durch die Flüchtigkeit neuer Textformen, wie sie etwa in den neuen Medien vorkommen (zum Beispiel Chat, E-Mail), entsteht allgemein eine größere Nachlässigkeit bei der Schreibung. Manche Sprachen sind rein mündliche Sprachen und verfügen über keine standardisierte Schriftsprache. In anderen haben mündliche und schriftliche Varianten eine andere Basis (Diglossie).

Diglossie

Zweisprachige Wörterbücher geben in unterschiedlicher Ausführlichkeit grammatische und semantische Informationen wieder. Sie wenden sich vor allem an Lerner im Grund- und Mittelstufenbereich und enthalten daher nur die wichtigsten Grundeinträge ohne stilistische oder regionale Variationen. Informationen zur Grammatik und zur Lautung werden meist abgekürzt und, wo möglich, auch in Symbolen dargestellt. Zwei der umfangreichsten zweisprachigen Wörterbücher für Deutsch – Englisch, Spanisch und Französisch sowie weitere Sprachen sind ***Leo*** oder ***Linguee*** (Webseiten http://dict.leo.org; www.linguee.de). Ein weiteres Online-Wörterbuch ist ***PONS Das Online-Wörterbuch*** (http://de.pons.eu/?l=deen). Zu berücksichtigen ist, dass es große Unterschiede in der Qualität der Online-Wörterbücher geben kann. Nutzer sollten darauf achten, dass die

Wörterbücher nach wissenschaftlichen Standards der Lexikographie entwickelt werden.

Abb. 3.17: Beispiel für ein Online-Wörterbuch: *Linguee*

Modellierung im Unterricht

Wie lassen sich die Erkenntnisse zum Wortschatzerwerb konkret für den Fremdsprachenunterricht fruchtbar machen?

Es bietet sich an, die Organisationsprozesse des mentalen Lexikons im Sprachunterricht zu unterstützen, indem ihnen soweit wie möglich zugearbeitet oder ihre Verarbeitungsprinzipien nachempfunden werden. Das kann auf unterschiedliche Art geschehen:

Wichtige Techniken der Optimierung beim Fremdsprachenlernen

- Durch Anknüpfen an bekannte Informationen und bereits vorhandenes Wissen. Dabei ist nicht so wichtig, in welcher Sprache das Wissen vorhanden ist. Konsequent einsprachige Vermittlung fremden Wortschatzes ist nur dann sinnvoll, wenn sie an entsprechend gesichertes Wissen beim Lerner anschließt. Ansonsten bleibt eine einsprachige Erklärung eine aufgesetzte Übung mit gegenläufigen Ergebnissen, nämlich Verwirrung oder Überforderung des Lerners. Gemischtsprachige Glossare und Wortvermittlungsverfahren haben vor allem in den Anfangsphasen des Erwerbs in der Regel mehr Erfolg als einsprachige.
- Durch die Verwendung von Internationalismen und Lehnwörtern, die die Nachhaltigkeit der Vermittlung erhöhen. Selbst Hilfsübersetzungen oder andere Brückenkonstruktionen wie Neuschöpfungen und Wortspiele sind im Sinne der Anknüpfung an Bekanntes für Grammatik- und Worterklärungen vertretbar, solange sie nicht zum Einprägen von zielsprachlich falschen Wörtern führen. In der Diglott-Weave Method (Celce-Murcia 1991) ist versucht worden, dieses Verfahren zu systematisieren. Eine besonders wichtige Rolle kommt dabei den lateinischen und romanischen Begriffen zu, die als Grundbegriffe in vielen europäischen Sprachen vorkommen und so ein leichtes Anknüpfen ermöglichen (Transferbasen). Das Eurolatein stellt eine Sammlung wichtiger lateinischer Begriffe dar. In der neueren Mehrsprachigkeitsdidaktik wird versucht, internationale Gemeinsamkeiten für die Entwicklung von Gesamtsprachencurricula zu nutzen. Die Initiativen des EuroCom Konsortiums zu germanischen, romanischen und slawischen Sprachen haben dafür verschiedene Verfahren und Lehrmaterialien entwickelt (Kim/Relkin/Lee/Hirsch 1997, Klein/Stegmann 2000, Meiß-

Transferbasen

ner 2004, Hufeisen/Marx 2007, Tafel 2009, http://www.eurocomprehension.info).

Strategien für den Unterricht

Die folgenden Strategien fassen die wichtigsten Konsequenzen dieses Kapitels für die Lehr- und Lernpraxis zusammen. Wortschatz lässt sich am besten lehren und lernen:

- Durch **Assoziogramme** und andere Verfahren, die das Vorwissen sammeln und aktivieren. Damit lässt sich gleichzeitig bereits vorhandenes Wissen erweitern.
- Durch eine Beschränkung auf **Basiswortschatz** und Grundformen in den unmittelbaren Anfangsphasen des Erwerbs.
- Durch eine kategorisierende und ordnende (**taxonomische**) Vermittlung des Wortschatzes und durch eine Darstellung der semantischen Vernetzung in **Wortfeldern**. Sinnvoll eingebettetes Lernen ist effizienter als abgekoppeltes Lernen. Angeregt werden sollten Lernaktivitäten,
  - die auf Bedeutungen und Konzepten aufbauen, also **konzeptuelles und bedeutungsbezogenes Lernen,**
  - die den Lernstoff in sinnvoller Weise etwa nach Zugehörigkeit zu einer Klasse oder nach Ober- und Unterbegriffen ordnen, also **taxonomisches Lernen,**
  - die Verbindungen zu anderem Wissen herstellen, also assoziatives oder **konnektives Lernen,**
  - und die logisches und schließendes Denken fordern und fördern, also **deduktives Lernen**.
- Durch möglichst gleichzeitige und abgestimmte Aktivierung **verschiedener Kanäle** (Lautung, Reim, Schriftzeichen und außersprachliche Information durch Bilder, Gesten, Geruch, Geschmack und Tasten).
- Durch **zyklisches Lernen**. Zyklisches Lernen mit steigendem Schwierigkeitsgrad oder neuen Aspekten bewirkt abwechslungsreichere Wiederholungseffekte als mechanisches Wiederholen. Je kleiner die Lerneinheiten, desto geringer ist der Wiederholungsaufwand.

- Durch Einbindung in **authentische Handlungszusammenhänge** mit einer möglichst realen Kommunikationsabsicht, wie in Lernszenarien oder anderen Formen des fallbasierten und aufgabenorientierten Lernens. Die Nachhaltigkeit des Behaltens lässt sich erhöhen, wenn Lerner Begriffe für den eigenen Gebrauch aktivieren und in Kontexte einbetten. Ganz wichtig ist also die Anwendung des Gelernten (**Sprachhandeln**).
- Durch Vermittlung von Strategien, Techniken und Ressourcen der Wortschatzerschließung und Erinnerung (**Mnemotechniken**). Merksätze oder andere mechanische Hilfen wie farbliche Markierungen, Wortkarten und Ähnliches können helfen, Lernstoff wieder abzurufen. Sie garantieren aber nicht die korrekte Verwendung (siehe dazu den nächsten Abschnitt).
- Durch Vermittlung von **Ausweichstrategien** zum Überbrücken von Lücken im Wortschatz, die den Kommunikationsfluss behindern oder unterbrechen könnten.
- Durch geeignete **Automatisierungsverfahren** für die Aktivierung von Wörtern.
- Durch Vermittlung von produktiven Prinzipien der **Wortbildung**: Ableitung (Derivation), Komposition, Konversion, Neuschöpfung und Entlehnung.
- Durch die Übernahme von Chunks als größere lexikalische Einheiten.
- Durch Abwechslung der **Lernaktivitäten**. Sie sollten im Unterricht häufig geändert werden. Das kann durch Texte, Themen, Fertigkeiten wie Lesen, Hören, Schreiben oder Sprechen und durch verschiedene Textsorten und Arbeitsformen erreicht werden.
- Durch Unterteilung in kleinere Einheiten. In den Anfangs- und Endphasen einer Lernaktivität ist die Aufmerksamkeit höher und damit die Behaltensleistung besser. Dazwischen fällt die Behaltensleistung graduell ab. Hilfreich sind daher kürzere Aktivitäten (mehr Anfangs- und Endphasen) und sinnvolle Abwechslung. Der Stoff mit seinem Wortmaterial sollte also in verschiedene kleinere Komponenten unterteilt werden.

formale Techniken

Mnemotechniken sind dazu da, um Brücken zwischen den Regeln der Zielsprache und der vorhandenen Konzeptwelt des Lerners zu bauen. Funktionale und formale Mnemotechniken können unterschieden werden. Die Wirkung von formalen Mnemotechniken auf die korrekte Anwendung der betreffenden Regeln ist jedoch beschränkt. Für das bessere Behalten des Genus im Deutschen sind beispielsweise Wörter vorgeschlagen worden, die sich aus den regelmäßigen Endungen der femininen, maskulinen und Neutrum-Wortgruppen ergeben: *die Heitungkeiteischaftion, der Iglingorismus, das Tumchenmamentum.* Ihr Ziel liegt im schnellen Erinnern oder Abrufen von Regeln bei der Grammatikkontrolle oder anderem reflektiven Sprachgebrauch, eignet sich also besonders für Überprüfungsfunktionen.

funktionale Techniken

Besonders effektiv sind die funktionalen Mnemotechniken, zum Beispiel für Regeln, die sich auf die weiter oben genannten Domänen und Bildbereiche beziehen. Die Verben, die im Deutschen eine Bewegungsveränderung ausdrücken und daher mit *sein* gebildet werden, können beispielsweise beim Lernen mit dem mentalen Bild eines Gegenstandes wie einem Rennwagen oder einer passend schnellen Cartoonfigur zur schnelleren Erinnerung belegt werden. Große Teile der Grammatik ließen sich auch mit Hilfe der Metaphorik von Sportarten gut darstellen (siehe hierzu die Animationen von grammatischen Regeln und Wortbildungsprinzipien in der granima-App und Kapitel 6.8.3 (Hoffmann 2018, Kanaplianik 2016, Roche/Suñer 2014, Suñer/Roche 2019). Studien zur Messung des Lernerfolgs belegen, dass sich damit nachhaltige Verbesserungen erzielen lassen (Scheller 2009, Roche/Scheller 2008, Roche 2013; vergleiche Kapitel 5.6). Die zufällige farbliche Markierung des Genus von Substantiven, das heißt der Artikel, etwa im Französischen oder Deutschen hat sich, vermutlich wegen des mangelnden Bedeutungszusammenhangs, in empirischen Erhebungen dagegen bisher als nicht nachhaltig erwiesen. Die Studie von Gradel 2020 zeigt dagegen deutlich, dass bei der Transparentmachung semantischer Zusammenhänge sowohl bei Definitheit/Indefinitheit also auch beim Kasus im Deutschen nachhaltige Verbesserungen möglich sind.

Beispiel

Das Vokabellehrwerk *Memo* für Deutsch als Fremdsprache vermittelte die wichtigsten Mnemotechniken im Bereich des Wortschatzes durch:

Memo

- Eine thematische Organisation,
- Visualisierungen,
- Semantische Vernetzungen mittels Diagrammen, Skalen, Tabellen, Assoziogrammen,
- Anordnungssystematiken (Taxonomien) wie Neben- oder Unterordnungen oder Gegensatzpaare,
- Entdeckende Spiele,
- Gedächtniskarten/Mind Maps,
- Verlaufsdiagramme,
- Wortbildungsprinzipien, Analogien.

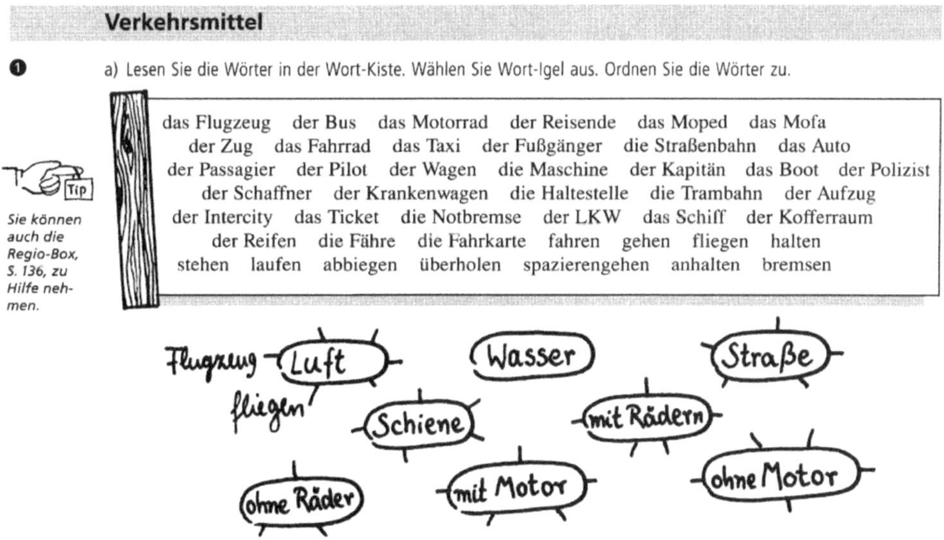

Abb. 3.18: Kontextualisierung des Wortschatzes anhand von Wortfeldern und Assoziationsübungen in *Memo*

Die impliziten semantischen Merkmale eines Konzeptes oder Begriffes können mit solchen Wortigeln (Assoziogrammen) leicht aktiviert werden. In einem Klassenverband

Wortigel

ergänzen sich die Beiträge der Lerner dabei meistens. Besonders interessant sind Assoziationsaufgaben in multikulturellen Lernergruppen, weil beim Sammeln der Elemente bereits kulturell unterschiedliche Perspektiven und Schwerpunkte deutlich werden, die Anlass zu weiterer Besprechung geben (Redeanlässe).

3.9 Sprachverarbeitung und Fehlerkorrektur

Fehlerursachen

Zum Abschluss dieses Kapitels soll noch ein Blick darauf geworfen werden, was das vorgestellte Modell zur Sprachverarbeitung zum Problem der Fehler im Fremdsprachenerwerb sagen kann, ein Problem, das für jeden Fremdsprachenunterricht zentrale Bedeutung hat. Mit viel Akribie und Energie versuchen Lehrkräfte meist, die Fehler ihrer Schülerinnen und Schüler zu korrigieren. Dazu gehören das korrekte Vorsagen und wiederholte Nachsprechen. Motivierend wirken vielfache Fehlerkorrekturen aber nur sehr selten, außerdem sind sie meist nicht erfolgreich. Fehler, die an der Oberfläche festgestellt, also vom Artikulator produziert werden, sind nicht unbedingt auch dort entstanden. Der Artikulator setzt nämlich nur mechanische Befehle um, die an einer ganz anderen Stelle auf dem Weg zum Artikulator entstanden sind. Natürlich kann der Artikulator auch einen eigenen Defekt haben oder überlastet sein. In anderen Fällen können die falsche Planung und Schemawahl, ein unvollständiges mentales Modell, ein Griff ins falsche Wortrepertoire, eine mangelhafte grammatische Umsetzung oder eine unvollständige Programmierung des Monitors Fehler hervorrufen. Lehrkräfte nehmen aber in der Regel an, dass ein Fehler auch da entstanden ist, wo er wahrgenommen wird, das heißt an der Oberfläche. So wird der Lerner häufig veranlasst, ein korrigiertes Wort nachzusprechen. Was ist der Effekt? Der Artikulator schaltet dabei vermutlich auf Automatik, vor allem, wenn dadurch der Kommunikationsablauf gestört wird, aber es bleibt wenig davon haften. Wenn ein Lerner zum Beispiel den konzeptuellen Unterschied zwischen *dir* und *Ihnen* nicht kennt, nutzt auch das Nachsprechen wenig.

Neukonzeption

Wären wir in der Lage, Fehler da anzugehen, wo sie entstehen, dann könnten damit eine Reihe von Folgeproblemen und aufwändige Korrekturen vermieden werden. Ein solches Vorgehen ist nicht immer einfach möglich, aber sicher wirkungsvoller als Korrekturen und Erklärungen, die nicht die Wurzeln des eigentlichen Problems angehen. Daraus ergibt sich, dass Fehlerkorrekturen und Strategien zur Produktion der korrekten Formen auf andere Weise als bisher konzipiert werden müssten:

- Vor der Fehlerkorrektur muss eine eingehende Fehleranalyse (Diagnose) erfolgen. Die Ursachen des Fehlers sollten in Bezug auf die Produktions- und Verstehensbereiche des psycholinguistischen Modells identifiziert werden.
- Bei der Fehleridentifikation sind die Gesetzmäßigkeiten des Fremdsprachenerwerbs zu berücksichtigen (siehe nächstes Kapitel). Viele Fehlproduktionen sind nämlich keine Fehler. Oft zeigen sie vielmehr einen Lernfortschritt an.
- Die Fehlerkorrektur sollte gezielt im identifizierten Fehlerbereich und im entsprechenden kommunikativen Kontext erfolgen. Die Wahl der falschen Anrede (*du* statt *Sie*) sollte zum Beispiel nicht grammatisch oder in der Aussprache korrigiert werden, sondern konzeptuell.
- Fehlerkorrektur muss nicht immer durch die Lehrkraft erfolgen. Entdeckende Verfahren eignen sich oft besser als direkte Erklärungen einer Lehrkraft (Selbstevaluation und -korrektur).
- Aus den genannten Gründen ist schon oft eine neue „Fehlerkultur“ gefordert worden, die sich stark von dem unterscheidet, was häufig noch frustrierende Praxis für Schüler und Lehrkräfte ist (vergleiche Grotjahn 2006, Kleppin 2009, Schoormann/Schlak 2011).

Testqualitäten

Tests, die sprachliche Kompetenzen verlässlich messen sollen, müssen zudem folgenden Kriterien entsprechen. Ein Test muss die Kompetenzen unabhängig von der Person und den Umständen messen (**objektiv**) sein. Er muss messgenau (**reliabel**) sein und damit unter gleichen Bedingungen die gleichen Ergebnisse produzieren können. Ferner muss er **valide** sein, indem er die Kompetenzen tatsächlich misst und nicht etwa ein prüfungsstrategisches Verhalten. Ein Test muss in Bezug auf die Aufgabenstellung, die Inhalte, die Durchführungsbedingungen **fair** sein und er sollte ohne allzu großen Aufwand durchführ- und auswertbar (**ökonomisch**) sein.

3.10 Übungsaufgaben zur Wissenskontrolle

1. Wie erfolgt die Informationsverarbeitung beim Sprachverstehen und welche Prozesse sind an der Sprachproduktion beteiligt?
2. Wie verläuft der Informationsaustausch im Gehirn?
3. Was sind die wichtigsten Prinzipien der Gestaltpsychologie?
4. Wie entstehen und verändern sich mentale Modelle und Schemata und welche Funktionen haben sie?
5. Welche Rolle spielt der Aktivierungsgrad beim Behalten und wie kann damit im Unterricht umggegangen werden?
6. Wie lassen sich Bilder lernfördernd im Unterricht einsetzen?
7. Wie ist das bilinguale mentale Lexikon organisiert und welche Rolle könnte es im Unterricht spielen?
8. Welche Funktionen hat der Visuelle Thesaurus?
9. Was gehört zu einer neuen Fehlerkorrektur?
10. Wie könnten Aspekte dieses Kapitels Ihren Unterricht oder Spracherwerb unterstützen?

3.11 Weiterführende Literatur

Aitchinson, Jean (1997): *Wörter im Kopf. Eine Einführung in das mentale Lexikon.* Tübingen: Niemeyer.

Aurnague, Michel/Hickmann, Maya/Vieu, Laure (Hg.) (2007). *The categorization of spatial entities in language and cognition.* Amsterdam/Philadelphia: John Benjamins.

Baddeley, Alan D./Eysenck, Michael W./Anderson, Michael C. (2009). *Memory.* Hove [England], New York: Psychology Press.

Bruner, Jerome (1987). *Wie das Kind sprechen lernt.* Bern: Huber.

Celce-Murcia, Marianne (Hg.) (1991). *Teaching English as a second or foreign language.* Boston, Mass: Newbury House.

Cenoz, Jasone/Hufeisen, Britta/Jessner, Ulrike (Hg.) (2003). *The Multilingual Lexicon.* Dordrecht: Kluwer Academic Publication.

Clausner, Timothy/Croft, William (1999). Domains and image schemas. *Cognitive Linguistics* (10–1), 1–31.

Danesi, Marcel (2008). Conceptual errors in second-language learning. In: Knop, Sabine de/Rycker, Teun de (Hg.). *Cognitive Approaches to Pedagogical Grammar.* Berlin, New York: Mouton de Gruyter, 231–257.

de Bot, Kees (2004). The Multilingual Lexicon. Modelling Selection and Control. *The International Journal of Multilingualism* 1,1, 17–32.

Dentler, Sigrid/Hufeisen, Britta/Lindemann, Beate (Hg.) (2000). *Tertiär- und Drittsprachen. Projekte und empirische Untersuchungen.*Tübingen: Stauffenburg.

Dietrich, Rainer (2007). *Psycholiguistik.* Stuttgart: Metzler.

Ebbinghaus, Hermann (1885). *Über das* Gedächtnis*: Untersuchungen zur experimentellen Psychologie.* Leipzig: Duncker & Humblot.

Gradel, Valentina (2020): *Der Erwerb der Adjektivdeklination durch kognitionslinguistisch basierte Apps im Unterricht des Deutschen als Fremdsprache.* Berlin, Münster: LIT Verlag.

Grady, Joseph E. (2007). Metaphor. In: Geeraerts, Dirk/Cuyckens, H. (Hg.). *The Oxford handbook of cognitive linguistics.* Oxford: Oxford University Press, 188–213.

Grady, Joseph E. (op. 2005). Image schemas and perception. Refining a definition. In: Hampe, Beate/Grady, Joseph E. (Hg.). *From perception to meaning.* Berlin, New York: Mouton de Gruyter, 35–56.

Green, David W. (1993). Towards a model of L2 comprehension and production. In: Schreuder, Robert/Weltens, Bert (Hg.). *The Bilingual lexicon.* Amsterdam, Philadelphia: Benjamins, 249–277.

Grosjean, François (2010). *Bilingual: Life and Reality.* Cambridge, Mass: Harvard University Press.

Grotjahn 2006 (siehe Literaturverzeichnis von Kapitel 2).

Häublein, Gernot/Müller, Martin/Rusch, Paul/Scherling, Theo/Wertenschlag, Lukas (1995). *MEMO Wortschatz und Fertigkeitstraining für das Zertifikat Deutsch als Fremdsprache.* Berlin, München: Langenscheidt.

Heeschen, Claus (1985). Agrammatism versus Paragrammatism. A Fictitious Opposition. In: Kean, Marie-Louise (Hg.). *Agrammatism.* Orlando: Academic Press, 207–248.

Hoffmann, Isabel (2018). Räumlich konzeptualisierte Funktionsverbgefüge – eine Erwerbsstudie. *Zeitschrift für Interkulturellen Fremdsprachenunterricht* 23 (2), 74–85.

Hufeisen, Britta (2010). *Theoretische Fundierung multiplen Sprachenlernens –Faktorenmodell 2.0. Jahrbuch Deutsch als Fremdsprache.* Intercultural German Studies 36, 200 – 208.

Hufeisen, Britta/Marx, Nicole (2007). *EuroComGerm – die sieben Siebe. Germanische Sprachen lesen lernen.* Aachen: Shaker.

Jessen, Moiken/Blomberg, Johan/Roche, Jörg (Hg.) (2018). *Kognitive Linguistik.* Kompendium Deutsch als Fremdsprache/Deutsch als Zweitsprache Band 2. Tübingen: Narr.

Johnson, Mark (1987). *The body in the mind. The bodily basis of meaning, imagination, and reason.* Chicago: University of Chicago Press.

Kanaplianik, Katsiaryna (2016). *Kognitionslinguistisch basierte Animationen für die deutschen Modalverben. Zusammenspiel der Kognitiven Linguistik und des multimedialen Lernens bei der Sprachvermittlung.* Berlin, Münster: Lit.

Kandel, Eric R./Schwartz, James H./Jessell, Thom M. (Hg.) (2011). *Neurowissenschaften. Eine Einführung.* Heidelberg, Berlin, Oxford: Spektrum Akademie Verlag.

Kim, Karl H.S./Relkin, Norman R./Lee, Kyoung-Min/Hirsch, Joy (1997). Distinct cortical areas associated with native and second languages. *Nature* 388 (6638), 171–174.

Klein, Horst G./Stegmann, Tilbert D. (2000). *EuroComRom – die sieben Siebe. Romanische Sprachen sofort lesen können.* Aachen: Shaker.

Kleppin, Karin (2009). „Fehler" und „Fehlerkorrektur". *Praxis Fremdsprachenunterricht* (1), 60–61.

Koffka, Kurt (1962). *Principles of gestalt psychology.* London: Routledge & Kegan Paul.

Köhler, Wolfgang (1971). *Die Aufgabe der Gestaltpsychologie.* Berlin: de Gruyter.

Kolk, Herman H.J./van Grunsven, Marianne M.F. (1985). Agrammatism as a Variable Phenomenon. *Cognitive Neuropsychology* 2 (4), 347–384.

Lakoff, George (1987). *Women, Fire, and Dangerous Things. What Categories Reveal About the Mind.* Chicago: The University of Chicago Press.

Lakoff, George/Johnson, Mark (1980). *Metaphors we live by.* Chicago: The University of Chicago Press.

Littlemore, Jeannette (2011). *Applying cognitive linguistics to second language learning and teaching.* Basingstoke, Hampshire, New York: Palgrave Macmillan.
Meißner, Franz-Joseph (2004). Transfer und Transferieren. Anleitungen zum Interkomprehensionsunterricht. In: Klein, Horst G./Rutke, Dorothea (Hg.). *Neuere Forschungen zur Europäischen Interkomprehension.* Aachen: Shaker, 39–66.
Oakley, Todd (2007). Imaga schemas. In: Geeraerts, Dirk/Cuyckens, Hubert (Hg.). *The Oxford handbook of cognitive linguistics.* Oxford: Oxford University Press, 214–235.
Paivio, Allan (1986). *Mental Representations: A Dual-Coding Approach.* New York: Oxford University Press.
Plieger, Petra (2006). *Struktur und Erwerb des bilingualen mentalen Lexikons. Konzepte für die mediengestützte Wortschatzarbeit.* Berlin, Hamburg, Münster: LIT Verlag.
Radden, Günter (2011). Spatial time in the West and the East. In: Brdar, Mario (Hg.). *Space and time in language.* Frankfut am Mein: Peter Lang GmbH, 1-40.
Raupach, Manfred (1994). Das mentale Lexikon. In: Börner, Wolfgang/Vogel, Klaus (Hg.). *Kognitive Linguistik und Fremdsprachenerwerb. Das mentale Lexikon.* Tübingen: Narr, 19–37.
Roche, Jörg (2019). Didaktik. In: Roche, Jörg (Hg.). *Sprachen lehren.* Kompendium Deutsch als Fremdsprache/Deutsch als Zweitsprache Band 5. Tübingen: Narr, 37–54.
Roche 2013 (siehe Literaturverzeichnis von Kapitel 1).
Roche, Jörg (2006). Natürliche Mehrsprachigkeit als Mittel der Integration. In: Neuland, Eva (Hg.). *Variation im heutigen Deutsch. Perspektiven für den Sprachunterricht.* Sprache – Kommunikation – Kultur 4. Frankfurt/M.: Lang, 79–96.
Roche, Jörg/Scheller, Julija (2008). Grammar Animations and Cognitive Theory of Multimedia Learning. In: Zhang, Felicia/Barber, Beth (Hg.). *Handbook of research on computer-enhanced language acquisition and learning.* Hershey, PA: Information Science Reference, 205–219.
Roche, Jörg/Schiewer, Gesine Leonore (Hg.) (2019). *Lebenswelten – Dialoge im Deutschunterricht. Schreiben – Lesen – Lernen – Lehren.* Unter konzeptueller Assistenz und mit Originalbeiträgen von José F.A. Oliver und Akos Doma. Tübingen: Narr.

Roche, Jörg/Schiewer, Gesine Lenore (Hg.) (2018). *Emotionen – Dialoge im Deutschunterricht. Schreiben – Lesen – Lernen – Lehren.* Tübingen: Narr.

Roche, Jörg/Schiewer, Gesine Lenore (Hg.) (2018). *Identitäten – Dialoge im Deutschunterricht. Schreiben – Lesen – Lernen – Lehren.* Tübingen: Narr.

Roche, Jörg/Suñer Muñoz, Ferran (2014). *Kognition und Grammatik: Ein kognitionswissenschaftlicher Ansatz zur Grammatikvermittlung am Beispiel der Grammatikanimationen.* In: Zeitschrift für Interkulturellen Fremdsprachenunterricht, 19 (2), 119–145.

Rosch, Eleanor/Lloyd, Barbara B. (1978). *Cognition and categorization.* Hillsdale, New York: Erlbaum: Halsted Press.

Scheller, Julija (2009). *Animationen in der Grammatikvermittlung. Multimedialer Spracherwerb am Beispiel von Wechselpräpositionen.* Berlin, Münster: Lit.

Schoormann, Matthias/Schlak, Torsten (2011). Die Unterrichtskonzeption der counterbalanced instruction. *Journal of Linguistics and Language Teaching* 2 (1), 129–168.

Suñer Muñoz, Ferran (2011), *Hypertexte im L2-Spracherwerb. Zur Relevanz des Multimedia- und Modalitätsprinzips im L2-Spracherwerb am Beispiel des Einsatzes graphischer Übersichten in Hypertexten.* Münster: LIT Verlag.

Suñer, Ferran/Roche, Jörg (2019). Embodiment in concept-based L2 grammar teaching: The case of German light verb constructions. In: v. Jordens, Peter/Roberts, Leah (Hg.). *International Review of Applied Linguistics in Language Teaching.* Berlin, Boston: de Gruyter.

Tafel, Karin (2009). *Slavische Interkomprehension. Eine Einführung.* Tübingen: Narr.

Taylor, John R. (2008). Prototypes in Cognitive Linguistics. In: Robinson, Peter/Ellis, Nick C. (Hg.). *Handbook of cognitive linguistics and second language acquisition.* Mahwah, NJ: L. Erlbaum Associates, 39–65.

van Dijk, Teun Adrianus/Kintsch, Walter (1983). *Strategies of discourse comprehension.* New York: Academic Press.

Vossen, Piek (1997). *EuroWordNet: A Multilingual Database for Information Retrieval.* https://www.ercim.eu/publication/ws-proceedings/DELOS3/Vossen.pdf.

Wertheimer, Max (1967). *Drei Abhandlungen zur Gestalttheorie.* Darmstadt: Wissenschaftliche Buchgesellschaft.

4 Fremdsprachenerwerb

Dieses Kapitel stellt die Grundlagen der Fremdsprachenerwerbsforschung dar. Ziel der Erforschung des natürlichen Fremdsprachenerwerbs ist es, zu Aussagen über einen besseren Sprachunterricht zu kommen. Anhand von verschiedenen Originalaufnahmen von Lerneräußerungen wird gezeigt, wie sich die Prinzipien des natürlichen Fremdsprachenerwerbs in der Sprache der Lerner abbilden und dabei eine Reihe von strukturellen Gemeinsamkeiten mit bestimmten Sprachregistern und voll entwickelten Sprachen zeigen. Die Struktur dieser Art von Sprache lässt sich als pragmatischer Sprachmodus bezeichnen. Im Laufe der Zeit entwickelt er sich zu einer strukturell stärker ausgebildeten Form, dem syntaktischen Modus. Dargestellt werden auch die wichtigsten Hypothesen zum Einfluss der Ausgangssprache und der Zielsprache auf den Spracherwerb. Von besonderer Bedeutung ist hierbei das Konzept der Erwerbsstufen, demzufolge Lerner trotz gemischter und chaotisch erscheinender Strukturen systematisch eine Zielsprache erwerben. Es wird darüber hinaus gezeigt, warum der Erfolg des Spracherwerbs wesentlich von der Verständlichkeit der Sprache abhängt, die die Lerner in ihrer Umgebung wahrnehmen. Der abschließende Teil dieses Kapitels beschäftigt sich daher anhand eines authentischen Gesprächs mit den Strukturen der Eingabe im Spracherwerb und mit den Prozessen, mit denen sich Lerner und Sprecher der Zielsprache verständlich machen, das heißt, wie sie verständlichen Input aushandeln.

4.1 Gesteuerter und ungesteuerter Spracherwerb

Ziele der Erwerbsforschung

In den vorangehenden Kapiteln wurde gezeigt, welchen Einfluss die Lernervariablen und der Sprach- und Informationsverarbeitungsapparat beim Sprachenerwerb haben. Ziel der Erforschung der internen (erwerbslinguistischen) Gesetzmäßigkeiten des Sprachenerwerbs ist es, durch das Studium der natürlichen (nicht durch Unterricht gesteuerten) Lernprozesse zu einer Optimierung des Sprachunterrichts zu gelangen. Dem liegt die Annahme zu Grunde, dass sich im natürlichen Sprachenerwerb erfolgreiche Verfahren finden, die im Unterricht kopiert und mit unterrichtlicher Steuerung kombiniert werden können.

Spracherwerb
Mit **ungesteuertem** (Englisch: *untutored*) oder **natürlichem** (*natural*) **Fremdsprachenerwerb** (*foreign language acquisition, L2 acquisition*) wird das Lernen von Sprachen außerhalb des Unterrichts oder ohne tutorielle Betreuung bezeichnet. Im Gegensatz dazu bezeichnet der **gesteuerte Spracherwerb** im Unterricht (*tutored language acquisition*) die Steuerung von außen durch Lehrpläne, Lehrmaterialien und Unterricht. Gesteuert sind aber beide Formen des Erwerbs, und zwar durch interne kognitive Prozesse. Natürlich sind beide ohnehin. Fundamentale Unterschiede zwischen Erwerb (*acquisition*) und Lernen (*learning*) sind bisher nicht belegt. Wer diesen terminologischen Problemen ausweichen will, verwendet neutral den Begriff *Spracherwerb* und spezifiziert in den weiteren Ausführungen, um welche Art es sich handelt, also zum Beispiel Spracherwerb im Unterricht oder am Arbeitsplatz. Erst-, Zweit- und Drittsprachenerwerb (L1-, L2- und L3-Erwerb, *first, second, third language acquisition*) erfolgen oft nicht zeitlich und räumlich getrennt voneinander, sondern parallel, überlappend oder spezifisch in bestimmten inhaltlichen oder funktionalen Domänen. Der Erwerb von Sprachen ist demnach ein dynamischer Prozess des Zuwachses, Austausches und der Abnahme sprachlicher Kompetenzen.

ungesteuerter Erwerb

Das, was im ungesteuerten Sprachenerwerb, zum Beispiel am Arbeitsplatz oder im Privatleben passiert, wurde lange Zeit, wenn überhaupt, nur negativ wahrgenommen. Vor allem fielen die vielen Fehler der Sprecher, das scheinbare Chaos der Grammatik, die von der Zielsprache abweichende Aussprache, die Sprachmischungen und die unvollständigen und falschen Wörter auf. Gerade bei den vielen Menschen, die ungesteuert eine neue Sprache lernen – zum Beispiel auf Grund wirtschaftlich, beruflich, politisch oder familiär bedingter Migration – treten diese sprachlichen Probleme auch nach vielen Jahren unverändert wie am Anfang auf, oder stabilisiert auf einer frühen Stufe. Da die Wahrnehmung von Bildungschancen, die Beteiligung am gesellschaftlichen und schulischen Leben, der Zugang zum Arbeitsmarkt und berufliche Karrieren von guten mündlichen und schriftsprachlichen (vor allem bildungssprachlichen) Kompetenzen abhängen, haben schlechte Sprachkenntnisse negative Folgen für diese Migrantinnen und Migranten.

Den Sprachenerwerb dieser Menschen als Maßstab für den Sprachunterricht zu nehmen, scheint vielen Lehrkräften bis heute nur schwer vermittelbar. Andererseits kann aber gerade die unverstellte **Lernersprache** darüber Aufschluss geben, wie Spracherwerb funktioniert. Die Spracherwerbsforschung der 70er und 80er Jahre des 20. Jahrhunderts hat sich daher bewusst nicht davon abhalten lassen, Lernergruppen in ihrem begrenzten sprachlichen und sozialen Umfeld zu untersuchen, und zwar nicht zuletzt um herauszufinden, warum einige der Sprecher dieser Lernergruppen sehr wohl und sehr schnell in der Lage sind, eine Zielsprache korrekt zu erlernen, während andere es nur schwer, spät oder nie zu schaffen scheinen. Mitunter erreichen Lerner einer fremden Sprache sogar höhere Kompetenzen in der fremden Sprache als die Erstsprachensprecher. Man denke im deutschsprachigen Raum etwa an die Absolventinnen und Absolventen mit so genanntem Migrationshintergrund in den verschiedenen Schultypen und beruflichen Ausbildungszweigen, die oft als Beste ihrer Jahrgänge die Ausbildung abschließen, man denke an den subtilen Sprachhumor oder an die höchst differenzierte, stilbildende Sprachkenntnis der vielen Autorinnen und Autoren, die literarische Texte auf Deutsch publizieren, obwohl Deutsch nicht ihre Erstsprache ist.

Fossilisierung

Aber auch die Gruppe der Lerner, deren Sprachentwicklung schnell zum Stillstand kommt, also stabilisiert oder fossilisiert, ist für die Forschung insofern interessant, als sich daraus die Ursachen der Fossilisierung und Blockade erfahren lassen. Wenn diese bekannt sind, lassen sich auch Reparaturmaßnahmen, also zum Beispiel passende Unterrichtsmethoden, entwickeln.

Ein Blick auf reale Daten des natürlichen Sprachenerwerbs zeigt dabei, wie (un-)chaotisch und (un-)strukturiert er wirklich ist. Aufschlussreich ist auch ein Blick auf die einzelnen Faktoren, die den Sprachenerwerb in seinen Strukturen, in seinem Verlauf und in seiner Geschwindigkeit beeinflussen.

Die folgenden Ausführungen betreffen vor allem den Erwerb des Deutschen und des Englischen und werden anhand authentischer Aufnahmen und Untersuchungen illustriert. Vieles, was dort beobachtet werden kann, ist aber symptomatisch für den Sprachenerwerb allgemein, gilt also prinzipiell auch für den Erwerb anderer Fremdsprachen.

4.2 Der pragmatische Modus und die Basisvarietät

Die zwei folgenden Gespräche sind jeweils von einem deutschsprachigen Arzt/einer Ärztin und ihren türkischen Patientinnen geführt worden. Sie wurden mit einem offenen Mikrofon aufgenommen und anschließend verschriftlicht (transkribiert). Diese Transkription kann je nach Forschungsschwerpunkt mit unterschiedlichen Verfahren erfolgen. In der Forschung verbreitet ist das Exmaralda-Transkriptionssystem (Rehbein et al. 2004, Schmidt et al. 2011). Mit Hilfe halbautomatischer Analyse- und Annotationsverfahren wie dem ELAN (https://archive.mpi.nl/tla/elan) lässt sich die komplexe Aufgabe der Auswertung und Archivierung vereinfachen.

Transkript 4.1
Ä = deutschsprachige Ärztin; P = türkische Patientin auf niedrigem Erwerbsniveau

(...)
1 Ä: Rauchen Sie noch Frau Eski?
2 P: Ah, nix zu viel (...)
3 Ä: Wie viel?
4 P: Zwei, drei Stück, jeden Tag, nicht so viel.
5 Ä: Zwei bis drei?
6 P: Früher war zwei Pakett.
7 Ä: Huijuijui.
8 P: Aber jetzt nix mehr, jetzt (...)
9 Ä: Mhm.
10 P: Wann ich nerven bin, ich rauch weg, ich hab nix lügen (...).
11 Ä: Mhm.
12 P: Aber wann nicht nerven (...).
13 Ä: Mhm.
14 P: ist nichts.
15 Ä: Mhm.
16 P: Aber wenn ich merk irgendwas, Probleme oder was, oder schlecht werd (...)
17 Ä: Mhm.
18 P: hören oder, oder irgendwas (...)
19 Ä: Mhm.
20 P: Oder bin ich
21 Ä: Mhm
22 P: Krank
23 Ä: Mhm
24 P: oder irgendwas mag ich rauchen (...) aber sonst (...)
25 Ä: Mhm, mhm sonst nicht.
26 P: Hmhm, nö nö.
27 Ä: Mhm, ja gut. Also jetzt füllen wir das nachher aus.
(...)
(Sancak 2004: 69 f.)

Äußerungsmerkmale

Die türkische Patientin, die in diesem Gespräch mit ihrer Ärztin über ihre Beschwerden spricht, kann sich im Prinzip einigermaßen auf Deutsch verständlich machen. Zumindest versteht sie gut. Allerdings fällt es der Ärztin in diesem Ausschnitt schwer, die Informationen zum Rauchen auf die möglichen Ursachen der Beschwerden zu beziehen. Die Grammatik der türkischen Patientin ist nicht vollständig entwickelt. Zwar verwendet sie verschiedene Verbformen umgangssprachlich korrekt (*bin, war, merk*), aber diese sind nicht immer vollständig (*war* in Äußerung 6 entspricht hier *habe ich geraucht* oder *waren es, hab nix lügen* in 10 entspricht *habe nichts verschwiegen*). Formen wie *wenn ich nerven bin* in Äußerung 10 sind besonders interessant, weil sie unverständlich erscheinen. Wenn man aber weiß, dass diese Äußerung bedeutet *wenn ich nervös bin*, dann erschließt sich die Form wesentlich leichter. Es ist typisch für die Lernersprache, dass Verläufe und andauernde Aktionen mit Hilfsverben umschrieben werden, auch ohne Adjektive. Klar erkennbar ist trotz größeren Fortschritts in einigen grammatischen Bereichen und trotz verschiedener formelhafter Ausdrücke die vergleichsweise einfache Wortstellung (Syntax): *nix zu viel* (Äußerung 2) zeigt die klare Entwicklungsstruktur einfacher Äußerungen. Das Entscheidende hier ist das Element *zu viel*. Es steht am Ende der Äußerung in der Position, in der das Wichtigste zu stehen hat. Durch die Voranstellung des verneinenden Elementes (Negators) *nix* wird diese einfach negiert, wie auch später *nix lügen* oder *nicht nerven* in den Äußerungen 10 und 12. *lügen* fällt hier also in die Reichweite des Negators. Bekannte Elemente wie *ich* und *rauche* fallen dagegen ganz weg. Ähnlich ist es in Äußerung 6: *Früher (war) zwei Pakett*. Hier erscheint zwar ein verbindendes, leeres Element, nämlich *war* (Copula), das hier tatsächlich nur ein Platzhalter ist, der markiert ‚hier gehört ein Verb hin'. Ansonsten finden sich nur zwei Elemente: das zeitlich rahmende *früher* und das zentrale und hervorgehobene *zwei Pakett*. Auch in Äußerung 8 ist das so, hier aber mit drei Elementen: *aber – jetzt – nix mehr*.

Skopos

Mischformen

Typisch für die Lernersprache sind Mischformen von verschiedenen Erwerbsstufen und auch die nahtlose Kombination von Phrasen und formelhaften Ausdrücken, die es dem ungeübten Zuhörer schwer machen, Sinneinheiten zu identifizieren. In diesem Ausschnitt wird das an vielen Stellen deutlich: etwa in der Reihung in Äußerung 4, in der sich Antwort und Kommentar nahtlos mischen, oder in den vielen Anbindungen mit *oder* und *aber* und den Verwendungen von Überbrückungsausdrücken wie *irgendwas*.

In dem folgenden Gesprächsausschnitt, an dem zwei ganz andere Personen beteiligt sind, finden sich ebenfalls noch einfache neben weiter entwickelten Strukturen, auch wenn die türkische Patientin in ihrem Deutscherwerb schon weiter vorangeschritten ist und das Gespräch insgesamt viel aktiver erscheint.

Transkript 4.2
A = deutschsprachiger Arzt; P = türkischsprachige Patientin auf mittlerem Erwerbsniveau

```
(...)
1 A:     So, sie sind Frau Kücük?
2 P:     Ja.
3 A:     Also, wie geht es Ihnen?
4 P:     Äh, danke gut, Herr Doktor, aber ich
         hab immer noch Husten, also ist noch
         nicht vorbei ganz und ab und zu mal es
         sticht bei mir, beim Einatmen.
5 A:     Mhm. Wie oft ham Sie denn Schmerzen?
6 P:     ((überlegend)) Mhm, seit dem Krank-
         heit. Also
7 A:     Seit dem, und wie oft am Tag husten
         Sie?
8 P:     Äh, und ja nicht so stark, nicht so
         viel ab und zu mal so
9 A:     Ab und zu?
10 P:    aber jeden Tag.
11 A:    Und der geht nach ein paar Minuten wie-
         der vorbei?
12 P:    Ja.
13 A:    Und wie ist es nachts?
14 P:    Nachts ok.
15 A:    Nachts husten Sie nicht?
16 P:    Nein.
17 A:    (...) Und wo sticht es noch mal bitte?
```

18 P: Also hier. (...)
19 A: Mhm, seitlich im Brustbereich, immer nur beim Husten oder unabhängig vom Husten?
20 P: Unabhängig vom Husten. Äh, er ist nicht oft, aber beim Einatmen (...).
21 A: Können Sie alles machen, was Sie so normalerweise tun, ich glaub Sie kümmern sich ja auch ums Kind?
22 P: Ich habe drei Kinder.
23 A: Sie ham drei Kinder? Können Sie denn mit den Kindern alles machen? Die müssen Sie ja auch hochheben.
24 P: Ja.
25 A: und füttern.
26 P: Ja.
27 A: Das geht alles?
28 P: Das mach ich, ja, das geht alles ok, das wird nicht zu viel.
29 A: Sie können Ihren Haushalt normal führen?
30 P: Mhm.
31A: Aber manchmal merken Sie eben, dass es sticht, und das ist dann unangenehm.
32 P: Ja zum Beispiel beim äh beim unterwegs hab ich gefühlt, also, gefühlt diese Stiche.
33 A: Als Sie unterwegs waren, haben Sie die Stiche gefühlt?
34 P: Ja.
35 A: Wie waren Sie denn unterwegs, mit welchem Verkehrsmittel?
36 P: U-Bahn bin ich da, aber beim Laufen also
37 A: Ja.
38 P: hab ich (...)
39 A: Beim Laufen merken Sie die Stiche?
40 P: Mhm, aber es war natürlich zu Hause, ich geh nicht viel raus, aber zu Hause mach äh

41 A: Sie gehen grundsätzlich wenig raus, ne?
42 P: Mhm.
43 A: Und wie ist das beim Einkaufen?
44 P: Ok (...), beim Einkaufen
45 A: Aus/Einkaufen können Sie? Da müssen Sie
46 P: Ja.
47 A: auch eine Tasche tragen
48 P: Ja.
49 A: und auch ein Stück gehen.
50 P: Mhm, kann ich schon, Treppen, ich wohne in dritte Stock. Treppen kann ich schon, äh, schleppen, natürlich dann
51 A: Sie können die Einkaufstüte drei Stockwerke hochtragen
52 P: Ja.
53 A: und da bekommen Sie keine Schmerzen?
54 P: Nein, also es kommt ab und zu mal nicht so jeden, äh, Bewegungen oder jeden, äh, also (...)
55 A: Es kommt nicht bei jeder Bewegung?
56 P: Hmhm
57 A: Und es kommt auch unabhängig davon, ob Sie sich jetzt körperlich belasten? Weil wenn Sie die Einkaufstüten drei Stockwerke hoch tragen können, (...) dann
58 P: Mhm. Dann bin ich natürlich/ich bin halt dann (...)
59 A: Dann sind Sie ein bisschen außer Atem. Ok. Darf ich noch mal die Lunge abhören bitte.

(...)
(Sancak 2004:74f.)

Auch diese Sprecherin verwendet gerne Füllwörter wie *also* und andere formelhafte Ausdrücke wie *ab und zu, mal* oder *das mach ich* und andere. Auch nimmt sie gerne Reihungen vor, die einzelne Aspekte herausgreifen und auf verschiedene Art ausdrücken, so dass es dabei zu Überschneidungen kommt: zum Beispiel in Äußerung 8 „ja nicht so stark, nicht so viel ab und zu mal so“, Äußerung 40 „aber es war natürlich zu Hause, ich geh nicht viel raus, aber zu Hause mach äh“ oder Äußerung 54 „also es kommt ab und zu mal nicht so jeden, äh, Bewegungen oder jeden, äh, also“. Interessant ist auch, dass zwar an einigen Stellen korrekte Dativformen verwendet werden, aber dies wahrscheinlich in Form fester Ausdrücke oder Redewendungen geschieht (*bei mir, beim Einatmen* in Äußerung 4). An anderen Stellen verwendet die Sprecherin keine korrekte Form: „wohne in dritte Stock“ (Äußerung 50). Dies zeigt deutlich, dass die Sprecherin noch auf dem Weg zur richtigen Grammatik ist. In einer Reihe von Äußerungen greift sie auf eine einfache Syntax zurück: *nachts okay* (14) oder *Treppen* (50), was so viel bedeutet wie „trotz der vielen Treppen, die wir im Haus haben“ oder Ähnliches. Die Struktur *unabhängig vom Husten* (20), die als gehobenes Deutsch gelten kann, ist eine direkte Übernahme aus der Frage des Arztes. Ob die Sprecherin sie wirklich versteht oder auch grammatikalisch beherrscht, ist zweifelhaft. Aber solche Übernahmen sind durchaus typisch für den Spracherwerb. Wahrscheinlich hat die Sprecherin eine ungefähre Vorstellung von der Bedeutung und probiert diese nun einfach aus. Zu bemerken ist auch, dass sie die Systematik für Sprecherwechsel ganz gut beherrscht. Außerdem versteht sie die Fragen des Arztes offenbar korrekt und kann sich insgesamt verständlich machen, trotz begrenzter Grammatik und begrenzten Vokabulars.

Kommunikationsmanagement

Aufgabe

Selbsttest

Machen Sie doch bitte mal folgenden Selbsttest: Nehmen Sie sich irgendein Aufnahmegerät, zum Beispiel an Ihrem Handy, und zeichnen Sie damit Ihre eigene Sprache und gegebenenfalls die Ihrer Freunde bei einem ganz normalen Gespräch auf. Oder beobachten Sie alternativ dazu genau die Sprechweise von Talkshowgästen oder Sportlern beim Interview. Ein paar Minuten eines alltagssprachlichen Gesprächs genügen völlig. Schreiben Sie das Gespräch bitte ab, wenn Sie können. Wenn Sie den Text dann noch einmal in Ruhe lesen, werden Sie wahrscheinlich sehr überrascht sein, wie einfach und häufig unvollständig Ihre Äußerungen oder die der von Ihnen beobachteten Sprecher sind. Überraschen werden Sie vermutlich auch die zahlreichen Abbrüche, Neuansätze und Versprecher, die aber typisch sind für die gesprochene Sprache. Fairerweise müssten dann auch authentische Lerneräußerungen an einer solchen Norm gemessen werden. Duden-Deutsch darf auch von Sprechern, die Deutsch als Erstsprache erworben haben, in gesprochener Sprache nicht immer erwartet werden. Vor allem im Deutschunterricht an den Schulen werden Schülerinnen und Schüler oft nach abstrakten grammatischen Normen beurteilt, die die Variabilität der Sprache im situativen Kontext zu wenig berücksichtigen. Erst wenn die Diagnose korrekt ist, können aber auch angemessene Korrekturverfahren entwickelt werden. Das betrifft auch die Übergänge von der mündlichen Norm zur Schrift- und Bildungssprache.

4.3 Diagnose, Evaluation und Leistungsmessung

Jeder Kompetenzbereich und (mündlicher und schriftlicher) Erwerbsmodus unterliegt eigenen Regeln. Eine flüssige Beherrschung mündlicher Kommunikation führt nicht automatisch zu einer ebenso entwickelten Beherrschung der schriftlichen Kommunikation. Umgekehrt lässt sich nicht von fehlenden Fertigkeiten und Kompetenzen in einem Bereich auf Mängel im anderen schließen. Demnach sind auch Testergebnisse von sprachlichen Kompetenzen nur bedingt aussagekräftig für die Sprachbeherrschung allgemein. Zwar gibt es valide exemplarische Testverfahren (zum Beispiel C-Tests), aber eine voreilige Diagnose von sprachlichen Fertigkeiten ohne die wissenschaftliche Fundierung solcher Tests kann verhängnisvoll werden. In der Schulpraxis passiert das unter anderem, wenn einer mangelhaften Rechtschreibung Hauptaussagekraft für die Diagnose oder Leistungsmessung zugeschrieben und damit über die weitere Schullaufbahn oder berufliche Karrieren entschieden wird.

C-Test

Hier zunächst ein Blick auf die Grammatik der stark reduzierten Äußerungen anhand eines etwas veränderten Beispiels aus Transkript 4.1. Diese Grammatik wird uns gleich auch in der Umgangssprache beschäftigen.

früher – zwei Pakett

Leicht lässt sich hier erkennen, dass die Äußerung aus einzelnen, aneinander gereihten Wörtern besteht, die ohne Endungen und ohne andere Funktionselemente wie Artikel, Präpositionen und Konjunktionen auskommen. Einzelne Wörter vertreten ganze Phrasen oder komplexere Konstituenten. Auch bekannte oder redundante Elemente sind nicht realisiert. Dazu gehören die beteiligten Personen (zum Beispiel *ich*), Hilfsverben (zum Beispiel *haben*) und andere implizierte oder implizierbare Wörter (*rauchen*). Chaotisch sind solche Äußerungen aber keineswegs. Die Anordnung der Elemente folgt einem klaren Informationsprinzip, demzufolge die bekannte oder orientierende Information, das **Thema**, am Äußerungsanfang steht und die neue oder wichtige Information, der **Fokus** oder das **Rhema**, am Ende.

Informationsprinzip

früher	*zwei Pakett*
Thema	Fokus

Das daraus ableitbare linguistische Grundprinzip bezeichnet der amerikanische Sprachforscher Givón als pragmatischen Sprachmodus. Dieser Modus zeichnet sich dadurch aus, dass die Äußerungen eine klare Thema-Fokus-Struktur aufweisen. Die Äußerungen sind höchstens lose aneinandergereiht, Nebensätze gibt es praktisch nicht. Es überwiegen Inhaltswörter. Funktionselemente, Endungen und dergleichen gibt es kaum. Nomen und Verben finden sich als wichtigste Inhaltswörter in ungefähr gleichem Verhältnis. Es wird sehr langsam gesprochen, wobei die Betonung (Intonation) das Thema-Fokus-Prinzip stark unterstützt. Zu diesen pragmatischen Prinzipien der Äußerungsstrukturierung gehört darüber hinaus die Funktion der Intonation, den Satzmodus zu bestimmen. Die gleiche Anordnung von Wörtern kann so mit steigender oder fallender Intonation in eine Frage, einen Befehl (Imperativ) oder einen Aussagesatz verwandelt werden. Dazu kommt noch eine Reihe außersprachlicher Mittel

pragmatische Prinzipien

wie Gestik und Mimik, die Wörter und sprachliche Handlungen ersetzen oder diese ergänzen.

Aus dem primär lexikalischen Inventar, also aus den Wörtern, entwickelt sich die Grammatik. Lerner konstruieren sie auf der Basis eines lexikalischen und pragmatischen Bestandes.

Der pragmatische Sprachmodus findet sich nicht nur im Zweitsprachenerwerb, sondern auch im Erstsprachenerwerb. Außerdem liegt er Pidgin- und Kreolsprachen zu Grunde und hilft Patienten, deren Sprache durch einen Unfall oder Schlaganfall gestört ist, sich mit einfachen Mitteln verständlich zu machen oder ihre Sprache zumindest teilweise wieder zu erlernen. Auch verschiedene Register wie SMS, Überschriften, Ansagen oder Werbetexte sind aus unterschiedlichen medialen oder pragmatischen Gründen ähnlich strukturiert. So wirbt eine Fluggesellschaft aus einem deutschsprachigen Land mit dem folgenden Thema und dem abgetrennten fortlaufenden, dreiteiligen Fokus, der die Chronologie eines Fluges (offenbar einer Kurzstrecke) abbilden soll: *Austrian Airlines: In. Service. Out.* Die Anordnung der Elemente in diesem Fokus folgt dem Prinzip der tatsächlichen chronologischen Abfolge.

Aufgabe

Hier zum Vergleich einige weitere Äußerungen aus anderen Bereichen der Zielsprache:

Beispiele der Zielsprache

41 Einwohner, 1 Bürgermeister, 1 Lehrer, 1 Allianz Fachmann
Grünenchefin blau im TV?
Nächster Halt: Max-Weber-Platz. Bayerischer Landtag. Umsteigen. U4.

Woher stammen diese Texte? Überlegen Sie bitte.

Beim ersten Beispiel handelt es sich um den Anzeigentext einer Versicherung. Beim zweiten Beispiel um eine Überschrift in der meist gelesenen deutschsprachigen Tageszeitung, der Bild-Zeitung (vom 11.2.2003). Der dritte Text stellt eine typische Ansage in einem Münchner U-Bahnzug der Linie 5 dar. Diese Texte kommen fast ohne Funktionselemente oder Redundanzen aus. Dennoch ist völlig klar, was sie ausdrücken wollen: die Steigerung oder Pointe in der Reihung (*1 Allianz Fachmann*), die Frage in der Überschrift (auch ohne Fragewort oder Inversion), die telegrafische Beschränkung auf die wichtigsten Informationen bei einer rasanten U-Bahnfahrt (auf die Nennung architektonischer Besonderheiten des Gebäudes oder der aktuellen und historischen Zusammensetzung des Landtags und die grammatischen Funktionselemente verzichten die Fahrer aus Zeitgründen).

ökonomisches Kommunizieren

Nicht nur im Deutschen, sondern auch in vielen anderen Sprachen wird die Bekanntheit oder Präsenz eines Bezugselementes im Kontext nicht explizit ausgedrückt. Das gilt zum Beispiel für die in einem Gespräch anwesenden Personen (*ich, du, er, sie, es*). In manchen Sprachen wie dem Lateinischen, Spanischen, Italienischen, Russischen oder Türkischen gibt es andere Möglichkeiten der Referenzmarkierung, meist am Verb (vergleiche Spanisch *te quiero*/Italienisch *ti amo – ich liebe dich*, Markierung der 1. Person Singular durch *-o*).

Der pragmatische Sprachmodus hat eine wichtige Funktion: ökonomisches Kommunizieren. Er erlaubt es den Sprechern, mit ganz wenigen sprachlichen Mitteln fast alles auszudrücken, was sie wollen. Klein/Perdue 1997 gehen daher davon aus, dass es sich um eine einfache, aber eigenständige natürliche Sprache handelt: die **Basisvarietät**. Entstehende Sprachen, die sich entweder kollektiv aus einer Sprachgemeinschaft (phylogenetisch) oder individuell im Spracherwerb (ontogenetisch) bilden, sind auf diesen Modus schlichtweg angewiesen. Erst mit zunehmendem Bedarf an Komplexität verfeinern sich auch die sprachlichen Mittel. Sie erlauben schließlich ein differenzierteres und damit für fortgeschrittene Sprecher ökonomischeres Kommunizieren, und zwar nicht zuletzt deshalb, weil die grammatischen Mittel automatisiert eingesetzt werden können. Es bildet sich ein **syntaktischer (grammatischer) Sprachmodus**.

Phylogenese, Ontogenese

syntaktischer Modus

Dieser syntaktische Modus weist hoch grammatikalisierte Strukturen auf: meist eine klare, strikte und komplexe Satzstruktur mit Subjekt, Verb und weiteren Nomen, die Markierung semantischer Beziehungen und anderer grammatischer Zugehörigkeiten durch Endungen, unterschiedliche Einbettungen durch verschiedene Nebensatzkonstruktionen, eine höhere Sprechgeschwindigkeit und eine differenzierte Intonation.

Pragmatischer Modus	Syntaktischer Modus
(a) Thema-Fokus Struktur	(a) Subjekt-Verb Struktur
(b) lose Verbindungen	(b) strikte Einbettungen
(c) langsame Sprechgeschwindigkeit mit einem Intonationsmuster	(c) schnelle Sprechgeschwindigkeit mit verschiedenen Intonationsmustern
(d) die Wortstellung wird von einem pragmatischen Prinzip gesteuert: alte Information zuerst, neue Information folgt	(d) die Wortstellung signalisiert semantische Kasus-Beziehungen, kann aber auch pragmatische Beziehungen ausdrücken
(e) ein ungefähres 1:1-Verhältnis von Verben und Nomen, wobei die Verben semantisch einfach sind	(e) mehr Nomen als Verben, wobei die Verben semantisch komplex sind
(f) keine grammatische Morphologie	(f) entwickelte grammatische Morphologie (Endungen)
(g) deutlicher Intonationsschwerpunkt markiert die neue Information, die thematische Position ist weniger klar markiert	(g) ähnlich, aber unter Umständen mit weniger funktionaler Bedeutung oder gar nicht vorhanden

Abb. 4.1: Pragmatischer und syntaktischer Modus im Überblick (nach Givón 1979: 98)

Dynamik

Sind die Strukturen voll ausgebildet, werden sie über eine gewisse Zeit erprobt. Da Sprachen dynamische Systeme darstellen, passen sie sich ständig an die Gebrauchsgewohnheiten an. Aus diesem dynamischen Anpassungsprozess ergibt sich in der Regel, dass einige grammatische Mittel redundant sind, dafür aber neue gebraucht und entwickelt werden. Viele kommunikative Situationen verlangen nur nach wenigen sprachlichen oder außersprachlichen Mitteln. Das gilt vor allem, wenn alle Beteiligten die Spielregeln gut kennen, das heißt, die Situation standardisiert oder normiert ist und Sprecher auf Bekanntes zurückgreifen können. Formelhafte Sprache und Börsen- oder Wettertabellen sowie alle Arten fachsprachlicher Kommunikation sind dafür anschauliche Beispiele. Dass diese Entwicklungen nicht nur in einzelnen Teilbereichen von Sprachen gelten, sondern das gesamte Struktursystem einer Sprache betreffen können, lässt sich am Englischen gut zeigen: Es besitzt nur noch ein einfaches Artikel- und Kasussystem, kaum noch Endungen bei der Personenmarkierung und nur noch wenige starke Verben. Dafür hat sich aber im Laufe der Zeit – auch wegen der vielen fremden Einflüsse – der Wortschatz des Englischen stark entwickelt und differenziert.

Im Deutschen ist es nicht viel anders, nur etwas zeitversetzt: Genitiv und Dativ sind im Verschwinden begriffen, zunehmend werden starke Verben durch schwache ersetzt (zum Beispiel *backte* statt *buk*), synthetische Formen werden stark von analytischen verdrängt (das Präteritum durch das Perfekt mit den Hilfsverben *haben* und *sein*, der Konjunktiv wird durch *würde*-Formen ersetzt oder fällt ganz weg und Ähnliches), in verschiedenen Regionen verschleifen die Artikel und Präpositionen mit den Endungen (zum Beispiel *ei'm* statt *einem*, *mi'm* statt *mit dem*) oder Verben mit Pronomen und anderen Elementen (*so isses* statt *so ist es*, *musse* statt *musst Du*, *krisse fresse* oder *duischschlagdisch* als Androhung roher Gewalt in Ruhrdeutsch und Kiezdeutsch) und so weiter.

Wellenbewegungen

Sprachen entwickeln sich wellenartig: Zunächst sind es rein pragmatisch bestimmte Konstrukte, dann entwickeln sie sich bis zur grammatischen Blüte, schließlich verschleifen sie, bis sie sich dem pragmatischen Modus nähern und so weiter. Allerdings sind nicht immer alle Bereiche einer Sprache gleichermaßen betroffen und außerdem entwickeln sich parallel zu dem Abbau in einigen Bereichen neue Mittel in anderen. Ähnlich also wie es in anderen gesellschaftlichen Strukturen und Lebensbereichen vor sich geht: Aus einem Vakuum entsteht mit viel Nachbarschaftshilfe langsam ein soziales Netz, das sich immer weiter verfeinert, bis es schließlich einen Saturierungs-, Verwaltungs- oder Komplexitätsgrad erreicht, der kaum mehr zu halten ist. Ähnlich ist es auch bei Sprechern, die ihre Sprache voll beherrschen, sie aber im Alltagsgebrauch aus den gleichen Gründen nur in verkürzter Form einsetzen.

Prinzipien des Spracherwerbs

Zurück zum Lerner. Für seine frühen Äußerungen – die Basisvarietät – sind also die folgenden Prinzipien die entscheidenden:

- Bekannte und gegebene Information steht vor neuer Information.
- Thematisierende Elemente stehen vor fokussierenden Elementen.
- Bedeutungsmäßig zusammengehörige Elemente stehen möglichsnahe beieinander.
- In einer Reihung von Nomen hat das erste Element den größten Einfluss.
- Funktionale Elemente wie *kein, viel, alle* werden einheitlich vor (oder einheitlich hinter) die von ihnen bestimmten Elemente gestellt.
- Orientierende Elemente wie Orts- oder Zeitangaben stehen am Anfang einer Äußerung.
- Ereignisse werden nach ihrer tatsächlichen (chronologischen) Reihenfolge berichtet.
- Die Betonung bestimmt, ob es sich um eine Aussage, eine Frage oder eine Anweisung handelt.
- Die Betonung markiert auch die fokussierten Elemente.

Zusammenspiel

Mittels dieser Prinzipien entwickelt sich die Sprache zunehmend, und zwar nicht nur in grammatischer Hinsicht, sondern auch in Bezug auf das Zusammenspiel der grammatischen, lexikalischen und pragmatischen Prinzipien untereinander und dabei vor allem auch beim Ausbau des Wortschatzes (Lexikons). Mit dem Fortschreiten des Erwerbs nehmen aber auch die Unterschiede zwischen den Lernern zu. Einige Lerner haben sich dann den zielsprachlichen Normen bereits sehr stark angenähert, während andere noch weit davon entfernt sind und zum Beispiel keine zielsprachlichen Nebensatzkonstruktionen oder andere komplexere Strukturen produzieren können.

Da diese Prinzipien Übergangsstrukturen im Spracherwerb darstellen, die den Lernern aus anderen Sprachen oder Sprachvarietäten bekannt sind, lassen sie sich auch als Hilfsmittel im

Sprachunterricht gut einsetzen. Ansätze dazu fanden sich in den Deutsch als Fremdsprache-Lehrbüchern *Tangram* und *Schritte international*.

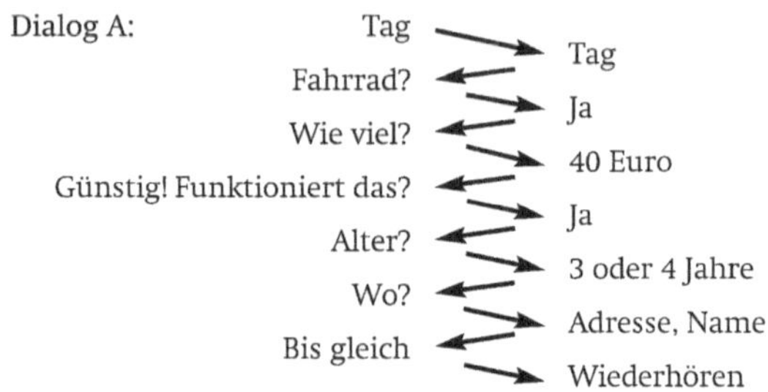

Abb. 4.2: Dialoggerüst zum Verständnis und als Sprechvorlage in *Tangram aktuell* (2004: 41), angelehnt an die Strukturprinzipien des pragmatischen Modus

Besonders produktiv könnte der pragmatische Sprachmodus bei Lernern eingesetzt werden, in deren Sprachen ähnliche Strukturierungsprinzipien wie die oben dargestellten in der Grammatik wirken, wie etwa in der Hauptsprache Sri Lankas, dem Singhalesischen. So entspricht die Grundwortstellung in singhalesischen Äußerungen der Struktur der dargestellten Lerneräußerungen.

Der Elefant geht heute einkaufen

hat im Singhalesischen übertragen etwa folgende Struktur:

Elefant einkaufen heute
oder
Heute Elefant einkaufen.

Auch im Japanischen sind die Äußerungen ähnlich:

今日象は買い物に行きます。
kyô zô ha kaimono ni ikimasu.
Heute Elefant einkaufen gehen
oder
象は今日買い物に行きます。
zô ha kyô kaimono ni ikimasu.
Elefant heute einkaufen gehen.

Auch die Schriftsprache bietet sich als Brücke in der Sprachvermittlung an. Im Singhalesischen ist zum Beispiel die Schriftsprache grammatikalisch betont deutlicher ausgebildet als die gesprochene Sprache und verlangt damit ganz bestimmte von der gesprochenen Sprache unterschiedene Wörter. Es herrscht eine Art Zweisprachigkeit (Diglossie) in der Sprache. Die Grammatik der Schriftsprache entspricht in vieler Hinsicht den Strukturen des Deutschen. Das heißt also, dass sich die grammatischen Prinzipien der deutschen Sprache an Lerner aus Sri Lanka, im Anschluss an die Phasen ihrer reduzierten Lernersprache, am besten in Anknüpfung an die singhalesische Schriftsprache vermitteln ließen. Die gesprochene Zielsprache könnte in der ersten Phase über einfache Lernerstrukturen und in der zweiten über einen schriftsprachlichen Code der Ausgangssprache der Lerner vermittelt werden. Grammatische Prinzipien und Modelle der Basisvarietät könnten also verschiedene produktive Funktionen beim Sprachenerwerb übernehmen.

Diglossie

4.4 Vom Chunking zur Regel

Der Rückgriff auf die Prinzipien der Basisvarietät geht einher mit einer Fokussierung auf möglichst prägnante Wörter. Die pragmatischen Prinzipien und die Grammatik brauchen Lerner eigentlich erst, wenn sie feststellen, dass einzelne Wörter ihren Kommunikationsbedarf nicht mehr hinreichend ausdrücken können, wenn es also um die Anordnung verschiedener Elemente und deren Differenzierung oder, einfacher gesagt, um sprachliche Mobilität

sprachliche Mobilität geht. Wie kommen Lerner auf ihrer Suche nach mehr Mobilität aber zu den sprachlichen Regeln?

Ein geschicktes Verfahren in diesem längeren Prozess ist zunächst die Übernahme von Mehrworteinheiten, Formeln oder Redewendungen, so genannten **Chunks**. Solange Lerner nur geringe Kenntnisse der neuen Sprache besitzen, übernehmen sie einzelne Elemente oder eben größere Chunks, ohne deren grammatische Strukturen zu kennen, kennen zu wollen oder kennen zu müssen. Kinder, die eine Erstsprache lernen, gehen dabei gar nicht anders vor, und auch Erwachsene, die in ihrer eigenen Sprache neue Formulierungen lernen (zum Beispiel in einer Berufs- oder Fachsprache oder im Medienslang) übernehmen oft ganze Chunks und Formeln, ohne sie grammatisch zu analysieren. Solange die Übernahme ausreicht, müssen auch keine Analyse und Regelbildung veranlasst werden. Interessierte, sensibilisierte und (durch frühere Sprachlernerfahrungen) geschulte Lerner beginnen in der Regel aber schnell, aus den Chunks Regeln abzuleiten. Das geschieht bezogen auf einzelne Konstruktionen, vermutlich nur selten global und in unterschiedlichen Schritten: von der direkten Übernahme, über das Ausfiltern der Kernstruktur, Analogiebildungen, Differenzierungen und das genaue Überprüfen der Reaktionen der Umwelt auf die eigenen Übernahmen und die eigene Verwendung. Durch den Abgleich der eigenen Produktionen mit der zielsprachigen Umgebung entwickelt sich die Grammatik also in einzelnen Bereichen.

Haben die Lerner Vorerfahrungen mit der Analyse fremder Sprachen und Kenntnis von oder Bewusstheit für sprachliche Elemente, Prinzipien und Regeln, kann dieser Prozess optimiert werden. Kenntnis oder Sprachbewusstheit müssen nicht in Form von metasprachlich abrufbaren Regeln vorhanden sein, es kann sich auch um eine implizite und nicht sprachenspezifische Kenntnis von Strukturen und Prozessen handeln (Wong-Fillmore 1979, Tomasello 2006, Haberzettl 2007, Handwerker 2008, Lindstromberg/Boers 2008, Handwerker/Madlener 2009, Roche 2010, Baleghizadeh 2011, Aguado 2012). Es geht also wieder eher um Prinzipien und Strategien der Lerner, nicht um Strukturkenntnisse einer bestimmten Sprache. Diese Kenntnisse können durch jede Fremdsprache und durch sprachliche Variation der eigenen Sprachen erworben oder verstärkt werden, zum Beispiel durch verschiedene Dialekte und Erzählformen. Nötig dafür ist eine sprachreiche und für den Lerner relevante Sprachenumgebung.

Analysestrategien

Zu den wichtigsten Strategien der Lerner bei der Analyse der Umgebungssprache und der Synthese eigener Produktionen gehören die folgenden:

- Übernahme von Chunks,
- Auflösen der Chunks anhand von Analogien und Bruchstellen (De-Chunking),
- Feststellen von Kernkonstruktionen,
- Ersetzen von Elementen (Paradigmabildung und -erprobung),
- Anpassungen und Annäherungen,
- Umschreibungen/Paraphrasen,
- Neuschöpfungen,
- Transfer, Übersetzung, Sprachwechsel,
- Vereinfachungen,
- Vermeidungsstrategien,
- Bitten um Hilfe/Verwendung von Hilfen.

4.5 Erwerbshypothesen

Forschungsrichtungen

In der Spracherwerbsforschung spielen – wie in jedem anderen Forschungsgebiet auch – verschiedene Forschungsrichtungen und -schulen eine Rolle. Die verschiedenen Richtungen der Spracherwerbsforschung sind stark von der jeweiligen Perspektive auf Sprache abhängig, also zum Beispiel ob Sprache primär als funktionales Kommunikationsmittel, als System phonetischer, grammatischer oder lexikalischer Stukturen, als Textsystem oder als Ausdruck von Beziehungen zwischen den Beteiligten und den übermittelten Nachrichten angesehen wird. Ein einheitliches Modell des Sprachenerwerbs gibt es nicht. Es soll daher im Folgenden versucht werden, die einflussreichsten Hypothesen zum Sprachenerwerb zu skizzieren, auch wenn sie nur einzelne Aspekte beleuchten und teilweise gegenläufig sind.

Strukturelle Aspekte: Zu den frühen Hypothesen der Spracherwerbsforschung gehören die **Kontrastivhypothese** und die **Identitätshypothese**, die nicht weiter nennenswert wären, wenn nicht einige ihrer Annahmen auch heute noch weit verbreitet Einstellungen zum Lernen und Lehren von Sprachen beeinflussen würden. Die behavioristisch geprägte Kontrastivhypothese geht davon aus, dass der Zweitsprachenerwerb als Gegenstück zum Erstspracherwerb erfolgt. Die Erstsprache (L1) bildet demnach die Folie oder Matrix für den Erwerb weiterer Sprachen. Wo sich die Strukturen der beiden Sprachen unterscheiden, treten dieser Hypothese zufolge die meisten Erwerbsschwierigkeiten auf. Die Schwierigkeiten des Erwerbs, so die Annahme, zeigen sich durch entsprechende Fehler an der Oberfläche, das heißt in der gesprochenen oder geschriebenen Sprache, und zwar besonders dann, wenn die Lerner schon über eine gewisse Menge sprachlicher Mittel verfügen. Wo sich die Strukturen gleichen, sind dagegen kaum Fehler zu erwarten. Es handelt sich um **Interferenz** oder **negativen Transfer**, wo Fehler auftreten, und um **positiven Transfer**, wo die Strukturen der L1 ohne Fehler übertragen werden. Als typischer Interferenzfehler ist zum Beispiel die undifferenzierte Verwendung von *nehmen* durch türkische Lerner bezeichnet worden: „Ich gehe einkaufen und nehme eine Käse." Als Ursache wird hier der Verwendungsbereich von *almak* (*nehmen, bekommen*) im Türkischen vermutet. Auch sprachliche Mischungen, übermäßige Verallgemeinerungen der Zielsprache und Auslassungen können als Interferenzen erscheinen.

Insbesondere die **Kontrastive Linguistik** der 1960er bis frühen 1980er Jahre hat sich der Kontrastivhypothese verschrieben. Aus dieser Schule sind zahlreiche Arbeiten hervorgegangen, in denen die strukturellen Unterschiede von Sprachpaaren (zum Beispiel Deutsch-Türkisch oder Deutsch-Russisch) herausgearbeitet und anschließend in Lehrübungen thematisiert wurden (Lado 1957, Kaplan 1966, Meyer-Ingwersen 1977, Clyne 1991, Baumann/Kalverkämper 1992). Diese Übungen schließen an die Grammatik-Übersetzungsmethode an, der es schon früher darum ging, durch die Konfrontation von unterschiedlichen sprachlichen Strukturen zur korrekten Verwendung der Zielsprache und zur Ausbildung eines sprachlichen Bewusstseins zu gelangen.

Kritik an der Kontrastivhypothese

Dass diese Hypothese aber nur teilweise trägt, zeigt sich bereits an einfachen Beobachtungen des Sprachenerwerbs. Zwar hilft es natürlich, wenn ein Lerner auf bekannten Strukturen aufbauen kann, nur weiß er zunächst nicht, welche Elemente die Sprachen gemeinsam haben und welche nicht. Das heißt, Lerner müssten bereits über ein metasprachliches Wissen verfügen, um entscheiden zu können, wo sie Fehler machen. Außerdem ist die Kenntnis unterschiedlicher Strukturen nicht gleichbedeutend mit ihrer korrekten Verwendung. Noch schwerwiegender sind folgende Einwände gegen die Kontrastivhypothese:

Erstens treten Fehler häufig und hartnäckig gerade bei ähnlichen Strukturen der beteiligten Sprachen auf. Man denke zum Beispiel an die so genannten falschen Freunde, die gerade wegen ihrer Ähnlichkeiten zu Fehlern führen (Englisch *become* und *teller* – Deutsch *werden* und *Bankkassierer*, Niederländisch *bellen* und *verhuren* – Deutsch *klingeln* und *vermieten*, Spanisch *irritar* – Deutsch *ärgern*). Wer also mit *I become a teller soup* im Restaurant etwas zu essen bestellen will, wird sich in „*a blue wonder*" verflüssigen müssen, oder richtig gesagt, *bewilderment* (Verwunderung) ernten. Auch Abweichungen in der Aussprache selbst bei Sprechern, die schon lange in der Zielkultur leben, illustrieren die Problematik des Ähnlichkeitsargumentes. Das wird zum Beispiel bei den Umlauten im Deutschen deutlich, mit denen Lerner auch dann oft Schwierigkeiten haben, wenn sie in ihren eigenen Sprachen vorkommen, wie in *tu* (*Du*, ü) oder *cœur* (*Herz*, ö) im Französischen, *a* (*ein*, ä) und *yearn* (*streben*, ö) im Englischen, *lütfen* im Türkischen (*bitte*) oder im Städtenamen *Jyväskylä* (*jüväskülIä*) im Finnischen. Zu sehen ist das auch an den *th-* (in der Lautschrift als [θ] dargestellt) und *v*-Lauten im Englischen, die Deutsche gerade wegen der Ähnlichkeiten mit den deutschen *s*- und *w*-Lauten oft nicht wahrnehmen und daher auch nicht korrekt produzieren können. Auch syntaktische Ähnlichkeiten, wie sie etwa bei der Verbstellung im Deutschen und Niederländischen bestehen, produzieren im Erwerb oft Übertragungsfehler (zum Beispiel ... *gehen müssen/lassen* gegenüber ... *moeten/laten gaan*).

Zweitens wurde in systematischen Untersuchungen nachgewiesen, dass viele vermeintliche Interferenzfehler auch da auftreten, wo es gar keine Auslöser in der Ausgangssprache gibt. Ähnliche Äußerungen mit *nehmen* wie die obige finden sich so auch bei Lernern mit anderen Ausgangssprachen als dem Türkischen und auch bei solchen, in denen ähnliche Strukturen wie im Deutschen üblich sind (Dulay/Burt 1974, Klein 1984, Kellerman 1986).

So sind die Kontrastivhypothese zunehmend in die Kritik und die kontrastive Linguistik in der Sprachdidaktik in Vergessenheit geraten. Abgelöst wurde die Hypothese durch die nativistisch und kognitivistisch geprägte **Identitätshypothese** in den 80er Jahren, die besagt, dass L1- und L2-Erwerb sich im Wesentlichen gleichen, das heißt, von den gleichen Mechanismen gesteuert werden. Es gibt also so etwas wie eine universelle Sprachlernfähigkeit, die unabhängig vom Einfluss der jeweiligen Erstsprache operiert (vergleiche Abschnitt 2.6). Demnach ist auch sekundär, welche Sprachen überhaupt betroffen sind, das heißt, welche Sprachen erworben werden und welche Sprachen der Lerner bereits erworben hat. Die Tatsache, dass viele Lerner trotz verschiedener Ausgangssprachen beim Erwerb etwa des Deutschen ähnliche Fehler machen, spricht für diese Hypothese. Dass das bereits Erworbene einer anderen Sprache und Kultur keinen Einfluss auf den Erwerb einer zweiten oder weiteren Sprache haben soll, widerspricht jedoch den Regeln der Plausibilität und der Lern- und Entwicklungspsychologie (vergleiche die Entwicklung des bilingualen Lexikons, Abschnitt 3.7.2 und Liang 1991, Lehker 1997, Roche/Roussy-Parent 2006, Longhi 2010).

universelle Sprachlernfähigkeit

Im Fremdsprachenerwerb spielen verschiedene Aspekte eine Rolle, die nicht nur mit den Strukturen der L1 zusammenhängen und daher nicht allein mit der Identitäts- oder mit der Kontrastivhypothese erfasst werden können.

- **Eingabe-Aspekte**: Die **Inputhypothese** postuliert, dass die Eingabe erstens verständlich sein muss und zweitens am besten nur eine Erwerbsstufe (i) über dem Erwerbsstand des Lerners liegen sollte, damit Spracherwerb optimal ablaufen kann (i + 1). Zusammen mit der Monitorhy-

Monitorhypothese

pothese bildet sie den Kern von Krashens Erwerbs- und Lernmodell (Krashen 1980). In allgemeinerer Form wird sie weit verbreitet praktiziert: Die grammatische Progression, die didaktische Komplexitätszunahme und andere Konzepte von der graduellen Steigerung der Anforderungen an die Lerner basieren auf der gleichen Vorstellung. Das würde jedoch ein ganz genaues Inputmanagement bedeuten, das aber im Unterricht gar nicht leistbar wäre. Im weiteren wird die Inputhypothese auch durch all die Hypothesen fortgeschrieben und ergänzt, die von einer Steuerbarkeit des Erwerbs durch eine entsprechende Betonung und Aufmerksamkeitssteuerung des Inputs ausgehen (*Noticing-Hypothese, Enhancement, Structured Input Activities*; siehe hierzu die Erklärungen in Sharwood Smith 1993, Wong 2004, van Patten 2004 und Kapitel 1 in diesem Buch; zu einer kritischen Darstellung offener und versteckter Input-Instruktionsverfahren siehe Roche/Reher/Simic 2012). Die Struktur und Rolle des Inputs werden in Abschnitt 4.9 genauer beschrieben.

- **Psycholinguistische Aspekte**: Die **Monitorhypothese** unterscheidet zwischen einem Lern- und einem Erwerbsmodus. Diese Unterscheidung basiert auf der Annahme, dass sich das Lernen von Strukturen im Unterricht vom Erwerb fremdsprachlicher Fertigkeiten in ungesteuerten Situationen unterscheidet. Lernen bedeutet demnach eine gezielte Ausbildung des grammatischen Regelapparates im Monitor. Das heißt, die sprachlichen Äußerungen werden vor ihrer Produktion von einem Monitor in Bezug auf die korrekte Anwendung der Regeln überprüft. Erwerben erfolgt dagegen über den intuitiven Sprachgebrauch. Ob es sich dabei aber tatsächlich um verschiedene Arten der Aneignung von Sprache und um unterscheidbare Lernprozesse handelt, konnte bisher an konkreten Daten nicht überprüft werden.
- **Interaktionale Aspekte**: Eine Reihe von Spracherwerbshypothesen betont den interaktiven Charakter des Fremdsprachenerwerbs. Sie betrachten ihn als Wechselspiel zwischen den Sprechern der Zielsprache und den Lernern,

wobei die Sprache und ihre Symbole zwischen den Beteiligten ausgehandelt werden müssen (symbolischer Interaktionismus). Die allgemeine Variante dieser Forschungsperspektive ist unter dem Namen **Interaktionshypothese** bekannt geworden. Die **Pidginisierungshypothese** beschreibt dagegen genauer, wie es zu den hybriden Strukturen in der Lernersprache kommt und wie diese fossilisieren. Lerner und Sprecher der Zielsprache imitieren ihre fehlerhafte Sprache gegenseitig: die Lerner, weil ihnen die Kompetenz fehlt, die Sprecher der Zielsprache, weil sie ihre Sprache künstlich vereinfachen. Dadurch entsteht eine rudimentäre Mischsprache aus Lernersprache, Input und Xenolekt (siehe hierzu auch Kapitel 4.9).

- **Motivationale Aspekte**: Die **Akkulturationshypothese** betont den sozialen und psychischen Antrieb der Lerner zum Sprachenerwerb. Dieser wird durch Nähe zur Zielsprache und Zielkultur verstärkt. Je positiver diese durch innere und äußere Faktoren bestimmte Nähe ausgeprägt ist, je größer also die Integrationsmotivation ist, desto erfolgreicher ist der Spracherwerb. Ist die Distanz dagegen groß, bleibt der Spracherwerb unvollständig.
- Stärker auf den Handlungscharakter des Sprachenerwerbs geht die **Outputhypothese** ein. Die aktive Verwendung der Fremdsprache verlangt vom Lerner die aktive Analyse der Sprache und die entsprechenden Anstrengungen zur korrekten Nutzung und Einbettung. Die Notwendigkeit, mit der Fremdsprache Ziele umzusetzen, bewirkt, dass der Erwerb vorangezogen (pull-Effekt) wird.
- **Entwicklungsaspekte**: Die **Entwicklungshypothese** besagt, dass im frühen Spracherwerb Wörter einer neuen Sprache den Wortkonzepten des bereits vorhandenen Wortschatzes zu- und untergeordnet werden. Im Laufe des Erwerbs entwickeln sich, je nach den Bedingungen der Erwerbssituation, eigene Konzeptknoten für die neue Sprache, die im mentalen Lexikon mit den bereits vorhandenen zunehmend koordiniert und integriert werden (siehe Kapitel 3.7).

Entwicklungsfehler – Fehlerkultur

- Auch bei der Grammatik lässt sich eine Entwicklung darstellen, und zwar als Abfolge regelhafter Sequenzen. Mit der **Interlanguage-Hypothese** wurde der Blick von den Fehlern und dem Transfer auf die eigenen konstruktiven Prozesse des Sprachenerwerbs gerichtet. Der Fremdsprachenerwerb folgt eigenen Gesetzmäßigkeiten, die sowohl von allgemeinen Prinzipien der Sprachverarbeitung als auch von den Einflüssen der Umgebung bestimmt sind. Die Systematik des Sprachenerwerbs drückt sich in Stufen und Sequenzen aus. Diese können je nach Forschungsperspektive stärker oder schwächer festgelegt sein. Ob sie universell im Sinne von angeboren sind oder allgemeine Sprachverarbeitungsprinzipien widerspiegeln, ist noch nicht hinreichend geklärt. In der Forschung ist hier allgemeiner von Erwerbssequenzen oder sich entwickelnden Grammatiken die Rede. Die Verarbeitungshypothese ist eine der jüngsten Entwicklungen dieses Forschungsansatzes. Sie findet ihren Ausdruck auch in den Teilhypothesen des Ansatzes zur Lern- und Lehrbarkeit.
- In der Folge entwickelten sich verschiedene Modelle des sequenziellen Spracherwerbs, die in Kapitel 4.8 genauer vorgestellt werden. Dazu gehören das Konzept der Entwicklungsgrammatik (**Developing Grammars**), die **Teachability-** und **Learnability-Hypothesen** (Lern- und Lehrbarkeitshypothesen) und die **Processability-Hypothese** (Verarbeitungshypothese) sowie Modelle, die auf einer Progression des Konzepterwerbs aufbauen.
- Die **Lernbarkeits-/Lehrbarkeitshypothese** besagt, dass nur das vom Lerner gelernt werden kann, was in einer Erwerbssequenz auf der jeweils nächsten Stufe erscheint. Und nur was gelernt werden kann, kann auch gelehrt werden. Es ergibt daher keinen Sinn, durch eine steilere grammatische Progression schwierigere Strukturen der fremden Sprache vorwegzunehmen.
- Die **Schwellenhypothese** geht von zwei markanten Schwellen der muttersprachlichen und der fremdsprachlichen Kompetenz aus, die erreicht sein müssen, damit sich positive Effekte auf die Sprachbeherrschung einstellen.

Wird die untere Stufe nicht erreicht, so wirkt sich der Erwerb einer neuen Sprache eher negativ auf beide aus. Es kann zu einer doppelten Halbsprachigkeit kommen. Wird die obere Stufe erreicht, so ergeben sich dagegen positive Effekte in beiden Sprachen.

- Die **Interdependenzhypothese** nimmt an, dass beim Erreichen einer hohen Kompetenz in der zweiten Sprache (obere Schwelle) sich positive Effekte ergeben, die sich nicht nur auf die beteiligten Sprachen auswirken, sondern die übertragbar auf andere kognitive Leistungen sind, zum Beispiel auf künstlerische, aber auch mathematische Fertigkeiten.

4.6 Sprachenlernen und kognitive Entwicklung

Bevor ein Kind laufen, springen, klettern oder turnen lernt, muss es erst das Stehen lernen. Und so ist es auch mit der Sprache. Der Erwerb bestimmter Wörter und Strukturen setzt beim Erstsprachenerwerb den Erwerb einfacherer Wörter und Strukturen voraus. Auch die sprachlichen Konzepte von der Welt müssen sich erst ausbilden. So muss ein Kind erst lernen, was Kausalität bedeutet, bevor es richtig mit *warum* danach fragen und mit *weil* darauf antworten kann. Mit dem Prozess des Erwerbs der ersten Sprache vollzieht sich also ein Prozess der kognitiven Entwicklung oder **Maturation**. Bei vielen, die nach Schuleintritt eine zweite Sprache lernen, ist dieser kindliche Prozess der Maturation abgeschlossen. Das heißt, sie können dann leicht und ohne zeitliche Verzögerung auf Konzepte aus der Erstsprache zurückgreifen und müssen diese vor allem mit den Begriffen der zweiten Sprache neu belegen oder differenzieren. Diese Beobachtung spricht gegen die bereits vorgestellte Identitätshypothese von Erst- und Zweitsprachenerwerb. Der Erwerb einer L2 profitiert von bereits erworbenem Wissen.

Der Erwerb der Erstsprache bei Kindern lässt sich in folgende Phasen unterteilen:

Entwicklungsstufen im L1-Erwerb

Monate	
(vor der Geburt) 0–6	Ausfiltern des offenen Lautinventars und Prägung intonatorischer Muster
6–10	Verstehen von einzelnen Wörtern
10–18	Wortproduktion (bis circa 50 Wörter, primär situativ verwendet)
18–20	Wachstum des Wortschatzes, primär zur Benennung konkreter Objekte in 1-Wort-Äußerungen, mit Übergeneralisierungen und Überdiskriminierungen
20–24	Wortkombinationen (bis zu 250 Wörter)
ab 24	Einsetzen der Grammatik in 2-Wort-Äußerungen

Phasen nach Piaget

Der Psychologe Jean Piaget (1896–1980) unterteilt die kognitive Entwicklung des Kindes in vier Phasen zunehmender Komplexität. In der ersten Phase, die von der Geburt bis etwa zum 2. Lebensjahr dauert, entwickelt sich die Intelligenz der Kinder durch sensorische Erfahrungen und durch Bewegung, das heißt durch das Lernen mittels konkreter Objekte und durch motorische Kontrolle (**sensumotorische Phase**). Die zweite Phase, die vom 2. bis zum 7. Lebensjahr dauert, betrifft das Lernen von Symbolen, die Konzepte und Objekte repräsentieren, so wie es Bilder oder Wörter tun. Hierzu gehören auch das Benennen von Objekten und das intuitive Handeln (**präoperationale Phase**). In der dritten Phase, die vom 7. bis zum 12. Lebensjahr dauert, lernt das Kind anhand von konkreten physischen Beispielen logisch zu denken. Der Umgang mit Zahlen und anderen abstrakten Bezügen gehört zu dieser Phase (**konkret-operationale Phase**). In der vierten Phase lernt das Kind, abstrakte Konzepte logisch und systematisch zu verarbeiten, das heißt anhand von formalen Operationen und unabhängig von der konkreten Anschauung. Diese Phase beginnt mit circa 12 Jahren und endet mit dem 15. Lebensjahr (**formal-operationale Phase**).

Piaget geht davon aus, dass durch die Spannung von Ist- und Soll-Zustand **Anpassungsprozesse** ausgelöst werden. Die Spannung dieses Ungleichgewichts ist der treibende Motor des Lernens. Der Lerner passt sich in verschiedenen Formen den Anforderungen der Umwelt an, zum Beispiel dadurch, dass er neue Begriffe lernt, die ein Konzept oder mentales Modell erweitern (beim Kind etwa neue Namen von Autos), oder dadurch, dass er die Wahrnehmung differenziert (etwa durch neue Wahrnehmungskategorien wie LKW, Zug, Flugzeug für sich bewegende Gegenstände). So besteht Lernen aus **Assimilations-** und **Akkomodationsprozessen**. Die entscheidende Frage für die Sprachvermittlung ist demnach die nach der möglichen Förderung dieser Prozesse (Optimierung) durch geeignete Anforderungen, Aufgaben und Progressionen (Piaget 1972).

Das **Usage-based-Konzept** hat eine weitreichende Bedeutung für den Spracherwerb. Anders als universalistisch-nativistische Modelle annehmen, erfolgt der Spracherwerb auf der Grundlage von konkreten, in bestimmten Kontexten gebrauchten sprachlichen Mustern, die eine unterschiedliche Komplexität aufweisen – und in dieser zunehmen –, deren Leerstellen zunehmend kreativ und frei besetzt werden und die sich zudem aus Prinzipien der allgemeinten Kognition speisen. In seiner Studie zeigt Nicolas Koch (2019) unter Bezug auf einschlägige Arbeiten den Anstieg der Komplexität von Äußerungen von Kindern im L1-Erwerb über mehrere Wochen (*traceback*-Studien). Demnach lässt sich der L1-Erwerb Deutsch der 2 – 2;6 Jahre alten Kinder als ein sukzessiver Einstieg in einen produktiven und kreativen Umgang mit Sprache beschreiben. Die Kinder erweitern ihr sprachliches Inventar auf Grundlage lexikalisch teilspezifischer Schemata mit schematischen Leerstellen. Dabei kombinieren sie auch lexikalisch teilspezifische Schemata unterschiedlichen Abstraktionsgrades. Diese Verbindungsoptionen versetzen die Kinder in die Lage, eine prinzipiell indefinite Anzahl neuer Äußerungen zu bilden und so ihre sprachliche Beweglichkeit zu erhöhen. Lexikalisch teilspezifische Schemata werden zudem auf der Grundlage einer begrenzten Menge von Äußerungen in Verbindung mit allgemeinen kognitiven Fähigkeiten gebildet.

Im Spracherwerb orientieren sich Lerner demnach zunächst an Strukturen der Eingabe, die sie mehr oder weniger adäquat kopieren. Es ist jedoch nicht davon auszugehen, dass sie diese Elemente semantisch oder strukturell adäquat, sondern an die Zielsprache nur angenähert verwenden und mit diesen Annäherungen in dem beschriebenen Sinne experimentieren. Es bedarf einer bestimmten kommunikativen Erfahrung, um die Bedeutung der Strukturen zu (re-)konstruieren und die relevanten Leerstellen zu identifizieren. Konzeptuell sind Lerner in diesem Prozess von ihren Vorerfahrungen geleitet. Strukturell aber orientieren sie sich nur bedingt an ihren Vorsprachen. Wie die Studien von Becker und Carrol 1997 zeigen, erkennen Lerner durchaus die Spezifika einer Zielsprache, auch wenn sie deren Inventar erst später erwerben. Den Prozess zu den Regeln einer Sprache haben wir als De-Chunking bezeichnet, das heißt als Experimentieren mit und Zerlegen von vorgefertigten Mustern.

De-Chunking

In der Literatur zur Gebrauchsbasiertheit tritt immer wieder der Begriff des *skewed input* auf, die Eingabe also, die möglichst viele relevante Strukturen enthält. Die Annahme ist, dass Lerner sich zu einem großen Teil an dieser Häufigkeit orientieren. Die zur Prüfung dieser These durchgeführten Studien enthalten jedoch kaum Angaben über die wirkliche Relevanz der Eingabe für die Lerner. Die kommunikativen Strategien von Xenolektsprechern zeigen zum Beispiel, dass eine Erhöhung der Frequenz bestimmter Strukturen im Input nicht unmittelbar zu einem kommunikativen Erfolg bei den Lernern führt, obwohl die Eingabe als relevant erscheint. Wirkungsvoll sind hier vor allem Aushandlungsstrategien, die zu einer besseren Verständlichkeit der Eingabe führen. Xenolektsprecher orientieren sich dabei an der Bedeutung: je wichtiger ihnen die Bedeutung ist, desto stärker passen sie sich an den Lerner an. Ähnliches lässt sich auch im Bereich der physischen Begleitung von Sprachlernaufgaben beobachten, dem sogenannten *Embodiment*: dieses führt vor allem dann zu besseren und nachhaltigen Ergebnissen, wenn die Aufgabe nicht nur mechanisch ausgeführt werden soll, sondern tatsächliche Bedeutung für die Lerner hat (siehe Kapitel 5.7).

4.7 Erwerbssequenzen

Systematik

Die Erforschung der linguistischen Regularitäten des Fremdsprachenerwerbs hat sequenzielle Modelle hervorgebracht, die vor allem mit den Begriffen **Interlanguage-Hypothese** und **Erwerbssequenzen** in Verbindung stehen. Die Modelle gehen davon aus, dass sich ein Lerner graduell einer Zielsprache nähert und dabei sowohl von den generischen Prinzipien des Spracherwerbs als auch von den Vorerfahrungen mit anderen Sprachen, seinen Persönlichkeitsmerkmalen und den spezifischen Problemen der Zielsprache geleitet wird. Inwieweit das jeweils der Fall ist, welche Faktoren dabei stärker wirken als andere und ob und wie sie beeinflussbar sind, ist jedoch noch strittig. Im Mittelpunkt der sequenziellen Modelle stehen die Prozesse des Erwerbs und nicht die Ausrichtung auf Fehlerprodukte. Mit dem konzeptuellen Ansatz, der eingangs ausführlicher dargestellt wurde (vergleiche hierzu Kapitel 4.2), wurde der grundlegende Verlauf der Erwerbsprozesse aus einer pragmatischen Perspektive bereits beschrieben.

Erwerbsstufen

Einige Modelle heben aber besonders die angeborenen Erwerbsstrukturen hervor. Ihnen zufolge läuft der Erwerb der Fremdsprache auch in Stufen, aber in vorprogrammierten und daher wenig beeinflussbaren Sequenzen ab (siehe Identitätshypothese; Clahsen/Meisel/Pienemann 1983, Selinker 1985, van Patten/Sanz 1995, Bardovi-Harlig 1995, Pienemann 1998 und 2005, Grießhaber 2006b, Keßler 2006).

Das lässt sich in vereinfachter und idealisierter Form folgendermaßen darstellen. Horizontal sind dabei die verschiedenen Varianten der Zielsprache (V...) abgetragen. Das können das einfache Deutsch des Arbeitsplatzes, die Umgangssprache oder schrift- und bildungssprachliche Varietäten sein. Vertikal sind die verschiedenen Stufen abgetragen, über die sich der Lerner einer bestimmten Zielvariante nähert.

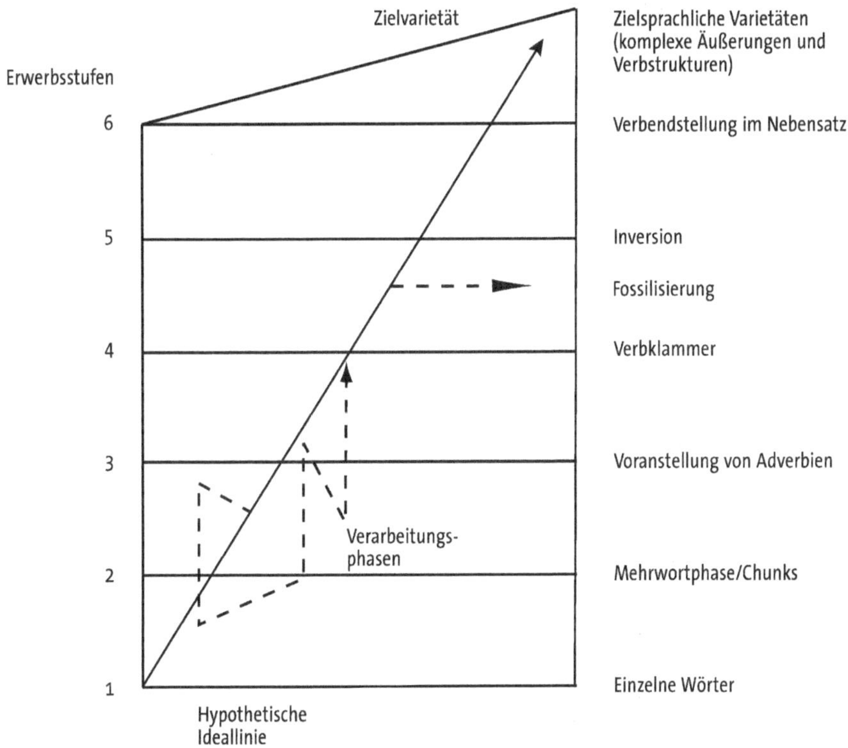

Abb. 4.3: Modell regelhafter Erwerbssequenzen der Grundgrammatik

Die Erwerbssequenz beginnt nach diesem Modell für das Deutsche im Bereich der Syntax (Wortstellung) mit einzelnen Wörtern (1), Ein- und Zwei-Wortsätzen und einzelnen festen Formeln (Chunks) (2). Soweit bestehen auch Parallelen zur Basis-Varietät, allerdings werden diese von den Modellen jeweils anders interpretiert. Den grammatikbasierten, nativistisch geprägten Ansätzen zufolge galt diese erste Stufe lange als vorgrammatisch und eigentlich nicht relevant für die linguistische Progression. Demnach beginnt die Erwerbssequenz mit einer Subjekt-Verb-Objekt-Stellung und führt dann über die adverbiale Voranstellung einzelner Elemente ohne Inversion (3), die Verbtrennung bei mehrteiligen Verben (4), die Inversion (5) und die Verbendstel-

Chunks

lung in deutschen Nebensätzen (6) zu noch komplexeren Strukturen der Zielsprache. Diesen Ansätzen zufolge kann der Lerner eine Stufe gar nicht oder nur schwer überspringen. Wenn er dennoch zum Überspringen gezwungen wird, kann es zu einer Bruchlandung kommen. Das heißt, der Lerner produziert Fehler, die er ansonsten vermieden hätte. Das passiert zum Beispiel, wenn durch eine lineare Grammatikprogression in den Lehrwerken komplexere Strukturen vor einfacheren eingeführt werden wie etwa Adjektivendungen vor dem einfachen Gebrauch der Adjektive.

Mehrfachsequenzen

Erwerbssequenzen wurden in allen Bereichen der Grammatik und auch der Wortbildung festgestellt oder festgelegt. Sie können versetzt auftreten, das heißt, eine Position auf Stufe 3 des Syntaxerwerbs bedeutet nicht, dass alle weiteren Strukturen in den anderen Bereichen der Grammatik auf dieser Position sind. Zwar gibt es eine Reihe erwerbslinguistischer Zusammenhänge zwischen verschiedenen sprachlichen Strukturen, aber keine numerische Korrespondenz der Stufen.

Hier zunächst die angenommene Sequenz beim Erwerb der Syntax des Englischen als Fremdsprache, die nach Aussage einiger Forscher sprachübergreifende (universelle) Geltung hat (Pienemann 1998, 2005).

Englisch als Fremdsprache

Beispiel: ESL/EFL
Die Erwerbssequenzen für die Syntax des Englischen als Zweit-und Fremdsprache (ESL/EFL) (Larsen-Freeman/Long 1991: 276)

Stufe 1:
Subjekt – Verb – Objekt (SVO)
Die Strukturen entsprechen auf dieser Stufe der als allgemein
gültig angenommenen SVO Struktur.
You are student?
I no like.
I like Sydney.

Stufe 2:
Auch bei Voranstellung von Elementen bleibt hier die SVO Reihenfolge intakt.
In Vietnam, I am teacher.
Do you have apartment?
Why you not eat?

Stufe 3:
Veränderungen in der Wortstellung treten auf (hier Inversion) und trennbare Elemente werden verschoben.
Have you job?
I like to eat my friend house.
You can take your coat off.

Stufe 4:
Auf dieser Stufe gelingt es den Lernern bereits, bestimmte grammatische Kategorien zu identifizieren und entsprechende Veränderungen vorzunehmen. Diese Umstellungen sind auch nicht einfach Elemente fester Ausdrücke.
Why did you go? (Hilfsverb in der 2. Position)
She does not know. (Hilfsverb mit Anpassung der Endung der 3. Person)
He gave the money to the police. (Dativ Nomen mit *to*)
She eats too much. (3. Person, Singular -s)

Stufe 5:
Eingebettete Strukturen (Nebensätze) werden erkannt und korrekt integriert.
She makes me work hard. (Strukturen mit *make* statt *I have to work hard*)
He has never met her. (Adverbphrase)
He didn't leave, did he? (Nachfrage mit korrekter grammatischer Anpassung)

Die Erwerbsstufen in den anderen Bereichen der Grammatik sehen nach Pienemann/Johnston/Brindley et al. (1988) folgendermaßen aus:

Stufe	**Verb**	**Nomen**	**Person**	**Frage**
0	Wörter und formelhafte Ausdrücke			
1	nicht-standardgemäße *-ing*-Formen		Endungen der 1., 2. und 3. Person	SVO?
2	*-ed* (zur Markierung der Vergangenheit)	regelmäßige und unregelmäßige Pluralendungen	Possessivpronomen	Voranstellung von *do* und Fragewörtern
3	Hilfsverben mit Vollverben auf *-ed* und *-ing* (aber nicht immer mit der richtigen Bedeutung)	Possessiv		Pseudo-Inversion durch einfache Voranstellung und Inversion bei Ja/Nein-Fragen
4	3. Person Singular *-s*	Pluralendungen nach Mengenangaben u.Ä.	Kasusmarkierung der Pronomen in der 3. Pers.; adverbiale oder emphatische Verwendung adverbialer Pronomen	*do* oder *have* in 2. Position
5	Gerundformen		reflexive Strukturen	Nachfragen

Stufe	**Negation**	**Adverb**	**Adjektiv**	**Präposition**	**Wortstellung**
1	*no* *no*+X			Präpositionalausdrücke	SVO
2	*don't*+Verb	Adverbien	Steigerung *more*		Voranstellung (z.B. Adverbien)
3			*better* *best*	Ergänzung von *to* in Ausdrücken wie *want to do*	Trennung von zusammengehörigen Elementen
4	*some*-Umwandlung in *any* in der Negation	*-ly*	*-er* *-erst*		indirektes Objekt mit *to*
5					Adverbiale Verbalphrasen; Dativumstellung; *machen*- und *lassen*- Sätze; Subjektergänzungen mit Verben wie *want*

Abb. 4.4: Tabellarische Darstellung der Erwerbssequenzen in allen Grammatikbereichen für die Fremdsprache Englisch

In dem *Rapid Profiling-Verfahren*, das auf dem Modell der dargestellten Sequenzen aufbaut, ist versucht worden, die Merkmale der Stufen so zu operationalisieren, dass damit eine Erwerbsstandsdiagnose möglich ist (Grießhaber 2006a, Pienemann/Keßler 2011, Keßler/Liebner 2011). Ob sich die Lerner jedoch tatsächlich an strukturell fixierten Sequenzen orientieren, ist hoch umstritten. Die kognitions- und die psycholinguistische Forschung zeigen, dass die variationsreicheren konzeptuellen Grundlagen einen stärkeren Einfluss auf den Erwerbsverlauf haben als formale Aspekte.

Der Erwerbsprozess verläuft bei den wenigsten Lernern aber wirklich linear nach oben. Vielmehr machen Lerner in der Regel kreative Pausen, in denen sie das neue Material verdauen oder sich auf eine neue Struktur konzentrieren. Dabei können bereits erworbene Strukturen vorübergehend verloren gehen. Fehlt es am Lerndruck (Interesse und Motivation) oder ist die Eingabe nicht stimulierend genug, dann kommt es zu einer Stabilisierung oder Fossilisierung des Spracherwerbs auf einer unteren Stufe. Meist haben die Lerner entweder nur wenig Gelegenheit am Arbeitsplatz oder außer Haus, die Zielsprache zu verwenden, oder sie suchen die bekannte Umgebung von Freunden und Familienmitgliedern, die ihre eigene Familiensprache sprechen, im Freundeskreis, in Vereinen und in ihrer Wohnumgebung. Fossilisierungen treten verstärkt dort auf, wo wenig auf formelle Korrektheit geachtet wird.

Beispiel: Deutsch als Fremdsprache (DaF)
Wie der sequenzielle Erwerbsverlauf anhand der Entwicklung von Konzepten, mentalen Modellen oder Schemata als Erweiterung der Basisvarietät zu verstehen ist, zeigt folgendes Beispiel aus dem Bereich Deutsch als Fremdsprache. Demnach stehen beim Erwerb nicht die formellen Aspekte (wie hier) der Vergangenheitsformen (Tempus), sondern der funktionale Ausdruck der Temporalität im Mittelpunkt des Lernerinteresses (Stutterheim 1986, 1991):

Temporalität

- In der Grundphase werden Zeitmarkierungen durch einzelne Wörter mit zeitlicher Bedeutung ausgedrückt. *Heute* kann so zum Beispiel auch *gestern*, *morgen* oder einfach *Zeitmarkierung* heißen. Diese Markierungen können auch unvollständig sein. Die meisten Zeitmarkierungen stehen auch auf den späteren Stufen weiterhin zur Verfügung.
- In der zweiten Phase erscheinen Perfekt Partizipien als mechanisch verwendete Formen von Verben. Diese haben dann eine feste perfektive Bedeutung (zum Beispiel *gefunden*). Die morphologische Struktur des Partizips oder der Tempusmarkierung allgemein ist noch nicht erkannt. Die Formen werden nicht korrekt verwendet.
- In der dritten Phase gibt es diese genuin perfektiven Partizipien neben unmarkierten Formen des Verbs, die für andere Zwecke verwendet werden (zum Beispiel der Infinitiv *finde(n)* gegenüber einer Partizipialform *(ge-)fund(-en)*). Der Lerner erwirbt eine Regel der Zeitmarkierung, die sich nur auf wenige Verben erstreckt. Meist sind dies starke Verben, weil diese auffälliger sind.
- In der vierten Phase erfolgt die Ausweitung der Regel auf alle Verben. In dieser Phase wird die perfektive Kategorie dennoch nur selektiv im Gespräch markiert. Die Formen sind nicht immer ganz korrekt. Auch Formen wie *gemachten*, *gehte* und *gegingen* können hier erscheinen.
- Erst in der fünften Phase erfolgt die nötige Markierung temporaler Kategorien beim Verb (Tempus), wie sie in der Zielsprache üblich sind, zum Beispiel *sind gefahren*, *ging*, *machten*.

Dieses temporale Basissystem baut stark auf der Bedeutung einzelner Wörter auf. Erst langsam entwickelt sich daraus ein komplexes System lexikalisierter und grammatikalisierter Temporalitätsmarkierungen mit komplexen Adverbialen und temporalen Nebensätzen.

Nativistisch beeinflusste Ansätze gehen von der Annahme aus, die Abfolge der Erwerbssequenzen sei nicht veränderbar. Allerhöchstens variiere die Geschwindigkeit des Durchlaufens der Sequenzen. Nur was in der vorgegebenen Reihenfolge präsentiert werde, sei auch zu diesem Zeitpunkt lernbar. Und nur was zu einem bestimmten Zeitpunkt lernbar sei, sei auch tatsächlich lehrbar. Insofern sei es sinnlos, die Formen der Hilfsverben beim Perfekt einzuführen, wenn nicht die Grundfunktionen der Partizipien beherrscht werden. Es geht also um *learnability* und *teachability* **(Lern- und Lehrbarkeitshypothese, Verarbeitungshypothese)**. Verschiedene an grammatischen Progressionen ausgerichtete Studien lassen jedoch Zweifel an der grammatisch determinierten Erwerbsreihenfolge aufkommen (Diehl/Christen/Leuenberger/Pelvat/Studer 2000, Lund 2004, Terrasi-Haufe 2004, Fredriksson 2006, Winkler 2011, Terrasi-Haufe 2012).

Lernbarkeit, Lehrbarkeit

Aus verschiedenen Untersuchungen, die die Ergebnisse einschlägiger Sequenzstudien überprüfen, ergeben sich eine größere unterrichtliche Veränderbarkeit einzelner Sequenzen, Progressionsabweichungen, gegenläufige Tendenzen bei fortgeschrittenen Lernern oder Abweichungen zwischen schriftlichem und mündlichem Sprachgebrauch auch bei den gleichen Lernern (Mellow 1996, Diehl/Christen/Leuenberger/Pelvat/Studer 2000, Terrasi-Haufe 2006). Hier zeigt sich, dass eine vorwiegend formale Betrachtungsweise der Lernersprache ohne hinreichende Berücksichtigung der pragmatischen Situierung kaum verlässliche Befunde produzieren kann. Dennoch ist das allgemeine Konzept der Erwerbssequenzen entscheidend für Sprachstandsdiagnosen, Leistungstestverfahren, die Entwicklung von Lehrmaterialien und die Fehlerkorrektur. Werden die Lerneräußerungen etwa an den Normen der Hochsprache oder der Schriftsprache gemessen, dann lassen sich in der Regel viele Abweichungen feststellen, die so auch in der gesprochenen Alltagssprache vorkommen, also gar keine echten Fehler sein müssen (deswegen das kleine Selbstbeobachtungsexperiment oben). Geht man aber davon aus, dass bestimmte Fehler entwicklungsbedingt auftreten, dann relativiert sich auch das Thema Fehlerkorrektur.

pragmatische Situierung

Wenn es wie auch immer geartete Sequenzen gibt, dann könnten viele Fehler als Zeichen einer Entwicklung, also als Entwicklungsfehler oder Entwicklungsstufen angesehen werden. Sie markierten damit eher Fortschritt als Rückschritt. Zum Beispiel zeigt eine typische Äußerung aus dem Erstspracherwerb im Englischen, die Verbform *goed*, dass der Lerner zwar noch nicht die starke Form des Partizips oder des *Past Tense* von *to go* erworben hat (*gone, went*), aber immerhin schon weiß, dass die Endung *-ed* im Englischen als Suffix des Verbstamms das Tempus der Vergangenheit (simple past) ausdrückt. Vermeintliche Fehler markieren also einen bestimmten Fortschritt, bestehen nur vorübergehend und verschwinden teilweise ohne weiteres Zutun im Laufe der weiteren Sprachentwicklung. Das entlastet die Lehrkräfte in vieler Hinsicht, vor allem aber von dem Zwang, jeden Lernerfehler korrigieren zu müssen. Aber es bleibt die Frage, wie genau sich die Sequenzen festlegen lassen, wie variabel und veränderbar sie sind und was genau für welche Lernergruppen in welcher Situation adäquates Kommunizieren und davon abweichende Fehler bedeuten.

Studie zur Sprachstandsdiagnose

Ein von der Daimler und Benz Stiftung gefördertes Projekt hat sich zum Ziel gesetzt, ein innovatives Verfahren zur Sprachstandsmessung von 4- bis 5-jährigen Kindern mit Deutsch als L1 oder L2 und mit bilingualen Kindern am Übergang von Kita und Kindergarten in die Schule zu entwickeln. Es orientiert sich dabei am natürlichen Sprachverhalten der getesteten Vorschulkinder und an der Funktionsweise von Computerspielen. Mit dem kindgerechten und spielerischen Verfahren werden damit die Sprachfähigkeiten von Kindern in einer vertrauten und angstfreien Umgebung betrachtet – Situationen, in denen Kinder eine authentische Aufgabe erkennen, und in denen sie engagiert und unbekümmert sprechen. Das Spiel nutzt eine Spiel-App und eine Testleiter-App und ist so aufgebaut, dass die Kinder in einer spannenden Geschichte dem schusseligen Kommissarhund Wuschel helfen, unterschiedliche Abenteuer zu bestehen und knifflige Angelegenheiten sprachlich zu lösen, bis schließlich Wuschels Freundin, die liebenswerte Hexe Rita, ihre verlorenen Siebensachen wieder gefunden hat und dank der Hilfe der Kinder dann auch noch aus den Fängen eines bösen Drachen gerettet worden ist. Auf diese Weise werden die Kinder im Spiel zu Wuschels wichtigsten Verbündeten, indem sie ihm etwa präzise erklären, wo sich Ritas Gegenstände befinden oder sagen, wie er verschiedene Hindernisse überwinden kann.

Hinter der Abenteuergeschichte verbirgt sich ein ausgeklügeltes System aus (für das Kind verborgener) Spiel-Steuerung, Datenaufnahme und -übertragung auf einen hochsicheren Server, dortiger Datenverwaltung, effizienten Verfahren zur Verschriftlichung der Tonaufnahmen und computerbasierten Auswertungsroutinen.

Die Reaktionen der Vorschulkinder im Rahmen der App-Erprobung zeigen große Begeisterung. Die Kinder sprechen den Hund direkt an und sind sehr bemüht, ihren tierischen Freund zu unterstützen. Ferner bietet die interaktiv gestaltete Spielumgebung motivierende Sprechanlässe, die reiches Datenmaterial und relevante Hinweise auf den Sprachstand der Kinder hervorbringen. Dabei wird der Sprachstand in verschiedenen konzeptuellen Domänen bewertet: in der Domäne Raum, im Bereich verschiedener Diskurstypen wie Narration und Beschreibung, im Bereich der Possession und im Bereich der Definitheit. Strukturelle Merkmale der Kindersprache werden ebenfalls erfasst, aber nur in Bezug auf die Realisierung der genannten Domänen bewertet, also nicht als konzeptuell unabhängige, generelle Merkmale. Als Vergleichsgröße dienen nicht normative Kriterien etwa der Schulgrammatik oder eines Sequenzmodells, sondern vielmehr die Vergleichsdaten von gleichaltrigen deutschsprachigen Kindern. Die Hauptfragen sind dementsprechend: wie realisieren die Deutsch lernenden Kinder die Domänen im Vergleich zu Kindern mit Deutsch als Familiensprache, gibt es dabei sprachkulturspezifische Einflüsse aus ihren Familiensprachen und verlangen die Abweichungen nach spezieller sprachlicher Förderung. Norm

Die folgenden Abbildungen zeigen eine Szene, in der Wuschel mit dem Kind Ritas verloren gegangenen Hut zurückholen soll. Leider hat ihm aber der feuerspeiende Drache den Weg versperrt. Die Aufgabe des Kindes besteht nun darin, seinem Spielkumpanen mitzuteilen, wie er zum Hut kommt. Wuschel hat nämlich tierische Angst, sich am Feuer zu verbrennen und übersieht in seiner Panik die Möglichkeit, einfach über das Feuer zu springen. Das Beispiel verdeutlicht eine Interaktion zwischen einem Kind und Wuschel zu dieser Szene. Aus dieser geht klar hervor, wie motiviert sich die getesteten Kinder beim Lösen dieser sprachlich anspruchsvollen Aufgabe zeigen.

Abb. 4.5: Sprachstandsdiagnose-App für Kinder („Wuschel")

Szene mit 5-jährigem Kind mit Türkisch als Familiensprache:

Wuschel macht ein irritiertes Gesicht und sagt zittrig „OOHHHHHHH"
„Dort ist des Hut. Wie sollst du denn machen. Spring. Spring am besten. Spring. Springen. Kannst du bitte springen."
„Du musst springen."

Nachfrage 1: „Wie komme ich zum Hut?"
„Du musst springen."

Nachfrage 2: „Wie denn jetzt?"
„Du musst einfach hüpfen. Durch des Feuer."

Aus Pilotierungen des Verfahrens mit knapp 200 Kindern ergeben sich einige Erkenntnisse, die zum einen die Nachteile gängiger Verfahren beheben und zum anderen eine

Reihe von Annahmen zum Sprachstand und Spracherwerb von Kindern korrigieren können.

- Das Verfahren generiert viele Sprachdaten, auch von Kindern mit geringen sprachlichen Kompetenzen. Anders als bei bestehenden Verfahren ist nur bei sehr schüchternen Kindern zu beobachten, dass sie nicht sprechen. Auch lassen sich andere pauschale Annahmen nicht bestätigen: Kinder mit anderen Familiensprachen als Deutsch produzieren nicht grundsätzlich kürzere Äußerungen, besitzen nicht grundsätzlich weniger Wortschatz oder rudimentäre Wortbildungsmittel und verwenden nicht grundsätzlich ungrammatische Strukturen.
- Ein wichtiger Unterschied besteht jedoch in der Präzision des Ausdrucks. Hier haben Kinder mit Deutsch als Familiensprache oft einen Vorteil und kommen daher mit kürzeren, elliptischen aber prägnanten Äußerungen aus.
- Die sprachliche Herkunft der Kinder spielt eine geringere Rolle als oft angenommen. Viele Kinder mit Deutsch als zweiter oder fremder Sprache sind in Bezug auf den Bedarf an Sprachförderung unauffällig oder übertreffen in ihren sprachlichen Kompetenzen sogar Kinder mit Deutsch als Familiensprache. Auch unter den Kindern mit Deutsch als Familiensprache gibt es (erheblichen) Förderbedarf.
- Inwieweit die konzeptuellen Präferenzen der Familiensprachen in Bezug auf die Realisierung der Domänen eine Rolle spielen (Profilierung, Perspektivierung), muss noch geklärt werden. Die Ausgangssprachen spielen aber in struktureller Hinsicht offenbar eine geringere Rolle als weitgehend angenommen wird.
- Alter und Kontaktdauer sind keine entscheidenden Kriterien bei der Feststellung des Sprachstandes. Oft korrelieren niedriges Alter und kurze Kontaktdauer zum Deutschen mit sehr guten sprachlichen Kompetenzen im Deutschen.

- Die Sprachstandsdiagnose kann mit wenig Aufwand, ohne Beeinträchtigung des Lehrbetriebs und ohne Fachkenntnisse der Lehrkräfte oder Erzieherinnen durchgeführt werden.
- Die Förderung sprachlicher und kommunikativer Kompetenzen müsste individueller und weniger Grammatik-basiert erfolgen, als das bisher oft der Fall ist. Es ist davon auszugehen, dass eine solche Förderung weniger Zeit und Aufwand benötigt, dafür aber wesentlich effizienter sein kann, als es derzeitige Verfahren vermuten lassen.

Zusammenfassung
Festzuhalten bleibt, dass Sprachenerwerb ein systematischer Vorgang ist, der nach bestimmten Prinzipien abläuft, auch wenn er manchmal chaotisch erscheint. Es gibt bisher jedoch keinen Forschungsansatz, der alle Faktoren dieser Systematik erklären könnte. Die frühere Eingrenzung des Sprachenerwerbs auf Kontrast- oder Identitätsaspekte zum Erwerb der Erstsprache wird den komplexen Erwerbsprozessen nicht ausreichend gerecht. Die dargestellten Ansätze der Sprachentwicklung fassen dagegen die wichtigsten Aspekte der neueren Forschung zusammen. **Konzeptuelle und pragmatische Ansätze** erlauben eine funktionale und kognitive Erklärung der Strukturen von Äußerungen. **Universalistische Ansätze** in der Tradition der Identitätshypothese beschreiben dagegen verschiedene Sequenzen als feste Abläufe der Sprachentwicklung, deren Fixierung sich jedoch aus neueren Studien als problematisch erwiesen hat. Wenn von der stärkeren Bedeutung funktionaler, pragmatischer und konzeptueller Kriterien ausgegangen wird, dann lässt sich je nach den Umständen und Zielen des kommunikativen Umfeldes auch die Variation in den Sequenzen besser erklären. Ansätze, die das Hauptgewicht des Sprachenerwerbs vor allem auf diese kommunikative Umgebung des Lerners legen, also vor allem die Einflüsse des sozialen Umfelds und die Auseinandersetzung des Lerners damit betrachten, untersuchen daher vornehmlich

Lernerfaktoren wie den sozialen Status, das Milieu, den Bildungsstand, die Integrationsmöglichkeiten, die Bleibeabsicht im Zielland und andere primär externe Faktoren.

4.8 Mehrsprachigkeit

Definitionen

Der Begriff Mehrsprachigkeit lässt sich in Bezug auf den Beherrschungsgrad von Sprachen unterschiedlich weit fassen: von rudimentären und rezeptiven Kenntnissen bis zur ausgeglichenen Mehrsprachigkeit. Im Mittelpunkt der Forschung stehen meist die Formen von Mehrsprachigkeit, in denen ein Sprecher sich ähnlich flüssig und problemlos in den wesentlichen Bereichen mehrerer Sprachen ausdrücken kann. Wie verhalten sich dort die erworbenen Sprachen zueinander, was sind die ausschlaggebenden Erwerbs- und Managementfaktoren und welche Effekte hat die Mehrsprachigkeit auf die allgemeine Kognition? Eine Zeit lang ist vor allem aus politisch motivierten und ideologischen Gründen angenommen worden, dass Mehrsprachigkeit sich insgesamt negativ auf die beteiligten Sprachen (Pidginisierung, Hybridisierung), die Sprecher (Überforderung, mangelnde Sprachbewusstheit) und die Erstsprache (Unterwanderung durch Fremdeinflüsse) auswirken würde. Auch als politisches Argument gegen die Eingliederung ethnischer Minderheiten oder für die Konservierung von Sprachen wurden und werden diese vermuteten negativen Effekte der Mehrsprachigkeit immer wieder herangezogen. Damit soll Sprachenkontakt, gelegentlich auch sozialer Kontakt, eingeschränkt oder vermieden werden. In der Nazizeit sind solche Ressentiments etwa gegenüber slawischsprachigen Minderheiten in Deutschland deutlich geworden und in vielen Ländern beschränken heute noch Sprachgesetze den Kontakt und Austausch von Sprachen, entweder um die Dominanz der Mehrheitssprache durchzusetzen oder um Minderheitensprachen zu schützen. Auch die Priorisierung von Einsprachigkeit (im Migrations- und Integrationsdiskurs in Deutschland am deutlichsten zuletzt von Esser 2006 vertreten), ist von diesen Ängsten bestimmt. Zu fragen ist in diesem

Mehrwerte

Kontext auch nach den Kriterien für die Wahl einer Fremdsprache in der Schule. Welche Kriterien liegen den Angeboten für internationale Fremdsprachen wie Englisch, Französisch und Latein zugrunde, lassen sich diese durch Forschungsergebnisse stützen, werden die Ziele erreicht? Welche belastbaren Ergebnisse sprächen eigentlich gegen eine stärkere Berücksichtigung der Bildungssprachen von Migrantengruppen oder anderer Nachbarsprachen in der Schulbildung (siehe die Postulate der EU-Sprachenpolitik)? Durch die Mehrsprachigkeitsforschung der letzten Jahrzehnte sind die skizzierten (bildungs-)ideologischen Einstellungen zur Sprachenwahl nicht belegt worden. Vielmehr erweist sich Mehrsprachigkeit als ein viel differenzierteres, oft konstruktives und kreatives Produkt dynamischer Prozesse, die individuell zum Gewinn von Mehrwerten genutzt und gesteuert werden können.

Sprachensterben

Neben kommunikationspragmatischen, erwerbslinguistischen, kognitionspsychologischen, affektiven und sprachenpolitischen Argumenten für Mehrsprachigkeit sollte auch der ökologische Aspekt des Sprachensterbens nicht übersehen werden. Laut Angaben der Unesco (https://www.ethnologue.com), die zur Zustandserhebung der Sprachen der Welt ein zehnstufiges Klassifikationssystem verwendet, sind weltweit 2387 Sprachen vom Aussterben bedroht (vergleiche auch Moseley 2010). Beispiele sind auf jedem Kontinent zu finden: Sawknah, eine Sprache der Berber in Libyen, Moklen, eine an den Küsten Thailands gesprochene Sprache oder Saami, das in Skandinavien beheimatet ist. Seit dem Beginn der systematischen Aufzeichnungen sind im Durchschnitt pro Jahr 5 Sprachen ausgestorben. Schuld an dem Sprachensterben sind jedoch nicht nur die Kontaktphänomene von größeren und kleineren Sprachgemeinschaften, sondern vor allem die Nachwirkungen rücksichtsloser Kolonialpolitik und die Auswirkungen vorwiegend ökonomisch motivierter Globalisierungsstrategien, wie sie sich etwa in der Bedrohung vieler indigener Sprachen in Nord- und Südamerika manifestieren, zum Beispiel den Coast Salish Sprachen im Westen Kanadas (Czaykowska-Higgins/Kinkade 1998, Mallon 2012) oder der Sprache der Rapanui („Osterinseln") (Langdon/Tryon 1983, Du Feu/Fischer 1993).

Gebiet	Lebende Sprachen		Anzahl der Sprecher	
	Anzahl	*Prozent*	*Gesamt*	*Prozent*
Afrika	2,146	30.2	789,138,977	12.7
Amerika	1,060	14.9	51,109,910	0.8
Asien	2,304	32.4	3,742,996,641	60.0
Europa	284	4.0	1,646,624,761	26.4
Pazifik	1,311	18.5	6,551,278	0.1
Gesamt	**7,105**	**100.0**	**6,236,421,567**	**100.0**

Abb. 4.6: Verteilung der Sprachen der Welt nach Herkunftsgebiet nach Angaben der Unesco 2013 (Zählung nach Ursprungsgebiet der Sprachen)

Trotz der einschlägigen Ergebnisse der Erforschung der individuellen Mehrsprachigkeit wird auch heute nicht immer verstanden, welche Folgen die positiven Effekte gerade mit Blick auf die Entwicklung der kognitiven Fähigkeiten mehrsprachiger Kinder und die Integration von Migranten in Aufnahmegesellschaften haben können.

Wichtige Hinweise lieferten hierzu zunächst zwei Hypothesen, die jedoch inzwischen differenziert worden sind: Die **Schwellenhypothese** und die **Interdependenzhypothese** (Toukomaa/Skutnabb-Kangas 1977, Cummins/Swain 1986, Skutnabb-Kangas 1988). Die Schwellenhypothese nimmt zwei Schwellen an, von denen aus sich unterschiedliche Effekte auf den Sprachenerwerb ergeben. Unterhalb der ersten Schwelle zeigen sich eher negative Effekte auf die erworbenen oder im Erwerb befindlichen Sprachen. Das Ergebnis kann bei Zweisprachigen eine **doppelte Halbsprachigkeit (doppelter Semilingualismus)**, eine sehr niedrige und bruchstückhafte Kompetenz in Erst- und Zweitsprachen, sein. Ein typisches Beispiel hierfür sind Kinder von Migranten, die in mehreren sprachlich rudimentären Kontexten aufwachsen. Hier kann die Zweitsprache die negativen Einflüsse auf die Erstsprache verstärken, besonders dann, wenn es den Lernern an Systematik fehlt und im Umfeld wenig auf sprachliche Korrekt-

Erwerbs-
schwellen

heit geachtet wird. Zwischen dieser unteren Schwelle und der oberen Schwelle befinden sich die so genannten (meist den Fremdsprachenerwerb in der Schule betreffenden) **Standard-** oder **Normalfälle**, in denen die Erstsprache gut entwickelt ist, die Zweitsprache weniger. Positive und negative Effekte der Sprachen aufeinander halten sich die Waage. Das ist verständlich, denn der Fremdsprachenunterricht bleibt meist eine Akkumulation von neuem Wissen, aber zu einer echten Mehrsprachigkeit mit ähnlichen Kompetenzen wie in der Erstsprache führt er selten. Erst oberhalb der zweiten Schwelle sind die Kompetenzen in beiden Sprachen sehr gut ausgebildet und beeinflussen sich auch gegenseitig positiv (**ausgeglichene** oder **additive Zweisprachigkeit**).

Interdependenzhypothese

Die Interdependenzhypothese geht noch einen Schritt weiter. Sie besagt, dass mit zunehmendem Grad der Sprachbeherrschung die in einer der Sprachen erworbenen Kenntnisse, wie zum Beispiel fachliches Wissen, übertragbar sind und vor allem zunehmend positive Effekte auf die allgemeinen kognitiven Fertigkeiten haben. In dem Schema von Toukomaa/Skutnabb-Kangas (1977) sind beide Hypothesen zur Illustration zusammengefasst:

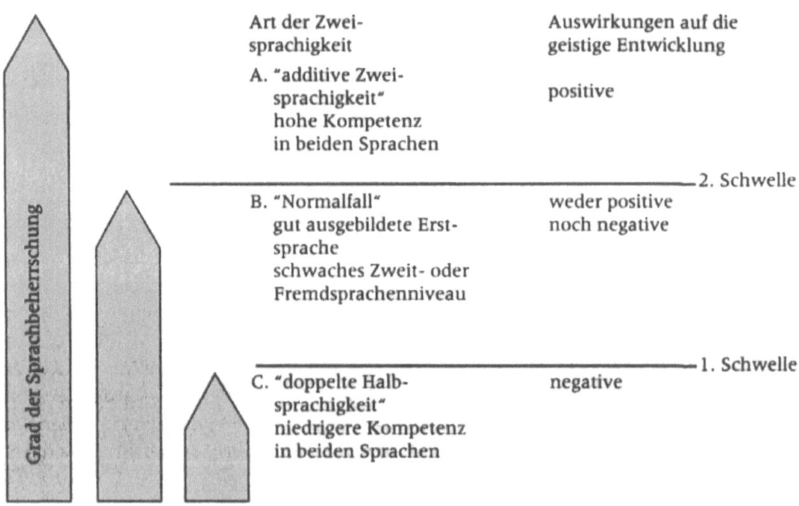

Abb. 4.7: Die Effekte der Mehrsprachigkeit und die Schwellen- und Interdependenzhypothese (Toukomaa/Skutnabb-Kangas 1977: 92)

muttersprachlicher Unterricht

Die Schwellenhypothese hatte unter anderem in Schulversuchen in Deutschland weitreichende Folgen: sie begründete die Einführung des „muttersprachlichen“ Unterrichts für Migrantenkinder als linguistische Grundlage für den Zweitsprachenerwerb. Erst später kam Unterricht in der Zielsprache hinzu. Der muttersprachliche Unterricht hat sich in dieser Form jedoch im Großen und Ganzen nicht bewährt. Das hat mehrere Gründe: 1. zeigen Studien und praktische Lernerfahrungen, dass Fremdsprachen auch ohne Strukturkenntnisse einer Erstsprache erworben werden können. Häufig können Zweit- oder Fremdsprachen die Erstsprache in dieser Hinsicht überholen. 2. ist Sprachbewusstheit nicht auf metasprachliche Kenntnisse beschränkt, sondern drückt sich im pragmatisch richtigen Gebrauch aus. 3. ist die Sprache des muttersprachlichen Unterrichts immer weniger die tatsächliche Muttersprache der dritten oder vierten im Ausland geborenen Generation. 4. gab es für den Unterricht oft keine angemessenen Materialien und hinreichend qualifizierte Lehrkräfte. 5. hat der muttersprachliche Unterricht – wie viele Sprachfördermaßnahmen – (oft unbeabsichtigt) einen verstärkenden segregierenden Effekt: „Ausländerklassen“ haben kein hohes Prestige und es werden damit die Kontaktmöglichkeiten zum „Regelunterricht“ reduziert.

Familiensprachen/ Bildungssprache

Diese Befunde sind jedoch keine Einwände gegen den Unterricht in Familiensprachen oder gegen Mehrsprachigkeit. Vielmehr könnten die vorhandenen – oft rudimentären – mündlichen Kenntnisse der Schülerinnen und Schüler in der Schule in nicht-segregierenden, nach den Prinzipien der Mehrsprachigkeitsdidaktik und auf den Erwerb von bildungssprachlichen Kompetenzen ausgerichteten Verfahren verstärkt berücksichtigt werden. Im Alltag werden diese Kenntnisse, wie auch die in anderen Varietäten, oft nebeneinander und miteinander verwendet. Sprecherinnen und Sprecher wechseln dann in einen anderen Code, eine andere Varietät oder eine andere Sprache, für kürzere Sequenzen oder auch dauerhaft. Diese Codewechsel sind kein Ausdruck von sprachlichen Mängeln, sondern eher pragmatischen Bedingungen. Diese Art der „aufgeklärten Mehrsprachigkeit“ oder „pragmatischen Mehrsprachigkeit“ wird gelegentlich auch als „translanguaging“, also nicht als Wechsel, sondern als Mehrspachigkeit in einem sprachlichen System genannt.

Longitudinal-studie

Studie zur Interdependenzhypothese

In einer langfristigen (longitudinalen) Untersuchung wollten Bournot-Trites und Reeder (2001) die Annahmen der Interdependenzhypothese überprüfen, indem sie die Entwicklung von Schülerinnen und Schülern mit der Erstsprache Englisch von der 4. bis zur 7. Klasse in einer bilingualen Schule in Kanada beobachteten. Es ging dabei um den Zuwachs sprachlicher Kompetenzen in Englisch und Französisch und um sprachübergreifende Interdependenzeffekte in Bezug auf ihre Leistungen in Mathematik. Die eine der untersuchten Gruppen hatte dabei nur 50 % des Unterrichts in der Zweitsprache Französisch, die andere 80 %, unter anderem den Mathematikunterricht. Die Rahmenbedingungen der beiden Gruppen wurden ansonsten so weit wie möglich identisch gehalten. So hatten beide Klassen bis auf wenige Ausnahmen die gleichen Lehrkräfte und wurden nach den gleichen Lehrplänen unterrichtet. Die Kernthesen der theoretischen Annahmen zur Mehrsprachigkeit bestätigen sich in der Studie nachdrücklich: Zum einen zeigte sich, dass die Lerner beider Gruppen selbst im Englischunterricht die kanadischen Standards von gleichaltrigen einsprachigen (monolingualen) Schülern übertrafen, zum Beispiel in Leseverstehenstests. Das ist insofern bemerkenswert, als beide Gruppen höchstens die Hälfte des Unterrichts auf Englisch hatten, die eine Gruppe sogar nur 20 %. Genauso beachtlich sind auch die Ergebnisse der Mathematiktests, die in den beiden letzten Schuljahren der Untersuchung auf Englisch durchgeführt wurden, obwohl die 80 %-Gruppe Mathematikunterricht ausschließlich auf Französisch erhalten hatte. In allen getesteten mathematischen Bereichen des *Stanford Diagnostic Mathematics Test* schnitten die Schülerinnen und Schüler der 80 %-Französischgruppe deutlich besser ab als alle Schülerinnen und Schüler, die den Unterricht auf Englisch hatten. Das zeigt nicht nur, dass das in einer Sprache erworbene Wissen bei einem entsprechend gut entwickelten Sprachstand in andere Sprachen übertragen

Wissenstransfer

werden kann, sondern auch, dass sich die vertiefte Fremdsprachenkompetenz offensichtlich ebenso auf andere Fertigkeiten positiv auswirkt, also positive Interdependenz-Effekte auf die kognitive Entwicklung hat.

Die Definition der Schwellen hat sich durch weitere Arbeiten als zu strikt erwiesen. Verantwortlich dafür sind unter anderem die sozio-ökonomischen Faktoren, mit denen versucht wurde, den Sprachentwicklungsstand der untersuchten Kinder zu bemessen. Studien, wie die von Bournot-Trites und Reeder (2001) weisen jedoch eindeutig auf Übertragungseffekte bei mehrsprachigen Kindern hin. Ob die Ursache dafür in der Ausprägung der Erstsprache, der Zweitsprache oder der Art des Sprachenerwerbs begründet ist, kann bisher nicht zweifelsfrei gesagt werden. Vor allem die größere kognitive Flexibilität von Lernern, die über einen längeren Zeitraum aus unterschiedlichen sprachlichen Systemen Sinn und Strukturen erschließen müssen, spricht für einen direkten Zusammenhang zwischen Mehrsprachigkeit und Kognition. Dass bei der Bemessung des Interdependenzeffektes die Art des Sprachenerwerbs eine wichtige Rolle spielt, nimmt die von Cummins vorgenommene Differenzierung zwischen Bildungssprache (**Cognitive Academic Language Proficiency**, CALP) und instrumentellen umgangssprachlichen Fertigkeiten (**Basic Interpersonal Communicative Skills**, BICS) auf (Cummins/Swain 1986), die mittlerweile auch in deutschsprachigen Bildungsstudien Eingang gefunden hat. Im Sinne von Cummins' globaler Unterscheidung der beiden Kompetenzpole lässt sich bei BICS-klassifizierten Schülerinnen und Schülern vor allem ein Mangel an Kompetenzen in konzeptioneller Schriftlichkeit feststellen. Die schriftlichen Arbeiten in der Schule sind demnach von mündlichen Konzepten geprägt, die den Formanforderungen der Schrift- und Bildungssprache nicht gerecht werden. Obwohl die Unterscheidung von allgemeinen mündlichen und schriftlich-bildungssprachlichen Kompetenzen sinnvoll und konstruktiv ist – und für die Kompetenzdiagnose und die Sprachförderung weitreichende Folgen hat –, muss berücksichtigt werden, dass BICS und CALP keine linguistisch vali-

konzeptionelle Schriftlichkeit

dierten Kategorien darstellen. Sie können daher in dieser Form auch nicht in der Praxis operationalisiert werden.

Als problematisch haben sich in der Mehrsprachigkeitsforschung auch die Klassifikationssysteme und Bezeichnungen erwiesen, die von statischen Bedingungen der Sprecher ausgehen. Die sprachlichen Kompetenzen verändern sich meist im Laufe des Lebens. Es erweist sich daher als Vorteil, die sprachlichen Varietäten und fremden Sprachen, die ein Mensch beherrscht, als dynamisches Modell darzustellen, in dem Erwerbsfortschritte, gegenseitige Einflüsse der erworbenen Sprachen und Kompetenzrückgänge gleichermaßen berücksichtigt werden können. Zudem lässt sich Mehrsprachigkeit nicht nur auf fremde Sprachen begrenzen, sondern vielmehr als Kontinuum von **innerer** (Variation innerhalb einer Sprache) und **äußerer** (fremdsprachiger) **Mehrsprachigkeit** darstellen (List 2004). Die Übergänge zwischen den Sprachen und Varietäten sind oft fließend, wie etwa die Werbe-, Medien-, Mode-, Wirtschafts- oder Jugendsprachen zeigen. Die individuelle Nutzung und der Erwerb von Sprachen sind zudem von den Anforderungen des Umfeldes abhängig. Die sprachlichen Kompetenzen eines Menschen lassen sich demnach als ein dynamisches und ökologisches System darstellen, das je nach der Bewertung der Relevanz einer Varietät oder Sprache durch den Sprecher oder Lerner von unterschiedlichen Faktoren beeinflusst wird. Ausdruck des **Managements** mehrerer Sprachen sind komplexe Dynamiken von Sprachenwechseln (**Codeswitching**) und sprachlichen Mischungen, die die pragmatischen Kommunikationsbedingungen sowie bewusste und unbewusste Identitätskonstruktionen widerspiegeln (siehe *translanguaging*).

Dynamik und Ökologie der Mehrsprachigkeit

Identitätskonstruktionen

Erwerb und Management der Sprachen verlangen daher nach einem Managementsystem, das die Dynamik der Weiterentwicklung und der Rückentwicklung (Attrition) berücksichtigt. Die Relevanz der Sprachen kann auf rezeptive oder produktive, auf mündliche oder schriftliche Teilkompetenzen beschränkt sein oder das gesamte, elaborierte Inventar einer oder mehrerer Sprachen umfassen. Das **Ecological Model** (Aronin/Ó Laoire 2004), das **Faktorenmodell** von Hufeisen (2010) und das **Dynamic Model of Multilingualism** DMM (Herdina/Jessner 2002) nehmen an, dass diese Funktionsbündel für jede Sprache unterschiedlich sind und je nach den Zielen eines Lerners/Sprechers und den Bedingungen der Lern- und Sprachumgebung variieren. Dies kann bei Lernern eine hohe Individualität des Spracherwerbs- oder des Sprachenlernprozesses bewirken und zu einer unscharfen Vorhersagbarkeit und schwierigen Steuerbarkeit von dessen Verlauf führen (siehe Kapitel 2 Lernervariablen).

4.9 Sprachumgebung und Eingabe

In der bisherigen Darstellung haben die Erwerbsprozesse des Lerners die Hauptrolle gespielt. Dazu gehört auch die Auseinandersetzung des Lerners mit der sprachlichen Umgebung, vor allem auch mit dem **Input** oder der **Eingabe**. Im Folgenden soll daher präsentiert werden, wie Sprecherinnen und Sprecher der Zielsprache mit fremdsprachigen Lernern kommunizieren. Diese Eingabe weist bemerkenswerterweise häufig ähnliche Strukturen auf, wie sie auch in den Äußerungen der Lerner erscheinen. Das lässt sich vor allem aus der Gesprächsabsicht der Sprecherinnen und Sprecher erklären. Sie wird in Aushandlungsprozessen an das ungefähre Niveau der Lerner angepasst und stellt damit ein sehr wirksames Mittel der Erleichterung der Kommunikation und damit des Spracherwerbs dar.

Aushandlungsprozesse

Wie groß der Einfluss des Inputs auf den Spracherwerb und seine Fossilisierung ist und wie er sich steuern lässt, um effektiv zu sein, ist allerdings noch nicht vollends geklärt. Es steht fest, dass Lerner von ihrer sprachlichen Umgebung geprägt werden, das heißt, dass die sprachliche Umgebung einen Modellcharakter besitzt, an dem sich die Lerner orientieren. Natürlich sind Lerner nicht nur auf die Imitation des Gehörten angewiesen, wie im Abschnitt zum Chunking gezeigt wurde. Sie tasten sich auch bei den produktiven Fertigkeiten hypothesenprüfend an die Regeln der Zielsprache heran und haben dabei ständig die Möglichkeit, die Sprache kreativ zu verändern. Lerner können, je nachdem wie weit fortgeschritten sie sind, immer nur einen Teil der Eingabe verstehen oder aufnehmen. Deshalb ist zwischen **Intake** im Gegensatz zum Input zu unterscheiden. Das, was sie aufneh-

Vereinfach-
ungen

men, ist dabei stark bestimmt von dem, was sie schon kennen oder wissen und was für sie zu einem gegebenen Zeitpunkt relevant ist. Um den Lernern ihre Aufgabe des Verstehens zu vereinfachen, verändern die Sprecher der Zielsprache oft ihre eigene Sprache. Kindern gegenüber zeigt sich das zum Beispiel in Kinderwörtern oder einfachen Lautketten, für die sich manche Leute (zu Unrecht) schämen würden, wenn sie sie vorgehalten bekämen. Ausländern gegenüber verwenden Deutsche in ähnlicher Weise gerne Infinitive und andere Vereinfachungsformen, sehr viel Gestik, auch Lautstärke und eine Menge seltsamer Wortkreationen. Vieles von dem, was Ausländern und Lernern am Arbeitsplatz, in Geschäften oder auch in persönlichen Gesprächen zu Ohren kommt, entspricht nicht gerade den vertretbaren Normen der zielsprachlichen Grammatik. So soll es vorkommen, dass Fluggäste, denen Flugbegleiterinnen keine basalen Englischkenntnisse unterstellen, nicht gefragt werden, ob sie *chicken or beef* möchten (die ultimative Frage im Luftverkehr), sondern in youtube-geeigneter Weise mit *quackquack or moo?* abgespeist werden.

Daher könnte auch angenommen werden, wie es zeitweise getan wurde, dass eine dermaßen ungrammatische Eingabe zwangsläufig auch zu falschen Lerneräußerungen führen müsse. Wie sollen die ausländischen Lerner die Sprache verdauen, wenn sie sie ständig roh serviert bekommen?

Echte (authentische) Gespräche mit fremdsprachigen Lernern etwa am Arbeitsplatz zeigen, dass sich die Sprecher der Zielsprache nicht ständig an einem (*Quackquack-*)Register verschlucken. Vielmehr variieren sie ihre Sprache sehr stark, und zwar gemäß den Anforderungen des Gesprächspartners, der Gesprächssituation und der Gesprächsabsicht, also à la carte. Um diese Systematik und ihre Variation begrifflich besser fassen zu können, bietet sich eine Analogie zu anderen -lektalen Variationsformen an, nämlich die Bezeichnung **Xenolekte**. Wie bei der Beschreibung von Lerneräußerungen strebt die Forschung auch bei Xenolekten eine konstruktive Perspektive der Beschreibung an. Es geht also nicht mehr so sehr um die Beschreibung der Fehler im Input, sondern vielmehr um die kommunikativen Konstruktionsprinzipien. Wer sich auf diesen Perspektivwechsel ein-

Variation

lässt, kann leicht feststellen, dass das Inventar dieser Sprachform Xenolekt aus vier erstaunlich gut unterscheidbaren Äußerungsebenen (Anpassungsniveaus) besteht:

- einer Ebene umgangssprachlicher Strukturen,
- einer Ebene mit geringerer Sprechgeschwindigkeit,
- einer Ebene begrenzter Veränderungen oder einzelner Auslassungen: *er geht Bahnhof/Aldi*,
- und schließlich einer Ebene von Inhaltselementen ohne Endungen und andere Funktionselemente: *du gehen Bahnhof.*

Hier ein Ausschnitt aus einem authentischen Gespräch, bei dem ein circa 30-jähriger deutschsprachiger Arbeiter, der nach Feierabend als Allianz-Vertreter arbeitet (D), einem jungen türkischen Arbeiter (T) erklärt, was Haftpflichtversicherungen sind (vergleiche Roche 1986).

Transkript 4.3

```
(...)
5 D:    Du brauchst
        Wenn du hier in Deutschland bist
        Äh
        Jeder - junge Mann der achtzehn Jahre
        äh
        älter wie achtzehn Jahre ist und arbei-
        ten tut
        oder nischt arbeit
        is egal
        brauch Haftpflicht in Deutschland
6 T:    Haftpflicht?
7 D:    Haftpflicht
        Siehst du? Un däs is däs
8 T:    vas Haftpflicht?
9 D:    is däs
        Wohnung
        Wenn was passiert
        Alles was in Deutschland passiert is
        über Haftpflicht abgeschlossen
        Gell?
```

däs is wichtigste Versicherung
in Höchst
türkische Familie
Familie hinter Opel-Fabrik
mal Haus brennen
Die Familie hat nix gehabt.
10 T: Haus?
Haus?
11 D: Ne?
Feuer. Feuer.
12 T: Feuer.
13 D: Ne?
Feuer.
Haus kaputt.
Alles abbrennen unt so.
Alles mitnander.
Siehst du?
14 T: Ja.
15 D: Feuer.
Kinder mit – Streichholz.
Genau wie du oder irgendwas passiert,
ne?
Und das is wichtig ne?
Gell?
äh
Jetzt is wichtig für dich.
äh
Kostet.
Ganze Jahr.
Neunundneunzig Mark achtzig, ne?
Däs is ganze Jahr für dich.
Wenn du Frau hättest oder Kinder.
Alles zusammen.
Neunundneunzig achtzig, ne?
Für ganze Jahr.
Auch wenn du in Urlaub fährst.
äh
Gildet auf der ganzen Welt.
Überall äh gildet die Versicherung,
gell?
16 T: Ja, ich Türkei gehen, ja?

```
17 D:   Türkei gehen
        und dir was passiert.
        Gildet Versicherung.
        Gell?
        Weil du ja hier in Deutschland wohnst.
        Jetzt.
        Und wenn du noch Türkei gehst bist du ja
        in Urlaub in Türkei, ne?
        Gildet auch, ne?
        Gell
```

(...)

Bemerkenswert sind in diesem Gespräch die stark veränderten Äußerungen des deutschsprachigen Versicherungsvertreters (D). Sie entsprechen dem pragmatischen Modus, wie ihn auch die Lerner selbst verwenden (siehe Kapitel 4.2). Vergleiche zum Beispiel die Ein- und Zwei-Wort-Äußerungen in 13: *Feuer – Haus kaputt – Alles abbrennen unt so,* die hier mit wenigen Worten illustrieren sollen, welche Schäden durch die Versicherung abgedeckt sind. In Äußerungen wie 17 werden ganze Texte nach den bekannten pragmatischen Prinzipien von Rahmung, Thema und Fokus produziert: „Türkei gehen und dir was passiert – Gildet Versicherung". Da auch der junge türkische Kunde einen ähnlichen Telegrammstil verwendet, liegt die Vermutung nahe, Lerner und Sprecher der Zielsprache imitierten sich gegenseitig (Pidginisierungshypothese). Aber das tun sie nicht. Vielmehr greifen sie aus verschiedenen Gründen auf die gleichen Vereinfachungsprinzipien zurück.

Pidginisierungshypothese

Interessant daran ist, dass die Anpassungen in der Zielsprache besonders dort auftreten, wo es den Sprechern ganz wichtig ist, verstanden zu werden, also etwa in Erklärungen und bei den Kernelementen von Erzählungen. Häufig wird dabei das, was ausgedrückt werden soll, massiv verdichtet. In dem Gespräch ist das zum Beispiel deutlich an der Erzählung des Versicherungsvertreters in der Sequenz 9 bis 11 erkennbar. Dabei will er dem türkischen Kunden eindringlich illustrieren, wie wichtig eine Haftpflichtversicherung ist. Um deren Bedeutung hervorzuheben, greift er einzelne Begriffe aus dem Kontext heraus, wie die Namen des Ortes und der Fabrik, um zunächst die Grundlagen zu verankern. Schnell kommt er zur dramatischen Pointe: *Mal Haus brennen.* Aber nur für kurze Zeit. Gleich kehrt er zu seiner Umgangssprache zurück, indem er das Geschehen kommentiert: *Die Familie hat nix gehabt.* Denn diese Art, reduziert zu sprechen, bedeutet für Sprecher, die normalerweise in ganzen Sätzen und Texten kommunizieren, eine erhebliche Mühe. Unsere Sprachproduktion ist zu stark automatisiert, als dass wir sie leicht verändern könnten. Die Sprecher kehren daher schnellstmöglich wieder zu ihrer normalen Sprache zurück oder verwenden schwächere Anpassungen, die ihnen nicht so viel Mühe machen. So erscheinen vor allem rahmende Äußerungen (hier zum Beispiel in Äußerung 5 *Wenn du hier in Deutschland bist*), Klärungen als Folge von Nachfragen, Kommentare inklusive Schimpfwörtern und Exkursen sowie Bewertungen, Bestätigungsbitten und metalinguistische Einleitungen zu direkter und indirekter Rede in der Regel als weniger stark veränderte Äußerungstypen oder umgangssprachlich. In dem Gespräch oben betrifft das unter anderem Nachfragen wie *Gell?, Ne?, Ja?* oder *Siehst Du?,* aber auch Kommentare wie *Alles was in Deutschland passiert is über Haftpflicht abgeschlossen* in Äußerung 9. Zitierte Rede (direkte oder indirekte Rede) erscheint dabei normalerweise in umgangssprachlichen Äußerungen oder der angenommenen beziehungsweise imitierten Form des Originals (*Türkei gehen* in 17). Zusätzlich finden sich in solchen Gesprächen immer semantische und lexikalische Vereinfachungen, auch wenn gar nicht klar ist, ob die Vereinfachung adäquat ist oder ob sie ihr Ziel erreicht. In dem obigen Gespräch sind das Ausdrücke wie *gildet* statt *gilt,* wohl wegen der besser wahrnehmbaren Silbenstruktur durch den eingeschobenen Vokal *-e,* und *kaputt* statt *abgebrannt,* wohl wegen der angenommenen grammatischen und semantischen Prägnanz oder Internationalität des Begriffes.

Anpassungsniveaus

Die Anpassungsniveaus lassen erkennen, wie der Sprecher die kommunikative Relevanz des Gesagten einschätzt. Diese Einschätzung ergibt sich aus den Zielen und Absichten des Sprechers und den von ihm vermuteten Verständnisfähigkeiten des Adressaten.

Dass diese Einschätzungen in der Regel nicht statisch festliegen, sondern häufig erst ausgehandelt werden müssen, zeigen auch in diesem Gespräch die zahlreichen Fehlansätze und Verzögerungsphänomene wie äh und so weiter. Zum Beispiel die Erklärung in Äußerung 5, warum Haftpflichtversicherungen sinnvoll sind: *Du brauchst – Wenn du hier in Deutschland bist – äh – Jeder junge Mann, der 18 Jahre – äh –....* Vergleichsuntersuchungen von verschiedenen Sprechern belegen, dass die strukturellen Veränderungen der entsprechenden Äußerungen desto stärker sind, je höher sie die kommunikative Relevanz der Information einschätzen. Allerdings basiert diese Einschätzung auf subjektiven Prozessen, die von einer Reihe von zusammenhängenden Faktoren abhängig sind. Sie muss die tatsächliche Erwerbsstufe des Adressaten daher nicht immer richtig erfassen. Darüber hinaus unterliegt die Realisierung xenolektaler Äußerungen bestimmten sozialen Normen, also situativen Kriterien. Sprecher berücksichtigen, was in einer Kultur als akzeptabel, hilfreich, lustig, höflich oder beleidigend betrachtet wird. Sprachen besitzen verschiedene Möglichkeiten der Anpassung an Sprecher, die die Sprache nicht oder nicht gut sprechen, und sie lassen dabei verschiedene Grade der Anpassung zu. Diese Tatsache kann erklären, warum xenolektale Veränderungen von Sprache zu Sprache variieren. So tauchen die beschriebenen Prinzipien im Deutschen zwar auch bei englischsprachigen Sprechern auf, tendenziell aber mit dem Schwerpunkt auf einer sehr lauten Aussprache.

kommunikative Relevanz

Was bedeuten die Xenolekte für die Lerner? Fest steht, dass die Lerner im Migrationsalltag keiner beschränkten, sondern einer komplexen Sprachumgebung ausgesetzt sind. Diese wird im öffentlichen Bereich durch Fernsehen, Radio, Presse und dergleichen bestimmt und durch verschiedene Maßnahmen verstehbar gemacht. Zum Beispiel dadurch, dass Bedeutungen ausgehandelt werden, durch Nachfragen, Erklärungen, einfachere Begriffe, kurze Äußerungen und Umschreibungen, Beschriftungen, Untertitel und visuelle Begleitinformation. In xenolektalen Gesprächen lässt sich immer wieder beobachten, dass Sprecher einem Lerner den gleichen Inhalt in verschiedenen sprachlichen Variationen anbieten, bis er ihn verstanden hat. So sind Xenolekte oft ein regelrechtes Lehrmittel, das gleichzeitig auch den Sprecher bei seinen Anpassungsaufgaben entlastet. In ähnlicher

Auswirkungen auf den Spracherwerb

Weise lässt sich die Eingabe auch im Unterricht gestalten. Verschiedene Vereinfachungsstrukturen könnten so helfen, Brücken zu bauen (vergleiche auch die Prinzipien der Verständlichen Sprache, https://verstaendliche-sprache.de/was-koennen-wir-fuer-sie-tun).

Die **Inputhypothese** übernimmt die Vorstellung, die Eingabe solle verständlich sein, formalisiert sie aber so, dass sie in der Praxis nicht mehr umsetzbar ist. Sie schränkt den idealen Input darauf ein, dass er immer eine Stufe über der Erwerbsstufe (i) der Lerner sein soll (i + 1). Abgesehen davon, dass sich eine genaue Analyse des Sprachstandes von ungeübten Sprechern nicht vornehmen lässt (sie würde viel metasprachliches Wissen verlangen), lässt sich ein genau angepasster Input etwa in einer Klasse von zwanzig Schülern oder mehr nur schlecht realisieren.

Die Sprachverarbeitungskette

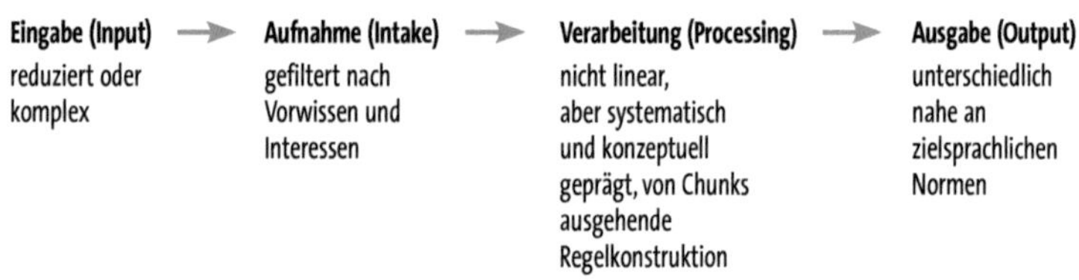

Abb. 4.8: Die Sprachverarbeitungskette

4.10 Übungsaufgaben zur Wissenskontrolle

1. Was fällt Ihnen an der Sprache von Freunden, Bekannten, Kollegen auf, die mehrsprachig sind? Hören Sie genau zu und finden Sie heraus, wie und in welchen Situationen sie die Mehrsprachigkeit erworben haben.
2. Wie lassen sich einfache Äußerungsstrukturen von Lernern am besten beschreiben? Welche Funktionen erfüllen sie?
3. In welchen wichtigen Bereichen unterscheiden sich pragmatischer und syntaktischer Äußerungsmodus?

4. Welchen Einfluss haben die strukturellen und die konzeptuellen Grundlagen der Ausgangssprache der Lerner auf den Sprachenerwerb?
5. Was besagt die Identitätshypothese und warum ist sie problematisch?
6. Warum ist es sinnvoll, von Sprachentwicklung auszugehen und welche unterschiedlichen Ansätze gibt es dazu?
7. Welche Rolle spielen Chunks im Sprachenerwerb?
8. Wie wirkt sich die kognitive Entwicklung der Kinder auf deren Erstsprachenerwerb aus?
9. Welche Mehrwerte kann Mehrsprachigkeit produzieren und worauf gründen sich diese Annahmen?
10. Was sind typische Merkmale der Eingabe im Sprachenerwerb und wie lässt sich die Variation der Eingabe erklären?

4.11 Weiterführende Literatur

Aguado, Karin (2012). Progression, Erwerbssequenzen und Chunks. Zur Lehr- und Lernbarkeit von Grammatik im Fremdsprachenunterricht. In: *Arbeitskreis Deutsch als Fremdsprache – Deutsch als Zweitsprache in der Schweiz – Rundbrief, Nr. 64/2012, Lehr- und Lernbarkeit, Teil 2*, 7–22.

Aronin/Ó Laoire 2004 (siehe Literaturverzeichnis von Kapitel 2).

Baleghizadeh, Sasan (2011). *Linguistic and Interactional Modifications. Their Impact on Reading Comprehension.* Saarbrücken: LAP Lambert Academic Publishing.

Bardovi-Harlig, Kathleen (1995). The Interaction of Pedagogy and Natural Sequences in the Acquisition of Tense and Aspect. In: Eckman, Fred R. (Hg.). *Second language acquisition theory and pedagogy. 22nd Linguistics symposium: Selected papers.* Mahwah, NJ [u.a.]: Erlbaum, 151–168.

Baumann, Klaus-Dieter/Kalverkämper, Hartwig (Hg.) (1992). *Kontrastive Fachsprachenforschung. Forum für Fachsprachen-Forschung 20.* Tübingen: Narr.

Becker, Angelika (1994). *Lokalisierungsausdrücke im Sprachvergleich: Eine lexikalisch-semantische Analyse von Lokalisierungsausdrücken im Deutschen, Englischen, Französischen und Türkischen.* Tübingen: Niemeyer.

Becker, Angelika/Carroll, Mary (1997). *The acquisition of spatial relations in a second language.* Amsterdam: Benjamins.

Bournot-Trites, Monique/Reeder, Kenneth (2001). Interdependence revisited: Mathematics achievement in an intensified French immersion program. *The Canadian Modern Language Review* 58 (1), 27–43.

Clahsen, Harald/Meisel, Jürgen M./Pienemann, Manfred (1983). *Deutsch als Zweitsprache. Der Spracherwerb ausländischer Arbeiter.* Tübingen: Narr.

Clyne, Michael (1991). Zu kulturellen Unterschieden in der Produktion und Wahrnehmung englischer und deutscher wissenschaftlicher Texte. *Info DaF* 18 (4), 376–384.

Cummins, Jim/Swain, Merrill (1986). *Bilingualism in Education. Aspects of theory, research and practice.* Harlow, Essex: Longman.

Czaykowska-Higgins, Ewa/Kinkade, Marvin Dale (1998). *Salish languages and lingustics. Theoretical and descriptive perspectives.* Berlin [u. a.]: Mouton de Gruyter.

Diehl, Erika/Christen, Helen/Leuenberger, Sandra/Pelvat, Isabelle/Studer, Thérèse (2000). *Grammatikunterricht, alles für der Katz? Untersuchungen zum Zweitsprachenerwerb Deutsch.* Tübingen: Niemeyer.

Du Feu, Veronica/Fischer, Steven Roger (1993). The Rapanui language. In: Fischer, Steven Roger (Hg). *Easter Island Studies: contributions to the history of Rapanui in memory of William T. Mulloy.* Oxford: Oxbow Books, 165–168.

Dulay, Heidi/Burt, Marina (1974). Natural Sequences in Child Second Language Acquisition. *Language Learning* 24, 37–53.

Ellis 2012 (siehe Literaturverzeichnis von Kapitel 3).

Esser, Hartmut (2006). *Sprache und Integration. Die sozialen Bedingungen und Folgen des Spracherwerbs von Migranten.* Frankfurt/M./New York: Campus.

Fischer, Steven R. (1997). *Rongorongo. The Easter Island script: history, traditions, texts.* Oxford: Clarendon Press.

Fredriksson, Christine (2006). *Erwerbsphasen, Entwicklungssequenzen und Erwerbsreihenfolge. Zum Erwerb der deutschen Verbalmorphologie durch schwedische Schülerinnen und Schüler.* Uppsala Universitet.

García, Ofelia/Wei, Li (2014). *Translanguaging. Language, bilingualism and education.* Basingstoke. Palgrave Macmillan.

Givón, Talmy (1979). From Discourse to Syntax. Grammar as a Processing Strategy. In: Kimball, John P./Givón, Talmy (Hg.). *Syntax and semantics.* New York, San Francisco, London: Academic Press, Harcourt Brace Jovanovich, 81–112.

Grießhaber, Wilhelm (2006a). Testen nichtdeutschsprachiger Kinder bei der Einschulung mit dem Verfahren der Profilanalyse – Konzeption und praktische Erfahrungen. In: Ahrenholz, B./Apeltauer, E. (Hg.). *Zweitspracherwerb und curriculare Dimensionen. Empirische Untersuchungen zum Deutschlernen in Kindergarten und Grundschule.* Tübingen: Stauffenburg, 73–90.

Grießhaber, Wilhelm (2006b). Die Entwicklung der Grammatik in Texten vom 1. bis zum 4. Schuljahr. In: Ahrenholz, Bernt (Hg.). *Kinder mit Migrationshintergrund. Spracherwerb und Fördermöglichkeiten.* Freiburg im Breisgau: Fillibach-Verlag, 150–167.

Habel, Christopher/Stutterheim, Christiane von (2000). *Räumliche Konzepte und sprachliche Strukturen.* Tübingen: Niemeyer.

Haberzettl, Stefanie (2007). Konstruktionen im Zweitspracherwerb. In: Fischer, Kerstin/Stefanowitsch, Anatol (Hg.). *Konstruktionsgrammatik. Von der Anwendung zur Theorie.* Tübingen: Stauffenburg, 55–77.

Handwerker, Brigitte (2008). Chunks und Konstruktionen. Zur Integration von lerntheoretischem und grammatischem Ansatz. *Estudios Filológicos Alemanes* 15, 49–64.

Handwerker, Brigitte/Madlener, Karin (2009). *Chunks für Deutsch als Fremdsprache. Theoretischer Hintergrund und Prototyp einer multimedialen Lernumgebung.* Hohengehren: Schneider Verlag.

Herdina/Jessner 2002 (siehe Literaturverzeichnis von Kapitel 2).

Hufeisen 2010 (siehe Literaturverzeichnis von Kapitel 2).

Kaplan, Robert B. (1966). Cultural thought patterns in intercultural education. *Language Learning* 16 (1–2), 1–20.

Kellerman, Eric (1986). An eye for an eye. In: Kellerman, Eric/Sharwood Smith, Michael (Hg.). *Crosslinguistic influences in second language.* Oxford: Pergamon, 35–48.

Keßler, Jörg-Ulrich (2006). *Englischerwerb im Anfangsunterricht diagnostizieren. Linguistische Profilanalysen am Übergang von der Primarstufe in die Sekundarstufe I.* Tübingen: Narr.

Keßler, Jörg-Ulrich/Liebner, Mathias (2011). Diagnosing L2 Development: Rapid Profile. In: Pienemann, Manfred/Keßler, Jörg-Ulrich (Hg.). *Studying Processability Theory. An Introductory Textbook.* Amsterdam: John Benjamins, 133–147.

Klein, Wolfgang (1984). *Zweitspracherwerb. Eine Einführung.* Königstein/Ts: Athenäum.

Klein, Wolfgang/Perdue, Clive (1997). The Basic Variety (or: Couldn't Natural Languages Be Much Simpler?). *Second Language Research* 13 (4), 301–347.

Krashen, Stephen D. (1980). The Input Hypothesis. In: Alatis, James E. (Hg.). *Current issues in bilingual education. Georgetown University Round Table on Languages and Linguistics 1980.* Washington, DC: Georgetown University Press, 168–180.

Lado, Robert (1957). *Linguistics across cultures. Applied linguistics for language teachers.* Ann Arbor: University of Michigan Press.

Langdon, Robert/Tryon, Darrell T. (1983). *The language of Easter Island. Its development and eastern Polynesian relationships.* Laie, Hawaii: Institute for Polynesian Studies.

Larsen-Freeman, Diane/Long, Michael H. (1991). *An introduction to second language acquisition research.* London, New York: Longman.

Lehker, Marianne (1997). *Texte im chinesischen Aufsatzunterricht. Eine kontrastive Analyse chinesischer und deutscher Aufsatzsorten.* Heidelberg: J. Groos.

Liang, Yong (1991). Zur soziokulturellen und textstrukturellen Besonderheiten wissenschaftlicher Rezensionen. Eine kontrastive Fachtextanalyse Deutsch/Chinesisch. *Deutsche Sprache* 19 (4), 289–311.

Lindstromberg, Seth/Boers, Frank (2008). *Teaching chunks of language. From noticing to remembering.* Esslingen: Helbling Languages.

List, Gudula (2004). Eigen-, Fremd- und Quersprachigkeit: psychologisch. In: Bausch, Karl-Richard et al. (Hg.). *Mehrsprachigkeit im Fokus. Arbeitspapiere der 24. Frühjahrskonferenz zur Erforschung des Fremdsprachenunterrichts. Frühjahrskonferenz zur Erforschung des Fremdsprachenunterrichts.* Tübingen: Narr, 132–138.

Longhi, Elisabetta (2010). Die Zahlungsaufforderung unter sprachvergleichender und kulturkontrastiver Perspektive. In: Foschi Albert, Marina/Hepp, Marianne/Neuland, Eva/Dalmas, Martine (Hg.). *Text und Stil im Kulturvergleich. Pisaner Fachtagung 2009 zu interkultu-*

rellen Wegen germanistischer Kooperation. München: iudicium, 458–470.

Lund, Randall J. (2004). Erwerbssequenzen im Klassenraum. *Deutsch als Fremdsprache,* 41 (2), 99–103.

Mallon, Florencia E. (2012). *Decolonizing native histories. Collaboration, knowledge, and language in the Americas.* Durham, N.C: Duke University Press.

Mellow, John Dean (1996). *A Longitudinal Study of the Effects of Instruction on the Development of Article Use by Adult Japanese ESL Learners.* Dissertation. Vancouver: University of British Columbia.

Meyer-Ingwersen, Johannes (1977). *Zur Sprachentwicklung türkischer Schüler in der Bundesrepublik.* Kronberg: Scriptor-Verlag.

Moseley, Christopher (2010). *Encyclopedia of the world's endangered languages.* London [u. a.]: Routledge.

Piaget, Jean (1972). *Sprechen und Denken des Kindes.* Düsseldorf: Schwann.

Pienemann, Manfred (1998). *Language processing and second language development. Processability theory.* Amsterdam/Philadelphia: J. Benjamins.

Pienemann, Manfred (2005). *Cross-linguistic aspects of processability theory.* Amsterdam/Philadelphia: Benjamins.

Pienemann, Manfred/Johnston, Malcolm/Brindley, Geoff (1988). Constructing an Acquisition-Based Procedure for Second Language Assessment. *Studies in Second Language Acquisition,* 10 (2). Cambridge: Cambridge University Press, 217–243.

Pienemann, Manfred/Keßler, Jörg-Ulrich (Hg.) (2011). *Studying Processability. An introductory textbook.* Amsterdam: John Benjamins Publishing.

Rehbein et al. 2004 (siehe die gemeinsame Referenz für die Handbücher in Kapitel 9).

Roche, Jörg (2010). Emergente Textualität in der Lernersprache. Von Chunks und Situativität zum Text. In: Foschi Albert, Marina/Hepp, Marianne/Neuland, Eva/Dalmas, Martine (Hg.). *Text und Stil im Kulturvergleich. Pisaner Fachtagung 2009 zu interkulturellen Wegen germanistischer Kooperation.* München: iudicium, 47–65.

Roche 2006 (siehe Literaturverzeichnis von Kapitel 2).

Roche, Jörg (1986). *Deutsche Xenolekte. Struktur und Variation der Äusserung deutscher Muttersprachler in der Kommunikation mit Ausländern.* Berlin/New York: de Gruyter.

Roche/Reher/Simic 2012 (siehe Literaturverzeichnis von Kapitel 1).

Roche, Jörg/Roussy-Parent, Mélody (2006). Zur Rolle der kontrastiven Semantik in interkultureller Kommunikation. *Fremdsprachen Lehren und Lernen (FLuL)* 36, 228–250.

Romaine, Suzanne (1988). *Pidgin and Creole Languages.* London: Longman.

Sancak, Melek (2004). *Techniken und Strategien in der Kommunikation zwischen deutschen Ärzten und türkischen Patienten.* Unveröffentlichte Magisterarbeit, LMU München.

Schmidt, Thomas et al. (2011). New and future developments in EXMARaLDA. In: Schmidt, Thomas/Wörner, Kai (Hg.) *Multilingual Resources and Multilingual Applications. Proceedings of GSCL Conference 2011 Hamburg*, 253-256. http://citeseerx.ist.psu.edu/viewdoc/download?doi=10.1.1.384.6136&rep=rep1&type=pdf.

Selinker, Larry (1985). Attempting comprehensive and comparative empirical research in second language acquisition: a review of Second language acquisition by adult immigrants: a field manual. *Language Learning* 35 (4), 567–584.

Sharwood Smith 1993 (siehe Literaturverzeichnis von Kapitel 1).

Skutnabb-Kangas, Tove (1988). Multilingualism and the Education of Minority Children. In: Skutnabb-Kangas, Tove/Cummins, Jim (Hg.). *Minority education: from shame to struggle.* Clevedon, Avon: Multilingual Matters, 9–44.

Stutterheim, Christiane von (1986). *Temporalität in der Zweitsprache. Eine Untersuchung zum Erwerb des Deutschen durch türkische Gastarbeiter.* Berlin, New York: de Gruyter.

Stutterheim, Christiane von (1991). European Research on Second Language Acquisition. In: Freed, Barbara F. (Hg.). *Foreign language acquisition research and the classroom.* Lexington, Mass: D.C. Heath, 135–154.

Taylor 2008 (siehe Literaturverzeichnis von Kapitel 3).

Terrasi-Haufe, Elisabetta (2004). *Der Schulerwerb von Deutsch als Fremdsprache. Eine empirische Untersuchung am Beispiel der italienischsprachigen Schweiz.* Tübingen: Niemeyer.

Terrasi-Haufe, Elisabetta (2006). *Individuelle DaF-Erwerbsverläufe unter Berücksichtigung außersprachlicher Merkmale.* Abschlussbericht zum SNF-Projekt.

Terrasi-Haufe, Elisabetta (2012). Prinzipien des Fremdsprachenerwerbs. In: Roche, Jörg (Hg.). *Grundlagen und Konzepte des DaF-Unterrichts.* München: Goethe-Institut.

Tomasello, Michael (2006). Acquiring linguistic constructions. In: Kuhn, Deanna/Siegler, Robert (Hg.). *Handbook of Child Psychology. Cognition, perception, and language. Vol. 2.* New York: Wiley, 256-298.

Toukomaa, Pertti/Skutnabb-Kangas, Tove (1977). *Teaching migrant children's mother-tongue and learning the language of the host country in the context of the socio-cultural situation of the migrant family.* UNESCO-Report/Forschungsbericht. Tampere: Universität Tampere.

Toukomaa, Pertti/Skutnabb-Kangas, Tove (1977). *The intensive teaching of the mother tongue to migrant children of pre-school age. Report written for Unesco.* Tampere: University of Tampere, Dept of Sociology and Social Psychology, Research Reports 26, 79.

van Patten 2004 (siehe Literaturverzeichnis von Kapitel 1).

van Patten, Bill/Sanz, Christina (1995). From Input to Output. Processing Instruction and Communicative Tasks. In: Eckman, Fred R. (Hg.). *Second language acquisition theory and pedagogy. 22nd Linguistics symposium: Selected papers:* Lawrence Erlbaum, 169–185.

Winkler, Steffi (2011). Progressionsfolgen im DaF-Unterricht. Eine Interventionsstudie zur Vermittlung der deutschen (S)OV-Wortstellung. In: Hahn, Natalia/Roelcke, Thorsten (Hg.). *Grenzen überwinden mit Deutsch. 37. Jahrestagung des Fachverbandes Deutsch als Fremdsprache an der Pädagogischen Hochschule Freiburg/Br. 2010.* Göttingen: Universitäts-Verlag Göttingen, 193–208.

Wong 2004 (siehe Literaturverzeichnis von Kapitel 1).

Wong-Fillmore, Lily (1979). Individual differences in second language acquisition. In: Fillmore, Charles J./Kempler, Daniel/Wang, William S.-Y. (Hg.). *Individual differences in language ability and language behavior.* New York: Academic Press, 203–228.

5 Sprache

Gegenstand dieses Kapitels sind die verschiedenen Möglichkeiten, Sprache als Zeichensystem zu beschreiben. Dies kann nach formalen Aspekten der Satzstellung, Wortbildung und Lautung, nach inhaltlichen Aspekten oder nach kognitiven und funktionalen Kriterien geschehen. Daraus ergeben sich beschreibende und normative Schulgrammatiken, Referenzgrammatiken, systematische und wissenschaftliche Grammatiken, funktionale, generative und kontrastive Grammatiken, Valenzgrammatiken, Text- und Diskursgrammatiken. Die Grammatiken eignen sich unterschiedlich für Lehr- und Lernzwecke. Im Konzept der didaktischen Grammatik wird versucht, auf Basis kognitionslinguistischer Erkenntnisse und der Spracherwerbsforschung funktionale Grammatikbeschreibungen zu entwickeln, die für unterschiedliche Lernzwecke angewendet werden können und sich am Lernstand und den Lernbedingungen des Lerners ausrichten und damit den Hilfscharakter der Grammatik im Spracherwerb betonen. In diesem Kapitel werden die unterschiedlichen Grammatikarten an Beispielen illustriert, ebenso die unterschiedlichen Wörterbucharten, die einem Lerner beim Spracherwerb als Referenzmaterialien zur Verfügung stehen. Schließlich wird auch auf die Art und Bedeutung sprachlicher Variation eingegangen, deren Potenziale in Lehrwerken aus Gründen der Vereinfachung oft ungenutzt bleiben. Das Spektrum der Variation erstreckt sich von allgemeinsprachlichen über dialektale, soziolektale bis zu fach- und wissenschaftssprachlichen Varietäten, die jeweils anderen Normen unterliegen.

Sprache ist der Hauptgegenstand des Sprachunterrichts, aber ihre Nutzerinnen und Nutzer scheinen immer weniger für ihre Ausdrucksmöglichkeiten, ihr Differenzierungspotential, ihre

Wirkung und ihre Strukturen sensibilisiert zu sein. Der Einfluss der Medien, vor allem die Dominanz der Bilder und die Schnelllebigkeit der Kommunikation bewirken, dass die Bewusstheit für Sprache, vor allem die adäquate Anwendung schriftsprachlicher Normen, in der Gesellschaft allgemein schwindet. Auch vielen Schülerinnen oder Schülern ist so etwa kaum bewusst, dass – und wie – Zeitungssprache sich von SMS oder direkter mündlicher Kommunikation unterscheidet. Mögliche Unterschiede zwischen Registern benennen oder die Grammatik der eigenen Sprache zu erklären, fällt ohnehin vielen schwer. Blogs und Forumseinträge auf Webseiten zeigen in dieser Hinsicht ein ernüchterndes Bild. Deshalb sollen in diesem Kapitel die Beschreibung und Funktionen von Sprache und daraus ableitbare Empfehlungen für den Fremdsprachenunterricht behandelt werden.

Sollte bei der Vermittlung der Fremdsprache primär die kulturhistorische Literatur Orientierung geben, sollte die Alltagskommunikation als Vorbild dienen, weil sie sich um Praktikabilität und große Reichweite bemüht, oder gilt im Sprachunterricht das Primat der korrekten Grammatik, wie sie in Regelwerken beschrieben wird? Welche Varietät einer Sprache ist die maßgebende? Ist es im Englischen etwa die der Queen oder die von Camilla, die aus Cambridge oder Oxford, die der Aussies oder der kanadischen Newfies? Welche Textsorten setzen die Normen: die schriftlichen der Zeitungssprache, die mündlichen der Bühnensprache, die der Umgangssprache? Wie steht es mit den situativen Aspekten des Sprachgebrauchs, welche Rolle spielen dialektale, regionale und soziolektale Varianten, wie lassen sich die natürliche Mehrsprachigkeit des Menschen und die Veränderbarkeit von Sprachen in Erwerb und Unterricht nutzen?

Sprache im Unterricht

Aus didaktischen Gründen beschränken Lehrkräfte sich im Unterricht nicht selten auf die eine oder andere Sprachvarietät, auf bestimmte Erklärungsverfahren und auf weitere Vereinfachungen, ohne diese später wieder in den Gesamtzusammenhang zurückzuführen. Direkte Kontrastverfahren sprachlicher Strukturen ersetzen so zum Beispiel ein tieferes Verständnis vom Aufbau, vom Funktionieren und von den Entwicklungsprozessen der Sprachen. Meist bleibt hierfür keine Zeit. Sprache kommt im Sprachunterricht paradoxerweise oft zu kurz.

Dabei sind Sprachen lebendige, dynamische Systeme, die sich – auch im Unterricht – nur schwer einengen lassen. Die kreativen Kräfte von Sprachen und ihren Nutzern sind so gewaltig, dass schon so mancher machtvolle Zensurapparat – wie das folgende Gedicht von Bertolt Brecht zeigt – daran gescheitert ist.

Beispiel
DIE UNBESIEGLICHE INSCHRIFT

Bertolt Brecht, Die unbesiegliche Inschrift, 1973

Zur Zeit des Weltkriegs
In einer Zelle des italienischen Gefängnisses San Carlo
Voll von verhafteten Soldaten, Betrunkenen und Dieben
Kratzte ein sozialistischer Soldat mit Kopierstift in die Wand:
HOCH LENIN!
Ganz oben, in der haldbdunklen Zelle, kaum sichtbar aber
Mit ungeheuren Buchstaben geschrieben.
Als die Wärter es sahen, schickten sie einen Maler mit einem Eimer Kalk.
Und mit einem langstieligen Pinsel übermalte er die drohende Inschrift.
Da er aber mit seinem Kalk nur die Schriftzüge nachfuhr
Stand oben in der Zelle nun in Kalk:
HOCH LENIN!
Erst ein zweiter Maler überstrich das Ganze mit breitem Pinsel
So dass es für Stunden weg war aber gegen Morgen
Als der Kalk trocknete, trat darunter die Inschrift wieder hervor:
HOCH LENIN!
Da schickten die Wärter einen Maurer mit einem Messer gegen die Inschrift vor.
Und er kratzte Buchstabe für Buchstabe aus, eine Stunde lang. Und als er fertig war, stand oben in der Zelle jetzt farblos
Aber tief in die Zelle geritzt, die unbesiegliche Inschrift:
HOCH LENIN!
Jetzt entfernt die Mauer! sagte der Soldat.

Wieso sich also im Sprachunterricht der freiwilligen Selbstkontrolle unterwerfen? Hält das Schlagwort *keine Zeit für Sprachvariation* der Kraft der Kreativität stand?

Die Sprachenvielfalt auf der Erde ist ein eindrucksvolles Zeichen der Kreativität von Sprache und von ihren Sprechern: es gibt über 4.000 größere Sprachengruppen auf der Welt, mit hunderten und tausenden von verwandten Sprachen und Dialekten, die gemeinsame Wurzeln haben. Die größten Gruppen bilden die sinotibetischen, niger-kongo-, afroasiatischen, austronesischen und indoeuropäischen Sprachen, zu denen Deutsch und andere germanische Sprachen gehören (siehe Abbildung 5.1).

Was in Bezug auf die Verwandtschaft der Sprachen sprachenübergreifend (interlingual) gilt, gilt in ähnlichem Umfang auch sprachintern (intralingual). Man denke nur an die verschiedenen regionalen Varianten (Dialekte), die verschiedenen Jargons und Register (zum Beispiel die Jugendsprache und Fachsprachen), Neuschöpfungen (wie die *Kanak-Sprak* oder *fraudeutsch*) oder Stile (zum Beispiel die Journalistensprache), Textsorten (zum Beispiel Brief, Zeitungsartikel, Theaterprogramm, Vortrag) und so weiter. Wie aber kann entschieden werden, welche Varianten im Sprachunterricht vorrangig zu behandeln sind? Lassen sich vielleicht sogar bestimmte Sprachformen für bestimmte Lernzwecke besser verwenden als andere? Diesen Fragen soll im Folgenden nachgegangen werden.

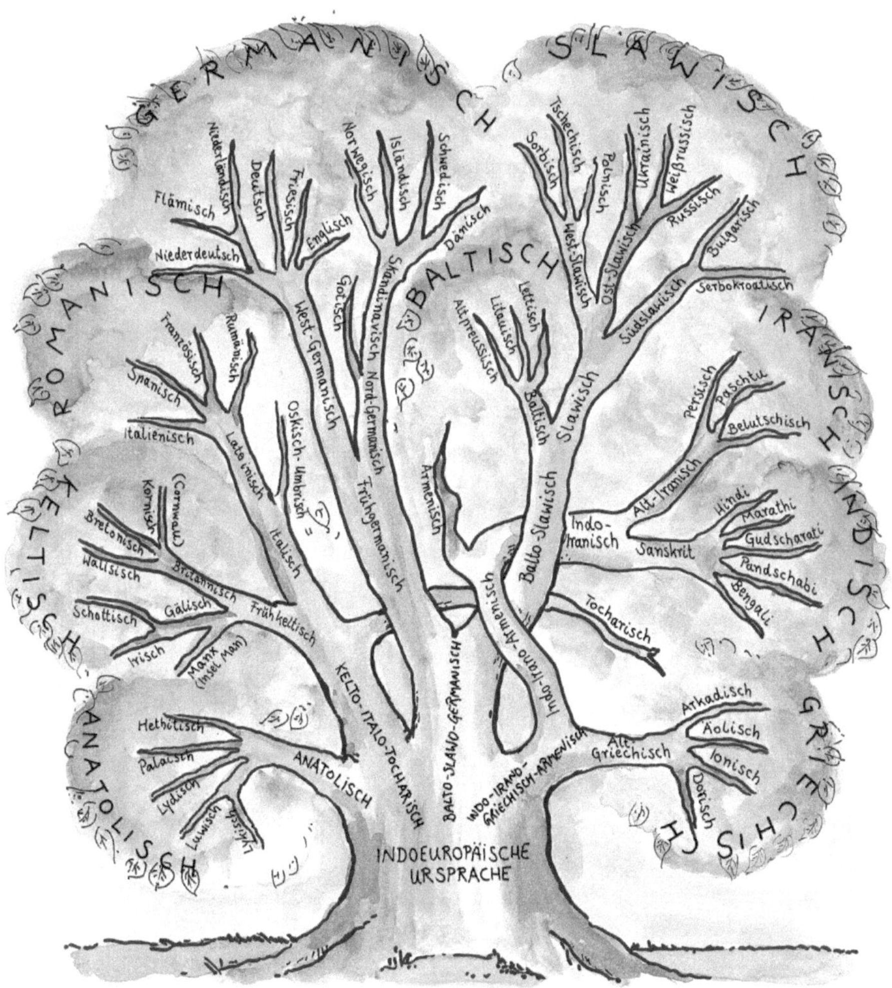

Abb. 5.1: Metaphorische Darstellung der Verwandtschaft der indoeuropäischen Sprachenfamilie im Sprachbaum

5.1 Sprachbeschreibung und Sprachnormen

Sprache als Zeichensystem

Die Sprache ist ein Zeichensystem, das es uns erlaubt, die Welt zu benennen, zu kommentieren, zu begreifen und zu reflektieren und zu schaffen und damit auch nichtsprachliche (auch abstrakte) Vorgänge zu vermitteln. Das geht nur erfolgreich, wenn die Beteiligten auf die gleichen Grundlagen zurückgreifen, also das gleiche System mehr oder weniger vollständig und überlappend beherrschen. Mit Sprache setzen Sprecher das, was ihnen wichtig erscheint, in Zeichen um, die für solche Zwecke schon vorhanden sind. Wo dies nicht möglich ist, schaffen sich Sprecher mit der Sprache neue Möglichkeiten. Sie nutzen das vorhandene Inventar und parallele Zeichensysteme, wie Gestik, Mimik, bildliche Symbole, Zeichnungen und Icons. Dabei gehen sie nach ökonomischen Gesichtspunkten vor, das heißt, dass sie gar nicht alles immer ausdrücklich benennen müssen. Wo nach Einschätzung der Sprecher klar ist, was gemeint ist, können sie ganz auf Wörter verzichten. So gelingt Kommunikation häufig auch da, wo sie unvollständig und unpräzise ist, und sie misslingt oft gerade da, wo übergenau definiert und spezifiziert werden muss, wie zum Beispiel bei Rechtsstreitigkeiten. Die Bezeichnungen, die Sprecher (und Sprachen) für das jeweilige Bezeichnete entwickeln, sind subjektiv gewählt. Sie unterscheiden sich von Sprache zu Sprache. Sie sind insofern **arbiträr**, als zwischen sprachlichen Symbolen und den Gegenständen und Ereignissen nur selten unmittelbare formale Abbildungsbeziehungen bestehen. In Bezug auf die Bedeutung sind die Beziehungen zwischen Symbol (Bezeichnendem) und Bezeichnetem nicht zufällig oder willkürlich. Auch die formalen Aspekte der Sprache tragen demnach Bedeutung.

Thematik, Ausführlichkeit, Genauigkeit, Perspektive und Schärfe des sprachlichen Ausdrucks in jeder Sprache richten sich grundsätzlich nach dem Interesse des Sprechers und den bekannten oder vermuteten Verstehensmöglichkeiten des Zuhörers. Das gilt nicht nur über Sprachengrenzen hinweg, sondern auch bei der Wahl eines Registers oder einer Varietät in der gleichen Sprache. Danach entscheidet sich auch, welche Wörter für einen bestimmten Gedanken ausgewählt werden und welche grammatischen und stilistischen Strukturen dafür am ehesten in Frage kommen. Das illustrieren die folgenden Beispiele, in denen die Perspektiven, die Genauigkeit und die Ausführlichkeit der Antworten inhaltlich und sprachlich variieren. Das Grundthema, die Antwort auf die gleiche (weltbewegende) Frage, ist aber in allen Versionen das gleiche.

Verstehens-
möglichkeiten

Beispiel: Sprachvariation
Warum überquerte das Huhn die Straße?

Kindergärtnerin:
Um auf die andere Straßenseite zu kommen.

Aristoteles:
Es ist die Natur von Hühnern, Straßen zu überqueren.

Karl Marx:
Es war historisch unvermeidbar.

Sigmund Freud:
Die Tatsache, dass Sie sich überhaupt mit der Frage beschäftigen, dass das Huhn die Straße überquerte, offenbart Ihre unterschwellige sexuelle Unsicherheit.

Albert Einstein:
Ob das Huhn die Straße überquerte oder die Straße sich unter dem Huhn bewegte, hängt von der Relativität des Referenzrahmens ab.

Captain James T. Kirk, Raumschiff Enterprise:
To boldly go where no chicken has gone before.

Kanak-Sprak:
Ej. Däs war krass, Mann.

Wirtschaftsberatungsagentur:
Deregulierung auf der Straßenseite, wo sich das Huhn befand, bedrohte seine dominante Marktposition. Das Huhn sah sich der signifikanten Herausforderung gegenüber, die Kompetenzen zu entwickeln, die erforderlich sind, um in den neuen Wettbewerbsmärkten bestehen zu können. In einer partnerschaftlichen Zusammenarbeit mit dem Klienten

> hat die Agentur dem Huhn geholfen, seine physische Distributionsstrategie und Umsetzungsprozesse zu überdenken. Unter der Verwendung des Geflügel-Integrationsmodells (GIM) hat die Agentur das Huhn befähigt, seine Fähigkeiten, Methodologien, Wissen, Kapital und Erfahrung einzusetzen, um die Mitarbeiter, Prozesse und Technologien des Huhns für die Unterstützung seiner Gesamtstrategie innerhalb des Programm-Management-Rahmens auszurichten. Die Besprechungen fanden in einer parkähnlichen Umgebung statt, um eine wirkungsvolle Testatmosphäre zu schaffen, die auf Strategien basiert, auf die Industrie fokussiert ist und auf eine konsistente, klare und einzigartige Marktaussage hinausläuft. Die Agentur hat dem Huhn geholfen, sich zu verändern, um erfolgreicher zu werden.

Trotz gleicher Frage ist die sprachliche Realisierung der Antworten jeweils gänzlich anders: Bemerkenswert ist, dass Captain Kirk auf seinen vielen Auslandsreisen bisher weder Deutsch noch eine andere Sprache gelernt hat. Vermutlich wären ihm dadurch einige Probleme erspart geblieben. Auch die Direktheit der Antworten, ihre Ausführlichkeit (Explizitheit), die Wahl von eingebetteten Strukturen (Attribute, Nebensätze) und die gewählten Aspekte unterscheiden sich in bemerkenswerter Weise.

In systemischer Hinsicht beeinflussen folgende Faktoren Sprachvariation und Sprachwandel:

Einflussfaktoren sprachlicher Variation

- Funktion (Register, Textsorte ...),
- soziales Umfeld (Soziolekte),
- regionales Umfeld (Dialekte, Regiolekte, Ethnolekte),
- individuelle Präferenzen (Idiolekte),
- berufliches Umfeld (Berufssprachen, Fachsprachen),
- geschlechtsspezifische Präferenzen (Genderlekte),
- fremdsprachliche Einflüsse (Hybridsprachen, Pidgins, Entlehnungen),
- Mehrsprachigkeit (Codewechsel),

- ungleiche Kommunikationssituationen:
  - mit Ausländern: Xenolekte,
  - mit Kindern (kindgerichtete Sprache),
  - mit Alten,
- eingeschränkte Kommunikationssituationen (einseitige Kommunikation, mediale Einschränkungen ...),
- Sprachenerwerb (Erwerbsstufen),
- externe Normung (DIN, Sprachakademien ...),
- Stil und Ästhetik (Literatur, Film, Parodie, Cartoons, Rap-Sprache ...),
- Zensur (indirekte/direkte, eigene oder externe),
- Medien (SMS, Twitter-Deutsch, Chat, Mails, Morsecode ...),
- Medialität (schriftliche, mündliche, schriftlich-mündliche Sprache, Zeichensprachen),
- Zeit (Epochen, Register ...),
- Krankheiten (Aphasiesprachen, Zeichensprachen, Tastsprachen ...),
- Reduktionssprachen (Kryptolekte, Krankheiten, Medien).

Sprachgebrauch und Normung

Da der Sprachgebrauch von einer Reihe subjektiver Faktoren und vom Kontext abhängt, kann man ihn und seine Systematik aus unterschiedlichen Perspektiven erforschen und nach unterschiedlichen sprachlichen Normen beschreiben. Bei den obigen Beispielen kann ohne den situativen Kontext nicht entschieden werden, welche Äußerungen der Norm entsprechen und welche nicht. Sie sind alle in sich korrekt. So lässt sich auch nicht entscheiden, ob diese Äußerungen Fehler enthalten und wenn ja, worin sie bestehen und wie sie zu korrigieren sind. Selbst die Äußerung in der Kanak-Sprak entspricht den Normen, nämlich dieser Varietät. Zwar kann man hier die Differenz zu einer schriftsprachlichen Norm bestimmen, wie sie etwa der Duden vertritt, aber das würde den Regeln dieses besonderen Registers und seinen kommunikativen Bedingungen Sprecher nicht gerecht. Vor sprachlicher Variation sollte man auch im Unterricht keine Angst haben, denn sie bildet nur realistisch ab, wie Sprache verwendet wird. Bei der Darstellung des Chunking-Ansatzes und der Behandlung der Eingabe wurde gezeigt, wie Lerner aus authentischem Input konstruktiv Regeln ableiten und erproben. Die authentischen Varietäten bilden zudem die Bedingungen der Kommunikation realistisch ab, zum Beispiel das Verhältnis des Sprechers zum Gegenstand, zur Situation und zum Adressaten. Die Behandlung von Äußerungen im Unterricht, die den Lernern sprachlich oder konzeptuell näher liegen, erhöht möglicherweise auch das Interesse an der Sprache und Kultur, die erworben werden sollen.

5.2 Allgemeinsprache

Es gibt nicht nur verschiedene Ausdrucksmöglichkeiten innerhalb von Sprachen, sondern auch verschiedene Möglichkeiten, diese Formen zu benennen. Die gängige Trennung von Allgemeinsprache/Standardsprache und Fachsprache ist dafür zu grob. Zunächst wäre festzulegen, was allgemein ist. Einen Durchschnittsstandard gibt es nämlich nicht. Auch normierende Werke wie die Oxford Grammatik im Englischen, der Rechtschreib-Duden im Deutschen oder das spanische Wörterbuch der *Real Academia Española* beschreiben immer nur einen Teil des Sprachsystems und Sprachgebrauchs.

gesprochene und geschriebene Sprache

Es gibt in Wirklichkeit verschiedene Möglichkeiten, allgemeine Normen festzulegen, denn die Normierung ist von dem Zweck der Sprachverwendung und der Perspektive auf Sprache (also ihrem Gebrauch) abhängig. Eine einfache Möglichkeit besteht darin, eine Norm für die gesprochene und eine für die geschriebene Sprache auszuweisen. Für die gesprochene deutsche Sprache hat die **Bühnensprache** im Bereich der Aussprache diese Funktion übernommen (Siebs/Boor/Moser/Winkler 1969, Schmidt 2005). In dieser Norm ist zum Beispiel festgelegt, dass die Endungen *-ig* im Standard der gesprochenen Hochsprache als *ch* (in der Lautschrift als [ç] dargestellt) und *ik* [ik] ausgesprochen werden können, aber nicht als *sch* [ʃ]. Aber selbst wenn Sie Bundesministerin, hessischer oder rheinland-pfälzischer Ministerpräsident (oder jeder andere Dialektsprecher) oder Fernseh-Korrespondentin sind, kann Ihnen nichts passieren, wenn

Sie sich nicht an die Normen der Bühnenaussprache halten. Sie sind nicht rechtsverbindlich.

Im Bereich der Rechtschreibung gilt dagegen eine gesetzlich verbindliche Norm, aber die hat nur im Rahmen des öffentlichen Sprachgebrauchs an Schulen und in der öffentlichen Verwaltung Geltung. Für Zeitungen, den Geschäftsbereich oder die private Nutzung gelten diese Normen nur als Orientierung. Was darüber hinaus als Allgemeinsprache verstanden wird, entspricht oft den (gefühlten) Normen der Zeitungs- oder Radio-/Fernsehsprache. Im englischsprachigen Kanada etwa gilt *MacLeans Magazine* als Standard der geschriebenen Sprache, in Großbritannien setzt die BBC die Standards für die gesprochene Hochsprache. In Deutschland sind es vor allem die *Süddeutsche Zeitung* und die *Frankfurter Allgemeine Zeitung* bei den Schriftstandards und die Nachrichtensendungen der *tagesschau* und *tagesthemen* bei den gesprochenen (Eisenberg 2007). Die orientierenden Standards der Allgemeinsprache ergeben sich als Schnittmenge von Merkmalen vieler Varianten. Sie lassen sich daher nur in Annäherungen fassen und werden im Fremdsprachenunterricht und in Lehrmaterialien meist im Sinne intuitiver Normen eines „gefühlten Standards" zu Grunde gelegt. Folglich ist es problematisch, die Allgemeinsprache als Norm des Sprachunterrichts oder Lehrmaterials zu bemühen.

5.3 Fachsprachen

Anders verhalten sich die Fachsprachen. Sie lassen sich mit ihrem eigenen Wortschatz sowie ihren speziellen Redewendungen und Strukturen klar von anderen Sprachformen unterscheiden (Kühlwasserpumpe (KWP), Spannungsbegrenzungswiderstand, Laufstabilitätsüberwachung, Bildungsausländerhochschulzugangsverordnung). Allerdings teilen sich Fachsprachen die Grammatik bis auf wenige Ausnahmen mit der Allgemeinsprache. Darüber hinaus überschneiden sich die Fachsprachen verschiedener Fachgebiete in Teilmengen. Fachsprachen erlauben eine möglichst eindeutige und effiziente Abbildung und Behandlung der Sachverhalte einer Fachdisziplin. Gäbe es diese nicht, ließen sich technische Instrumente und Teile, regelnde Verfahren oder genaue Bezeichnungen der Gegenstände nicht herstellen (Baumann/Kalverkämper 1992, Fluck 1996, Buhlmann/Fearns 2018). Die gerichtlichen Instanzen sprechen bezeichnenderweise Recht, Verwaltungsakte und -regelungen müssen schriftlich niedergelegt sein, um Gültigkeit zu besitzen, in den Bio- und Lebenswissenschaften gibt es hunderttausende Begriffe, um Pflanzen, Tiere, Krankheiten, Medikamente und vieles mehr zu benennen und in der Technik klären sprachliche DIN-Normen, wie die Konstruktion und Klassifizierungen von Gegenständen und Verfahren sprachlich ausgeführt sein müssen, damit sie zertifizierbar oder patentierbar sind. Fachsprachen werden in verschiedene Komplexitätsstufen, je nach Sprecher- und Adressatengruppe, Kommunikationsfunktion oder Inhaltsdichte unterteilt. Hoffmann/Kalverkämper/Wiegand (1999) unterscheiden zum Beispiel die Sprache der theoretischen Grundlagenwissenschaften von der Sprache der experimentellen Wissenschaften, der Sprache der angewandten Wissenschaften und der Technik, der Sprache der materiellen Produktion und der Sprache der Konsumption. Die disziplintypischen Sprachen differenziert Göpferich (1995: 124) nach unterschiedlichen funktionalen (pragmatischen) Ebenen der Textsorten und Textvarianten. Die differenzierenden Kriterien und Textmerkmale ergeben sich aus dem Zweck eines Textes (aktuelle Forschung, Referenzmaterial, Unterricht/Lehre/Vermittlung, Normierung) und damit aus einer jeweils unterschiedlichen Konstellation von Textautor, Zweck und Adressatengruppen. Aus diesen Konstellationen und Zwecken resultieren unter anderem der Grad der Fachlichkeit, Formalität, Komplexität, Anschaulichkeit und Verbindlichkeit. Tabellarisch lassen sich die wichtigsten Textkriterien folgendermaßen darstellen:

Komplexitätsstufen

Textkriterien

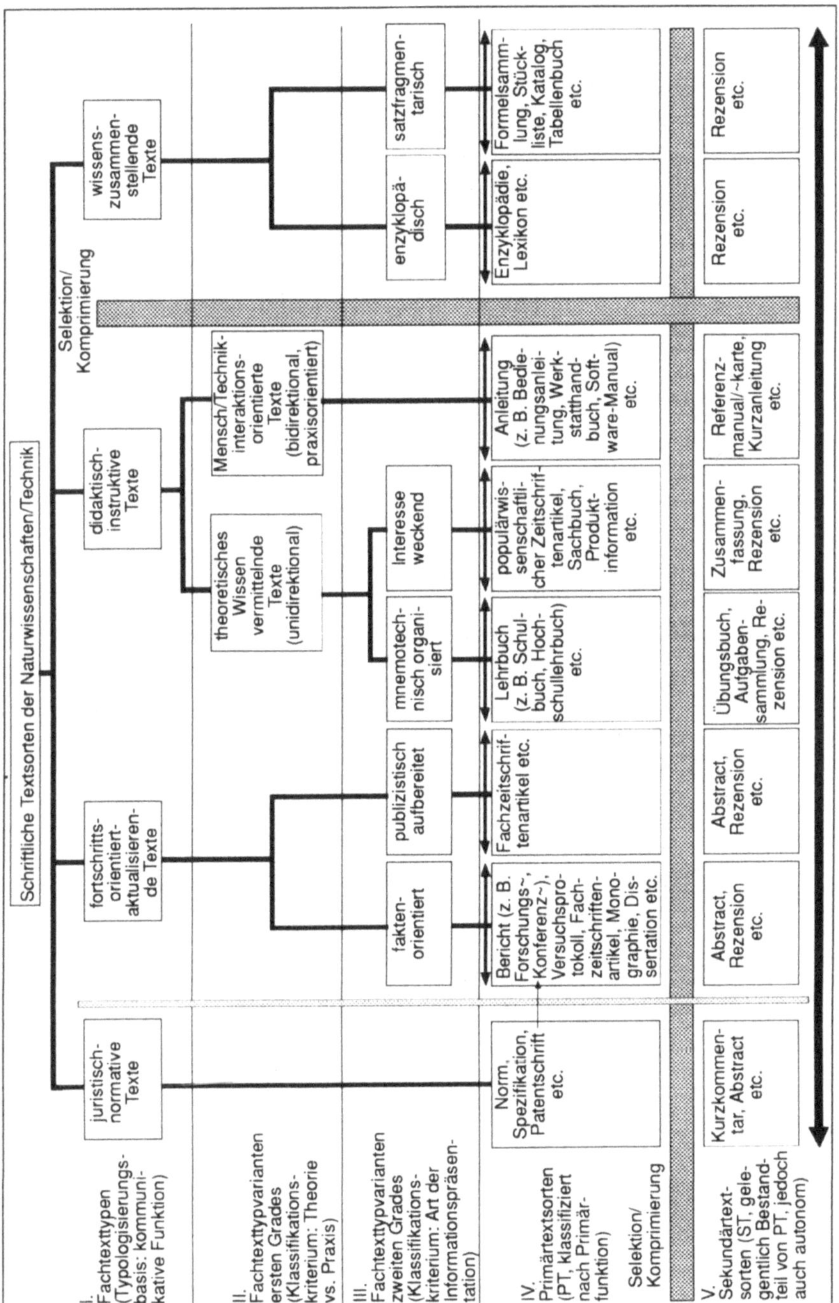

Abb. 5.2: Textkriterien (Göpferich 1995: 124)

Fachsprachliche Textsorten und -varianten sind unterschiedlich stark fachlich verdichtet und unterscheiden sich meist in der Begrifflichkeit. Der Fachdiskurs ist jedoch meist nicht ausschließlich von Fachthemen und Fachbegriffen bestimmt. Auch Aspekte der Arbeitssituation, der Fachpolitik, der Planung oder der logistischen Abstimmung bei Projekten, Tagungen oder Reisen sind darin wichtige Elemente. Aus der Vielschichtigkeit des Fachdiskurses entstehen daher unterschiedliche Mischformen von Allgemein- und Fachsprache. Bei so viel fachlicher und begrifflicher Normung darf es nicht verwundern, dass auch die Sprache selbst durch DIN-Normen standardisiert ist. Diese schreiben vor allem genau vor, nach welchen Kriterien Begriffe gebildet werden müssen und in welcher Hierarchie sie zueinanderstehen. Das Inhaltsverzeichnis der DIN 2330, der wichtigsten Sammlung relevanter Sprachnormen des Deutschen Instituts für Normung, verdeutlicht die Komplexität der sprachlichen Normung in Fachsprachen (siehe Abbildung 5.3).

DIN-Normen

DK 001.4 : 003.62 Dezember 1993

Begriffe und Benennungen
Allgemeine Grundsätze

DIN 2330

Concepts and terms; general principles

Ersatz für Ausgabe 03.79

Zusammenhang mit der von der International Organization for Standardization herausgegebenen Internationalen Norm ISO 704 siehe Erläuterungen.

Inhalt

Fortsetzung Seite 2 bis 12

Normenausschuß Terminologie (NAT) im DIN Deutsches Institut für Normung e.V.

Abb. 5.3: Auszug aus den DIN-Normen 2330: Definition von Begriffen

Fehlkommunikation

Trotz ihrer Bestrebungen, Eindeutigkeit herzustellen, entsteht in Fachsprachen immer wieder ungewollter Interpretationsspielraum. So kommt es auch dort zur Fehlkommunikation und zu Problemen mit technischen Abstimmungen und Abläufen. Im Strafrecht sind beispielsweise die Begriffe „Raub“ und „Diebstahl“ zwar juristisch eindeutig definiert und klar voneinander zu unterscheiden, ihre Anwendung auf konkrete Fälle und deren Versprachlichung lassen jedoch einen erheblichen Interpretationsraum zu und können deswegen zu Meinungsverschiedenheiten (und langen Porzessen) führen.

Lernbarkeit

Wegen ihrer inhaltlichen Dichte und ihrer begrifflichen Standardisierung auch über Sprachgrenzen hinweg sind Fach- und Berufssprachen für Fremdsprachenlerner meist leichter verständlich und lernbar als allgemeinsprachliche Äußerungen und Texte. Die Lerner können vor allem durch einzelne, international oft ähnliche Begriffe (**Transferbasen**, *cognates*) an ihr Vorwissen anknüpfen und sich damit den Inhalt erschließen, selbst wenn sie nur einen geringen Teil der fremden Sprache wirklich verstehen. Das gilt besonders für Fachbegriffe in den Naturwissenschaften, in der Medizin und in den Agrarwissenschaften, die auf lateinischem und griechischem Wortschatz aufbauen, für Fachbegriffe in der Wirtschaft, der Technik oder der internationalen Flugsicherung, die sich stark an das Englische anlehnen, und für den Wortschatz der Musik, der Theologie, der Archäologie und der Philosophie, die international auf Begriffe des Deutschen und bedingt auch des Italienischen zurückgreifen. So eignen sich Fachsprachen, entgegen der verbreiteten Annahme, besonders gut für die Vermittlung von fremden Sprachen, und zwar gerade im Anfängerunterricht – zumindest dann, wenn die Lerner ein bestimmtes Sachwissen in einem Fachgebiet haben. Für das Funktionieren von Lehrverfahren, die in dem beschriebenen Sinne das Vorwissen der Lerner im Unterricht produktiv nutzen, gibt es eine Fülle überzeugender Beispiele: zum Beispiel die CD-ROM Serie *Reading German* für Wirtschaftsdeutsch, Chemie und Musik, das *EuroTech*-Programm an der Rice University in Texas und viele ähnliche Programme der **Content-Based Instruction**. In Europa werden diese eigentlich auf die Reformbewegung des ausgehenden 19. Jahrhunderts zurückreichenden

Verfahren auch unter dem Begriff **Content and Language Integrated Learning** (CLIL) behandelt (Mohan 1986, Marsh 2007). Ein Lehrwerk, das diesem Ansatz grob folgt, ist beispielsweise das *English CLIL* von Klett 2010.

Konzeptuell verwandt sind ihnen Ansätze, die den erwerbsdidaktischen Nutzen des sprachlichen Vorwissens, genauer die sprachlichen Gemeinsamkeiten (Transferbasen) gezielt hervorheben. Diese Ansätze sind unter verschiedenen Namen bekannt, Tertiärsprachenvermittlung (L3, wie Deutsch nach Englisch), **Interkomprehensionsdidaktik,** Mehrsprachigkeitsdidaktik oder Gemeinsames Sprachencurriculum. Sie finden in Materialien Anwendung, wie sie das *EuroCom-Projekt* erarbeitet, zum Beispiel *EuroComRom* für den Erwerb romanischer Sprachen, *EuroComGerm* für germanische Sprachen und *EuroComSlav* für slawische Sprachen.

Interkomprehensionsdidaktik

Beispiel: *EuroComRom*

EuroComRom arbeitet in der Anfangsphase nur mit dem, was leicht ist, nämlich dem, was die Lerner bereits wissen. Hier liegt unerwartet viel ungenutztes Sprachenkapital. Diese Wissensbasis wird zunächst vor allem rezeptiv aktiviert, im Bereich der Lesekompetenz. Lesekompetenz ist für den jungen oder älteren Erwachsenen das leichteste und dadurch effektivste Fundament für die spätere Entwicklung von Hör-, Sprech- und Schreibkompetenzen. Das Wiedererkennungsverfahren lässt sich in sieben Schritten durchführen, in denen das bekannte Wissen herausgefiltert wird. Dieses Verfahren nennt sich deshalb: die 7 Siebe.

7 Siebe

Mit dem ersten Sieb schöpfen Lerner den internationalen Wortschatz aus der neuen Sprache. Der besteht bei einem erwachsenen Europäer aus circa 5000 Wörtern meist lateinisch-romanischen Ursprungs, und ist in anderen Sprachen mühelos wiedererkennbar. Hinzu kommen noch international bekannte Namen von Personen, Institutionen, geographische Begriffe und Ähnliches.

Mit dem zweiten Sieb schöpfen Lerner zusätzlich den in der romanischen Sprachenfamilie gemeinsamen Wortschatz für den Erwerb einer anderen romanischen Sprache ab: den panromanischen Wortschatz. Etwa 500 Wörter aus der gemeinsamen lateinischen Vergangenheit sind noch heute im Elementarwortschatz der meisten romanischen Sprachen vorhanden. Dieses zweite Sieb ist in ähnlicher Weise für die germanische und die slawische Sprachenfamilie wichtig, da auch der pangermanische und der panslawische Wortschatz zusätzlich zum internationalen Wortschatz Wörter erschließen lassen.

Mit dem dritten Sieb werden die lexikalischen Verwandtschaften systematisch genutzt: durch das Vermitteln der Lautentsprechungen. Wenn dem französischen *nuit* (*Nacht*) das spanische *noche* und das italienische *notte* entspricht, dann bestehen vermutlich ähnliche Korrespondenzen bei den Wörtern *lait*, *leche* und *latte* (*Milch*).

Mit dem vierten Sieb werden die Graphien und Aussprachen durch die systematische Vermittlung von Ausspracheconventionen transparent gemacht und typische Besonderheiten erklärt.

Das fünfte Sieb nutzt den Vorteil, dass die Kernsatztypen in verwandten Sprachen strukturell identisch sind. In romanischen Sprachen etwa ist selbst in vielen Nebensätzen (Relativ-, Konditionalsätze) die Wortstellung leicht zu durchschauen. Vor dem Hintergrund dieser syntaktischen Organisationsprinzipien lassen sich Besonderheiten einzelner Sprachen gut isolieren und mit kurzen Hinweisen verständlich machen.

Mit dem sechsten Sieb werden die Basisformeln zur Verfügung gestellt, mit denen Sprachen ihre grammatischen Elemente oder Wortendungen formen (Morpho-Syntax).

Das siebte Sieb enthält die Listen der Präfixe und Suffixe, mit denen sich der Sinn der zusammengesetzten Wörter erschließen lässt. Diese sind in vielen Sprachen sehr ähnlich. (Vergleiche den Abschnitt 3.7.2 zu den Transfereffekten im Spracherwerb, 5.8 zur Wortbildung und http://www.eurocomprehension.info zu einzelsprachlichen Beschreibungen des Verfahrens).

5.4 Sprachvariation und Sprachwandel

Abb. 5.4: Sprachvariation am Beispiel von *Wilhelm Tell*: die literarische Sprache des Originals in den Einleitungs- und Überleitungspassagen, die Szenesprache der 80er und 90er Jahre in den Dialogen (Claus/Kutschera 1985: 272)

Jede Sprache durchläuft ständig Entwicklungsprozesse. Diese Prozesse sind nicht immer leicht zu bemerken, wenn man mit und in einer Sprache lebt. Am ehesten lassen sich die stetigen Veränderungen der Sprache beim Wortschatz und bei den Redewendungen feststellen, etwa in der Jugend- oder Mediensprache. Eine Betrachtung der Veränderungen von Sprachformen aus der Distanz (diachrone Betrachtung) macht deutlich, wie stark sich Sprachformen mit der Zeit verändern (Sprachwandel). Diese

diachrone Betrachtung

Veränderungen zeigen sich in der Schrift, der Aussprache, der Bedeutung von Wörtern und den grammatischen Strukturen. Zur Illustration hier eine Variation des Klassikers *Wilhelm Tell*. Die erzählenden Teile lehnen sich an Schillers Originaltext an. Die direkten Redeteile sind in einer neueren Variante (der Jugendsprache der 1980er Jahre) realisiert. Diese entspricht zwar nicht der heutigen Standardsprache, drückt aber deutlich den Generationenunterschied zwischen den beiden Texten aus.

frühe Phasen der Sprachentstehung

Für die Zwecke des Sprachenerwerbs besonders interessant sind die ganz frühen Phasen der Sprachentstehung, weil deutlich wird, dass sich dort ähnliche Entwicklungsprozesse abgespielt haben oder abspielen wie im Sprachenerwerb. Wie bereits in Kapitel 4.2 gezeigt wurde, bestehen die ersten Phasen von Sprachentwicklung und Sprachenerwerb aus einem Wechselspiel von loser und starker Grammatikalisierung, dem wechselnden Bezug zu einem pragmatischen oder syntaktischen Modus. Dabei bleiben bestimmte sprachliche Fossilien zurück, archaische Sprachstrukturen, wie sie besonders in Gedichten, Liedern, religiösen Texten oder auch Orts- und Eigennamen zu finden sind.

Der folgende Auszug aus einem authentischen Interview mit zwei Bergleuten im Ruhrgebiet illustriert, nach welchen Aspekten die Entwicklung des Wortschatzes erfolgen kann.

Beispiel: Regionale und sozial-bedingte Variation

Bergmannsprache im Ruhrgebiet

Die beiden ehemaligen Bergleute B und S werden in dem Interview von I über die Entwicklung der Bergmannsprache im Ruhrgebiet befragt. Beide nennen verschiedene Begriffe für den gleichen Gegenstand, einen Förderschacht, der keinen direkten Ausgang nach draußen hat (*Blindschacht, Stapel, Aufbruch, Gesenk*).

In Zeile 13 gibt B einen Hinweis auf die sozial-bedingte Wahl des Ausdrucks *Blindschacht* als einem Element der Sprache der Vorgesetzten. Von dieser Sprache und anderen Varianten der Umgangssprache hebt sich der Ruhrdialekt der beiden Bergleute stark ab, wie das Beispiel zeigt. Bei Sprecher B wird an einzelnen Stellen deutlich, dass er zwischen Dialekt und Umgangssprache wechseln kann (zum Beispiel *dat*/*das*), möglicherweise um sich der hochdeut-

schen Varietät des Interviewers anzupassen. Das Interview ist zur besseren Verständlichkeit in Partiturschreibweise verschriftlicht und in Bezug auf die Grammatik oder Lautung nicht verändert. Es finden sich in umgangssprachlich typischer Weise auch unvollständige und überlappende Formen und nicht abgestimmte Äußerungen der beiden Interviewten. Unverständliche Teile des Interviews sind in ( ) angegeben.
Dieses Interview ist ein weiteres Beispiel dafür, wie Sprachwissenschaftlerinnen und -wissenschaftler sich ihre Quellen zugänglich machen – oft ein schwieriges Unterfangen des Zugangs zu authentischen Daten und ihrer Verarbeitung (vergleiche auch die Hinweise zu Transkriptionssystemen in Kapitel 4.2).

Transkript 5.1

I	Hm. Hm.
B	S zwei war dat. Stapel zwei heißt das. Äh, weil der erste Stapel nach

1

I	Was is eigentlich der Unterschied zwischen
B	nach de zweiten Sohle war.

2

I	'Stapel' und 'Blindschacht'? Gibt's da einen?
B	Ja, ga keinen. Gibt
S	( )

3

B	keinen Unterschied, im Grunde genommen nich. Stapel sacht man dazu, wenn

4

I	Hm.
B	man nach oben geht und von / äh / äh und / äh / Blindschacht hat man dann

5

I	Hm.
B	gesacht, weil ( ) kommt das Wort wie der Schacht nach unten.
S	Also

6

I	Hm. Hm.
B	Früher hat man gesacht 'Aufbruch' oder 'Gesenk' ( )
S	das is jetz/

7

B	aber Stapel bleibt immer Stapel. Stapel bleibt n Blind-
S	Stapel bleibt so ( )

8

B	schacht, ehrlich gesacht. Ob viereckig oder wat. Dat is so übernommen.

9

B	Wenn / wenn / wenn . . ja ( ) Aufbrüche ( )
S	Viereckig auch / Blindschacht/

10

S	Blindschacht / Blindschacht / ham wer überhaupt das Wort nur selten benutzt.

11

B	Blindschacht gabs (...), ham wer auch gesacht,
S	Wir ham immer Stapel gesacht.

12

B	das gabs schon, aber das war widda der Genuß der höcheren Gehaltsklassen,

13

B	die dann Blindschächte different/
S	Das ist nur so, wenn man das einen erklärt:

14

I	Hm. Hm. Hm.
S	Das heißt Blindschacht, weil das nicht bis zum Tage kommt.

15

(Schlickau 1995: 105 f.)

Beispiel Ethnolekte: Die Kanak-Sprak
Die Kanak-Sprak (auch Kiez-Deutsch genannt) ist ursprünglich die Varietät von türkisch- und russischstämmigen Jugendlichen, die in größeren deutschen Städten wie Berlin oder München vorwiegend in ihrer eigenen Gruppe Deutsch sprechen. Namensgeber war hier der Titel eines Buches des Chamisso-Autors Feridun Zaimolgu (1995). Für kabarettistische Zwecke wurde die Sprache übernommen und modifiziert (Sick 2007, Erkan und Stefan 2005; bei-

spielsweise *Superchecker* oder *Brontal*) und hat sich inzwischen als In-Group-Kommunikationsmittel auch unter Jugendlichen etabliert, die nicht zur primären Nutzergruppe gehören. Auer 2003 spricht daher von einem Ethnolekt primärer, sekundärer und tertiärer Art (siehe auch Zaimoglu 2011, Wiese 2012). Primär dann, wenn die Varietät in ihrem authentischen Kontext verwendet wird, sekundär dann, wenn sie etwa für kabarettistische Zwecke kopiert wird und tertiär dann, wenn sie zur Stilisierung von Fremdartigkeit verwendet wird. Einige Elemente dieser Varietät haben sich auch in der Allgemeinsprache etabliert. Dazu gehören bestimmte Ausspracheformen (zum Beispiel das gerollte /r/) und Ausdrücke wie *Alder*, *Isch schwör* oder *Was guckstu?*. Parallele Entwicklungen mit ähnlichen Erscheinungen gibt es übrigens auch in anderen europäischen Sprachen, etwa im Dänischen (Quist/Jørgensen 2009: 383). Zur Illustration hier eine kurze Zusammenstellung von Begriffen aus der Kanak-Sprak.

Ethnolekt

Austausch von Telefonnummern beim Kennenlernen:
«Hast du Handy?»
Pläne für ein Picknick:
«Ich frag mein Schwester.»
Gespräch über den Besuch bei einer Freundin:
«Und dann kam die Mutter rein, kann da im Zimmer nicht mal rauchen. Kannst dir vorstellen, ja?»
Gespräch in Leipzig, nach einem Breakdance-Wettbewerb:[8]
A: «Hey, lan, ich will heim nach München.»
B: «München weit weg, Alter.»
A: «Weiß, Alter.»

Abb. 5.5: Grammatikalisch-syntaktische Veränderungen in der Kanak-Sprak aus Wiese (2012: 60, 64)

Auch wenn sprachliche Variation im Fremdsprachenunterricht nur auswahlweise behandelt werden kann, muss eine Lehrkraft bei der Diagnose, der Auswahl des Sprachmaterials, beim Feststellen von Parallelen in Ausgangs- und Zielsprache und bei der Korrektur von Fehlern die Reichweite der Sprachvariation kennen.

Variantenreichtum

Variantenreichtum ist ein grundlegendes Merkmal der lebendigen und authentischen Sprache. Diese Authentizität zu vermitteln, ist daher auch eines der wichtigsten Anliegen des kommunikativen Sprachunterrichts und eine der wichtigsten Grundlagen der kognitiven Linguistik. Sprache soll in ihrem natürlichen Umfeld und in ihrer ganzen Breite dargestellt werden.

Durch eine künstliche Vereinfachung fallen wichtige Elemente der natürlichen Sprache weg. Elemente, die so wichtig sind, dass ein Kommunizieren ohne sie in der Fremdsprache kaum möglich ist. Wenn Authentizität im Unterricht ein Ziel ist, muss zwischen den Bedingungen der Zielsprache und den jeweiligen Möglichkeiten des Lerners mit viel Fingerspitzengefühl und Kenntnis der zielsprachlichen Ausdrucksmöglichkeiten vermittelt werden. Dies gelingt am ehesten mit authentischen Texten, die eine dem Entwicklungsstand der Lerner entsprechende reduzierte Komplexität aufweisen. Wie schon bei der Darstellung der Strukturen von Lerneräußerungen gezeigt wurde, eignen sich manche Werbetexte oder Zeitungsüberschriften dafür ausgezeichnet (siehe Kapitel 4.3 und Kapitel 5.1 zu weiteren Hinweisen für den Unterricht).

5.5 Grammatik

Die Beschreibungsvielfalt der Sprache, die sich in den linguistischen Teildisziplinen widerspiegelt, ist einerseits eine große Bereicherung für das Sprachverständnis, andererseits stellt sie eine große Herausforderung für die Sprachvermittlung dar. Lerner kommen mit unterschiedlichen Konzepten und Begriffen von Sprache in den Unterricht. An dieses Vorverständnis muss der Unterricht möglichst unkompliziert anschließen können. So ergeben sich im Fremdsprachenunterricht zwei Erfordernisse: die Zusammenführung der verschiedenen linguistischen Perspektiven zu einem kohärenten System und die Abstimmung der Darstellungsverfahren auf das Vorwissen und die Erwartungen der Lerner. Die Grammatikvermittlung ist der zentrale Bereich für diese Aufgabe.

Dabei ist zu beachten, dass sich viele Grammatiken in Lehrwerken und Referenzmaterialien für den Unterricht nicht an systematischen, wissenschaftlichen, sondern an schulgrammatischen, formbasierten Darstellungen orientieren und eklektisch vorgehen. In den Lehrwerken und im Unterricht finden sich daher oft Mischungen verschiedener Ansätze, die primär den Gebrauch der Grammatik im Blick haben. Dazu gehören **deskriptive** (beschreibende), **normative** (Normen vorgebende) und **didaktisierende** (übungsorientierte) **Grammatiken**, die ihrerseits auf die Vermittlung bestimmter Fertigkeiten abgestellt sein (Produktions- und Rezeptionsgrammatiken) und ein- oder mehrsprachige Erklärungen enthalten können. Grammatiken, die vor allem Stilaspekte oder die Problemfälle einer Sprache herausgreifen, lassen sich ebenfalls für Vermittlungszwecke nutzen. Zu den wichtigsten Ansätzen der Grammatikdarstellung gehören die folgenden:

Grammatiktypologie

Die traditionelle **Schulgrammatik**, die Bezeichnungen für sprachliche Formen vorwiegend aus dem Lateinischen entlehnt und sich auf Laut-, Wort- und Satzstrukturen bezieht.

- Die **kontrastive Grammatik**, die aus der Gegenüberstellung von Strukturen verschiedener Sprachen Fehlerquellen ableitet und Verfahren zu ihrer Vermeidung und Korrektur vorschlägt.
- Die **strukturalistische Grammatik**, die mit einem strikt unterteilbaren Kategorieninventar für die einzelnen Bereiche der Sprache arbeitet und diese weitgehend isoliert als geordnetes System darstellt.
- Die **generative Grammatik**, die von stark formalisierbaren, abstrakten Regeln einer universellen (angeborenen) Satz-Grammatik mit unterschiedlichen Oberflächen ausgeht.
- Die **Valenz-** und **Dependenzgrammatik**, die Abhängigkeitsverhältnisse innerhalb von Sätzen darstellt und dabei das Verb als zentrales steuerndes Element betrachtet (Rall/Engel/Rall 1985).
- Die **funktionale** und **pragmatische Grammatik**, die Sprache als Ausdruck von Handlungen zwischen Spre-

chern/Hörern und als Ausdruck von deren Beziehung zu den Gegenständen betrachtet und daher die Funktionen sprachlicher und nichtsprachlicher Strukturen über die Satzebene hinausgehend beschreibt. Perspektivierungen in Bezug auf die Gewichtung bestimmter Äußerungsaspekte zur Erreichung eines kommunikativen Zwecks und die Bewertung des Informationsgehalts sind ebenfalls wichtige Elemente funktionaler und pragmatisch ausgerichteter Grammatiken (Hengeveld/Mackenzie 2008, Rehbein 1979).

- Die **Diskursgrammatik** und **Gesprächsanalyse**, die sprachliche Handlungsabläufe in der mündlichen Kommunikation – oft im institutionellen Rahmen von Behörden- oder Arzt-Patientenkommunikation – nach pragmatischen Aspekten behandeln und oft interkulturell vergleichen (Henne/Rehbock 2019, Heine/Kaltenböck/Kuteva/Long 2013).
- Die **Textgrammatik**, die die Vernetzungs-, Verweis- und Signalstruktur von Sprache als Wissen organisierendes Netz darstellt (Weinrich 2006, Bračič/Fix/Greule/Orešnik/Janko 2011).
- Die **Kognitive Grammatik**, die Sprache aus ihrem aktuellen Gebrauch heraus untersucht (usage-based) und die Grammatik als Organisationssystem kognitiver Prozesse versteht, die in einer unmittelbaren, körperlichen Lebenserfahrung verhaftet sind. Hieraus entsteht eine unmittelbare Transparenz und Konkretheit von Regeln, die sich auch für die Sprachvermittlung besonders eignet (Littlemore/Taylor 2013).

universalistische Annahmen

Nicht alle Grammatikdarstellungen sind für Lerner von Fremdsprachen von gleichem Nutzen. Viele Vertreter der generativen Grammatik stellen mit ihren universalistischen Annahmen gar den Sinn von Sprachunterricht in Frage, da sie davon ausgehen, dass Spracherwerb selbst bei inkorrektem Input zu den zielgerechten Formen führt (etwa White 2003). Folglich muss es auch keine generativen Grammatiken für Lerner geben. Einen beachtlichen Einfluss hat die generative Linguistik jedoch auf die Darstellung von Prozessen des Spracherwerbs und auf die Formulierung von Erwerbshypothesen genommen (Clahsen/Balkhair/Schutter/Cunnings 2013 siehe auch Kapitel 4.7).

Im Folgenden werden anhand von konkreten Beispielen die wichtigsten Ansätze der Behandlung von Grammatik im Fremdsprachenunterricht skizziert. Der kontrastive Ansatz und seine Problematik sind bereits im Kapitel Fremdsprachenerwerb ausführlich beschrieben worden, so dass hier auf eine weitere Behandlung verzichtet wird (vergleiche Kapitel 4.5).

5.5.1 Schulgrammatik

Schulgrammatik bezeichnet erstens Sprachbücher, die im Grammatikunterricht eingesetzt werden und zweitens vor allem die traditionelle Art der Grammatikdarstellung, wie sie ursprünglich aus der lateinischen Grammatik abgeleitet wurde. Meist ist die Beschreibung auf die Klassifikation der Wortarten, also Nomen, Artikel, Adjektiv, Pronomen, Adverb, Verb und so weiter, beschränkt, deren wichtigste Formmerkmale sowie gegebenenfalls kurze Beschreibungen ihrer wichtigsten Funktionen. Schulgrammatiken orientieren sich primär an den Erfordernissen des Unterrichts und unterscheiden sich somit von wissenschaftlichen Grammatiken, die sich um eine systematische Darstellung bemühen. Ziel der Schulgrammatik ist es, die Normen der Sprache in teilweise vereinfachter Form als Modell für die Ausbildung der eigenen Sprache der Schülerinnen und Schüler vorzugeben.

Wortarten

Beispiel
Die *Grammatik der deutschen Sprache* von Schulz/Griesbach (1960) die sich nach dem Zweiten Weltkrieg zur tragenden Säule des Deutsch-als-Fremdsprache-Unterrichts (DaF-Unterricht) entwickelte, gilt als Bezugspunkt vieler schulgrammatischer Lehrmaterialien im Fremdsprachenunterricht. Geschrieben wurde sie von einer deutschsprachigen Autorin und einem deutschsprachigen Autor für fremdsprachige Lerner im In- und Ausland. Ihre Vermittlungssprache ist Deutsch. Sie betont fast ausschließlich die formalen Aspekte des Sprachsystems. Auf den Sprachgebrauch wird nur am Rande und ohne funktionalen Bezug eingegangen. Die Bei-

Grammatik der deutschen Sprache

spiele orientieren sich an schriftsprachlichen Normen, sind vom Alltagsgebrauch abgehoben und haben kaum einen erkennbaren inhaltlichen Bezug zueinander. Der folgende Ausschnitt illustriert die Darstellung des Perfekts.

PERFEKT

Das Perfekt wird mit dem Präsens der Hilfsverben *haben* oder *sein* [→ B 43] und dem Partizip II des sinntragenden Verbs gebildet. Dabei bleibt das Partizip stets unverändert und bildet den 2. Prädikatsteil.

Ich *habe* gestern einen Brief *geschrieben.*
Ich *bin* heute einem Bekannten *begegnet.*

Die meisten deutschen Verben bilden das Perfekt mit dem Hilfsverb *haben*. Das sind:

1. alle transitiven Verben, d. h. alle Verben, die ein direktes Objekt im Akkusativ haben können;

   Mein Freund *hat mich* gestern *besucht*. – Ich *habe das Heft gefunden*. – Er *hat das Buch gelesen*.

2. alle reflexiven Verben, gleichgültig, ob das Reflexivpronomen im Akkusativ oder im Dativ steht;

   Der Mann *hat sich* nach dem Weg *erkundigt*. – Wir *haben uns* sehr *gefreut*. Du *hast dir* gute Kenntnisse in der deutschen Sprache *angeeignet*.

Abb. 5.6: Auszug aus der *Grammatik der deutschen Sprache* von Schulz/Griesbach 1960

Beispiel

systematische Grammatik: *German Grammar*

Auch die *German Grammar* von Hammer geht systematisch vor und bezieht sich sehr stark auf die formalen Aspekte der Sprache. Grammatiken aus dem Ausland bemühen sich oft um besondere Exaktheit und Vollständigkeit. So auch die *German Grammar*, die von englischen Autoren für anglophone Lerner geschrieben wurde und kontinuierlich aktualisiert wird. Das hat zwei Ursachen: Zum einen haben Grammatikautoren, die sich mit einer fremden Sprache beschäftigen, einen geschärften Blick für die Besonderheiten der fremden Sprache und ihre Vermittelbarkeit. Ihnen fällt vieles auf, wozu L1-Sprechern die Distanz fehlt. Zum anderen wollen diese Grammatiken den Lernern durch möglichst viele und differenzierte Regeln einen Ersatz für den fehlenden Kontakt mit der Fremdsprache bieten, also in diesem Sinne auch Gebrauchsgrammatiken sein. Die Grammatik von Hammer beschränkt sich daher nicht auf formale Beschreibungen, sondern liefert eine Reihe von Hinweisen zum regionalen Gebrauch verschiedener Strukturen und zu funktionalen Aspekten der Grammatik. Anders als die Grammatik von Schulz/Griesbach verwendet die *German Grammar* die Ausgangssprache der Lerner als Vermittlungssprache. So wird sie auch für Lerner der Grundstufe zugänglich. Allerdings setzt auch die *German Grammar* die Vertrautheit mit den grammatischen Begriffen bereits voraus und geht in der Regel nicht explizit auf kontrastive Aspekte zum Englischen ein. Die Terminologie schließt nicht an die Konzepte der englischen Grammatik an. Die Beispiele sind in Bezug auf die praktische Verwendung im Alltag gewählt, allerdings nicht in einen zusammenhängenden Kontext eingebettet, der das Erinnern erleichtern würde. Zahlreiche Redewendungen und auch regionale und situative Verwendungsbeispiele helfen dem Lerner bei der Orientierung und dem Auffinden von Antworten für konkrete Sprachfragen. Hier wieder ein Auszug zum Thema *Perfekt*.

12.3.2 *haben* or *sein* in the perfect?

Whether the perfect tense is constructed with *haben* or *sein* depends on the meaning of the verb.

(a) The following groups of verbs form their perfect with sein

All these verbs are *intransitive*, i.e. they do not have a direct object in the accusative case (see 18.3):

(i) Intransitive verbs of motion:

Ich **bin** in die Stadt gegangen	Wir **sind** aus dem Haus entkommen
Sie **war** zu Boden gefallen	Ihr **wart** auf die Mauer geklettert
Um die Zeit werden wir schon angekommen **sein**	

NB: Some verbs of motion take sein or haben in different contexts, see (c) below.

(ii) Intransitive verbs expressing a change of state. This group includes a large number of verbs which point to the beginning or end of a process, notably those with the prefixes *er-* and *ver*(see 22.4):

Sie **ist** schon eingeschlafen	Die Bombe **ist** um zwei Uhr explodiert
Das Licht **ist** ausgegangen	Mein Buch **ist** verschwunden

Abb. 5.7: Auszug aus der *German Grammar* mit formellen und funktionalen Beschreibungen

5.5.2 Valenz-, Dependenzgrammatik

Schwerpunkt der Valenzgrammatik oder Dependenzgrammatik ist es, die Beziehungen der Elemente eines Satzes zueinander zu beschreiben. Das betrifft alle Bereiche der Grammatik, also auch phonologische und morphologische Beziehungen neben Syntax und Semantik. Im engeren Sinne behandelt die Valenzgrammatik vor allem die Syntax und Semantik von Sprachen. Nur diese Bereiche sind bisher auch für den Sprachunterricht nutzbar gemacht worden. Der aus der Chemie entlehnte Begriff der Valenz bedeutet, dass ein bestimmtes Wort oder eine Wortklasse die Fähigkeit hat, andere Wortklassen zu binden und ihnen bestimmte Rollen zuzuweisen. Diese Rollen oder Funktionen ergeben sich aus der Bedeutung der Wörter, sind also im mentalen Lexikon markiert (vergleiche die Struktur von Lexemen in psycholinguistischen Produktions- und Verstehensmodellen, Kapitel 3.6). Die wichtigste Rolle in der deutschen Grammatik spielt dabei das Verb, denn es bestimmt, welche anderen Rollen im Satz besetzt

Mittelpunkt Verb

werden, also welche Spieler (Aktanten) mitspielen dürfen oder müssen. Jedes Verb hat eine bestimmte Wertigkeit oder Valenz, die angibt, ob ein Subjekt vorhanden sein muss (was in der Regel der Fall ist), ob dieses Subjekt gegebenenfalls ein leeres Subjekt wie in *es regnet* ist und ob und welche weiteren Ergänzungen (Objekte) vorhanden sein können oder müssen. Dementsprechend gibt es ein-, zwei oder dreiwertige Verben im Deutschen. Darüber hinaus legt die Verbsemantik (die Bedeutung des Verbs) fest, welche weiteren Angaben im Satz gebraucht werden können, also zum Beispiel welche Adverbiale (Zeit, Ort, Instrument, Modalität und andere) realisiert sein sollen oder müssen. So lassen sich mit recht wenigen Mitteln auf vergleichsweise einfache Art Satzstrukturen darstellen und erklären. Ein Hauptsatz mit zusammengesetztem Verb (V1 ist das Modalverb, V2 das dazugehörige Hauptverb) kann in diesem Ansatz mit einfachen Balken für die Satzfelder folgendermaßen schematisiert werden:

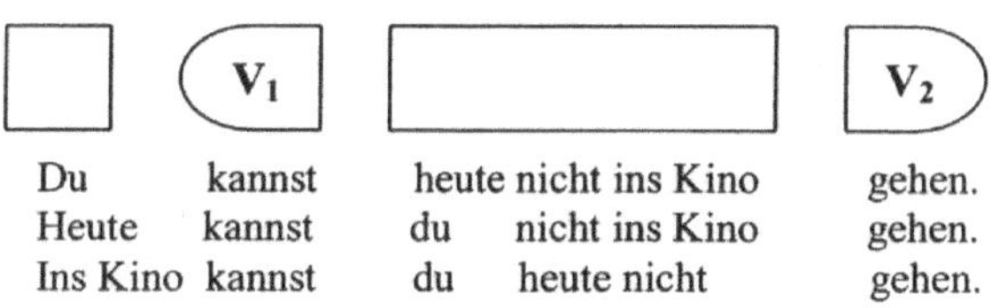

Abb. 5.8: Einfache Darstellung der Satzstruktur in der *Valenzgrammatik des Deutschen* von Rall/Engel/Rall (1985: 38)

einheitliche Darstellung

Das einfache Schema ermöglicht eine einheitliche Darstellung für die unterschiedliche Besetzung von Vor- und Mittelfeld. Im Vorfeld kann demnach bei gleicher Struktur das Subjekt oder ein Adverbial (hier Zeit- und Richtungsangabe) stehen. Im Mittelfeld hat die Reihung der Elemente keinen Einfluss auf die Gesamtstruktur.

Auch Nebensatzstrukturen lassen sich in der Valenzgrammatik noch einfach darstellen:

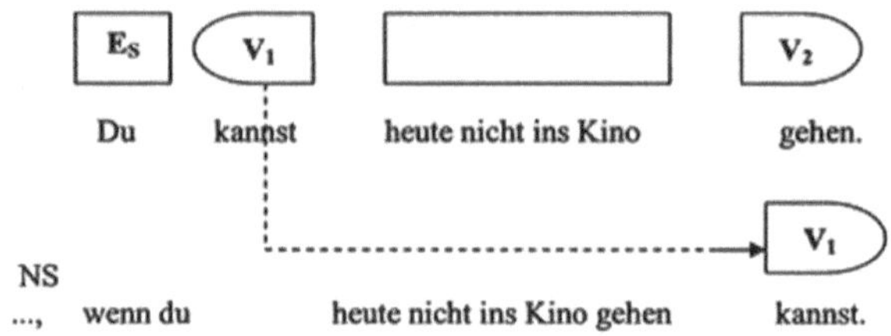

Abb. 5.9: Einfaches Schema von Nebensatzkonstruktionen in der *Valenzgrammatik des Deutschen* von Rall/Engel/Rall (1985: 40)

Das Schema stellt die Struktur des einleitenden Hauptsatzes (HS) mit der Subjektergänzung (E_s; auch Nominativergänzung genannt) dar. Der zweite Teil gibt die gleichen Elemente in der Nebensatzanordnung (NS) wieder. Dabei wandert das Modalverb (V1) als schließendes Element der Satzklammer an das Ende des Satzes.

Wertigkeit der Verben

Die Wertigkeit der Verben wird gestuft angegeben. Avalent sind die Verben mit leeren Subjekten. Das Subjekt *es* in *es friert* zum Beispiel ist nur ein Platzhalter und semantisch leer. Monovalent bezeichnet einwertige Verben, die meist Zustände beschreiben und kein direktes Objekt haben, das heißt intransitiv sind wie in *Der Rezensent stänkert unqualifiziert.* Hier ist das Subjekt *der Rezensent* die einzige Ergänzung. Er kann Unsinn schreiben oder längst widerlegte Vorurteile und Ängste bedienen, aber diese nicht stänkern. Divalent heißen zweiwertige Verben wie in *Geld regiert die Welt.* Hier sind Subjekt und Objekt realisiert. Trivalent sind dreiwertige Verben meist des Sagens oder Gebens wie in *Der Boss trichtert seinen Kumpels den neuen Plan ein.* Die Ergänzungen können notwendige (obligatorische) Ergänzungen sein, die also realisiert sein müssen, damit ein Satz Sinn ergibt, oder fakultative Ergänzungen, bei denen eine Stelle zwar vorgesehen ist, aber nicht besetzt sein muss, wenn die Information nicht wichtig erscheint. In *Martina trinkt einen Ramazzotti nach dem anderen* ist der *Ramazzotti* sprachlich abkömmlich, auch wenn er ansonsten (bis zu einer bestimmten

Grenze) bekömmlich sein mag. Martina (das Subjekt) kann hier jedoch in keinem Fall fehlen. Die Ergänzungen sind von den Angaben zu unterscheiden, die zusätzliche Informationen etwa zur-zeit, zur Art und Weise oder zum Ort geben (zum Beispiel *nach Mitternacht mit ihren Freunden beim Schwimmbadfest*). Ohne sie ist ein Satz nicht ungrammatisch, aber er müsste ohne die spezifizierenden Informationen auskommen. Viele Angaben sind in diesem Sinne freie Angaben.

Wegen der relativ einfachen Darstellungsmöglichkeiten hat die Valenzgrammatik seit den 1970er Jahren besonders in Lehrwerken für Deutsch als Fremdsprache Einzug gefunden. Das erste und bekannteste ist *Deutsch Aktiv*. Außer schulgrammatischen Darstellungen ist die Valenzgrammatik der einzige grammatische Ansatz, der überhaupt systematisch in Lehrwerken zum Einsatz gekommen ist. Allerdings ist er in mancherlei Hinsicht nur begrenzt verwendbar und daher auch in neueren Lehrwerken stark modifiziert oder ganz ersetzt worden. Für Lerner besonders schwer verständlich ist die Terminologie, die im Gegensatz zur Zielsetzung der Einfachheit der grammatischen Darstellung zu stehen scheint. Begriffe wie Nominativergänzung (statt Subjekt) oder obligatorische Akkusativergänzung (statt direktes Objekt) und Ähnliches sind für Lerner schwer nachvollziehbar und kaum zu behalten, zumal für Einsteiger. Kritisch ist aber nicht nur die Begrifflichkeit, sondern auch das semantische Vorverständnis, das hier von den Lernern erwartet wird. Die Funktionen der Ergänzungen und Angaben sind für Lerner ohne sprachliches Vorwissen kaum ersichtlich. Sie ergeben sich erst, wenn die Wörter bekannt sind und verstanden werden können. Ein weiterer Nachteil der Valenzgrammatik ist ihre Beschränkung auf Satzstrukturen. Größere sprachliche Einheiten wie Äußerungen, Gespräche oder Texte lassen sich damit nicht erfassen.

Grundlage didaktisierter Grammatik

Wegen seiner funktionalen Ausrichtung eignet sich der valenzgrammatische Ansatz in vieler Hinsicht aber dennoch als Grundlage für didaktisierte Grammatiken (siehe Kapitel 5.9).

5.6 Text

Die Textlinguistik untersucht Sprache in satzübergreifenden Einheiten. Damit sollen die Beschränkungen der bisher dargestellten Grammatiken überwunden werden, die sich mit Sätzen als den größten Einheiten befassen. Die Textlinguistik geht von der Grundannahme aus, dass Sprache überhaupt nur in Texten vorkommt, schriftlichen und mündlichen. Die Textgrammatik ist in erster Linie eine wissenschaftliche Grammatik. Für Lernzwecke ist sie bisher nur wenig genutzt worden. Ein besonderes Verdienst der Textlinguistik ist die systematische Erfassung von Verweisstrukturen. Hierzu gehören vor allem Verweise auf vorangegangene (anaphorische) und folgende (kataphorische) Information. Neue Personen oder Gegenstände werden in der Regel mit dem unbestimmten Artikel *ein, eine ...* eingeführt und dann mit dem zurückverweisenden bestimmten Artikel oder Pronomen wieder aufgenommen: *Es war einmal ein kleines Mädchen ... Es/Das Mädchen war treu und lieb ...* Auch zeigende (deiktische) Verweise auf die jeweilige Sprechsituation wie *heute, ich, du, hier* bauen Texte, das heißt Netze, auf. Sie haben keine eindeutig definierbare Bedeutung, sondern bekommen diese erst durch den situativen Bezug auf die entsprechenden Referenten. So kann *hier* trotz seiner eigenen Bedeutung unendlich viele Orte betreffen, von den Favelas in Rio, bis zum fürstlich geschmückten Präsidentenpalast in Ouagadougou, von Tongariki über den Ayers Rock bis zum Hühnerstall in Schimpflingsöd. Über sieben Milliarden Menschen könnten mit Fug und Recht den Begriff *ich* für sich als Patent anmelden, und es werden jede Sekunde mehr. Ähnliche Verweisstrukturen gibt es auch in anderen Bereichen der Sprache, zum Beispiel beim Tempus (Verweis auf Sprech- und Ereigniszeit). Schließlich bilden sich in Texten bestimmte typische Strukturen aus, die zur Ausbildung von **Textsorten** führen.

Deiktika

Textualität entsteht durch solche sprachlichen Mittel und den jeweiligen Verwendungskontext. Aus der expliziten Verbindung von Wörtern, Teilsätzen und Sätzen durch sprachliche Mittel wie Pronomen, Konjunktionen, Konjunktionaladverbien oder Artikel ergibt sich die **Kohäsion** eines Textes. Durch einen nachvollziehbaren inhaltlichen Zusammenhalt logischer, zeitlicher oder anderer semantischer und pragmatischer Beziehungen, die nicht ausdrücklich markiert sein müssen, entsteht die **Kohärenz** eines Textes.

Text- und nutzerzentrierte Kriterien

Neben den textzentrierten Kriterien bestimmen vor allem die folgenden verwenderzentrierten Kriterien die Textualität sprachlicher Produktionen (Texte): die Einstellung und Absicht des Textproduzenten (**Intentionalität**), die Relevanz des Textes und seine Einbettung in einer bestimmten Situation (**Situationalität**), die Erfüllung bestimmter Akzeptabilitätsansprüche und Normen (**Akzeptabilität**), der Informationsgehalt (**Informativität**) und die Übereinstimmung von Merkmalen einer Textklasse und Textsorte (**Intertextualität**). Da Sprache in Texten und nicht in einzelnen Sätzen oder Wörtern vorkommt und dabei viele Kriterien eine Rolle spielen, die kulturell bedingt (Situationalität, Akzeptabilität, Intentionalität und Informativität) beziehungsweise sprachkulturell genormt sind (Intertextualität, Textsorten), kann Sprache auch nicht nur anhand der formellen Eigenschaften erfolgreich vermittelt werden. Woher sollten die Lerner die nötigen kulturellen und kontextuellen Kenntnisse haben? In den Ausgangssprachen der Lerner werden die genannten Textualitätskriterien oft anders gewichtet und realisiert.

Beispiel Kontaktanzeige

Zur Illustration hier ein Beispiel der Textsorte Kontaktanzeige. Sie verfügt über folgende Komponenten:

1. Informationen zum Inserenten
2. *sucht* oder ähnliche Begriffe
3. Adressat
4. Ziele
5. Kommentar
6. Adresse und Sonstiges

Hierzu eine Annonce aus dem *Oberbayerischen Volksblatt* vom 1.1.2005. Die Nummerierung und Zeilenaufteilung ist zur besseren Illustration geändert worden.

(1.) **Katja, 26 J.**, bin ein sehr hübsches, natürliches Mädl mit toller, schlanker Figur, kein Discotyp, deshalb schon länger allein.
(2.) Ich hätte auch gerne
(3.) einen netten, treuen Freund,
(4.) der zu mir hält, es ehrlich meint und der sich auch Zeit für mich nimmt.
(5.) Hab Mut und melde Dich gleich, ich freu mich,
(6.) üb. Single-Service, kostenlos 0800-4466500

Diese Kontaktanzeige ist als Text von einer wahllosen Ansammlung von Wörtern unterscheidbar, weil sie alle Textualitätskriterien erfüllt: Sie ist kohärent, weil sich die einzelnen Elemente sinnstiftend aufeinander beziehen lassen. Dabei entsteht unter anderem durch die Verwendung pronominaler Elemente (*Ich, mir, mich, Dich, der*), Artikel (*ein, einen*) und das Präsens eine innere Kohäsion des Textes. Dass diese Anzeige auf der Annoncenseite einer Zeitung erschienen ist und die typischen Merkmale einer Kontaktanzeige erfüllt, unterstreicht die authentische Intention der Schreiberin (Partner finden) in der Situation (Suche) mit der dafür wichtigsten Information und in der textsortentypischen Gestaltung und Anordnung. Die textuelle Akzeptabilität ist für Schreiberin, Zeitung und Leser erfüllt. Sollten sich dennoch keine geeigneten Interessenten melden, liegt das nicht an mangelnder Textualität.

Textsorten

Textsorten sind Muster von bestimmten Verwendungsarten von Sprache. Nur die Füllung des Musters ist unterschiedlich, so wie in dem Beispiel der Textsorte Kontaktanzeige. Zeitungsartikel, Anzeigen, Protokolle, Gedichte, Fernsehberichte, Beratungsgespräche, Reden, kurzum die ganze Sprache ist in Textsorten organisiert (Adamzik 2000, Fix/Habscheid/Klein 2001). Textsorten sind in verschiedenen Kulturen meist unterschiedlich ausgeprägt, können aber auch international – etwa in Fachsprachen – genormt sein. Die typischen Merkmale von Textsorten ermöglichen das schnelle und angemessene Erfassen und Produzieren von Sprache und sind damit für den Fremdsprachenunterricht als Vermittlungsgegenstand besonders wichtig (Adamzik 2004,

Schnotz 2006, Reeg 2006, Scheel 2007, Weinrich 2007, Venohr 2008, Fandrych/Thurmair 2011).

Textgrammatik
Eine Textgrammatik lässt sich in Anlehnung an Weinrich (2007) mit acht Merkmalen fassen:

- Sie ist eine **Textgrammatik**, weil Sprache nur in natürlichen Texten vorkommt.
- Sie ist eine **Dialoggrammatik**, weil die Grundeinheit der Kommunikation aus Sprecher und Hörer (Autor und Leser) besteht.
- Sie ist eine **anthropologische Grammatik**, weil sie die Beziehungen der an der Kommunikation Beteiligten, wie zum Beispiel das direkte Gegenüber der Gesprächspartner, die face-to-face-Position, thematisiert und veranschaulicht.
- Sie ist eine **Instruktionsgrammatik**, weil sie Wörter und andere sprachliche Strukturen als Anweisungen eines Sprechers an einen Hörer versteht.
- Sie ist eine **Merkmalgrammatik**, weil jeder grammatische Begriff durch die spezifische Verbindung (eines begrenzten Inventars) semantischer Merkmale definiert ist, zum Beispiel der Possessivartikel *mein* durch die Merkmale SPRECHER und BEKANNT.
- Sie ist eine **deskriptive Grammatik**, weil sie Texte untersucht und verwendet, die eine repräsentative Auswahl für die jeweilige Sprache darstellen.
- Damit ist sie auch eine **landeskundliche Grammatik**.
- Schließlich bildet sie die Grundlage für eine **didaktische Grammatik**, weil sie die konzeptuellen und kognitiven Prinzipien von Sprache nachzuzeichnen und zu erklären versucht.

In diesem Sinne erfasst und beschreibt sie Sprache auf verschiedenen Ebenen. Das kann am Beispiel des Tempus illustriert werden.

Beispiel

Die Tempus-Perspektive

Die Tempus-Perspektive ist eine Kategorie der Einstellung, mit der die Geltungsweise einer Prädikation zeitlich festgelegt wird. Bei den meisten Prädikationen (etwa 80 % der Vorkommen) spielt die zeitliche Perspektive jedoch keine Rolle, und so gebraucht man, je nach dem Tempus-Register, entweder das besprechende Neutral-Tempus Präsens oder das erzählende Neutral-Register Präteritum. Bei diesen beiden Tempora ist also hinsichtlich der Tempus-Perspektive nichts Besonderes zu bemerken („Null-Perspektive").
Anders verhält es sich mit den Tempora, die eine Differenz-Perspektive zum Ausdruck bringen, und zwar entweder die Rückperspektive, die durch das semantische Merkmal <RÜCKSCHAU> gekennzeichnet ist, oder die Voraus-Perspektive, für deren Kennzeichnung das semantische Merkmal <VORAUSSCHAU> gewählt wird. Zur Übersicht:

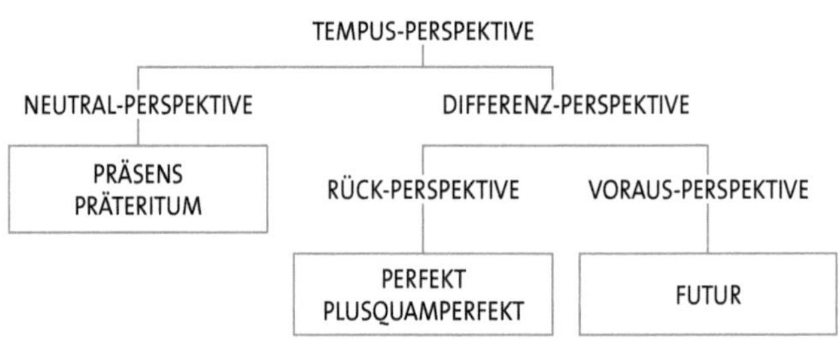

Es handelt sich bei den Bedeutungen der perspektivischen Tempora Perfekt, Plusquamperfekt und Futur ebenfalls, wie auch beim Tempusregister, um Instruktionen, die sich auf die Geltungsweise der jeweiligen Prädikation beziehen.

3.1.1.2.1 Formen des Perfekts

Das Perfekt wird mit einer Tempusklammer gebildet, die als Vorverb eine Präsensform der Hilfsverben habe oder bin und als Nachverb das Rück-Partizip eines Verbs benutzt:

VORVERB IM PRÄSENS — NACHVERB IM RÜCK-PARTIZIP

/wir — *haben die Altstadt* *besichtigt/*

/wir — *sind als Touristen* *gekommen/*

TEMPUSKLAMMER

Die Wahl entweder des Hilfsverbs *habe* oder des Hilfsverbs *bin* als Vorverb der Tempusklammer im Perfekt richtet sich nach der Valenz und Bedeutung der Verben. Dafür gelten die folgenden Regeln:
(A) Hilfsverb *habe*
Die meisten Verben der deutschen Sprache bilden ihr Perfekt mit dem Hilfsverb *habe*. Dieses steht immer bei objektwertigen Verben:
(...)

Abb. 5.10: Auszüge aus der *Textgrammatik der deutschen Sprache* von Weinrich (2007) zur Illustration der funktionalen Beschreibung von Textstrukturen

Signalcharakter

In dieser Darstellung kommt der Signalcharakter der Textgrammatik deutlich zum Vorschein. Sprachliche Elemente enthalten Anweisungen zur Vor- oder Rückschau im Text. Andere Elemente drücken die Einstellung oder Perspektive des Sprechers oder Schreibers zum Sachverhalt (der Prädikation) aus, zum Beispiel durch Modalverben, Konjunktiv, Aktiv/Passiv oder bestimmte Profilierungen von Ereignissen (Aspekt). Für die Darstellung der grammatischen Regeln, wie hier beim Perfekt, verwenden Textgrammatiken daher ihre eigene Terminologie, wie zum Beispiel Tempus-Klammer, Rück-Partizip, Vor- und Nachverb.

Dass Texte in Standardlehrwerken dagegen oft auf die einfache Aneinanderreihung von Sätzen reduziert werden, zeigt folgendes Beispiel:

Beispiel

Welche Texte passen? Vergleichen Sie mit der Karte und ergänzen Sie die Namen der Bundesländer.

Die Bundesrepublik Deutschland liegt in der Mitte von Europa. Sie hat neun direkte Nachbarn: Dänemark im Norden, die Niederlande, Belgien, Luxemburg und Frankreich im Westen, die Schweiz und Österreich im Süden und die Tschechische Republik und Polen im Osten. Deutschland hat ca. 80 Millionen Einwohner und besteht seit dem 3. Oktober 1990 aus 16 Bundesländern.

Nordrhein-Westfalen ______ Bevölkerungsreichstes Bundesland. Rund die Hälfte der Menschen ist in Großstädten mit mehr als 500 000 Einwohnern zu Hause. Das Ruhrgebiet ist Europas größtes Industriegebiet. Kulturelle Zentren sind die Landeshauptstadt Düsseldorf und Köln, berühmt für seinen gotischen Dom und den Karneval.

______ „Deutschlands grünes Herz". Landeshauptstadt ist die „Gartenstadt" Erfurt mit einer sehr schönen Altstadt. In Weimar lebten für längere Zeit die beiden großen deutschen Dichter Johann Wolfgang von Goethe und Friedrich Schiller. Wichtiger Wirtschaftszweig: optische Geräte – die Namen der Stadt Jena und des Mechanikers Carl Zeiss sind auf der ganzen Welt bekannt. Spezialität: Thüringer Rostbratwurst.

______ Deutschlands alte und neue Hauptstadt, ein europäisches Kulturzentrum, aber auch eine „grüne" Stadt mit Parks, Wäldern und Seen. Wahrzeichen: das Brandenburger Tor. Wichtiger Industriestandort (Siemens AG und AEG).

______ Ein landschaftlich schönes Bundesland: beliebte Ausflugs- und Urlaubsziele sind der Schwarzwald, der Bodensee und Heidelberg (Schloss). Spezialität: die Schwarzwälder Kirschtorte. Wirtschaftliches Zentrum ist die Region um die Landeshauptstadt Stuttgart: Daimler-Chrysler (Mercedes), Bosch oder Porsche haben hier ihre Zentrale.

______ Das am stärksten industrialisierte Land der fünf „neuen" Bundesländer. Leipzig, traditionelle Messestadt und Verlagszentrum, ist bekannt für den Thomaner-Chor. Landeshauptstadt ist Dresden mit der wunderschönen Semper-Oper. Weltbekannt ist die Porzellanmanufaktur Meißen. Attraktives Urlaubsziel: die Sächsische Schweiz.

______ Größtes Bundesland und deutsches Urlaubs-Paradies: Hauptattraktion sind die Alpen mit Deutschlands höchstem Berg (Zugspitze: 2962 m) und die Schlösser des bayerischen „Märchenkönigs" Ludwig II (z. B. Neuschwanstein). Spezialität: die Nürnberger Lebkuchen. Landeshauptstadt ist München mit der „Wies'n", dem weltbekannten Oktoberfest, und dem Deutschen Museum (weltgrößte Sammlung zur Geschichte der Naturwissenschaften und der Technik).

______ Von hier kommen zwei Drittel der deutschen Weinernte. Hauptattraktion: das Rheintal zwischen Bingen und Bonn mit seinen vielen Burgen und der berühmten „Loreley". Sitz des größten Chemiewerks in Europa (BASF Ludwigshafen) und der größten europäischen Rundfunkanstalt, des Zweiten Deutschen Fernsehens (ZDF).

______ Deutschlands wichtigster Seehafen mit Handelsfirmen aus aller Welt, aber auch eine der „grünsten" Städte Deutschlands. Sitz der größten deutschen Zeitungs- und Zeitschriftenverlage und der Deutschen Presse-Agentur (dpa).

Abb. 5.11: Landeskundetext als Aneinanderreihung einzelner Sätze im Lehrwerk *Tangram aktuell 2* (2005: 21)

Unterrichtsbezug

Aspekte der Textstruktur und ihrer Vernetzung (Textualität) spielen hier eine untergeordnete Rolle. Das heißt, solche Texte werden kaum in ihrer internen Struktur und Textsortenspezifik, sondern vor allem in ihrer Eigenschaft als grammatisches und lexikalisches Anschauungsmaterial behandelt. Auch literarische Texte oder Lieder dienen meist nur als Informationsquellen für ein bestimmtes Thema oder als Illustration eines grammatischen Merkmals. Wie Textualität auch im Anfängerunterricht behandelt werden kann, zeigt folgendes Beispiel aus dem Bereich Deutsch als Fremdsprache. Der Text und die dazu gehörenden Aufgaben illustrieren die internen textuellen Bezüge, das heißt den sprachlichen und inhaltlichen Zusammenhang (Kohäsion und Kohärenz), an einer Fabel.

Beispiel

Der Rabe und der Fuchs

Nach Lafontaine

Auf einem Baum sitzt ein Rabe. In seinem Schnabel hält er ein Stück Käse. Der Fuchs riecht den Käse. „Ich muß den Käse haben", denkt er und läuft zum Raben.

„Ah, Herr Rabe, guten Tag! Wie wunderbar sind deine Augen. Und wie herrlich ist dein Fell! Und dein Schnabel ist so hübsch. Wie schön du bist! Ist deine Stimme auch so schön? Dann bist du der König hier im Wald."

Ü7 **Der Rabe ist natürlich sehr stolz. Was macht er?**
Bitte erzählen Sie die Geschichte weiter.

Ü8 Auf einem Baum sitzt ein Rabe.
In seinem Schnabel hält er ein Stück Käse.
Der Fuchs riecht den Käse.
„Ich muß den Käse haben", denkt er
und läuft zum Raben.

Abb. 5.12: Die textgrammatikalische Bahendlung der Fabel *Der Rabe und der Fuchs* von Lafontaine in *Deutsch aktiv Neu* (1986)

Als Vertreter der Textsorte Fabel weist dieser grammatikalisch und lexikalisch einfache Text eine Reihe typischer Merkmale auf wie zum Beispiel die bildliche Sprache (Metaphern), den chronologischen Ablauf der Ereignisse und die Moral. Wenn Lerner diese Strukturierungsprinzipien kennen, unter Umständen auch aus ihrer Erstsprache, dann fällt ihnen das Verstehen leichter, weil sie die Information bereits an bestimmten Stellen erwarten und sie damit besser einordnen können. Allerdings werden gerade in Fabeln die Metaphern in verschiedenen Kulturen von anderen Bildspendern gespeist. Der Fuchs gilt nicht in allen Kulturen als schlaues Tier, ein Rabe nicht als dummes. In Bezug auf die

Verweisstruktur

Textgrammatik ist dieser Text besonders durch seine vielfältigen Bezüge interessant, die aus formaler Sicht viel Verwirrung stiften könnten. Die pronominalen Elemente *er* und *seinem* bezeichnen zum Beispiel eine 3. Person Singular. Formal gesehen könnte daher auch der Baum einen Schnabel haben und ein Stück Käse halten. Nur das Weltwissen erlaubt es Lesern, eine korrekte Zuordnung zu schaffen. Die Visualisierung der Bezüge im Text (farbig im Lehrbuch) zeigt die verzweigte Verweisstruktur der pronominalen Elemente, die Leser zum korrekten Verstehen durchschauen müssen.

Das Beispiel macht deutlich, dass eine satzbezogene Grammatik satzübergreifende Bezüge auf Sprache und Weltwissen nur schlecht erklären kann. Für das Verstehen der Sprache sind interne textuelle Bezüge und Bezüge auf den externen Kontext von grundsätzlicher Bedeutung. Das Verstehen eines Textes hängt weniger von den korrekten Endungen und der richtigen Wortstellung als von den textuellen Bezügen und dem Weltwissen ab. Im Unterricht können diese Bezüge anhand verschiedener Textsorten gerade mit grafischen Mitteln gut dargestellt werden.

Um die Bezüge zu erkennen oder herzustellen, bedarf es entsprechender Textkompetenzen der Leserinnen und Leser. Schmölzer-Eibinger nennt eine Reihe von Kompetenzen, die sie in „sprachenübergreifende, weitgehend transferierbare Kompetenzen" (Kohärenzkompetenz, Kontextualisierungskompetenz, Kommunikationskompetenz, Textoptimierungskompetenz, strategische Kompetenz) und „sprachengebundene, nicht transferfähige Kompetenzen" (Formulierungskompetenz, Textgestaltungskompetenz, Textmusterkompetenz) unterteilt (Schmölzer-Eibinger 2011: 51).

Text als Prozess

Die neuen Medien bieten im Hinblick auf die Veranschaulichung textueller Bezüge eine geeignete Hilfestellung, weil sie Texte nicht nur als Produkte, sondern als Prozesse darstellen und damit kognitive Prozesse der Sprachverarbeitung besser abbilden können. Dazu gehören nicht nur farbliche und andere Hervorhebungen, sondern vor allem die Abbildung dynamischer

Prozesse des Textaufbaus und der Textentstehung. Die folgende Abbildung zeigt zwei Momentaufnahmen aus einer Animation zum Textaufbau.

Beispiel

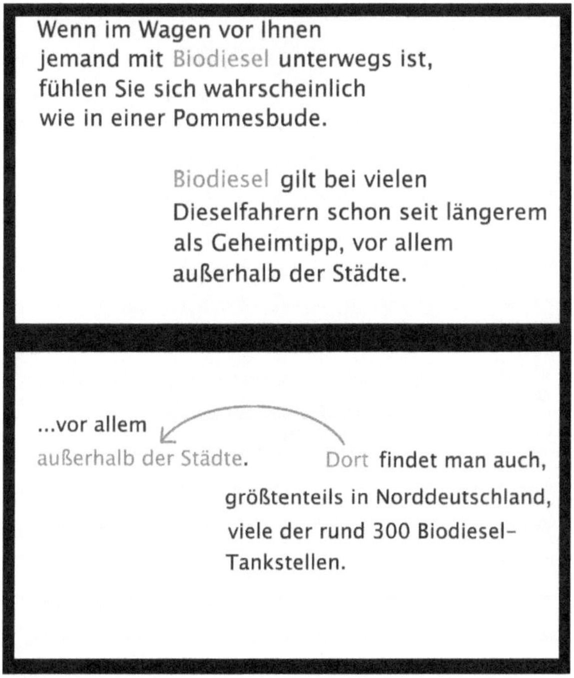

Abb. 5.13: Animationen zur Textkohärenz und Textkohäsion im *Uni-Deutsch Sprachkurs* der Deutsch-Uni Online (*www.deutsch-uni.com*)

Diese Animation (*www.deutsch-uni.com*) verdeutlicht durch graduellen Aufbau der zwei Textblöcke und durch farbige Hervorhebung der Bezugselemente (*Biodiesel* – *Biodiesel* und *auf dem Lande* – *dort*) die Entstehung textueller Kohäsion im Prozess des Lesens. Die Animation lässt den Text parallel zur Leserichtung von links nach rechts und mit mittlerer Lesegeschwindigkeit erscheinen. Ist der Text aufgebaut, leuchten die Bezugselemente auf und die Pfeile verdeutlichen den rückwärtigen Bezug auf die Vorgängerinformationen.

Prinzip der kognitiven Plausibilität

Zur Verdeutlichung der Entstehens- und Verstehensprozesse von Texten eignet sich die elektronische Gattung **Hypertext** wie kaum eine andere. Hypertexte sind grundsätzlich nichts anderes als gedruckte Texte, aber sie machen im elektronischen Medium plastisch deutlich, wie Texte aufgebaut und gelesen werden (Prinzip der kognitiven Plausibilität). Damit eignen sie sich hervorragend als didaktisches Mittel. Hypertexte veranschaulichen, dass Texte grundsätzlich keine linearen Konstrukte sind, sondern aus vielfältigen Verzweigungen bestehen, auch wenn sie an der geschriebenen oder gesprochenen Oberfläche in einer linearen Ordnung erscheinen. Lesen wir aber Texte wirklich strikt von links nach rechts oder in anderen Lesekulturen von rechts nach links? Hören wir wirklich jeden Laut, bis wir am Ende der Äußerung oder des Textes wissen, was gesagt wurde? Ganz im Gegenteil.

- Texte bilden eine außersprachliche Wirklichkeit ab. Dabei entstehen inhaltliche Lücken, die ein Leser oder Hörer auf Grund seines Vorwissens füllen muss.
- Häufig ist das, was wir hören oder lesen, sprachlich unvollständig. Hörer oder Leser müssen daher aktiv mitverstehen (Sinn konstruieren), um Nachrichten zu entziffern.
- Beim Hören und Lesen bilden wir uns unwillkürlich eine Vorstellung davon, wie ein Text weitergehen könnte, noch bevor er zu Ende ist. Als Hörer und Leser entwickeln wir Suchfragen, mit denen wir Texte nach Anhaltspunkten für diese Ideen abtasten und damit die Hypothesen weiterspinnen.
- Hören und Lesen sind also keine passiven oder rezeptiven Vorgänge, sondern setzen im Gegenteil eine äußerst aktive Tätigkeit des Gehirns voraus, auch wenn sich diese nicht immer unmittelbar produktiv äußert.
- Beim Lesen machen unsere Augen geradezu turnerische Übungen: sie tasten permanent den Text nach vorne und hinten, oben und unten ab, und zwar auf mehreren Ebenen: auf der Zeilen- und Satzebene, auf einer Seite und auch auf der Ebene des Textes. Welche Leserin springt nicht zur Zusammenfassung eines Zeitschriftenartikels, bevor sie den

ganzen Text liest, und dann wieder zurück, falls sie dort etwas Interessantes entdeckt? Welcher Zeitungsleser springt nicht zuerst zu den Bildern eines Berichtes, bevor er anfängt, den Text zu lesen? Die Augenbewegungen sind natürlich schwer wahrzunehmen. Mit modernen Messverfahren sind sie aber sehr deutlich nachweisbar. Im Zug oder in der Straßenbahn kann man übrigens leichter einen Eindruck von der Art und Geschwindigkeit der Augenbewegungen bekommen, nämlich wenn man andere Fahrgäste beobachtet, die aus dem Fenster schauen und die Landschaft scannen.

Der wichtigste Unterschied zwischen Hypertexten und Wörterbüchern, Enzyklopädien, Konferenzprogrammen, Fahrplänen, Kochbüchern und Referenzmaterialien sowie bildlichen Darstellungen besteht darin, dass Letztere ursprünglich nicht elektronisch vermittelt werden. Sie werden in der Regel nicht systematisch von vorne nach hinten, sondern durch individuelle Zugänge und mittels unterschiedlicher Navigationspfade gelesen. Was für diese Textsorten gilt, trifft auch auf literarische und alle anderen Texte mehr oder weniger stark zu. Die Leseverstehensforschung hat sich mit den konstruktiven und aktiven Prozessen des Lesens seit den 1970er Jahren intensiv beschäftigt. Sie sieht den Leser und die Leserin als den eigentlichen Produzenten eines Textes an. Eine der zentralen Formeln dieser Forschung lautet: „Ein Text ist die Summe seiner Interpretationen." Diese Interpretationen basieren auf dem Vorwissen des Lesers und seiner Fähigkeit, die Informationen des Textes damit zu verknüpfen. Lesen bedeutet also Texte zu konstruieren.

Die literarische Form von Hypertexten ist die so genannte Hyperfiction. In der **Hyperfiction** wird die gestaltende Rolle des Lesers (Rezipienten) dadurch besonders deutlich, dass er Entscheidungsmöglichkeiten ausdrücklich wahrnehmen muss. Ohne seine expliziten Entscheidungen geht die Geschichte nicht weiter.

Text als Konstruktion

Beispiel
Dazu ein Beispiel aus dem Unterricht. Im Folgenden wird eine Online-Lerneinheit zur Hyperfiction beschrieben, in der unter anderem ein detektivisches Rätsel zu dem Hyperfiction-Text *Zwei Tote?* von Romana Brunnauer enthalten ist. Der Einstieg in die Lerneinheit ist in fünf Teilen angeordnet und erlaubt den Lernern dauernden Zugang zu weiteren offenen Internetressourcen.

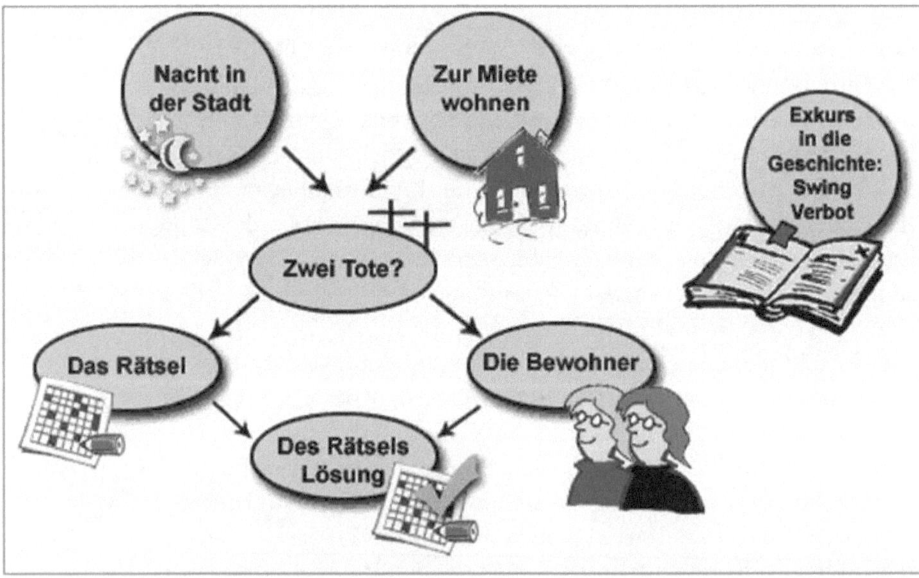

Abb. 5.14: Die Eingangsseite zum Hyperfiction-Kapitel *Zwei Tote?* in *uni-deutsch.de.* Der Lerner kann an verschiedenen Stellen in die Geschichte einsteigen und die Lösung des Kriminalfalles beginnen

Lernziele

Die Lernziele der Unterrichtsarbeit mit diesem Hyperfiction Text bestehen in Folgendem:

- das Rätsel zu lösen,
- die Lösung weitgehend selbständig entdeckend zu erarbeiten,
- sich an der Textentstehung aktiv zu beteiligen,
- Ressourcen nutzen zu lernen,
- aktiv die Sprache zu lernen,
- gesellschaftlich relevantes Wissen zu erfahren und mit bekanntem zu vergleichen,
- und den Text als Prozess verstehen und nachvollziehen zu können.

entdeckendes Lesen

Kern des Rätsels ist die detektivische Arbeit der Rekonstruktion der Ereignisse, die zum vermeintlichen Tod von zwei Bewohnern führen könnten. Der Leser kann sich dabei von Spuren oder Vermutungen leiten lassen und in zahlreichen Gesprächen mit Zeugen nach weiteren Hinweisen suchen. Zur besseren Rekonstruktion der Ereignisse und textuellen Verweise sind die Szenen mit Zeitangaben versehen. Je nach Zugang gehen viele textuelle Bezüge der Gespräche zwangsläufig zunächst ins Leere und müssen durch weitere Recherchen gefüllt werden. So wird in einzelnen Szenen auf Personen und Ereignisse Bezug genommen, von denen der Leser vorher nichts gehört oder gelesen haben dürfte. Es entstehen dadurch offene Fragen, die der Leser in kriminalistischer Arbeit und mit einer Reihe von Online-Hilfen lösen muss. Wo nötig kann er sich nachträglich Informationen durch andere bildliche, textliche, literarische und sonstige Quellen besorgen. Erst dadurch entstehen Sinn und Text.

Abb. 5.15: Rätselkombination: Spurensuche über frei wählbare Szenen der Hausbewohner im Text von Romana Brunnauer (*uni-deutsch.de*)

Merkmale von Hypertexten

didaktische und methodische Aspekte

Interaktive Hypertexte eignen sich für den Fremdsprachenunterricht demnach in folgender Weise:

- Sie sind authentisch im Sinne der modernen kommunikativen Sprachdidaktik.
- Hypertexte sind an elektronische Medien gebunden, werden also auch in Online-Lernprogrammen medienadäquat verwendet. Sie erlauben darüber hinaus die Vermittlung neuer Schlüsselkompetenzen im Umgang mit den elektronischen Medien, wie sie in Lehrplänen zunehmend gefordert werden.
- Bild und Sprache lassen sich in Hypertexten verstehensfördernd einsetzen.

- Als interaktive Gattung kommen Hypertexte den Forderungen der Sprachdidaktik und der Lernpsychologie insofern entgegen, als sie sprachlich einfacher verwertbare Strukturen bereitstellen und gleichzeitig das natürliche Interesse der Lerner an Entdeckung und an kreativen Strukturen explizit einfordern und üben. Dies kann auch zum selbständigen Weiterarbeiten führen.
- Hypertexte entsprechen damit auch den Kriterien konstruktivistischer und konstruktionistischer Lernmodelle und der Rezeptionsästhetik, die die aktiven und schaffenden (aufgaben- und handlungsorientierten) Elemente der Informationsverarbeitung und des Lernens hervorheben.
- Sie sprechen verschiedene Lernertypen und sprachliche Lernniveaus an, indem sie mit methodischer Leichtigkeit zwischen gesteuerten Unterrichtselementen und Verfahren offenen Lernens vermitteln, sind also lerneradaptiv.
- Sie geben Lernern eine starke Autonomie über ihren Lernprozess und motivieren durch ihre (vordergründige) Unvollständigkeit.
- Die Texte verweisen auf grundsätzliche Elemente anderer Textsorten, von denen manche direkte Hypertextstrukturen aufweisen, wie Wörterbücher, Fahrpläne, Programme und Ähnliches, andere aber an der Oberfläche als lineare Texte erscheinen. Diese intertextuellen Bezüge machen Textproduktionsprozesse für Leser und Lerner transparent.
- Hypertexte stehen im Netz in ausreichender Anzahl zur Verfügung und können auch von Lernern vergleichsweise leicht selbst produziert werden. Die Halbwertzeit von literarischen Formen liegt dabei weit über der von Gebrauchstexten, da die Aktualität von Gebrauchstexten schneller altert als zeitungebundene Literatur.
- Hyperfiction stellt eine neue Gattung dar, möglicherweise auch eine literarische Gattung, die jüngeren Lesergenerationen leichter zugänglich ist als traditionelle Unterrichtsliteratur. Hierdurch wird unter Umständen

Interesse für andere Textsorten geweckt. Die Ergebnisse: höhere Akzeptanz von neuen Textsorten, leichterer Einstieg auch in literarische Texte, frühere Produktion eigener Texte.

- Die Offenheit von Hyperfiction ermöglicht kreative Interpretationen der Leser auch vor ihrem kulturspezifischen Hintergrund.

5.7 Kognitive Aspekte der Sprache

Die Kognitive Linguistik versucht – wie auch die Spracherwerbsforschung – zu ergründen, wie Sprache in den Köpfen der Lerner entsteht und funktioniert. Es ist nicht das vordringliche Ziel, das strukturelle System möglichst abstrakt zu beschreiben, sondern den Sprachgebrauch als Ausgangspunkt für die Erklärung von kognitiven Prozessen zu verwenden. Aus der Nähe zur kognitiven Realität ergeben sich unter anderem auch eine besondere Eignung für die Erklärung von Spracherwerbsprozessen und die spätere Ableitung von Lern- und Lehrverfahren (siehe auch Kapitel 3).

konzeptuelle Domänen

Wie im konzeptuellen System üblich, werden auch in der Sprache konkrete physische Erfahrungen wie Bewegung, Druck, Kraft genutzt, um abstrakte Sachverhalte auszudrücken (*Schneckentempo, blitzgescheit, jemand explodiert vor Ärger*). Demnach tragen perzeptuelle Erfahrungen in Form von Metaphorisierungen wesentlich zum Auf- und Ausbau eines konzeptuellen Gerüsts der Sprache bei.

Körper und Geist

Metaphorisierungsprozess

Die körperlichen Erfahrungen und mentalen Bilder werden zwar in den verschiedenen Sprachen unterschiedlich verwendet, allen Sprachen ist jedoch der Prozess der Metaphorisierung gemeinsam, nach dem ein bestimmter konzeptueller Inhalt von einer Quellendomäne auf eine Zieldomäne übertragen wird (Lakoff/Johnson 1980, Roche/Roussy-Parent 2006). Bei konzeptuellen Metaphern handelt es sich nach Grady (2007: 188) nicht um reine linguistische Konventionen, sondern um konzeptuelle Assoziationen. Daraus lässt sich schließen, dass jeder Sprecher durch entsprechende konzeptuelle Prozesse neue Metaphern schaffen und bereits vorhandene weiter entwickeln kann, selbst wenn diese in der Fremdsprache vorkommen. Metaphern sind also dynamisch und produktiv und können sich in allerlei Kontexten als ein wichtiges Mittel zum Ausdruck komplexer abstrakter Sachverhalte erweisen. Da aber beim Verstehen solcher metaphorischen Konstrukte auch der soziokulturelle und der pragmatische Kontext eine wichtige Rolle spielen, kann ihre erfolgreiche Erschließung nicht alleine durch konzeptuelle Prozesse sichergestellt werden (de Cock/Suñer 2017, Kövecses 2015: 15). Vielmehr situieren sich unbekannte Metaphern auf einem Kontinuum, das einerseits aus universellen körperlichen Erfahrungen und andererseits aus kontextbedingter Variation besteht (Kövecses 2015: 14). Für eine erfolgreiche Erschließung sollte also der konzeptuelle Inhalt der Metapher mit beiden Polen, der Universalität und der Kontextspezifik, vereinbar sein.

Bildschemata

Der Begriff des Bildschemas geht auf Johnson (1987) zurück, der Bildschemata als rekurrente sensorische Muster optischer, auditiver, haptischer, motorischer oder olfaktorischer Natur beschreibt, die wir in unseren körperlichen Interaktionen mit der Umwelt erkennen und in schematischer Form speichern (siehe auch Evans/Green 2006). Aus der körperlichen Bewegung, der Manipulation von Objekten, der Wahrnehmung von Druck und externen Kräften etc. leiten wir Bildschemata ab, die uns dann als eine Art Vorlage zur Strukturierung konzeptueller Inhalte zur Verfügung steht. Da diese Bildschemata ihren Ursprung in den sensorischen Erfahrungen haben, behalten sie auch die entsprechenden modalitätsspezifischen Informationen und können durch Prozesse des bildlichen Denkens wie die mentale Simulation als sensorische Repräsentationen abgerufen werden (Johnson 2005: 20). Zu den wichtigsten konzeptuellen Domänen (*domains*) von Sprachen und diese abbildenden Bildschemata gehören die folgenden:

körperliche Interaktion

DOMÄNEN	BILDSCHEMATA
RAUM	OBEN-UNTEN; VORN-HINTEN; LINKS-RECHTS; NAH-ENTFERNT; MITTE-PERIPHERIE; KONTAKT; VERTIKALITÄT
CONTAINMENT	BEHÄLTER; DRAUSSEN-DRINNEN; OBERFLÄCHE; VOLL-LEER; INHALT
BEWEGUNG	IMPULS-EIGENDYNAMIK; URSPRUNG-WEG-ZIEL
GLEICHGEWICHT	ACHSEN-GLEICHGEWICHT; WAAGE-GLEICHGEWICHT; GLEICHGEWICHTSPUNKT; EQUILIBRIUM
KRAFT	DRUCK; BLOCKIERUNG; GEGENKRAFT; ABLEITUNG; ANZIEHUNG; WIDERSTAND
UNITÄT; MULTIPLIZITÄT	FUSIONIERUNG; SAMMLUNG; TRENNUNG; WIEDERHOLUNG; TEIL-GANZES; ZÄHLBAR-UNZÄHLBAR; VERBINDUNG
IDENTITÄT	ANPASSUNG; ÜBERLAGERUNG
EXISTENZ	REGION; ZYKLUS; OBJEKT; PROZESS

Abb. 5.16: Konzeptuelle Domänen von Sprache und Bildschemata nach Evans/Green (2006: 234)

Die Bildschemata haben folgende Merkmale: Erstens weisen sie oft eine komplexe innere Struktur auf, sodass sie auch in gewisser Weise Transformationen zulassen. Das Bildschema URSPRUNG-WEG-ZIEL kann aus pragmatischen Gründen durch eine Fokussierung auf den Ursprung oder das Ziel so transformiert werden, dass nur einzelne Teile davon evoziert werden (*Path-Focus* vs. *Endpoint-Focus* nach Johnson 1987). So geben wir bei Sätzen wie „ich gehe jetzt in den Unterricht“ nicht immer an, wo wir gerade herkommen, weil der Ursprung entweder bereits bekannt oder einfach irrelevant ist. Zweitens werden Bildschemata zwar aus konkreten sensorischen Erfahrungen abgeleitet, können jedoch in unterschiedlichen Modalitäten verarbeitet werden. Das Bildschema BLOCKIERUNG kann beispielsweise sowohl visuell als auch haptisch beziehungsweise motorisch motiviert sein. Drittens lassen sich die verschiedenen Bildschemata nach Evans/Green (2006: 187 f.) in Clustern gruppieren, die auf bestimmte Grunddomänen unserer Erfahrungen zurückzuführen sind. Demnach haben alle Bildschemata der Gruppe einige Eigenschaften gemeinsam: So drücken alle Bildschemata in der Gruppe KRAFT Kausalität (es besteht immer eine Ursache der

Kraft) und Direktionalität aus (die Kraft hat stets eine Richtung), und sie lassen sich anhand einer Intensitätsskala darstellen (die Kraft kann stärker oder weniger stark sein).

Metaphern im Fremdsprachenerwerb
Wenn man Metaphern aber aus kognitionslinguistischer Sicht betrachtet, so erweisen sie sich auch für L2-Lerner als ein wichtiges Werkzeug des Denkens und Handelns, das sowohl für Anfänger als auch für Fortgeschrittene höchstrelevant ist. In dieser Hinsicht stellten Littlemore et al. (2014) fest, dass L2-Lerner auf allen Niveaustufen des GER metaphorische Ausdrücke nutzten, wobei sie mit zunehmendem Sprachniveau häufiger verwendet werden. Da aber gerade die adäquate konzeptuelle Enkodierung von Erfahrungen (unter anderem anhand von Bildschemata) eine wichtige Voraussetzung für eine qualitativ entwickelte Mehrsprachigkeit ist, erweist sich der Erwerb einer solchen metaphorischen Kompetenz als ein sinnvolles übergeordnetes Ziel der Sprachvermittlung (Roche 2013, Danesi 2008, Littlemore/Low 2006).

metaphorische Kompetenz

Studie
Wie eine solche metaphorische Kompetenz gefördert werden kann, zeigen Azuma/Littlemore (2010) in ihrer Studie, in der sie den Effekt unterschiedlicher Verfahren zur Steigerung des kreativen Umgangs mit Sprache und zur besseren Erschließung und Produktion metaphorischer Ausdrücke untersuchen. In einer Interventionsstudie vergleichen sie das sogenannte *Attribute-Matching-Training* (Zuordnen von gemeinsamen Eigenschaften zwischen Quellen- und Zieldomäne mit anschließender Reflexion) mit dem Gestalt-Training (Förderung der ganzheitlichen Wahrnehmung). Die Ergebnisse zeigen, dass das *Attribute-Matching-Training* zu einer signifikant besseren Rezeption und Produktion von metaphorischen Ausdrücken als das Gestalt-Training führt. Die Autorinnen erklären diesen Unterschied dadurch, dass das *Attribute-Matching*-Prinzip die Schritte bei der Metaphernverarbeitung auf eine besser handhabbare Weise transparent macht. Dadurch fällt deren

Anwendung auf andere Bereiche leichter und es können damit grundlegende mentale Prozesse gefördert werden, die als Basis für die Verarbeitung von metaphorischen Ausdrücken dienen, wie zum Beispiel das assoziative und bildliche Denken sowie die Analogiebildung.

Lexikon und Grammatik

Ein zentraler Aspekt des Paradigmenwechsels in der Kognitiven Linguistik ist die Aufhebung einer grundsätzlichen Trennung zwischen Lexikon und Grammatik (Evans 2012, Langacker 2008) und damit der primären Fokussierung von Formaspekten in der Sprachvermittlung. Die kognitionslinguistischen Ansätze gehen vielmehr davon aus, dass Grammatik und Lexikon ein Kontinuum symbolischer Einheiten bilden, die jeweils einen phonologischen Pol (inklusive orthographischer Information) und einen semantischen Pol (inklusive diskursiver und pragmatischer Information) haben (Langacker 2008: 15). Daraus ergibt sich also, dass Lexikon und Grammatik eine Bedeutung haben. Eine eindeutige Abgrenzung der Bedeutung von Lexikon und Grammatik ist aber nicht einfach. So finden sich einerseits idiomatische Redewendungen wie „Jemandem auf den Wecker gehen“, die zwar symbolisch komplex sind, aber eine sehr spezifische Bedeutung haben. Andererseits ist beispielsweise die Präposition „zu“ in Infinitivsätzen symbolisch einfach, besitzt jedoch eine äußerst abstrakte Bedeutung und gilt daher als stark schematisiert (Langacker 2007: 428). Weiterhin unterscheidet Talmy (2000, auch Meex/Mortelmans 2002) zwischen dem konzeptuellen Inhalt von Erfahrungen, Szenen und anderem und der konzeptuellen Struktur.

Schematisierung

5.7.1 Grundlagen einer kognitiven Sprachdidaktik

Trotz der intensiven und qualitativ hochwertigen Forschungsarbeiten im Bereich der Kognitiven Linguistik wurden die daraus gewonnenen Erkenntnisse von der Sprachlehr- und -lernforschung bisher kaum berücksichtigt (Littlemore/Low 2006, Littlemore 2009, Tyler 2008). Vor diesem Hintergrund stellt sich die Frage, welche Aspekte die Umsetzung kognitionslinguistischer Ansätze in Form von konkreten Materialien für die Grammatikvermittlung berücksichtigen muss, damit der gewünschte Lernmehrwert erreicht wird.

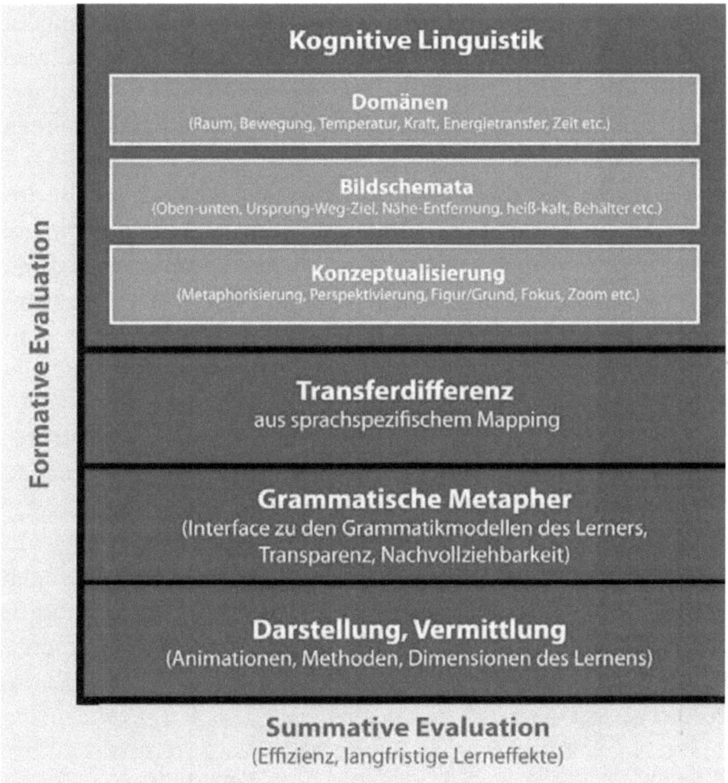

Abb. 5.17: Ebenen der Kognitiven Didaktik

Metaphorisierungsprozesse

Das Potenzial kognitionslinguistischer Ansätze für die Grammatikvermittlung beruht vor allem auf der hohen Nachvollziehbarkeit der verwendeten Beschreibungsparameter vor dem Hintergrund allgemeiner Kognitionsprozesse. Die konzeptuelle Motiviertheit von Grammatik wird – wie anhand der Metaphorisierungsprozesse oben dargestellt – nämlich anhand von allgemeinen Wahrnehmungs- und Konzeptualisierungsprinzipien sowie Prozessen des menschlichen Denkens erklärt und erfahrbar gemacht, sodass jeder Lerner fast unabhängig von seinem sprachlichen Vorwissen einen konzeptuellen Zugang zu den scheinbar abstrakten Strukturen der zielsprachlichen Grammatik finden kann. Das darauf basierende Modell einer kognitiven Sprachdidaktik unterscheidet insgesamt vier Ebenen, die hier am Beispiel verschiedener Grammatikanimationen veranschaulicht werden: 1. Ebene der Kognitiven Linguistik, 2. Ebene der Transferdifferenz, 3. Ebene der grammatischen Metapher, 4. Ebene der Darstellung und Vermittlung. Diese Ebenen sollen im Folgenden erläutert werden.

Die Ebene der Kognitiven Linguistik berücksichtigt die Instrumente und Prinzipien zur Beschreibung von Grammatik und Grammatikerwerb, die nicht nur eine hohe Vereinbarkeit mit den bisherigen Erkenntnissen aus den Kognitionswissenschaften anbieten (siehe *cognitive commitment* bei Evans 2012, auch konvergierende Evidenz bei Langacker 2011), sondern auch die bisher vorherrschenden formalistischen Begriffe auflösen.

Alle Sinneseindrücke sind Bestandteile der mentalen Repräsentation von Konzepten und sind daher mit der entsprechenden Sprachform im mentalen Lexikon eng verbunden (siehe Langacker 1986, Roche 2013). Die Vernetzung der Sprache über unterschiedliche Sinnesmodalitäten und in mehreren Richtungen kommt durch die mögliche Mitaktivierung dieser Sinneseindrücke in den Prozessen des Sprachverstehens, der Sprachproduktion sowie der ausführenden Handlungen zum Vorschein (Roche 2013: 112–114).

Perspektivierung

Die Perspektivierung (bei Talmy 2000 die Konzeptualisierung) bezieht sich auf die unterschiedlichen Möglichkeiten, wie Sprecherinnen durch ihr „mentales Auge" die Ereignisse sprachlich strukturieren (Talmy 2000: 217, Langacker 2008: 73). So liegen den Beispielsätzen *Die Tür öffnete sich und er kam ins Zimmer* und *Er öffnete die Tür und ging ins Zimmer* jeweils eine interne und eine externe Perspektive zugrunde, wobei die Position des Sprechers in Bezug auf die wahrgenommene Szene als Origo fungiert (Talmy 2000: 69, siehe auch Langacker 2008: 75–77). Die Nutzung dieses Prinzips spielt zum Beispiel im Englischen bezüglich der Unterscheidung zwischen dem progressiven und dem nicht-progressiven Aspekt eine wichtige Rolle. Bei perfektiven Verben werden Anfangspunkt und Endpunkt des Prozesses durch die Nutzung des progressiven Aspektes (be+Verb-ing) aus der Szene ausgeblendet, so dass nur eine einzelne Komponente des Prozesses fokussiert wird (siehe Niemeier/Reif 2008, Radden/Dirven 2007, Reif 2012).

Eine weitere Unterscheidung in Bezug auf die Perspektivierung betrifft die mitlaufende vs. die feste „Kameraperspektive" (Talmy 2000: 217–218). So wäre im Satz *Auf der Zugstrecke sind mehrere Tunnel* eine feste Kameraperspektive anzunehmen, während im Satz *Auf der Zugstrecke fahren wir ab und an durch einen Tunnel* eine mitlaufende Kameraperspektive eingenommen wird. Eine weitere Möglichkeit der Perspektivierung ist nach Talmy (2000) die wechselnde Betrachtung von Ereignissen an verschiedenen Orten, so zum Beispiel im Satz *Der Zug fährt durch den Wald, dann am See vorbei* etc. Zum Vergleich ist im Japanischen davon auszugehen, dass das Agens Zug bei den Situationswechseln zwischen im Tunnel und außerhalb gar nicht genannt wird und sich dadurch agenslose Zustandsbeschreibungen ergeben (Roche 2013).

Transferdifferenz

Es sind derartige linguakulturelle Spezifika und Konzepte, aus denen sich die Aufgabe des Lerners ergibt, Bedeutung von und zwischen Sprachkulturen zu konstruieren. Die Aufgabe der Didaktik ist es, die Lerner dabei zu unterstützen. Konzeptuell ähnelt der Begriff Transferdifferenz daher Wilhelm von Humboldts ‚Differenzerfahrung' (siehe Benner 1995), ein Begriff, der eine essenzielle kognitive Grundlage des Lernens von fremden Sprachen bezeichnet. Aus der erfolgreichen Bewältigung der genannten Lernaufgabe entsteht ein Zustand, der in der Mehrsprachigkeitsforschung oft als ‚ausgeglichene Mehrsprachigkeit' und in der Kulturwissenschaft oft als ‚Transdifferenz' bezeichnet wird. Die Transferdifferenz bezeichnet also im Gegensatz zu den kontrastiven Fehleranalysen nicht statische linguistische Systeme, zwischen denen vorwiegend formelle Unterschiede bestehen. Vielmehr werden Sprachen als linguakulturelle Systeme aufgefasst, die zwar auf dieselben kognitiven Prozesse und Grundlagen zurückgreifen (zum Beispiel Metaphorisierung, Perspektivierung, Bildschemata etc.), diese aber unterschiedlich nutzen (siehe Danesi 2008: 234). In diesem Zusammenhang konnten mehrere kognitionslinguistische Arbeiten belegen, dass die sprachspezifische Enkodierung von Erfahrungen keine beliebige lexikalische Realisierung darstellt, sondern sehr wohl konzeptuell motiviert und in einem sozio-kulturellen Kontext verankert ist (siehe Danesi 2008, Kövecses 2010, Lakoff/Johnson 1980).

Profilierung

Unterschiede zwischen den konzeptuellen Systemen der Sprachen schlagen sich ebenfalls in den jeweils bevorzugten Wegen zur Enkodierung von Erfahrungen nieder, wie zum Beispiel bei der Enkodierung (Profilierung) des Wegs in Bewegungssituationen (siehe *satellite- und verb-framed languages* bei Talmy (1985, auch Özçalışkan/Slobin 1999) oder bei der Markierung beziehungsweise Nichtmarkierung des Endpunkts in Szenen (siehe von Stutterheim 2003). (Siehe hierzu auch die Abbildungen 3.4 und 3.5 zur Konzeptualisierung von Regen in unterschiedlichen Sprachen in Kapitel 3).

konzeptuelle Kompetenz

Vor diesem Hintergrund betont Danesi (2008), dass der erfolgreiche Sprachenerwerb sich nicht nur auf das Wissen um die formellen Eigenschaften einer Sprache und deren denotative Bedeutungen beschränkt, sondern auch den kultursensitiven Umgang mit metaphorischen Extensionen und die adäquate konzeptuelle Enkodierung von Erfahrungen umfasst (siehe auch Pavlenko 2009, Roche 2013, Roche/Roussy-Parent 2006). Der Erwerb einer solchen konzeptuellen Kompetenz (*conceptual fluency*, Danesi 2008, *metaphoric competence*, Littlemore/Low 2006) wird folgerichtig als übergeordnetes Ziel der Sprachvermittlung angesehen. Dies erfordert jedoch die aktive Auseinandersetzung der Lerner mit den konzeptuellen Unterschieden sowie ihre Integration im kognitiven System durch die Herstellung entsprechender konzeptueller Verbindungen zwischen der L1 und der L2. Die kognitiven Prozesse einer solchen konzeptuellen Integration lassen sich aus kognitionspsychologischer Sicht durch die Veränderung mentaler Modelle und Schemata operationalisieren (hierzu Ifenthaler 2010). Der Endzustand einer erfolgreichen Integration der konzeptuellen Unterschiede wird als Transdifferenz bezeichnet (Roche 2013).

Zusammenfassend lässt sich also festhalten, dass die anfängliche Transferdifferenz kein Hindernis für den Sprachenerwerb darstellt, sondern wichtige Prozesse der konzeptuellen Restrukturierung (und Sprachbewusstheit) initiiert, die für den Erwerb konzeptueller Kompetenz von zentraler Bedeutung sind (siehe

Jessen/Cadierno 2013, de Knop/Dirven 2008, Odlin 2005, Pavlenko 2009). Über die Transdifferenz als dynamisches Endergebnis einer erfolgreichen konzeptuellen Integration lässt sich also auch eine Brücke zwischen den in der Didaktik meist separat behandelten Bereichen der Sprach- und Kulturvermittlung (Landeskunde) herstellen.

5.7.2 Grammatische Metaphern in Animationen

Kognitionslinguistische Darstellungsweisen sind jedoch nicht unbedingt auch die am besten geeigneten Mittel, um Lernern Grammatikphänomene plausibel und transparent darzustellen. Die in der Kognitiven Linguistik verwendeten graphischen Mittel erlauben nicht immer einen direkten Zugang zur konzeptuellen Basis der Grammatik. Nach Roche/Suñer Muñoz 2014 (siehe auch Suñer Muñoz 2013) werden grammatische Metaphern daher als innovative konzeptuelle Metaphern definiert, die anhand von Situationen aus dem Alltag der Lerner die konzeptuelle Basis der Grammatik transparent machen. Mit grammatischen Metaphern lassen sich also lernrelevante Aspekte der konzeptuellen Motiviertheit der Grammatik (Grenzüberschreitung, Kraft-Dynamik, Energietransfer etc.) erfahrbar machen, ohne auf abstraktere Darstellungsweisen zurückgreifen zu müssen. Die kognitive Verankerung von grammatischen Metaphern ist eine wichtige Voraussetzung für die Erzielung des gewünschten Mehrwerts, da sonst die verwendete Metapher eine reine Unterhaltungsfunktion ohne erkennbaren Bezug zum Lernprozess erfüllen würde. Die Formulierung und Anwendung von grammatischen Metaphern soll im Folgenden am Beispiel des Aktiv/Passiv veranschaulicht werden. Eine umfangreiche Studie zu den Modalverben liegt in Kanaplianik 2016 vor und wird zur Lektüre empfohlen.

Ausschlaggebend bei der unterschiedlichen Realisierung der Aktionskette im Aktiv und Passiv sind einerseits die Profilierung der konzeptuellen Basis und andererseits die Salienz der profilierten Elemente (Figur/Grund) (Arnett 2004, Cornelis 1997, Langacker 2004/2008). Da die reine Darstellung einer Aktionskette anhand von Kreisen und Pfeilen für den Lerner wenig zugänglich bleibt, lassen sich in Anlehnung an Suñer Muñoz (2013, siehe auch Langacker 2004/2008, Arnett 2004) zwei unterschiedliche grammatische Metaphern anwenden. Einerseits kann der Energietransfer der Aktionskette als konzeptuelle Basis anhand des Billards erklärt werden, da dieses eine erfahrbare Handlung aus dem Alltag der Lerner nutzt, um den Energietransfer anhand der dazugehörenden Partizipanten Agens, Instrument und Patiens anschaulich zu machen (Langacker 2008: 355-356). Andererseits kann die unterschiedliche Salienz der Elemente im Satz (Figur-Grund-Prinzip) durch eine weitere grammatische Metapher ausgedrückt werden, nämlich durch einen Scheinwerfer (Langacker 2004: 80), wie er auf Bühnen zur Hervorhebung des zentralen Schauspielers verwendet wird. Der Scheinwerfer hebt in den jeweiligen Realisierungen den primären Partizipanten hervor: Beim Aktiv ist es das Agens, beim Vorgangspassiv die Zustandsveränderung des Patiens und beim Zustandspassiv ist es der Nachzustand des Patiens nach der Zustandsveränderung (hierzu Suñer Muñoz 2013/2015).

Entrenchment

Durch Abstimmungsprozesse in der Sprachgemeinschaft etablieren sich die Konzepte (Entrenchment) und werden von Generation zu Generation weiter tradiert und damit konventionalisiert, oder sie geraten in Vergessenheit (zum Beispiel tote Metaphern). Die Abbildung der metaphorischen Erfahrungen geschieht nicht nur in einzelnen Wörtern oder Redewendungen, sondern lässt sich auch in der Grammatik beobachten. Die Grammatik ist in vielfacher Weise mit körperlichen Erfahrungen verbunden und konzeptuell begründet. Wie sich das darstellt, kann anhand der Modalverben beispielhaft beschrieben werden. Mit Sweetser (1990) und Tyler (2008) kann angenommen werden, dass Modalverben bestimmte gesellschaftlich relevante Kraft-Dynamik-Verhältnisse abbilden. Physische Kraft und Dynamik werden über Metaphorisierungsprozesse auf die Kraft oder den Druck in sozialen und psychischen Interaktionen übertragen (*einen Druck nicht aushalten/einer Belastung nicht gewachsen sein/vor Wut platzen*). In solchen Kraft-Dynamik-Verhältnissen unterscheidet Talmy (2000, 2008) zwei wichtige Partizipanten: den Agonisten und den Antagonisten. Der Agonist hat eine innere Tendenz entweder zur Fortbewegung oder zur Ruhe; der Antagonist übt hingegen eine Gegenkraft oder einen Druck

Agonist und Antagonist

auf den Agonisten aus. Als Ergebnis dieser Kraft-Dynamik-Interaktion kann der Antagonist die innere Tendenz des Agonisten verändern. Die folgenden Aussagen stellen verschiedene Kraft-Dynamik-Verhältnisse zwischen Agonisten und Antagonisten dar (vergleiche Abbildung 5.18).

In (1a) drückt das Modalverb *können* eine Fähigkeit des Agonisten (hier: Sebastian Vettel) aus, die auf eine gewisse Eigendynamik hinweist und von keinem Antagonisten (zum Beispiel seinem Werbemanager oder die Sicherheit gefährdenden Fans) verhindert wird.

Bei (1b) sieht die Situation jedoch etwas anders aus, und zwar kann die Gegenkraft des Antagonisten (zum Beispiel eine soziale oder rechtliche Konvention, ein Hindernis oder eine externe Autorität wie die Rennleitung) die innere Fortbewegung/Eigendynamik des Agonisten (hier: Schumacher) erfolgreich verhindern.

In (2a) wird die verhindernde Kraft von einem weiteren Antagonisten (zum Beispiel einem Schiedsgericht durch die entsprechende Ampelschaltung) aufgelöst, so dass sich die innere Tendenz des Agonisten zur Fortbewegung vollziehen kann. Wird aber die verhindernde Kraft nicht durch diesen weiteren Antagonisten aufgelöst (die Ampel steht auf Rot), dann bleibt die innere Fortbewegung des Agonisten aus (2b). Wenn die konzeptuelle Struktur der hier geschilderten Kraft-Dynamik-Verhältnisse als Basis zur Erklärung der Modalverben akzeptiert wird, können sie folgendermaßen bildhaft dargestellt werden:

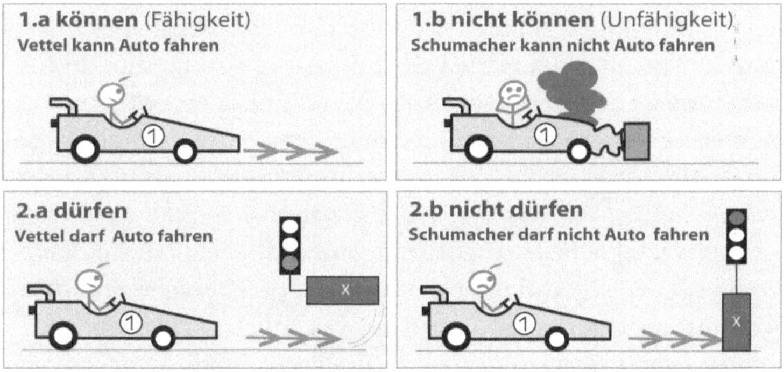

Abb. 5.18: Veranschaulichung der verschiedenen Kraft-Dynamik-Verhältnisse zwischen Agonisten und Antagonisten bei Modalverben

Perspektivierung

Auch die Perspektivierung einer Nachricht ist konzeptuell bedingt. Es ergibt sich beispielsweise ein deutlicher perspektivischer Unterschied in den folgenden beiden Äußerungen:

(1) Hamilton verlor das Rennen wegen einer Reifenpanne.
(2) Die Reifenpanne verursachte den Titelverlust.

Diese Beispielsätze zeigen, dass durch die Formulierung ein bestimmtes Element aus der Gesamtszene (Domäne) dem anderen gegenüber hervorgehoben werden kann. Hier liegt der Fokus entweder auf dem Fahrer oder der Reifenpanne. Durch die Intonation kann der Fokus bei gleichbleibender Äußerungsstruktur ebenfalls auf unterschiedliche Elemente der Äußerung verlegt werden. Auch kann die Gesamtszene je nach der Perspektivierung des Sprechers unterschiedlich konstruiert werden:

(3) Der Trophäenjäger hat mein Auto geklaut.
(4) Er hat mein Auto mitgehen lassen.
(5) Er hat mein Auto ausgeliehen.

Perspektivierungen dieser Art entstehen auch auf Grund von Anpassungen in einer aktuellen Diskurssituation.

5.8 Handlung

Funktionen

Sprachliche Zeichen haben, wie schon gezeigt wurde, mehrere Funktionen: zum einen bilden sie einen Sachverhalt ab (Darstellungsfunktion), zum anderen drücken sie eine bestimmte Intention des Sprechers (Ausdrucksfunktion) und eine bestimmte Aufforderung an den Hörer aus (Appellfunktion). Wenn wir sprechen oder schreiben, handeln wir also mit Sprache: wir verfolgen damit bestimmte Absichten, die sich in bestimmten Ergebnissen realisieren sollen. Für das Erreichen der beabsichtigten Ergebnisse gibt es verschiedene sprachliche und außersprachliche Mittel. Wenn nur die strukturelle Ebene bei der Sprachbeschreibung und -vermittlung betont wird, gehen die wesentlichen Funktionen von Kommunikation wahrscheinlich verloren. Deshalb stellen die handlungsorientierten Ansätze der Sprachvermittlung nicht die Grammatik in den Vordergrund. Aus dem gleichen Grunde stellt auch die **linguistische Pragmatik** die sprachlichen Strukturen immer in Bezug zu Ausdrucks- und Appellfunktionen. Dabei liegt ihr folgendes Schema von Kommunikation zu Grunde, das auf die Arbeiten des Sprachphilosophen Karl Bühler (1879–1963) zurückgeht. Bekannt ist es als das **Organon-Modell** (Werkzeug-Modell) der Sprache.

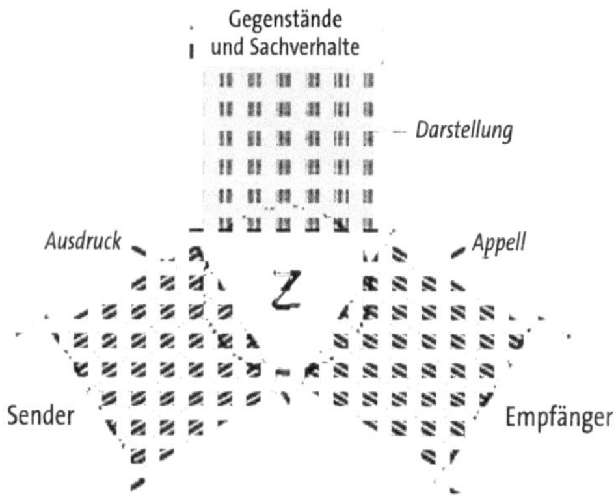

Abb. 5.19: Das Organon-Modell der Sprache von Karl Bühler (1934) zur Veranschaulichung der verschiedenen Funktionen des sprachlichen Zeichens (Z)

Diese Beziehungen der drei Seiten des Modells variieren mit den beteiligten Sprechern und Adressaten und in Bezug auf den Zweck der Kommunikation. Außerdem kann man darin unterschiedliche Schichten entdecken. Austin (1962) und Searle (1969) haben für diese Differenzierungen das Konzept des Sprechaktes eingeführt. Eine Äußerung besteht demnach aus verschiedenen Sprechakten. So ist ein Sprechakt *Berlin Ost* zunächst eine phonetische Kette (phonetischer Akt) von Elementen, die in einer strukturellen Form (phatischer Akt) eine Beziehung zur Welt herstellt und damit Bedeutungen erzeugt (rhetischer Akt) und sich in ihrer Gesamtheit auf ein Stadtviertel, Häuser, Straßen und so weiter bezieht (zusammen genommen als lokutionärer Akt bezeichnet), aber in der Situation Bahnhofschalter die Aufforderung zum Fahrkartenkauf im Sinne von *bitte geben Sie mir eine Fahrkarte zum Ostbahnhof* ausdrückt (illokutionärer Akt). Die Aushändigung und das Bezahlen des Fahrscheins sind die nichtsprachlichen Akte des Ereignisses. Manche Handlungen werden ausschließlich durch Sprache vollzogen, beispielsweise eine Trauung, Verurteilung, Ernennung oder Taufe (perlokutionärer Akt).

Die **funktionale Beschreibung der Sprache** als komplexes Verweis- und Beziehungssystem ist Teil der linguistischen Disziplin der Pragmatik. Die Pragmatik beschäftigt sich darüber hinaus auch mit der Informationsverteilung in einer Äußerung, also damit, was als bekannt, neu oder wichtig positioniert oder anderweitig ausgedrückt wird. Auch hier steht der kommunikative Zweck im Mittelpunkt der Betrachtung. Er wird je nach den Bedingungen der kommunikativen Situation (Perspektivierung) sprachlich unterschiedlich realisiert. Wie sich die funktionalen Aspekte manifestieren, ist bei der Darstellung der Lerneräußerungen bereits erläutert worden (vergleiche Kapitel 4.2).

kommunikativer Zweck

Wenn der kommunikative Zweck der Umsetzung einer Handlung oder des Erreichens eines Zieles das Wichtigste ist, dann spielt die aktuelle Realisierung durch bestimmte grammatische Strukturen eine untergeordnete Rolle. Es sei denn, es handelt sich um formelhafte Ausdrücke und Sprachrituale. Das ist der Grund, warum Kommunikation auch mit unvollständiger Sprache erfolgreich sein kann. Wie bei den Textsorten bereits gezeigt, lässt sich Sprache in Form von genormten und immer wiederkehrenden Strukturen, hier in Form von Diskursabläufen und Diskurstypen, beschreiben. Diese Strukturen sollten im Sprachunterricht vermittelt werden. Das passiert bisher nur begrenzt, und zwar im Wesentlichen auf einfache sprachliche Rituale (Begrüßungen, Verabschiedungen) und Sprecherwechsel beschränkt. Größere Einheiten erweisen sich für den Unterricht, wie bereits gezeigt, oft als zu schwierig.

Die pragmatische Perspektivierung und Nutzung des sprachlichen Inventars erfolgt in den Sprachen unterschiedlich. So halten Sprachen für die Weiterentwicklung ihres Wortschatzes unterschiedliche Mittel bereit, etwa durch die Zusammensetzung (Komposition) von Wörtern oder bedeutungstragenden Grundformen (Lexemen), die Ableitung durch Affixe (Präfixe, Infixe, Suffixe oder Zirkumfixe wie *Ge-red-e*), die Konversion (*reden – das Reden*), die Reduktion (*Auto, ESA*) oder die Entlehnung (der

Talk). Wieder andere modifizieren bestimmte Elemente in existierenden Wörtern, um neue zu produzieren (*gehen – ging; Mutter – Mütter*). Sprachen können daher in verschiedene Sprachtypen unterteilt werden, zum Beispiel solche, die die Elemente der Wörter aufeinander abstimmen und verschmelzen lassen (agglutinierende) wie Ungarisch, Japanisch oder Türkisch und ableitende (flektierende) wie viele westeuropäische Sprachen. Wie arbiträr die Beziehung von sprachlichem Zeichen und Bedeutung ist, zeigt deutlich die Vokalharmonie, etwa im Türkischen: *ulumluyum* gegenüber von *alamlayam ich komme aus Ulm* oder *Alm*. Das grammatische Muster kann je nach Umgebung mit anderen Vokalen gefüllt werden.

Sprachtypen

Auch in syntaktischer Hinsicht unterscheiden sich Sprachen. Die Verbstellung ist im Deutschen fest vorgegeben, während die anderen Elemente eines Satzes relativ flexibel nach kommunikativen Prinzipien und individueller Perspektivierung bewegt werden können. Das Englische hat demgegenüber eine feste Abfolge der Elemente im Satz. Bekanntheit und Wichtigkeit sind kommunikative Faktoren, die die Wortstellung im Deutschen und Herausstellungen im Englischen perspektivisch regeln oder beeinflussen. Andere Sprachen, wie etwa das Chinesische oder Japanische, nutzen grammatikalisierte syntaktische Prinzipien dagegen fast überhaupt nicht. Hier sorgen semantische, lexikalische und pragmatische Kriterien für die Zu- und Anordnung der Elemente. So werden Konzepte in einzelne Elemente aufgeteilt und in einer Zusammensetzung (Kompositum) benannt, statt in neuen Begriffen zusammengefasst (vergleiche *rorohiko*, Gehirnblitz für Computer im Maori, Kapitel 3.8, Abbildung 5.20 und weitere Beispiele unten).

do- und *become-languages*

Ikegami (1991) unterscheidet daher zwischen ‚do-languages' und ‚become-languages'. Im Japanischen wird so etwa in der Perspektivierung einer Äußerung nicht wie in westeuropäischen Sprachen automatisch die Subjektperspektive eingenommen (Ikegami 1991: 288 ff.). Er verweist zur Illustration auf den Eröffnungssatz in Yukiguni (‚Snow Country') des Literaturnobelpreisträgers von 1968, Yasunari Kawabata, der wie folgt lautet:

Kunizakai no nagai tonneru o nukeru to, yukiguni de atta.

In wörtlicher Übersetzung bedeutet dies subjektlos: Grenze von langem Tunnel passieren als Schneelandschaft war (*On passing the long tunnel at the border, (it) was a snow country*). Während das fehlende Subjekt im Deutschen oder Englischen selbst mit dem behelfsmäßigen, Horizont eröffnenden (unpersönlichen) ‚*es (it)*' Irritationen auslöst, gilt der Satz im Japanischen als erwartungsvolle Eröffnung der folgenden Erzählung. Eine Übersetzung wie die des amerikanischen Japanologen Seidensticker gibt daher eher die westliche Erwartung als die japanische Perspektivik wieder: „The train came out of the long tunnel into the snow country." (Ikegami 1991: 288 ff.).

Morphem-inventar

Beim Erwerb des Morpheminventars einer fremden Sprache müssen die Lerner zuerst die relevanten Einheiten und ihre Grenzen und Variation identifizieren und dann lernen, worin die Bedeutung liegt, wodurch sie sich von anderen Elementen unterscheiden und wie Morpheme kombiniert werden können. So steht im Deutschen ein Inventar von Markierungen für Einzahl und Mehrzahl (Numerus), die Personenmarkierungen, das grammatische Geschlecht der Nomen (Genus) und die Funktionen der Nomen im Verhältnis zum Verb (Kasus) zur Verfügung.

Synthetische Verfahren integrieren Elemente in einer mehrfunktionalen Form, wie zum Beispiel *kam* als gleichzeitiger Ausdruck für die erste Person und das Präteritum.

Auch für die Realisierung der lautlichen Struktur verfügen Sprachen über verschiedene Prinzipien. So verwenden zahlreiche Sprachen eine recht strikte Abfolge von Konsonanten (K) und Vokalen (V), die das Muster KVKV ergeben. Im Deutschen wechseln sich zwar auch Vokale und Konsonanten ab, aber auch Konsonantenverbindungen (Cluster wie *ng, pr, s-st-r*) sind im Deutschen üblich. Aussprechbar werden längere Konsonantencluster übrigens durch Einschieben von Vokalen: der Name *Strzclzk* kann so als *St(-e-)r-e-lz-i-k* auch für Sprecher aussprechbar werden, die keine umfangreichen Konsonantencluster gewohnt sind.

phonetische Cluster

Auch andere Aufgaben der Artikulation und Intonation, wie die Betonung, Sprechgeschwindigkeit, steigende und fallende Intonation, Pausenstruktur und -häufigkeit, sind für Lerner nicht immer leicht zu bewältigen, haben aber in den verschiedenen Sprachen ein unterschiedliches Gewicht.

Das Chinesische etwa arbeitet sehr intensiv mit der Tonqualität seines Lautinventars (Tonhöhen, tonale Sprache) und nutzt auch feinste Differenzen für Bedeutungsunterscheidungen, während das Deutsche im Aussprachespektrum mit wenigen Differenzierungen eine große Bandbreite abdeckt. Auch wenn Aussprache und Intonation vielleicht die auffälligste Ebene von Sprachen repräsentieren („Akzent"), haben sie nicht immer die größte Bedeutung für das Gelingen der Kommunikation.

Wie die grammatischen Ebenen in der Realität zusammenspielen, soll im Folgenden am Passiv und seinen Ersatzformen illustriert werden. Das Passiv im Deutschen wird lexikalisch durch die Hilfsverben *werden* (Vorgangspassiv) und *sein* (Zustandspassiv) mit den entsprechenden Partizipien gebildet (etwas *wird nicht gelernt*). Die Kombination von Hilfsverb und Partizip schafft einen syntaktischen Rahmen, der bei bestimmten Ersatzformulierungen zwar auch noch, aber mit anderer lexikalischer Realisierung, erhalten bleibt (*kann/darf/soll man nicht lernen* oder *lässt sich nicht lernen*). Das Passiv kann aber noch kompakter ausgedrückt werden (*ist nicht zu lernen*), oder in einem Morphem ganz verschwinden (*nicht lernbar*). Hier übernimmt also – im Deutschen – das Morphem *-bar* die lexikalische und syntaktische Funktion des Passivs und anderer Passivalternativen.

pragmatische Prinzipien

Wie Höflichkeit ausgedrückt wird, welcher Sprachstil für welche Zwecke angemessen ist, wie ausführlich etwas ausgedrückt wird, ob dies mit illokutionären Akten in Fragen, Aussagen oder Befehlen oder im Aktiv oder Passiv getan werden muss und vieles mehr, regeln die genannten pragmatischen Prinzipien. Um sie besser operationalisieren zu können, hat Oksaar (2003) hierfür das Konzept der kleinsten Handlungsbausteine der Kommunikation vorgeschlagen und sie **Pragmeme** genannt.

Da Sprachen nicht nur intern eine große Variation aufweisen, sondern auch wegen der zu Grunde liegenden kulturellen Konzepte unterschiedlich vorgehen, lassen sich Pragmeme als kleinste kulturspezifische Einheiten (**Kultureme**) darstellen. Hiermit wird versucht, größere kulturelle Sequenzen wie Begrüßungen, Verabschiedungen, Beschwerden, Glückwünsche, Problemdarstellungen und andere kultur- und sprachenübergreifend angemessen zu beschreiben und vergleichbar zu machen.

Viele Fehler, die bei Lernern feststellbar sind, entstehen aus mangelnder Kenntnis der pragmatischen und kulturellen Bedingungen der Kommunikation, die sich in einer nicht der Situation angemessenen Verwendung von Redemitteln oder zu langen oder zu kurzen Pausen manifestieren kann. Eine Lehrkraft und ein Schüler sollten grundsätzlich dafür sensibilisiert sein, dass Sprachen Gedanken auf ganz andere Art, mit unterschiedlichen strukturellen Mitteln oder implizit ausdrücken können. Die Behandlung von Teilbereichen der Sprache und die Kenntnis wichtiger sprachlicher Prinzipien kann diese Aufgabe wesentlich erleichtern, bei der Diagnose von Redeabsichten und bei der Vermittlung des dafür nötigen Inventars.

Sensibilisierung

Schrift als sekundäres System

Diese Unterschiede schließen das Schreiben und die Schrift ein. Die Schrift wird – in der Regel als sekundäres System – zu einem bestimmten Zeitpunkt geschaffen oder erworben, um mündliche Sprache zu fixieren. Dabei entwickelt das System natürlich eigene Konventionen und Prinzipien, die ihrerseits wieder auf die mündliche Sprache zurückwirken können. So passt sich der gehobene gesprochene Stil (zum Beispiel in den Nachrichten oder bei Vorträgen) an schriftsprachliche Normen an.

Die Schriftzeichen orientieren sich oft an der mündlichen Sprache oder bilden diese nach. Es sind meist keine abstrakten Symbole, sondern sie verweisen in der Regel auf konkrete Objekte. Diese konkrete Funktion der Schrift ist im lateinischen Alphabet, aber auch in anderen Schriftsystemen wie dem Kyrillischen oder dem des Singhalesischen heute nicht mehr erkennbar. Dieser mangelnde Visualisierungseffekt hat für Lerner einen Nachteil: die Schrift kann nur einen bedingten behaltensfördernden Effekt beim Lernen haben. In einigen Bereichen der japanischen und chinesischen Schriftsysteme sind die visuellen Symbole dagegen noch präsent und produktiv und können daher als Gedächtnisstützen eingesetzt werden. Hier ein Beispiel für japanische Kanji-Schriftzeichen, die vom Chinesischen beeinflusst sind:

火	hi	Feuer
炎	honoo	Flamme
灰	hai	Asche
女	onna	Frau
姦	kashimashii	laut, lärmend
好	konomu	mögen
木	ki	Baum
林	hayashi	Baumgruppe, Wäldchen
森	mori	Wald

Abb. 5.20: Visuelle Symbole in japanischen Schriftzeichen

Aus dem stilisierten Symbol für *Feuer* wird bei Verdoppelung eine Flamme. Das Flackern ist fast noch spürbar. Mit einem Dach darüber, entsteht das Schriftzeichen für *Asche*. Aus dem Symbol für *Frau* wird bei einer Verdreifachung *laut* und einer Ergänzung *mögen*, aus dem Symbol für *Baum* wird bei Verdoppelung eine *Baumgruppe*, bei Verdreifachung ein *Wald*, fast so wie es in der Legende einer Landkarte verzeichnet würde. Auf ähnliche Weise lassen sich durch die Kombination verschiedener selbständiger Schriftzeichen neue Wörter und Zusammensetzungen bilden (vergleiche auch das Beispiel aus Maori oben):

出口	deguchi	(„de“ = verlassen) + („kuchi“ = Mund)	= Ausgang
入口	iriguchi	(„iri“ = hineingehen) + („kuchi“ = Mund)	= Eingang
新聞	shinbun	(„shin“ = neu) + („bun“ = hören)	= Zeitung
大学	daigaku	(„dai“ = groß) + („gaku“ = lernen)	= Universität
音楽	ongaku	(„on“ = Ton) + („gaku“ = angenehm)	= Musik
音楽会	ongakukai	(„ongaku“ = Musik) + („kai“ = Treffen)	= Konzert
就職活動	shûshokukatsudou	(„shû“ = aufnehmen)+ („shoku“ = Arbeit) + („katsu“ = Leben) („dou“ = bewegen)	= Arbeitssuche

Abb. 5.21: Kombination visueller Symbole in japanischen Schriftzeichen

Exkurs: Sprache und Schrift der Rapanui

Zeichen	Aussprache	Bedeutung	Zeichen	Aussprache	Bedeutung
	Tangata	Mensch		moe	schlafen, tot
	Toki	Axt		tea	weiß
	Vai	Wasser		pua	Blume, Weib
	ruhite paku	trommeln		rei kura	Schmuck, ältester Sohn
	kohau rongorongo	sprechende Hölzer		pure	Muschel, Gebet
	Koti	schneiden, zerschnitten		tapa	Stoff aus Baumrinde, zählen

Abb. 5.22: Ausschnitt aus einem Rongorongo-Text und allgemeiner Auszug der Zeichenerklärungen des Rongorongo (Fischer 1997: 407)

Rongorongo

Am Beispiel der einzigen voreuropäischen Schriftsprache Ozeaniens kann dargestellt werden, welch hohen Entwicklungsstand heute bedrohte Schriftsprachen bereits in frühen Zeiten erlangt haben und wie sich die Schrift als Abbildungssystem möglichst an der Gestalt von Gegenständen und der realitätsnahen Darstellung von Ereignissen orientieren kann. Das Rongorongo der Rapanui umfasst circa 120 Symbole. Hiervon stellen etwa 40 bildhafte Motive (Götter, Vögel, Fische, Pflanzen) und 80 überwiegend geometrisch-abstrakte Formen dar. Diese Zeichen sind sowohl abbildende (logographische) Darstellungen realer physischer Objekte als auch Symbole von Vorgängen und Ereignissen. Die bisherigen Forschungen haben ergeben, dass rund 2000 Kompositionen aus den Bestandteilen des Basisinventars gebildet worden sind. Manche Symbole stehen für ganze Wörter, manche repräsentieren Klänge und andere abstrakte Begriffe. Einzelne Zeichen können, ebenso wie Zeichenkombinationen, vieldeutig (polysem) sein und – wie das in Sprachen üblich ist – in unterschiedlichen Kontexten bei gleicher Form Verschiedenes bedeuten (vergleiche Homophonie). In Texten wurden die einzelnen Zeichen als vertikales, nicht durch Zeilensprünge unterbrochenes Band auf Tafeln aneinandergereiht, so dass die Zeichen in jeder zweiten Zeile auf dem Kopf stehen, das heißt die Tafel zum Lesen nach jeder Zeile auf den Kopf gestellt werden muss.

Abb. 5.23: Ein Teil der Schriftzeichen genügt zu ihrer Erkennung

Sprachen, die das lateinische Alphabet nutzen, repräsentieren Begriffe dagegen sehr abstrakt, geradezu formelhaft. Hier kommt es dann auch nicht mehr darauf an, das gesamte Symbol zu erkennen. Für die Erkennung der Zeichen genügen einzelne Silben und die oberen Teile der Buchstaben, die herausragenden Teile der Schrift, wie bei Silhouetten von Bergen oder Städten.

5.9 Grammatik und Fremdsprachenunterricht

Die Bezeichnung Grammatik findet sich verbreitet nicht nur als sprachwissenschaftlicher Begriff, sondern auch als Bezeichnung für verschiedene Referenzwerke, vor allem für den Sprachunterricht (Lehrbuchgrammatik). Übungsgrammatiken bieten vor allem Wiederholungsmöglichkeiten für den Unterrichtsstoff und sind meist mit einer kurzen Regelwiederholung und Aufgaben mit Lösungsschlüsseln für alle wichtigen grammatischen Phänomene versehen. Es gibt sie zu verschiedenen linguistischen Ansätzen und für verschiedene Lehrbücher.

Auch die Bezeichnung **Lernergrammatik** hat mehrere Bedeutungen: zum einen bezeichnet der Begriff das interne, unbewusste Grammatikverständnis, das sich ein Lerner im Laufe des Erwerbs aufbaut, zum anderen aber auch die Grammatik, die Lerner für sich selbst bewusst entwickeln, indem sie Hypothesen über die fremde Sprache bilden und diese notieren. Darüber hinaus bezeichnen Lernergrammatiken auch solche Grammatiken, die von Autorinnen speziell für Lernzwecke konzipiert werden. Solche Lernergrammatiken können Grammatiken in Lehrbüchern oder Übungsgrammatiken sein. Lernergrammatiken stellen keinen speziellen linguistischen Ansatz der Grammatikbeschreibung dar. Die *Grammatik mit Sinn und Verstand* gehört als Lehr- und Übungsgrammatik zu den Gebrauchsgrammatiken.

Grammatik mit Sinn und Verstand

Beispiel
Die *Grammatik mit Sinn und Verstand* ist von einem deutschsprachigen Autorenteam für fortgeschrittene Lerner des Deutschen geschrieben worden, die mit grammatischer Terminologie vertraut sind (Mittel- und Oberstufe). Die Darstellung des Tempus beginnt die Grammatik beispielsweise mit dem funktionalen Aspekt, nämlich der Frage, wie Zeit überhaupt ausgedrückt werden kann. Dafür liefert sie sodann eine Liste von alternativen Ausdrucksformen, die den Lesern aus ihrem Unterricht bekannt sein müssten. In der folgenden Tabelle wird versucht, den funktionalen Bezug des Zeitausdrucks mit den formalen Elementen des sprachlichen Ausdrucks zu kombinieren. Diese funktionale Orientierung, die grafische Darstellung, das Vorhandensein eines Lösungsschlüssels, die Wahl des ungewöhnlichen Beispiels, das in einer zusammenhängenden Sequenz angeordnet ist, sowie die funktionale Generalisierung der Regeln der *haben/sein*-Verwendung bei der Darstellung des Perfekts im Deutschen machen deutlich, dass diese Grammatik für Lehr- und Lernzwecke konzipiert worden ist. Auf die Erklärung oder eine Variation der Terminologie im Sinne verschiedener linguistischer Ansätze wird in der Grammatik verzichtet.

Grammatik im Kasten

1. Wie man Zeit ausdrücken kann

Zeit kann im Deutschen auf vielfache Weise ausgedrückt werden: durch

1. Tempus-Formen des Verbs	Es *war* einmal ...
2. Adverbien oder adverbiale Ausdrücke	Es war *einmal* ... *Eines Morgens* sollte Rotkäppchen ...
3. Adjektive oder P I/P II	die *frühere* Zeit, die *kommende* Woche, das *vergangene* Jahr
4. Nomen	die *Vergangenheit*, die *Antike*, meine *Jugendzeit*
5. Konjunktionen	*Wenn* du mich mal wieder besuchst, ... *Nachdem* der Wolf die Großmutter ...
6. Verben	Es *dauert* noch Wochen, bis ...

2. Zeit und Tempus

Beziehungen zwischen Zeit und Tempus

Die einzelnen Tempusformen (rechte Spalte) sind den drei Zeitvorstellungen (linke Spalte) zugeordnet:

→ Hauptverwendungen
→ Hauptverwendungen, die nicht so häufig vorkommen
→ besondere Verwendungen

Zeit	Die Beziehungen zwischen Zeit und Tempus (11 Satztypen)	Tempus
Vergangenheit	(1) Die Nilpferde *hatten* sich den ganzen Tag *gelangweilt*.	Plusquamperfekt
	(2) Die Nilpferde *langweilten sich*.	
	(3) Ein Nilpferd berichtete: „Da *kommt* so ein dummer Tourist daher und *will* uns fotografieren."	Präteritum
	(4) Die Nilpferde *haben* einen sehr interessanten Nachmittag *verbracht*.	Perfekt
Gegenwart	(5) „Wie *war* doch noch der Name? – Ach ja, Müller, der Tourist."	
	(6) Der Tourist *fotografiert* Nilpferde.	
	(7) Touristen *sind* oft etwas *naiv*.	Präsens
Zukunft	(8) Der Tourist schimpft: „Morgen *erwische* ich sie aber!"	
	(9) Er *wird* sie auch morgen nicht *erwischen*.	Futur
	(10) Der Tourist denkt: „Gleich *habe* ich sie *erwischt*!"	
	(11) Der Tourist denkt: „Gleich *werde* ich sie *erwischt haben*!"	Futur II

3. Die Grundverben *haben/sein* für Perfekt/Plusquamperfekt

Die meisten Verben bilden Perfekt/Plusquamperfekt mit hat/hatte + P II; auch alle Verben mit sich (→ Kap. 9, A 11–14) und die Grundverben müssen/können etc. (→ Kap. 1, A 13–15):

hat/hatte ...	fotografiert
hat/hatte ...	sich geärgert
haben/hatten ...	nicht gewollt/nicht mitspielen wollen

Abb. 5.24: *Grammatik mit Sinn und Verstand* als Beispiel einer funktional und didaktisch ausgerichteten Grammatik

Didaktische oder **didaktisierte Grammatiken** sind das Verbindungsstück zwischen Lernergrammatiken und wissenschaftlichen Grammatiken. Ihnen geht es darum, die komplexen Beschreibungen systematischer Grammatiken auf ein handhabbares Maß zu vereinfachen, ohne dabei stereotype oder falsche Generalisierungen zu produzieren. Didaktische Grammatiken konzentrieren sich auf die wichtigsten Funktionen eines grammatischen Phänomens und vernachlässigen die Ausnahmen. Da sie nicht an einen bestimmten theoretischen Ansatz gebunden sind, können sie sich das für das Lernen Wichtigste aus verschiedenen Ansätzen heraussuchen und die Defizite der einzelnen theoretischen Ansätze ausgleichen. So kommen verschiedene linguistische Perspektiven zum Zuge, die jede für sich nur jeweils bestimmte Aspekte behandeln.

funktionale Aspekte

Didaktische Grammatiken orientieren sich stark an funktionalen Gesichtspunkten der Sprachbeschreibung und kognitiven Aspekten der Sprachverarbeitung. Sie fungieren als Lernergrammatiken, indem sie die Entwicklungsperspektive der Lerner berücksichtigen, und wachsen mit dem Sprachstand des Lerners mit. Das schließt Anlehnungen an sowie Brückenkonstruktionen zur Ausgangssprache, Mnemotechniken und konzeptuelle Brückenkonstruktionen ein.

Didaktische Grammatiken zeichnen sich durch eine Reihe von Merkmalen in der Darstellung und Vermittlung aus (sekundäre Merkmale):

- Einfache Formulierungen im Sinne der „Verständlichen Sprache“,
- Reduktion metasprachlicher Erklärungen,
- Anbindung an die Begriffswelt der Lerner,
- anschauliche Beispiele (Exemplifizierungen),
- einprägsame Formeln,
- Visualisierungen, Illustrationen,
- Übersichtlichkeit,
- Benutzerfreundlichkeit,
- Entdeckendes Lernen,
- gegebenenfalls Verwendung der Ausgangssprache der Lerner.

Am Beispiel des Tempussystems im Deutschen lässt sich der Ansatz der didaktischen Grammatik an folgendem Beispiel illustrieren:

Beispiel

Minigrammatik

In der *Mini-Grammatik Deutsch als Fremdsprache* (2009) werden die wichtigsten Elemente für Lerner der Grundstufe funktional und sprachlich einfach dargestellt. Die Ausnahmen von der Regel werden zusammengefasst, sofern sie für die betreffenden Lerner überhaupt eine Rolle spielen. Im Unterricht und in weiterführenden Grammatiken können die Regeln später ergänzt und erweitert werden.

Perfekt: *sein* oder *haben*

Das Perfekt besteht aus *sein* oder *haben* und Partizip II. Die wichtigsten Regeln:

1. Die meisten Verben bilden das Perfekt mit *haben* (ca. 80%), besonders alle Verben mit *sich* und normalerweise die Verben mit Akkusativ-Objekt.
2. Folgende Verben nehmen *sein*:

- Die Verben der Ortsveränderung, wenn sie kein Akkusativ-Objekt haben:
  ich bin gegangen, gefahren, geflogen ...

- Die Verben der Zustandsveränderung, wenn sie kein Akkusativ-Objekt haben:
  sie ist gewachsen, aufgestanden, eingeschlafen, aufgewacht, gestorben ...
- Die Verben:
  sein – ist gewesen
  werden – ist geworden
  passieren, geschehen (und ähnliche Verben mit dieser Bedeutung) *– ist passiert/geschehen*
  bleiben – ist geblieben.

3. Einige Verben können das Perfekt mit *haben* und mit *sein* bilden.

Abb. 5.25: Didaktische Grammatik am Beispiel der Darstellung des Perfekts in der *Mini-Grammatik Deutsch als Fremdsprache* (2009)

Der Begriff der didaktischen Grammatik wird in der Literatur unterschiedlich gefasst (Thurmair 1997, Königs 1999, Helbig/Buscha 1999, Götze 2001, Weinrich 2007, Eppert 2011, Olejarka

Pedagogical Grammar

2008). In Anlehnung an den englischen Begriff der *pedagogical grammar* wird auch in der deutschsprachigen Didaktik gelegentlich von pädagogischen Grammatiken gesprochen. Als Weiterentwicklung der didaktischen/pädagogischen Ansätze kann die *Kognitive Didaktik* betrachtet werden. Die Erkenntnisse der Kognitiven Linguistik erlauben vor allem über Metaphorisierungsprozesse einen systematischen Zugang zur Bedeutung und Verständlichkeit der Strukturen des Sprachsystems. Das Modell der Kognitiven Didaktik ist ausführlicher in Kapitel 5.7 dargestellt.

Bei der systematischen Behandlung der Grammatik im Unterricht werden meist zwei Verfahren unterschieden: die regelgeleiteten (**deduktiven**) Verfahren und die entdeckenden (**induktiven**) Verfahren. In Lehrwerken wird Grammatik oft anhand von Regeln, also normativ und deduktiv eingeführt, an Beispielen in Lehrbuchtexten illustriert und schließlich eingeübt. Die Regel steht zuerst. Die Übungen beginnen als geschlossene Übungen mit einfachen Einsetz- oder Umstellungsaufgaben und nehmen an Komplexität durch wachsende Offenheit zu. Bei induktiven Verfahren sind die Lerner am Entdecken der Regeln selbst beteiligt. Ihre Aufgabe ist es, anhand von Texten Strukturen zu beobachten, über die Regelhaftigkeit der Beobachtungen Hypothesen zu bilden, diese Hypothesen zu prüfen und zu festigen und schließlich zu einer arbeitsfähigen Lösung zu gelangen. Lehrkräfte und Lehrmaterialien liefern dazu Hilfestellungen, geben die Regeln aber nicht vor. Ziel ist es, die Lerner (wie im L1-Erwerb und wie beim Chunk-Bearbeiten dargestellt) zu autonomem Lernen und aufmerksamem Beobachten anzuleiten. Sie sollen die Regeln später selbst weiter verfeinern, anwenden und übertragen. Geübt wird anhand von strukturierten Übungen oder offenen Aufgaben und weiteren Texten.

5.10 Übungsaufgaben zur Wissenskontrolle

1. Wie lässt sich Sprache beschreiben?
2. Wie funktioniert das Zeichensystem Sprache in pragmatischer Hinsicht?
3. Wie entsteht sprachliche Variation und wie äußert sie sich?

4. Welche Rolle spielt die Valenzgrammatik im Fremdsprachenunterricht und warum?
5. Auf welchen Grunderkenntnissen baut die Kognitive Linguistik auf?
6. Welche Funktionen hat eine Textgrammatik? Welche Folgen hat das für den Unterricht?
7. Wodurch zeichnen sich Hypertexte aus und was bedeutet das für die Vermittlung von Lesekompetenzen?
8. Was ist das Besondere an Schriftsystemen?
9. Unter welchen Gesichtspunkten können Lernergrammatiken beschrieben werden?
10. Welche Kriterien bestimmen didaktische Grammatiken und wie können sie in Spracherwerb und Sprachunterricht eingesetzt werden?

5.11 Weiterführende Literatur

Adamzik, Kirsten (Hg.) (2000). *Textsorten. Reflexionen und Analysen.* Tübingen: Stauffenburg.

Adamzik, Kirsten (2004). *Textlinguistik. Eine einführende Darstellung.* Tübingen: Niemeyer.

Altmann, Hans/Hahnemann, Suzan (2005). *Syntax fürs Examen. Studien- und Arbeitsbuch.* Wiesbaden: VS Verlag für Sozialwissenschaften.

Auer, Peter (2003). „Türkenslang". Ein jugendsprachlicher Ethnolekt des Deutschen und seine Transformationen. In: Häcki Buhofer, Annelies/Hofer, Lorenz (Hg.). *Spracherwerb und Lebensalter.* Tübingen: Francke, 255–264.

Austin, John L. (1962). *How to Do Things with Words.* Oxford: Harvard University Press.

Baumann/Kalverkämper 1992 (siehe Literaturverzeichnis von Kapitel 4).

Bračič, Stojan/Fix, Ulla/Greule, Albrecht/Oresˇnik, Janez/Janko, Anton (2011). *Textgrammatik, Textsemantik, Textstilistik. Ein textlinguistisches Repetitorium.* Ljubljana: Znanstvena zalozˇba Filozofske fakultete.

Bühler, Karl (1934/1999). *Sprachtheorie. Die Darstellungsfunktion der Sprache.* Jena: G. Fischer.

Buhlmann/Fearns 2018 (siehe gemeinsame Referenz für die Handbücher in Kapitel 9).

Clahsen, Harald/Balkhair, Loay/Schutter, John-Sebastian/Cunnings, Ian (2013). The time course of morphological processing in a second language. *Second Language Research 29*, 7–31.

Eisenberg, Peter (2007). Sprachliches Wissen im Wörterbuch der Zweifelsfälle. Über die Rekonstruktion einer Gebrauchsnorm. *Aptum. Zeitschrift für Sprachkritik und Sprachkultur*, 3/2007, 209–228.

Eppert, Franz (2011). *Grammatik-ABC für Deutsch als Fremdsprache auf Zertifikatsniveau und Niveaustufen A1, A2, B1, B2. Ein kleines Handbuch für Lernende und Lehrende: einfach, klar, praktisch.* 2. Aufl. Frankfurt/M.: R.G. Fischer.

Evans, Vyvyan/Green, Melanie (2006). *Cognitive linguistics. An introduction.* Edinburgh: Edinburgh University Press.

Fandrych, Christian/Thurmair, Maria (2011). *Textsorten im Deutschen. Linguistische Analysen aus sprachdidaktischer Sicht.* Tübingen: Stauffenburg.

Fix, Ulla/Habscheid, Stephan/Klein, Josef (Hg.) (2001). *Zur Kulturspezifik von Textsorten.* Tübingen: Stauffenburg.

Fluck, Hans-Rüdiger (1996). *Fachsprachen. Einführung und Bibliographie.* München: Francke.

Göpferich, Susanne (1995). *Textsorten in Naturwissenschaften und Technik. Pragmatische Typologie – Kontrastierung – Translation.* Tübingen: Narr.

Götze, Lutz (2001). Linguistische und didaktische Grammatik. In: Helbig, Gerhard/Götze, Lutz/Henrici, Gert/Krumm, Hans-Jürgen (Hg.). *Deutsch als Fremdsprache. Ein internationales Handbuch.* Berlin: de Gruyter, 187–194.

Helbig, Gerhard/Buscha, Joachim (1999). *Deutsche Grammatik. Ein Handbuch für den Ausländerunterricht.* Leipzig, Berlin, München: Langenscheidt; Verlag Enzyklopädie.

Heine, Bernd/Kaltenböck, Gunther/Kuteva, Tania/Long, Haiping (2013). An outline of discourse grammar. In: Shannon Bischoff and Carmen Jany (eds.), *Functional Approaches to Language.* Berlin: Mouton de Gruyter. 175–233.

Hengeveld, Kees/Mackenzie, Lachlan (2008). *Functional Discourse Grammar. A Typologically-Based Theory of Language Structure.* Oxford: Oxford University Press.

Henne, Helmut/Rehbock, Helmut (2019). *Einführung in die Gesprächsanalyse.* 1. Aufl. 1979. Berlin, Boston: de Gruyter.
Hoffmann/Kalverkämper/Wiegand (siehe Kapitel 9.1 Handbücher).
Ikegami, Yoshihiko (Hg.) (1991). *Empire of Signs. Semiotic essays on Japanese culture.* Amsterdam: John Benjamins Publishing Company.
Königs, Frank G. (1999). Vom Grundsatz zum Einzelfall – und zurück. Überlegungen zur Diskussion um didaktische Grammatiken am Ende des Jahrhunderts. In: Freudenberg-Findeisen, Renate (Hg.). *Ausdruckgrammatik vs. Inhaltsgrammatik. Linguistische und didaktische Aspekte der Grammatik.* München: iudicium, 305–320.
Littlemore, Jeanette/Taylor, John (Hg.) (2013). *Bloomsbury Companion to Cognitve Linguistics.* London, N.Y. [u. a.]: Bloomsbury Academic.
Marsh, David C. (Hg.) (2007). *Diverse contexts – converging goals. CLIL in Europe.* Frankfurt/M.: Lang.
Mohan, Bernard (1986). *Language and Content.* Reading, MA: Addison-Wesley.
Neuner, Gerd et al. (1986). *Deutsch aktiv Neu. Lehrbuch 1A.* München: Langenscheidt.
Oksaar, Els (2003). *Zweitspracherwerb. Wege zur Mehrsprachigkeit und zur interkulturellen Verständigung.* Stuttgart: Kohlhammer.
Olejarka, Anna (2008). *Die Wortbildungsregularitäten des Verbs und ihre Umsetzung in didaktischen Grammatiken für Deutsch als Fremdsprache.* München: iudicium.
Quist, Pia/Jørgensen, J. Normann (2009). Crossing – negotiating social boundaries. In: Auer, Peter/Wei, Li (Hg.). *Handbook of multilingualism and multilingual communication.* New York, N.Y.: Mouton de Gruyter, 371–389.
Rall, Marlene/Engel, Ulrich/Rall, Dieter (1985). *DVG für DaF: Dependenz-Verbgrammatik für Deutsch als Fremdsprache.* Heidelberg: Groos.
Reeg, Ulrike (2006). *Interkultureller Fremdsprachenunterricht. Grundlagen und Perspektiven: 5. Jahrestagung der DeutschlektorInnen an italienischen Universitäten, 23.–27. September 2004, Monopoli (Bari).* Bari: Edizioni di Pagina.
Rehbein, Jochen (1977): *Komplexes Handeln: Elemente zur Handlungstheorie der Sprache.* Stuttgart: Metzler.
Roche 2013 (siehe Literaturverzeichnis von Kapitel 1).

Scheel, Harald (2007). Der konfrontative Textsortenvergleich in der Ausbildung von Übersetzern und Dolmetschern. In: Emsel, Martina/Cuartero Otal, Juan (Hg.). *Brücken. Übersetzen und interkulturelle Kommunikation.* Frankfurt/M.: Lang, 317–326.

Schlickau, Stephan (1995). Linguistische Feldforschung ‚vor Ort': Bergleute, ihre Sprache und ihre Kommunikation im Ruhrgebiet und in Yorkshire. In: Ehlich, Konrad/Elmer, Wilhelm/Noltenius, Rainer (Hg.). *Sprache und Literatur an der Ruhr.* Essen: Klartext-Verlag, 97–108.

Schmidt, Jürgen Erich (2005). Die deutsche Standardsprache: eine Varietät – drei Oralisierungsnormen. In: Eichinger, Ludwig M./Kallmeyer, Werner (Hg.). *Standardvariation. Wie viel Variation verträgt die deutsche Sprache? Jahrbuch/Institut für Deutsche Sprache 2004.* Berlin, New York: de Gruyter, 278–305.

Schmölzer-Eibinger, Sabine (2011). *Lernen in der Zweitsprache. Grundlagen und Verfahren der Förderung von Textkompetenz in mehrsprachigen Klassen.* 2. durchges. Auflage. Tübingen: Narr.

Schnotz, Wolfgang (2006). Was geschieht im Kopf des Lesers? Mentale Konstruktionsprozesse beim Textverstehen aus der Sicht der Psychologie und der Kognitiven Linguistik. In: Blühdorn, Hardarik/Breindl, Eva/Waßner, Ulrich H. (Hg.). *Text – Verstehen. Grammatik und darüber hinaus.* Berlin, New York: de Gruyter, 222–238.

Schulz, Dora/Griesbach, Heinz (1960). *Grammatik der deutschen Sprache.* München: M. Hueber.

Searle, John R. (1969). *Speech Acts: An Essay in the Philosophy of Language.* London: Cambridge University Press.

Sick, Bastian (2007). *Der Dativ ist dem Genetiv sein Tod.* Köln: Kiepenheuer & Witsch.

Siebs, Theodor/Boor, Helmut de/Moser, Hugo/Winkler, Christian (1969). *Deutsche Aussprache. Reine und gemäßigte Hochlautung mit Aussprachewörterbuch.* Berlin: de Gruyter.

Sweetser, Eve (1990). *From etymology to pragmatics. Metaphorical and cultural aspects of semantic structure.* Cambridge [England], New York: Cambridge University Press.

Talmy, Leonard (2000). *Toward a cognitive semantics.* Cambridge, Mass: MIT Press.

Talmy, Leonard (2008). Aspects of attention in language. In: Robinson, Peter/Ellis, Nick C. (Hg.). *Handbook of cognitive linguistics and second language acquisition.* Mahwah, NJ: L. Erlbaum Associates, 27–38.

Thurmair, Maria (1997). Nicht ohne meine Grammatik. In: Wierlacher, Alois (Hg.). *Jahrbuch Deutsch als Fremdsprache. Intercultural German Studies* 23. München: iudicium, 25–45.

Tomaszewski, Andreas/Rug, Wolfgang (2009). *Grammatik mit Sinn und Verstand.* Stuttgart: Ernst Klett Sprachen GmbH, S. 26ff.

Tyler, Andrea (2008). Cognitive linguistics and second language instruction. In: Robinson, Peter/Ellis, Nick C. (Hg.). *Handbook of cognitive linguistics and second language acquisition.* Mahwah, NJ: L. Erlbaum Associates, 456–488.

Venohr, Elisabeth (2008). Wissenschaftliches Sprechen an deutschen Hochschulen: Indirekte Sprachhandlungen in verschiedenen Textsorten mündlicher Kommunikation. In: Chlosta, Christoph (Hg.). *Auf neuen Wegen. Deutsch als Fremdsprache in Forschung und Praxis. 35. Jahrestagung des Fachverbandes Deutsch als Fremdsprache 2007 an der Freien Universität Berlin.* Göttingen: Universitäts-Verlag Göttingen, 305–322.

Weinrich, Harald (2006). *Sprache, das heißt Sprachen. Mit einem vollständigen Schriftenverzeichnis des Autors 1956–2003.* Tübingen: Narr.

Weinrich, Harald (2007). *Textgrammatik der deutschen Sprache.* Darmstadt: Wissenschaftliche Buchgesellschaft.

White, Lydia (2003). *Second language acquisition and universal grammar.* Cambridge: Cambridge University Press.

Wiese, Heike (2012). *Kiezdeutsch. Ein neuer Dialekt entsteht.* München: Beck.

Zaimoglu, Feridun (1995, 2011). *Kanak Sprak.* Köln: Kiepenheuer & Witsch.

6 Lehr- und Lernziele, Kompetenzen und Standards

Elementares Instrument aller Lehrpläne ist die Formulierung von Lehr- oder Lernzielen. Sie dienen als Handlungsanweisung für Lehrkräfte und Lehrwerksautorinnen und -autoren, sollen Transparenz im Bildungsbetrieb herstellen und den Lernprozess durch die richtige Dosierung des Inputs steuern helfen. Gerade von diesen instruktionalen Steuerungsfunktionen will die Orientierung auf die Leistungen der Lerner, also den Output, Abstand nehmen. Für diesen Perspektivenwechsel steht exemplarisch die Orientierung auf Kompetenzen. Worum es bei den Kompetenzen geht, welche für den Sprachenerwerb die entscheidenden sind und wie sie in einem System des Lehr-/Lern- und Unterrichtsmanagements zur Qualitätsentwicklung und -sicherung eingesetzt werden können, soll in diesem Kapitel dargestellt werden.

6.1 Lehrziele, Lernziele, Kompetenzen

Je nachdem, ob die Perspektive des Lerners oder des Lehrstoffes die Leitlinie des Unterrichtens darstellen soll, kann zwischen Lernzielen und Lehrzielen im Unterricht unterschieden werden. Traditionellerweise fassen Lehrpläne oder Curricula die Lehrziele einer Jahrgangsstufe oder eines Sprachniveaus zusammen und ordnen sie in Bezug auf die Spezifik unterschiedlicher Bereiche. Die Richtlehrziele (Leitziele) repräsentieren traditionellerweise die grundsätzlichen pädagogischen und bildungspolitischen Zielvorgaben, die eine Gesellschaft und ihre Bildungsinstanzen für wichtig erachten. In den Groblehrzielen werden diese nach relevanten fachspezifischen und pädagogischen Kriterien auf den institutionellen Rahmen des betreffenden Schulsystems zugeschnitten und schließlich in den Feinlehrzielen für die Fertigkeitsbereiche konkretisiert und operationalisiert, in den Bereichen der Grammatik, des Lesens, Schreibens, Hörens und Sprechens.

Lehrziele sollen in der Regel durch bevorzugte didaktische und methodische Verfahren umgesetzt werden. Hieraus ergibt sich eine zweifache Input-Orientierung: durch eine kontrollierte und steuernde sprachliche Eingabe sowie durch instruktionistisch steuernde Lehrmethoden (Englisch: Interventionist Methods).

Kompetenzorientierung

Da die sprachlichen und methodischen Steuerungsversuche der Komplexität des Sprachenerwerbs und -unterrichts nur bedingt gerecht werden können, tritt in neueren Regelwerken, Lehrplänen und Qualitäts-Managementverfahren eine Orientierung auf den Output der Lerner in den Vordergrund. Diese manifestiert sich vor allem in einer Orientierung auf Kompetenzen, Kriterien und Kompetenzstufen und verlangt folglich nach einer Lehrmethodik, die unterschiedliche – und somit individuelle – Zugänge zu den Zielen zulässt und autonomes Lernen fördert. Damit ist sie besonders mit aufgaben- und handlungsorientierten Verfahren vereinbar, die konstruktivistischen Lernmodellen verpflichtet sind. Kompetenzen werden als Qualifikationen definiert, die über verschiedene Indikatoren gemessen werden, die über verschiedene **Lernwege** erreicht werden können und die die Bedingungen der jeweiligen Lernumgebung und die Interessen und Möglichkeiten der Lerner berücksichtigen.

Ein Beispiel für einen outputorientierten Lehrplan ist das *Kerncurriculum für Hessen* (2011). Die Kompetenzen gliedern sich in überfachliche Kompetenzen und Kompetenzbereiche eines Faches wie moderne Fremdsprachen. Personale, Sozial-, Sprach- und Lernkompetenzen werden als überfachliche Kompetenzen angeführt, die wiederum in Dimensionen und Aspekte differenziert werden (beispielsweise wird die Sprachkompetenz durch Lese-, Schreib- und Kommunikationskompetenz präzisiert). Das Leitziel im Bereich moderner Fremdsprachen ist die Diskursfähigkeit. Diese soll mittels der Förderung kommunikativer, transkultureller und Sprachlernkompetenzen erreicht werden. Die inhaltliche Konzeption des Faches orientiert sich an drei Inhaltsfeldern: persönliche, öffentlich-gesellschaftliche und kulturelle Lebenswelt. Diese benennen sprachliche Erscheinungsformen, zielorientierte Handlungsmuster und normative Gesichtspunkte. Sie dienen als Entscheidungsgrundlage für die Auswahl von Lerngegenständen. (ein Auszug aus den Leitperspektiven zur Kompetenz „Sprechen" ist in Abbildung 6.11 dargestellt).

Übersicht
Lehr- und Lernziele im Fremdsprachenunterricht
Zu den wichtigsten Lehr- und Lernzielen im Fremdsprachenunterricht gehören die folgenden:

Wissenserwerb:

- Sach- und Fachwissen über Ausgangs- und Zielkultur,
- Sprachwissen und Wissen über Konventionen, Normen, Texttypen und Textsorten,
- Wissen über die Funktionsweise und kulturelle Verankerung von Texten,
- Wissen über die Kultur (Landeskunde) und die Zwecke der Lehrinstitutionen und Bildungssysteme,
- Theorie- und Methodenwissen.

Sprachliche Kompetenzen und Fertigkeiten:

- Ausgangs- und zielsprachliche Kenntnisse,
- Kulturkompetenzen,
- pragmatische Kompetenzen,
- Textverstehens- und -verarbeitungskompetenzen,
- Vermittlungsfertigkeiten,
- Ausdrucksfähigkeit und Stilempfinden schriftlich und mündlich,
- produktive Kompetenz in Bezug auf Texttypen und Textsorten
- kohärente und logische Gestaltung von Texten.

Persönlichkeitsentwicklung:

- emotionale Stabilität,
- Kritik- und Reflexionsfähigkeit inklusive Selbstkritik,
- demokratische Kompetenz,
- Konzentrationsfähigkeit,

- Ausdauer,
- Flexibilität,
- Verantwortungsbewusstsein,
- Intuition, Aufgeschlossenheit, Empathie,
- Kreativität.

Berufs- und Schlüsselqualifikationen:

- Analyse-, Urteils- und Entscheidungsfähigkeit (kritische Kompetenz),
- Analogie- und Kontextualisierungsfähigkeit,
- Erschließungs- und Einarbeitungsfähigkeit,
- Recherchefertigkeiten,
- Medienkompetenzen,
- interpersonale und interkulturelle Vermittlungskompetenzen.

Überfachliche Kompetenzen:

- personale Kompetenz,
- Sozialkompetenz,
- Lernkompetenz,
- Sprachkompetenz.

Gemeinsamer Europäischer Referenzrahmen

Der *Gemeinsame Europäische Referenzrahmen* (GER), die einflussreichste Sammlung von Lehr- und Lernzielen, weist die Kompetenzen sechs Niveaustufen (A1, A2, B1, B2, C1, C2) zu, formuliert sie als allgemeine und spezifische Kann-Bestimmungen (was soll der Lerner können?) und stimmt sie unter den Sprachen Europas ab. Dadurch entsteht eine Differenzierung und Vergleichbarkeit der Anforderungen unter den europäischen Sprachen, die der höheren Mobilität in Europa gerecht werden soll.

Exkurs
Die Kompetenzen des Sprachverwenders und des Sprachenlernenden (GER: Kapitel 5)

1. Allgemeine Kompetenzen
    1. Deklaratives Wissen (*savoir*)
        1. Weltwissen
        2. Soziokulturelles Wissen
        3. Interkulturelles Bewusstsein
    2. Fertigkeiten und prozedurales Wissen (*savoir-faire*)
        1. Praktische Fertigkeiten
        2. Interkulturelle Fertigkeiten
    3. Persönlichkeitsbezogene Kompetenz (*savoir-être*)
    4. Lernfähigkeit (*savoir-apprendre*)
        1. Sprach- und Kommunikationsbewusstsein
        2. Allgemeines phonetisches Bewusstsein und phonetische Fertigkeiten
        3. Lerntechniken
        4. Heuristische Fertigkeiten
2. Kommunikative Sprachkompetenzen
    1. Linguistische Kompetenzen
        1. Lexikalische Kompetenz
        2. Grammatische Kompetenz
        3. Semantische Kompetenz
        4. Phonologische Kompetenz
        5. Orthographische Kompetenz
        6. Orthoepische Kompetenz
    2. Soziolinguistische Kompetenzen
        1. Sprachliche Kennzeichnung sozialer Beziehungen
        2. Höflichkeitskonventionen
        3. Redewendungen, Aussprüche, Zitate und sprichwörtliche Redensarten
        4. Registerunterschiede
        5. Varietäten (sozial, regional, ethnisch usw.)
    3. Pragmatische Kompetenzen
        1. Diskurskompetenz
        2. Funktionale Kompetenz

Diese Anforderungen gelten für alle europäischen Sprachen, werden aber zunehmend auch außerhalb Europas angewandt, weil es dort vergleichbare Rahmenwerke nicht gibt. Der GER verfolgt damit mehrere strategische Ziele: bei Kann-Bestimmungen ist zweitrangig, wo und wie die Lerner die Kompetenzen erwerben. Wichtiger ist das individuelle Sprachenprofil eines Lerners. Der GER setzt dynamische Sprachkompetenzen an, die lebenslang erweiterbar sind und deshalb in einem Sprachenportfolio verwaltet werden sollten. Allgemeinverbindliche Standards sorgen für eine transparente Vergleichbarkeit der Kompetenzen verschiedener Sprachen. Die sechs Niveaustufen von der elementaren bis zur kompetenten Sprachverwendung fasst der Referenzrahmen folgendermaßen zusammen:

6 Niveaustufen

Elementare Sprachverwendung	A1	Kann vertraute, alltägliche Ausdrücke und ganz einfache Sätze verstehen und verwenden, die auf die Befriedigung konkreter Bedürfnisse zielen. Kann sich und andere vorstellen und anderen Leuten Fragen zu ihrer Person stellen – z. B. wo sie wohnen, was für Leute sie kennen oder was für Dinge sie haben – und kann auf Fragen dieser Art Antwort geben. Kann sich auf einfache Art verständigen, wenn die Gesprächspartnerinnen oder Gesprächspartner langsam und deutlich sprechen und bereit sind zu helfen.
	A2	Kann Sätze und häufig gebrauchte Ausdrücke verstehen, die mit Bereichen von ganz unmittelbarer Bedeutung zusammenhängen (z. B. Informationen zur Person und zur Familie, Einkaufen, Arbeit, nähere Umgebung.) Kann sich in einfachen, routinemäßigen Situationen verständigen, in denen es um einen einfachen und direkten Austausch von Informationen über vertraute und geläufige Dinge geht. Kann mit einfachen Mitteln die eigene Herkunft und Ausbildung, die direkte Umgebung und Dinge im Zusammenhang mit unmittelbaren Bedürfnissen beschreiben.
Selbstständige Sprachverwendung	B1	Kann die Hauptpunkte verstehen, wenn klare Standardsprache verwendet wird und wenn es um vertraute Dinge aus Arbeit, Schule, Freizeit usw. geht. Kann die meisten Situationen bewältigen, denen man auf Reisen im Sprachgebiet begegnet. Kann sich einfach und zusammenhängend über vertraute Themen und persönliche Interessengebiete äußern. Kann über Erfahrungen und Ereignisse berichten, Träume, Hoffnungen und Ziele beschreiben und zu Plänen und Ansichten kurze Begründungen oder Erklärungen geben.
	B2	Kann die Hauptinhalte komplexer Texte zu konkreten und abstrakten Themen verstehen; versteht im eigenen Spezialgebiet auch Fachdiskussionen. Kann sich so spontan und fließend verständigen, dass ein normales Gespräch mit Muttersprachlern ohne größere Anstrengung auf beiden Seiten gut möglich ist. Kann sich zu einem breiten Themenspektrum klar und detailliert ausdrücken, einen Standpunkt zu einer aktuellen Frage erläutern und die Vor- und Nachteile verschiedener Möglichkeiten angeben.
Kompetente Sprachverwendung	C1	Kann ein breites Spektrum anspruchsvoller, längerer Texte verstehen und auch implizite Bedeutungen erfassen. Kann sich spontan und fließend ausdrücken, ohne öfter deutlich erkennbar nach Worten suchen zu müssen. Kann die Sprache im gesellschaftlichen und beruflichen Leben oder in Ausbildung und Studium wirksam und flexibel gebrauchen. Kann sich klar, strukturiert und ausführlich zu komplexen Sachverhalten äußern und dabei verschiedene Mittel zur Textverknüpfung angemessen verwenden.
	C2	Kann praktisch alles, was er/sie liest oder hört, mühelos verstehen. Kann Informationen aus verschiedenen schriftlichen und mündlichen Quellen zusammenfassen und dabei Begründungen und Erklärungen in einer zusammenhängenden Darstellung wiedergeben. Kann sich spontan, sehr flüssig und genau ausdrücken und auch bei komplexeren Sachverhalten feinere Bedeutungsnuancen deutlich machen.

Abb. 6.1: Formulierung der sechs Niveaustufen im *Gemeinsamen Europäischen Referenzrahmen* (GER)

In *Profile Deutsch* sind die Niveaustufen auf operationable Sammlungen von Redemitteln heruntergebrochen.

Profile Deutsch

Detaillierte Kannbeschreibungen *mit Beispielen:* Produktion mündlich

Kann mit einfachen, meist unverbundenen Ausdrücken sich selbst beschreiben, was er/sie macht und wo er/sie wohnt.
Kann im Sprachkurs sagen, woher sie kommt und wo sie jetzt wohnt.
Kann Kolleginnen sagen, was sie beruflich macht und was ihr liebstes Hobby ist.
Kann einem Kollegen sagen, was sie derzeit an einem normalen Tag macht.

Kann mit einfachen, meist unverbundenen Ausdrücken über sich, andere Personen und die unmittelbare Umgebung sprechen.
Kann bei einer Party einem anderen Gast sagen, wie groß die eigene Familie ist.
Kann mit einfachen Ausdrücken und Sätzen ihren Partner beschreiben.
Kann beschreiben, wie die Firma heißt, in der sie arbeitet, und was sie dort macht.

Kann Zahlen, wichtige Zeit- und Mengenangaben sowie Daten gut verständlich sprechen.
Kann die eigene Telefonnummer so deutlich sprechen, dass sie mitgeschrieben werden kann.
Kann auf einem Amt wichtige Angaben wie Geburtsdatum oder Adresse verständlich sagen.
Kann in einem Geschäft wichtige Größenangaben mit einfachen sprachlichen Mitteln nennen.

Kann ein kurzes, eingeübtes Statement vom Blatt vortragen.
Kann bei einem informellen Anlass einen Gast als Redner vorstellen.
Kann bei einem Fest einen Toast sprechen.
Kann nach einem offiziellen Essen die vorbereiteten Dankesworte sprechen.

Abb. 6.2: Mündliche Redemittel in *Profile Deutsch* (Glaboniat et al. 2005: 13)

Das Vorgehen des GER und anderer Rahmenwerke ist nicht unumstritten. Die Formulierung von Kann-Bestimmungen und Niveaustufen ist nicht weniger von subjektiven Gewichtungen abhängig als die traditionelle Definition von Lehr- oder Lernzielen. Auch wenn keine Inhalte vorgegeben werden, fördert der GER eine Verengung auf die Alltagskommunikation, etwa zu Lasten literarischer Sprache. Die Rolle des thematischen Interesses beim Sprachenlernen und die Rolle von thematischen Vorkenntnissen beim Erreichen einer Niveaustufe werden ausgeblendet. Erkenntnisse der Spracherwerbsforschung werden nicht systematisch berücksichtigt. Vielmehr lehnt sich der GER an die früheren *Proficiency Guidelines* an, die ihre Wurzeln in den Lernmodellen und Zielsetzungen der 1950er Jahre, und damit besonders in den Anforderungen des US-Militärs in dieser Zeit, haben. Zudem müsste stärker betont werden, dass die dem GER zugrunde liegende Output-(Kompetenz-)Orientierung eine auf Handlungen und Autonomie ausgerichtete Unterrichtsmethodik verlangt, die ihrerseits eine entsprechende Ausbildung der Lehrkräfte und ein geeignetes Lehrmaterial voraussetzt. Diese Methodik basiert auf konstruktivistischen Lernmodellen und verträgt sich nur bedingt mit instruktionistischen Verfahren.

Proficiency Guidelines

Problematisch ist auch die Orientierung an den traditionellen Fertigkeitsbereichen, also Lese- und Hörverstehen, Sprechen und Schreiben. In authentischer Kommunikation wirken in der Regel alle Bereiche zusammen und sind voneinander abhängig. Jemand der spricht, hat zuvor gehört und gelesen und er schreibt im Anschluss daran vielleicht etwas auf. Wer den Kontext nicht berücksichtigt, kann in der Regel auch nicht adäquat kommunizieren. Jemand, der eine gute Aussprache besitzt, kann noch nicht unbedingt sprechen oder reden. Jemand, der die Orthographie und die Interpunktion beherrscht, kann noch nicht unbedingt Texte adäquat verfassen. Bei der Vermittlung sprachlicher und sprachkultureller (linguakultureller) Kompetenzen stehen daher nicht mehr nur einzelne Fertigkeiten, sondern kommunikative Handlungskompetenzen im Mittelpunkt, die auf verschiedenen Fertigkeiten aufbauen. Nicht alle Sprachtests und Lehrmaterialien reflektieren diese Verbindungen der Fertigkeiten an der Übungsoberfläche, aber sie tun es oft bei den Aufgaben. Bei

Sprachtests

der wichtigsten deutschsprachigen Sprachprüfung für den Hochschulzugang, dem TestDaF, ergeben sich zum Beispiel folgerichtig Aufgaben zum Sprechen, die auch Hör- und Lesekompetenzen erfordern (vergleiche Abbildung 6.3).

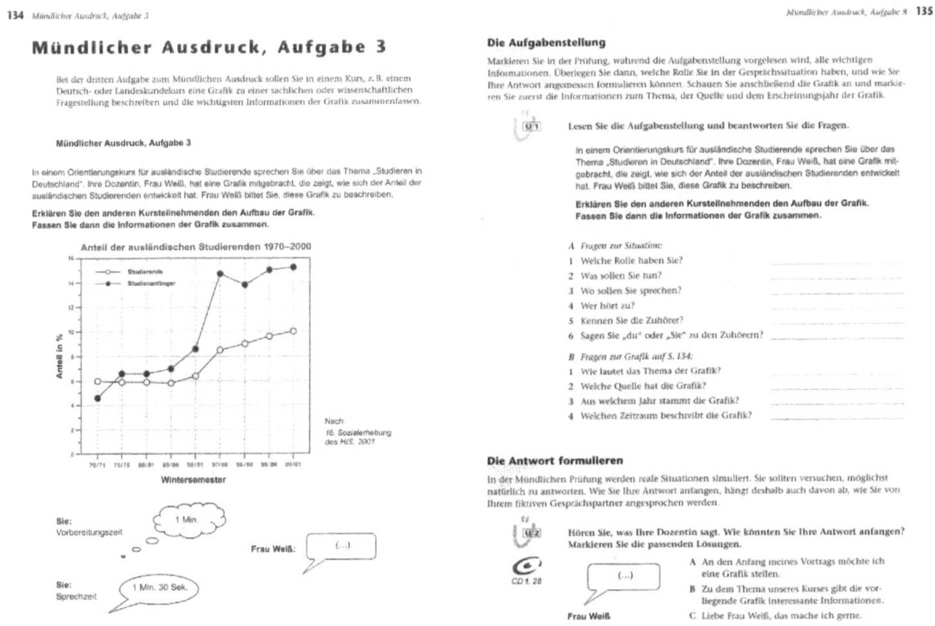

134 *Mündlicher Ausdruck, Aufgabe 3*

Mündlicher Ausdruck, Aufgabe 3

Bei der dritten Aufgabe zum Mündlichen Ausdruck sollen Sie in einem Kurs, z. B. einem Deutsch- oder Landeskundekurs eine Grafik zu einer sachlichen oder wissenschaftlichen Fragestellung beschreiben und die wichtigsten Informationen der Grafik zusammenfassen.

Mündlicher Ausdruck, Aufgabe 3

In einem Orientierungskurs für ausländische Studierende sprechen Sie über das Thema „Studieren in Deutschland". Ihre Dozentin, Frau Weiß, hat eine Grafik mitgebracht, die zeigt, wie sich der Anteil der ausländischen Studierenden entwickelt hat. Frau Weiß bittet Sie, diese Grafik zu beschreiben.

Erklären Sie den anderen Kursteilnehmenden den Aufbau der Grafik.
Fassen Sie dann die Informationen der Grafik zusammen.

Mündlicher Ausdruck, Aufgabe 8 135

Die Aufgabenstellung

Markieren Sie in der Prüfung, während die Aufgabenstellung vorgelesen wird, alle wichtigen Informationen. Überlegen Sie dann, welche Rolle Sie in der Gesprächssituation haben, und wie Sie Ihre Antwort angemessen formulieren können. Schauen Sie anschließend die Grafik an und markieren Sie zuerst die Informationen zum Thema, der Quelle und dem Erscheinungsjahr der Grafik.

Ü 1 **Lesen Sie die Aufgabenstellung und beantworten Sie die Fragen.**

In einem Orientierungskurs für ausländische Studierende sprechen Sie über das Thema „Studieren in Deutschland". Ihre Dozentin, Frau Weiß, hat eine Grafik mitgebracht, die zeigt, wie sich der Anteil der ausländischen Studierenden entwickelt hat. Frau Weiß bittet Sie, diese Grafik zu beschreiben.

Erklären Sie den anderen Kursteilnehmenden den Aufbau der Grafik.
Fassen Sie dann die Informationen der Grafik zusammen.

A *Fragen zur Situation:*
1 Welche Rolle haben Sie? ______
2 Was sollen Sie tun? ______
3 Wo sollen Sie sprechen? ______
4 Wer hört zu? ______
5 Kennen Sie die Zuhörer? ______
6 Sagen Sie „du" oder „Sie" zu den Zuhörern? ______

B *Fragen zur Grafik auf S. 134:*
1 Wie lautet das Thema der Grafik? ______
2 Welche Quelle hat die Grafik? ______
3 Aus welchem Jahr stammt die Grafik? ______
4 Welchen Zeitraum beschreibt die Grafik? ______

Die Antwort formulieren

In der Mündlichen Prüfung werden reale Situationen simuliert. Sie sollten versuchen, möglichst natürlich zu antworten. Wie Sie Ihre Antwort anfangen, hängt deshalb auch davon ab, wie Sie von Ihrem fiktiven Gesprächspartner angesprochen werden.

Ü 2 **Hören Sie, was Ihre Dozentin sagt. Wie könnten Sie Ihre Antwort anfangen? Markieren Sie die passenden Lösungen.**

CD 1, 28

(...)

Frau Weiß

A An den Anfang meines Vortrags möchte ich eine Grafik stellen.
B Zu dem Thema unseres Kurses gibt die vorliegende Grafik interessante Informationen.
C Liebe Frau Weiß, das mache ich gerne.

Abb. 6.3: Berücksichtigung verschiedener Fertigkeiten im Kompetenzbereich Sprechen in *Fit für den TestDaF* (Roche 2013: 134 f.)

6.2 Vom Lehrplan zum Lernplan

Einen praktischen, von den verbreiteten Verfahren der Lehrzielbestimmung abweichenden Ansatz vertritt der *Lehrplan Deutsch als Zweitsprache* (2002) für Grund- und Hauptschulen in Deutschland, der Schweiz und Österreich. Er stellt Handlungskompetenzen und interkulturelle Kompetenzen in den Mittelpunkt, bezieht sich auf das aktive Lernen der Lerner (Lernziele, Interessen, Themen), berücksichtigt Erkenntnisse der Spracher-

Lehrplan Deutsch als Zweitsprache

werbsforschung zum Wortschatzerwerb und ist denkbar knapp formuliert. Allgemeine Entwicklungen in der Gesellschaft, neue Arbeitsweisen in den Schulen, differenzierte Interessen und Bedürfnisse der Lehrkräfte und Lerner sowie die Erkenntnisse pädagogischer und zweit- beziehungsweise fremdsprachendidaktischer Forschung gaben Anstöße für eine Neugestaltung des früheren Lehrplans. Das Konzept setzt eine offene, handlungs- und aufgabenorientierte Unterrichtsgestaltung voraus, die auf die Lernerfahrungen und Perspektiven der Schülerinnen und Schüler eingeht und den Lernprozess im Sinne autonomer und konstruktivistischer Verfahren in den Mittelpunkt stellt und so zum Lernplan wird.

Beispiel
Lehrplan Deutsch als Zweitsprache (2002)
Die Leitgedanken benennen Voraussetzungen der Lernenden, Erkenntnisse aus der Spracherwerbsforschung und Gesetzmäßigkeiten des Sprachlernprozesses, die einen effizienten Sprachunterricht bestimmen. Die Ausführungen in den Leitgedanken beziehen sich auf folgende Themen:

- Wachstum durch Sprachanwendung (Authentizität und Funktionalität),
- ganzheitliches Lernen,
- methodische, soziale und mediale Vielfalt,
- zyklischer Aufbau der Lernsituationen,
- lebensnahes Lernen,
- Mehrsprachigkeit als Chance,
- offene Unterrichtssituationen (Lernumgebung),
- selbstgesteuertes Lernen,
- Fehler als Lernanstoß (im Sinne von Lernsequenzen),
- Spielen als Probehandeln,
- narrative Elemente,
- Wortschatzerwerb,
- Nutzung von Medien,
- Fachsprache,
- Hören und Lesen als Basiskompetenz,
- Aussprache,

- Arbeit an Texten (Textsorten),
- Schreiben,
- sprachliche Regeln als Reflexionshilfe (Sprachnormen und Sprachvariation),
- Diagnose und Evaluation (Fehlerkorrektur).

Die Grundlagen des Konzeptes sind auch im Aufbau des zweiten Teils des Lehrplans, in der Konkretisierung der Lernfelder für den Unterricht, erkennbar. Entsprechend den Bedürfnissen und den der jeweiligen Altersgruppe eigenen Erfahrungswelten liegen für die Grundschulen und weiterführenden Schulen jeweils eigene Lerninhalte vor. Jedes Lernfeld besteht aus:

- einem Signalthema mit zugeordneten Themen-Modulen,
- Kerninhalten,
- lexikalischen Bereichen,
- syntaktischen Mitteln,
- Sprechakten und Strukturen,
- Schüleraktivitäten.

Die Signalthemen lauten:

- Ich und du,
- lernen,
- sich orientieren,
- miteinander leben,
- was mir wichtig ist,
- sich wohlfühlen.

Die Kerninhalte machen ersichtlich, dass jedes Ereignis im Unterricht dem sprachlichen Zuwachs, der Sprachgeläufigkeit und Sprachkorrektheit dient, und zwar im Rahmen der genannten Mittel und Kompetenzen. Hier werden Sprechsituationen benannt, in denen die Schülerinnen und Schüler zyklisch ihr Sprachwachstum erweitern können.
Die Angabe von lexikalischen Bereichen gibt den Lehrkräften und und Schülerinnen und Schülern die Freiheit, den

Wortschatz individuell auszuwählen und je nach Lernsituation zu konkretisieren.

Unter dem Untertitel Syntaktische Mittel werden Musterbeispiele für den Schwierigkeitsgrad der sprachlichen Inhalte gegeben. Damit wird deutlich, dass Grammatik nicht normativ, sondern gebrauchsorientiert, also kommunikativ-funktional, gelernt wird.

Die Sprechakte und Strukturen stellen Minimalanforderungen dar und bilden eine ausbaufähige Basis für das weitere Lernen. Der Erwerb von sprachlich komplexeren Strukturen desselben Lernfeldes ist insbesondere im ersten Lernjahr nicht zwingend von der Fähigkeit zum aktiven Gebrauch der Ausdrucksformen abhängig. Das passive Verständnis soll jedoch gesichert sein.

Die Rubrik Schüleraktivitäten gibt eine Fülle von Anregungen für einen zyklisch aufgebauten, schüler- und situationsbezogenen Unterricht, der die eigene Lebenswelt der Lerner und deren interkulturelle Erfahrungen in den Mittelpunkt des Lernens stellt. Der kreative Prozess des Sprachenlernens wird unterstützt durch Lernszenarien, die Impulse für authentische Kommunikationssituationen und das Anwenden und Erproben geben. Die abwechselnd in verschiedenen Arbeitsformen (**Sozialformen**: Einzelarbeit, Partnerarbeit, Gruppenarbeit, gesamte Gruppe/Plenum) durchführbaren Aufgaben schaffen die Basis für eine vielfältige mündliche und schriftliche Umsetzung der Lernziele und den Aufbau wichtiger kommunikativer Kompetenzen.

handlungsorientiertes Unterrichtskonzept

Die Vielfalt der Anregungen des handlungsorientierten Unterrichtskonzepts erlaubt eine Auswahl, die sich am Interesse, Bedarf und Leistungsstand der Lerner sowie den örtlichen Gegebenheiten des Unterrichts orientiert.

Wesentliche Kriterien des Lehrplankonzeptes zeigen sich auch in der Unterteilung der möglichen Schüleraktivitäten in fünf Bereiche.

- Unter dem Punkt **Individuelles** Lernen werden Anregungen für das selbständige Lernen gegeben, vor allem für die individuelle Wortschatzerweiterung, die eine zentrale Bedeutung für die Kommunikation und das Leseverstehen hat.
- Die Rubrik **Gemeinsames Lernen** bietet Aufgaben an, die, in verschiedenen Sozialformen durchgeführt, die Basis für eine vielfältige mündliche und schriftliche Umsetzung der Lernziele bilden.
- Unter **Lernen außerhalb der Klasse** werden Vorschläge gemacht, wie die deutschsprachige Umgebung als effektiver Lernort für sprachliches Handeln genutzt werden kann.
- Mit dem Bereich **Sprachliche und kulturelle Erfahrungen nutzen** sollen die interkulturelle Sensibilisierung in den Lerngruppen gefördert und unterschiedliche Erfahrungen reflektiert werden.
- Unter dem in den Schüleraktivitäten auftauchenden Begriff **Lernen lernen** wird Lernen als ein aktiver, konstruktiver, selbstregulierender und kumulativer Prozess verstanden, der in einem sozialen und situativen Kontext stattfindet. Durch die Anregungen in dieser Rubrik wird die Fähigkeit der Schülerinnen/Schüler gefördert, Sprache selbständig und in Eigeninitiative zu erwerben und damit Verantwortung für den eigenen Lernprozess zu übernehmen. Für unterschiedliche Lernertypen werden unterschiedliche Lernstrategien angeboten.

Grund- und Aufbaukurs

Weiterführende Schulen können zur Verbesserung des Verstehens von Fachtexten als zusätzliches Angebot die Rubrik Fachsprache anwenden nutzen. Der zyklisch aufgebaute Lehrplan ist in einen Grund- und Aufbaukurs gegliedert. Von den unterschiedlichen zeitlichen Vorgaben, den unterschiedlichen Organisationsformen und dem individuellen Lernfortschritt hängt es ab, in welchem Zeitrahmen die Lernziele erreicht werden können. Auch hier ist der Lehrplan ein offener Lernplan.

Lernfeld 1 *Grundschule Grundkurs* **Ich und du**

Kerninhalte
Schulalltagsrituale auffassen
Hinhören lernen
Sich begrüßen und verabschieden
Höflichkeitsformen anwenden
Sich bekannt machen
Voneinander etwas erfahren
Vorlieben und Abneigungen äußern
Hilfen erbitten

Lexikalische Bereiche	Syntaktische Mittel
Begrüßung und Verabschiedung	Guten Morgen! / Hallo! / Auf Wiedersehen!
	Ich bin ....
Unterricht	
Freizeitbeschäftigungen	Ich mag (Pizza).
Vorlieben der Schüler	Und du?
	(Spinat) mag ich nicht.
	Ich auch / nicht.
	Ja. / Nein.
	Ich kann / nicht (schwimmen).
Fragen	Was?
	Wie heißt das?
	Was magst du?
	Wie heißt du?
Zahlen	Bitte. / Danke.

Mögliche Schüleraktivitäten zum Erwerb der Sprache

Individuelles Lernen

Wortschatzkartei / Wörterheft anlegen
Gegenstände und Buchstaben / Wörter mit Knetmasse darstellen
Großen Personenumriss auf Tapete mit Fotos und Zeichnungen ergänzen
Bildertagebuch anlegen (Ich, Familie, Freizeit, Lieblingsessen, ...)
Einfache Steckbriefe zusammenstellen
Zahlendomino herstellen
Glückwunschkarten gestalten

Gemeinsames Lernen

Sich mit Liedern und Spielen kennen lernen
Das Hören und Sprechen durch Stimmmodulation trainieren (laut / leise, hell / dunkel)
Wortschatz mit allen Sinnen lernen
Gegenstände und Wortkarten zuordnen
Gegenstände tasten und Wörter raten (Spiele zur Wahrnehmung und Merkfähigkeit)
Tätigkeiten pantomimisch darstellen
Wichtige Zahlen austauschen (Altersangabe, Telefonbuch erstellen, ...)
Mit Zahlen spielen (Klopf- und Horchspiele, Würfelspiele, ...)
Hitliste erstellen (Lieblingsfiguren, Essen, Tiere, Hobbys, ...)
Bei Rätselspielen mitmachen
Eigenen Personenumriss der Klasse vorstellen
„Wir"-Collage herstellen
Wandfries gestalten (Selbstdarstellungen, Herkunftsländer, Vorlieben, ...)
Geburtstagskalender anfertigen
Geburtstage feiern
Einladungen entwerfen und gestalten
Spiel- und Bewegungslieder hören und nachgestalten
Minidialog mit Handpuppen hören und sich einschalten
Gemeinsam essen (mit Eltern vorbereiten)

Lernen außerhalb der Klasse

Schülertutoren kennen lernen und ihre Hilfe annehmen
Steckbriefe erstellen (Eltern, Freunde, ...)
Partnerklasse besuchen und einladen

Sprachliche und kulturelle Erfahrungen nutzen
Begrüßungen in den anderen vorhandenen Sprachen hören
In der Herkunftssprache zählen
Bildwörterheft mehrsprachig anlegen
Herkunftsländer an der Karte markieren
Einfache Reime, Lieder und Gedichte einbringen (Abzählreime, Spiele, ...)
Alle Mittel zur Verständigung einsetzen (Mimik, Gestik, Muttersprache, ...)

Lernen lernen
Hinhören und Nachfragen lernen und erproben
Bedeutungen aufgrund nichtsprachlicher und sprachlicher Zeichen erraten
Mit Wortschatzkartei, Wörterheft und digitalen Lernprogrammen umgehen Wortschatzspiele nutzen (Wortkarten, Dominos, ...)
Mit Arbeitsmitteln vertraut werden (Lineal, Tageslichtprojektor, ...)
Partner- oder Gruppenarbeit einüben
Formelhafte Wendungen gebrauchen

Abb. 6.4: Auszüge aus dem *Lehrplan Deutsch als Zweitsprache: Grundschule* (2002: 14)

6.3 Handlungskompetenzen

Lerngebiet 3.3: Selbstständiges Handeln und Verantwortung übernehmen

Beschreibung:

Selbstständiges Handeln in Beruf und Privatleben setzt die Übernahme von Verantwortung voraus. Die Schülerinnen und Schüler entwickeln ihre Bereitschaft zur Übernahme von Verantwortung in Entscheidungs- und Handlungssituationen weiter. Sie bauen ihre Fähigkeiten für ein eigenständiges Lernen und für eine eigenverantwortliche Lebensgestaltung aus.

Kompetenzerwartungen

Die Schülerinnen und Schüler

- setzen im Vorfeld erworbene Kenntnisse gewinnbringend in Entscheidungs- und Handlungssituationen ein.
- gehen Arbeitsprozesse proaktiv an.
- identifizieren erforderliche Vorgehensweisen bei bereits bekannten Problemstellungen in Alltag und Beruf.
- hinterfragen das Verhältnis von Aufwand und Nutzen bei geplanten Vorgehensweisen.
- schätzen die Grenzen der eigenen Kompetenzen realistisch ein.
- kennen geeignete Hilfs- und Unterstützungsangebote und nehmen diese ggf. in Anspruch.
- stellen Handlungsprodukte trotz eventueller Rückschläge fertig und gehen mit vorübergehenden Negativerlebnissen konstruktiv um.
- bearbeiten verschiedene Aufträge mit vergleichbarer Intensität und Genauigkeit.
- übertragen Vorgehensweisen von bekannten auf neue Problemstellungen.
- antizipieren mögliche Hindernisse auf verschiedenen Lösungswegen.
- finden selbstständig zielführende Handlungsalternativen bei unvorhergesehen auftretenden Schwierigkeiten.
- werten Arbeitsergebnisse im Abgleich mit den gestellten Anforderungen aus.
- verantworten Arbeitsergebnisse und begründen ggf. ihr Vorgehen.

Abb. 6.5: Lerngebiet „Selbstständiges Handeln und Verantwortung übernehmen" aus dem Lehrplan für Berufsintegrations- und Sprachintensivklassen

Wie verschiedene Fertigkeiten integrierende Handlungskompetenzen in Lehrmaterialien und Unterricht realisiert sein können, soll exemplarisch an einem Kapitel des Lehrwerks *Berufsdeutsch* (2012) für berufsbildende Schulen illustriert und danach durch einige Beispiele aus elektronischen Lern- und Arbeitsprogrammen ergänzt werden. Bezeichnend für das Lehrwerk ist, dass es sich nicht ausschließlich als Fremd- oder Zweitsprachenlehrwerk versteht, sondern versucht, authentische sprachliche Handlungskompetenzen zu vermitteln, die zur Bewältigung realer Aufgaben – hier in einem bestimmten Berufszweig – erforderlich sind. Die Inhalte sind jedoch austauschbar und das Handlungs- und Aufgabenkonzept kann auf andere Fächer, Schultypen und Inhalte übertragen werden (siehe hierzu auch die Materialhinweise und Sekundärliteratur im Kapitel 6.16).

handlungsorientierter Fremdsprachenunterricht

Da es authentische Kommunikation behandelt, ist es auch für andere Lerner relevant, die einen Beruf erlernen oder ausüben wollen, also auch für deutschsprachige Berufsschülerinnen und -schüler. Um die Lernumgebung noch stärker an die lebensweltliche Erfahrung und Berufspraxis anzubinden, sind immer wieder Recherchen und Aufgaben per Internet vorgesehen. Bei computerbasierten Lernmaterialien sind darüber hinaus Ressourcen zur Bearbeitung der Inhalte und Aufgaben gegeben (siehe Abbildung 6.7, linke Leiste), zum Beispiel elektronische Hilfs- und Arbeitsmittel, verschiedene Kommunikationskanäle inklusive der Social Media sowie Kurs- und Lernerverwaltungswerkzeuge (siehe Abbildung 6.7, obere Leiste). Dazu gehören auch Wörterbücher, Grammatikhilfen, Lernhilfen, Landeskundelinks, synchrone und asynchrone Chats, E-Mails, Foren und Portale sowie die Klassenverwaltung. Über die vielfältigen kursintegrierten oder frei verfügbaren Kommunikationskanäle können die Lerner im und nach dem Unterricht interaktive Aufgaben bearbeiten und kommunizieren. Diese Kommunikationskanäle werden teilweise von Lehrkräften und Tutorinnen betreut, können aber auch von Lernergruppen eigenständig genutzt und differenziert werden. Auch hier umfassen die Aufgaben in der Regel mehrere integrierte Fertigkeiten, da sie lebensnah und authentisch sind.

computerbasierte Programme

Ausbildungsjahr 2

HS 1 | 5

Name/Datum:

Briefkastenmontage

Sie wollen Ihrem Ausbilder eine Lösung präsentieren, die bis zum Ende durchdacht ist. Dazu gehört natürlich auch eine qualifizierte Wahl geeigneter Montagemittel für Ihren Briefkasten.

1 **a** Informieren Sie sich im Fachbuch, im Tabellenbuch, im Internet oder in einschlägigen Katalogen aus dem Handel über geeignete Montagemittel.

Basisband, S. 30 f., 64 ff.

b Vergleichen Sie diese und treffen Sie eine begründete Entscheidung darüber, welchen Anker Sie zur Befestigung des Briefkastens für geeignet erachten. Notieren Sie Ihre Überlegungen kurz als Gedächtnisstütze.

2 Was nun? Was machen Sie, wenn Ihnen bei den Bohrarbeiten durch Abplatzungen im Hochlochziegel ein Bohrloch zu groß geraten ist? Nehmen Sie die Abbildungen zu Hilfe und beschreiben Sie die einzelnen Arbeitsschritte der Montageanleitung unten. Notieren Sie Ihre Beschreibung jeweils zu dem entsprechenden Bild. Nutzen Sie auch die Abbildung rechts.

Basisband, S. 88 f.

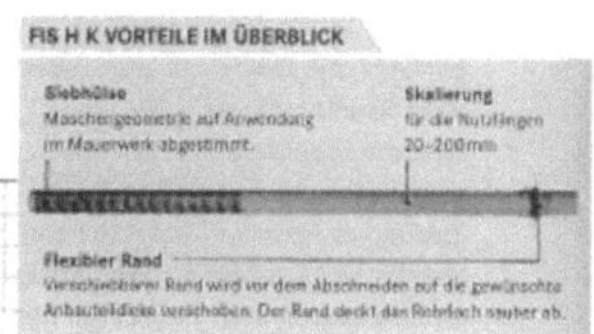

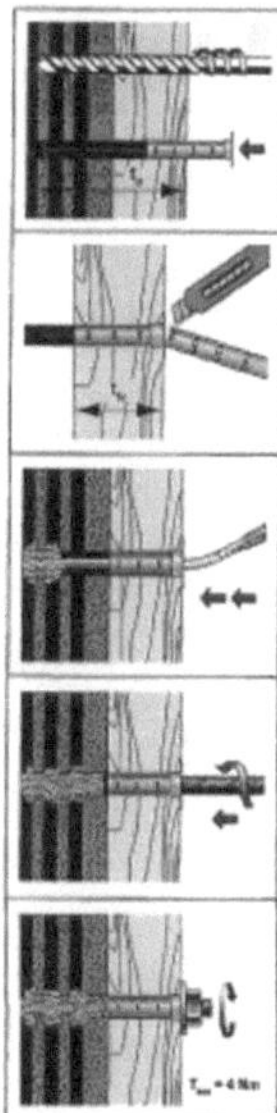

56 Berufsdeutsch: Einen Briefkasten entwerfen

Abb. 6.6: Authentische Handlungssituation in *Berufsdeutsch – Metallbau* (2012: 56)

6.4 Strategientraining Leseverstehen

Die komplexen sprachlichen Fertigkeiten, wie das Leseverstehen und das Hörverstehen, lassen sich mit Hilfe von Techniken und Strategien in einzelne Phasen zerlegen und trainieren und damit für den Sprachunterricht didaktisch und methodisch operationalisieren. Sinn haben diese Techniken und Strategien aber nur, wenn sie helfen, eine Repräsentation des Textes bei den Leserinnen und Lesern zu generieren. Das Lesen besteht nämlich nicht nur aus reinem Dekodieren von Wörtern, also der Textoberfläche. Vielmehr wird beim Lesen eine Reihe von kognitiven Operationen in Gang gesetzt, mit denen der Leser oder die Leserin aus den Wortbedeutungen (der propositionalen Textbasis) Sinn erzeugt und damit kohärente **mentale Textrepräsentationen** bildet. Diese verschiedenen kognitiven Operationen laufen meistens so schnell ab, dass wir uns dessen kaum bewusst sind. Beim Lesen werden demnach drei unterschiedliche mentale Textrepräsentationen gebildet: die Textoberfläche, die propositionale Textbasis und das mentale Modell (vergleiche Kintsch 1998; Schnotz 2006). Diese mentalen Repräsentationen des Textes werden von Leserinnen und Lesern mit der Absicht gebildet, die verschiedenen Wort- und Satzbedeutungen aus dem Text zu einem kohärenten Ganzen zusammenzufügen. Die unterschiedlichen mentalen Textrepräsentationen können gleichzeitig gebildet werden und lassen sich auf einem Kontinuum zwischen starker Textgebundenheit (Textoberfläche) und schwacher Textgebundenheit (mentales Modell) anordnen. An der **Textoberfläche** finden Prozesse der Erkennung der Wortbedeutung anhand von graphemischen, syntaktischen und semantischen Wortinformationen aus dem Text statt, so dass daraus eine mentale Textrepräsentation der genauen linguistischen Form des Textes entsteht (vergleiche Schiefele 2004: 199; vergleiche auch Grütz 2010). Auf der Ebene der Textoberfläche wird also die genaue Satzstellung, Deklination und Schreibweise der Wörter aus dem Text repräsentiert. Diese mentale Textrepräsentation behalten wir nur für kurze Zeit im Kopf. Sie wird von der nächsten Verarbeitungsstufe, **der propositionalen Textbasis**, überschrieben beziehungsweise weiter elaboriert (vergleiche Suñer

propositionale Textbasis

2011: 27). Die Tatsache, dass wir beim Lesen nur die zuletzt verarbeitete Information kurzfristig behalten, offenbart sich zum Beispiel dann, wenn wir versuchen, das bisher Gelesene wortwörtlich zu wiederholen. Unter normalen Umständen werden wir mit hoher Wahrscheinlichkeit nur die letzten zwei Sätze erfolgreich wiedergeben können, was in der kognitiven Psychologie als **Recency-Effekt** bekannt ist (vergleiche Hoffmann & Engelkamp 2013).

Recency-Effekt

Auf der Ebene der **Textbasis** ist die linguistische Form nicht mehr so relevant, sondern deren semantischer Gehalt. Das bedeutet, dass aus der Textoberfläche vorwiegend nur die entnommene Bedeutung erhalten bleibt und dass zum Beispiel die genaue Satzstellung nicht mehr mental repräsentiert wird. Daher gehen die meisten Leseforscherinnen und Leseforscher davon aus, dass die Textverarbeitung auf dieser Ebene mit sogenannten **Propositionen** als elementaren Bedeutungseinheiten operiert. Die Propositionen setzen sich aus zwei Komponenten zusammen: einer Relation und einem oder mehreren Argumenten, wobei Relationen normalerweise durch Verben (aber auch durch Adverbien oder Adjektive) und Argumente meistens durch Substantive ausgedrückt werden (Tapiero & Kintsch 2007).

Beim Lesen werden aber aufgrund der begrenzten Verarbeitungskapazität des Arbeitsgedächtnisses nicht alle Textpropositionen langfristig behalten, sondern sie werden durch spezielle Mechanismen zusammengefasst und reduziert (vergleiche van Dijk & Kintsch 1983). Anhand dieser Verarbeitungsstrategien werden allgemeinere und abstraktere Propositionen gebildet, die sogenannten Makropropositionen, mit denen sich zum Beispiel die Handlung eines Romans leichter zusammenfassen lässt als anhand der einzelnen Textpropositionen, der Mikropropositionen.

Schließlich können die Leser und Leserinnen ein sogenanntes **mentales Modell** des Textes bilden, indem sie über die Textinhalte hinausgehen und Vorwissensbestände in den Leseprozess massenhaft integrieren, also Top-Down vom Vorwissen ausgehen. Im Gegensatz zu den Ebenen der Textoberfläche und der propositionalen Textbasis dient das Vorwissen auf der Ebene des mentalen Modells der Interpretation, Beurteilung, Erweiterung der Textinhalte. Das Vorwissen wird also nicht eingesetzt, um zum Beispiel bestimmte Kohärenzlücken zu füllen. Vielmehr ermöglicht das Einsetzen von Vorwissen die Bildung einer mentalen Vorstellung, wie die im Text dargestellte Situation tatsächlich aussehen könnte. Dementsprechend sollten auch bei der Vermittlung von Lese- und analog dazu von Hörkompetenzen – mit Hilfe von Techniken und Strategien – die drei genannten Ebenen berücksichtigt werden.

rezeptive Kompetenzen

Am Beispiel des Leseverstehens lässt sich gleichzeitig die Handlungs- und Aufgabenorientierung in Lehrmaterialien gut illustrieren. Das Leseverstehen eignet sich darüber hinaus besonders gut, weil daran die Umsetzung der Lernerautonomie gezeigt werden kann. Lerner, die ihren eigenen Lernprozess aktiv mitgestalten sollen, benötigen dafür Arbeits-, Monitor- und Reflexionsfertigkeiten, eine Art kritische Kompetenz. Und auch dafür brauchen sie Strategienkenntnisse und Techniken. Das Lesen ist ein besonders wichtiger Kompetenzbereich, da die Verschriftlichung von Texten auch ein gutes Hilfsmittel zum Verstehen von Hörtexten sein kann. Schriftliche Texte weisen durch ihre Darstellung eine Reihe von entscheidenden Verständnishilfen auf: so gibt die Getrenntschreibung von Wörtern Lernern wichtige Hinweise auf die Wort- und Bedeutungsgrenzen. Auch die Großschreibung bietet eine schnelle Orientierungshilfe, die besonders für das globale Lesen von großer Bedeutung ist, weil sie dem Leser eine schnelle Identifikation der wichtigsten Elemente einer Äußerung erlaubt. Ähnliches gilt auch für die Satzzeichen. Die grundlegenden Informationen eines Textes lassen sich durch W-Fragen ermitteln: *wer?, was?, wann?, wo?, wie?, warum?*. Bei argumentativen Texten oder Erörterungen von Problemen kann es sinnvoller sein zu fragen: Was ist das Problem? Wodurch wurde es verursacht? Wie kann es gelöst werden? Auch Konnektoren, die Aussagen miteinander verbinden, erleichtern das Erfassen der Argumentationsstruktur eines Textes. Sie können beispielsweise zeitliche Bezüge ausdrücken (*bevor, danach, anschließend, ...*), etwas begründen (*denn, weil, ...*), ein Ziel oder einen Zweck angeben (*damit, um ... zu, ...*). Es empfiehlt sich den Text abschnittsweise zu erarbeiten.

Bei der Vermittlung von Lesekompetenzen werden meist drei unterschiedliche Dekodierungs-Strategien empfohlen:

1. das **globale Lesen** zur (ersten) Groborientierung über das Thema und die Darstellung im Text (Globalverstehen),
2. das **selektive Lesen** zur Aufnahme einzelner spezifischer Informationen und
3. das **totale** oder **intensive Lesen** zur Aufnahme aller Detailinformationen eines Textes (Detailverstehen).

Lesetechniken

Zwei Techniken zur globalen Lektüre können Lernern dabei die Aufgabe wesentlich erleichtern, fremde Texte schnell zu entschlüsseln:

- Das **Skimming** dient der ersten Orientierung des Lesers über Textsorte, Gliederung, grafische Präsentation und Kernbegriffe eines Textes (orientierendes Lesen). Es vermittelt durch ein „Absahnen" des Textes nur einen groben Eindruck von den wichtigsten Informationen im Text und kann so helfen, erste Propositionen zu erkennen. Das geschieht zum Beispiel durch das Erkennen wichtiger Wörter wie etwa der (großgeschriebenen) Nomen im Deutschen.
- Das **Scanning** setzt voraus, dass der Leser bereits eine Idee von dem hat, was er liest. Das heißt, er versucht, bestimmte Begriffe wiederzufinden, die er auf Grund eines ersten mentalen Modells aus einer Kontextsituierung und mit Hilfe des Vorwissen erwartet oder die normalerweise zum Thema und Schema gehören (Lesen mit Suchfragen, suchendes Lesen). Bei der Lektüre eines Unfallberichtes in der Zeitung sucht ein Leser erwartungsgemäß nach Angaben zu den Ursachen, Folgen und dem Ablauf des Geschehens. Sie gehören zum Schema eines Unfalls und zu den grundlegenden Elementen der Textsorte. Mit der Suche nach der Information füllt der Leser also vorhandene Leerstellen.

selektives und totales Lesen

Aus dieser Skizzierung von Lesestrategien und -techniken ergibt sich, dass das selektive und totale Lesen in der Regel nicht mit einem Lesedurchgang zu bewältigen sind, und auch nicht wortweise von links nach rechts. Verschiedene Leseverfahren fassen daher die einzelnen Schritte programmartig zusammen. Eine der bekanntesten, ältesten und erfolgreichsten Methoden ist die **SQ3R-Methode**, die aus den Schritten *Survey* (S), *Question* (Q), *Read*, *Recite* und *Review* (3R) besteht (Robinson/Ellis 2008). In der Survey-Phase schaffen Leserinnen/Leser sich mittels der Techniken des orientierenden Lesens einen groben Überblick über Inhalt und Aufbau des Textes. In der Question-Phase ermitteln sie für sich selbst potenziell relevante Fragen an den Text, das heißt, sie bauen verschiedene Erwartungen und damit Fragen auf, die in der Read-Phase bestätigt, enttäuscht oder aber differenziert werden. Diese Phase des intensiven Lesens sollte bei längeren Texten in verschiedene Einzelschritte (nach Einzelfragen) unterteilt werden. Um das Gelesene zu behalten, sollten die Leser versuchen, den Argumentationsgang beziehungsweise die Thesen des Textes zu rekapitulieren. Dabei stellt sich oft heraus, dass im Textverständnis noch Lücken bestehen, die durch ein gezieltes Zurückgehen zum Text (Recite-Phase) gefüllt werden können. In der abschließenden Review-Phase sollte der Text nochmals überprüfend als Ganzes gelesen werden.

verständisfördernde Techniken im Unterricht

Im Unterricht lassen sich die hier dargestellten Prinzipien in gezielte Techniken zur Förderung des Leseverstehens umsetzen.

Selektives Lesen:

- Absuchen des Textes nach bestimmten Stichwörtern oder Inhalten (Scanning),
- Auffinden von passenden Textstellen,
- Zuordnung von Aussagen,
- Textgerüst entwerfen oder Text gliedern, Mind Maps erstellen,
- Fragen zum Text beantworten,
- Hypothesen überprüfen und belegen,
- vorgegebene Elemente aus einer Tabelle entnehmen.

Totales Lesen:

- wichtige Elemente unterstreichen,
- Überflüssiges herausstreichen, Fehlendes ergänzen,
- Texte aus Textteilen rekonstruieren lassen (zum Beispiel als Puzzle),
- Abbildungen zum Text zuordnen,

- genaues Flussdiagramm des Textverlaufs erstellen,
- Tabelle mit Detailinformationen erstellen,
- Texte vergleichen,
- Richtig-Falsch-Fragen und andere Detailfragen beantworten,
- wichtige Elemente des Textes aus einem Schüttelkasten auswählen.

Verfahren zum Testen der globalen Lesekompetenz

- Erfassen des Hauptthemas und der wichtigsten Elemente des Handlungsschemas.
- Einordnung der Hauptinformationen in eine vorgegebene Fragestellung und Bewertung der Wichtigkeit.
- Vorgabe einer verkürzten Lesezeit und Wiedergabe des Textes in wenigen Sätzen.
- In Form eines Schnelligkeitswettbewerbes entscheiden, ob ein vorgegebener Text für die Bearbeitung eines Themas relevant ist oder nicht (und dann kurz begründen lassen).
- Suchaufgaben stellen oder entwickeln, zum Beispiel eine schnelle Suche nach vorgegebenen Informationen im Internet, die ein schnelles, aber gezieltes und verständiges Klicken durch verschiedene Texte erfordern.

6.5 Hörverstehen

Wiedererkennung

Auch beim Hörverstehen geht es wie beim Leseverstehen im Endeffekt um die Konstruktion eines mentalen Modells über die beim Hörverstehen vorgestellten Prozesse. Bei einem wenig differenzierten, kontinuierlichen Lautfluss, der nicht so leicht wiederholt werden kann, ist das ungleich schwieriger als beim Lesen, weil mündliche Sprache grundsätzlich flüchtiger ist als geschriebene. So kommen beim Hören weitere Schwierigkeiten hinzu, die durch schriftliche Paralleltexte als Hilfsmittel oder durch entsprechende Vorbereitung (Vorentlastung) bewältigt werden können (visuelle Parallelinformation, handlungsbegleitende Informationen). Die meisten der bei der Fertigkeit Lesen genannten Techniken und Strategien können in abgewandelter Weise auch beim Hörverstehen eingesetzt werden. Das Ziel ist das gleiche: der Aufbau eines mentalen Modells.

- **Globales Hörverstehen**: Der Lerner muss nicht alles verstehen, sondern er soll die zentralen Informationen eines Textes erfassen (beispielsweise Schlüsselbegriffe oder die Makrostruktur des Textes), um damit eine Textrepräsentation aufbauen zu können. Bereits beim ersten Hören sollte es dem Lerner gelingen, zumindest grob zu verstehen, worum es im Text geht. Mit diesen ersten Ansatzpunkten kann er sein Vorwissen aktivieren und Hypothesen bilden, die er beim weiteren Hören überprüfen kann. Das globale Hörverstehen umfasst alle drei genannten Verstehensprozesse, von der Textoberfläche (bottom up), über die propositionale Textbasis bis zum mentalen Modell.
- **Selektives Hörverstehen**: Hier handelt es sich um ein zielgerichtetes, oft aufgabengesteuertes, Hörverstehen bezüglich bestimmter Informationen aus dem Text (wie etwa Namen, Daten, Zahlen, bestimmte Wörter, Definitionen, Argumente oder Thesen). Dazu muss der Lerner besonders auf die Textoberfläche achten, um damit die propositionale Basis verbreitern zu können.
- **Selegierendes Hörverstehen**: Das Hörverstehen erfolgt aufgrund individueller Entscheidungen und persönlicher Relevanz, es ist also stark vom Vorwissen und der Perspektivik des Lerners, also top down, gesteuert. Dem Hörtext sollen wesentliche Inhaltsmomente entnommen werden, um ihn beispielsweise zusammenfassen zu können. Inferenzen müssen wahrgenommen und verstanden werden.
- **Detailliertes Hörverstehen**: Hörtexte sollen im Detail erfasst werden. Es werden die Makro- und Mikrostruktur, also besonders die propositionale Basis und die Textoberfläche des Textes erfasst sowie logische Relationen und Sprecherintentionen (nach Kühn 1996: 21 f.). Es entsteht ein detailliertes mentales Modell.

Grundlegende Hörverstehensstrategien und -techniken

Verstehens-techniken

- Durch so genannte Bruchstellen, die Anfang und Ende einzelner Elemente markieren. Dies kann durch Pausen zwischen Begriffen und Sätzen oder durch Betonungen von Anfangssilben und wichtigen Wörtern geschehen. Auch langsames Sprechen liefert Bruchstellen.
- Durch Parallelinformation, das heißt die Laute begleitende visuelle, taktile und andere Handlungs-Information. Auch die Verschriftlichung von Lauten kann diese Information liefern. Lautliche Begleitinformation kann dann helfen, wenn sie den Hörtext nicht überlagert, sondern koordiniert begleitet.
- Durch Strategien für die erfolgreiche lautliche Segmentierung zur Bewusstmachung von Wortbildungsprinzipien und zur Vermittlung von Instrumenten der Wortbildung (Flexion, Komposition, Derivation, Konversion, Reduktion).
- Durch deutliche Intonationskonturen und Intonationsmuster, wie zum Beispiel die Fragemarkierung durch steigende Intonation.

Beispiel
Im Folgenden werden Teile einer komplexen Hörübung dargestellt, die in eine authentische Aufgabe eingebettet ist und dazu verschiedene Teilfertigkeiten nutzt. Der Lerner kann sich in diesem Programm den Hörtext (gegebenenfalls begleitet von Bildern oder einem Video) im rechten Ressourcenfenster anhören und, wenn nötig, den schriftlich transkribierten Text als Verstehenshilfe dazuschalten (Fenster rechts). Mittels weiterer Übungen wird er dann zur Lösung der Aufgabe (einen Radiobeitrag inhaltlich auszuwerten) geführt. Dabei hat er wieder Zugang zu einer Reihe von Online-Ressourcen über die obere Querleiste.

Abb. 6.7: Kombinierte Hör-und Schreibaufgaben zur Vertiefung des Hörverstehens anhand eines authentischen Radiobeitrags. Den Lernern steht dazu eine Reihe von Hilfsmitteln zur freien Verfügung.

6.6 Schreiben

Im Rahmen der kommunikativen Didaktik galten die schriftlichen Fertigkeiten unter der Dominanz der Ausrichtung auf mündliche Fertigkeiten lange als nicht-kommunikativ. Erst später setzte sich wieder die Erkenntnis durch, dass beim Schreiben viele Sprachproduktions- und Verstehensprozesse aktiv sind. Hierzu gehört vor allem das innere Sprechen, das der eigentlichen Verschriftlichung vorangeht und daher mehr sprachliche Aktivitäten verlangt, als die Zeilen an der Oberfläche vermuten lassen (Hermanns 1988), vor allem bei der Konstruktion der propositionalen Basis und des mentalen Modells. Gerade das Schreiben bietet durch die zusätzlichen Möglichkeiten der sprachlichen Planung und die besseren Möglichkeiten der Kontrolle der Korrektheit eine Reihe von authentischen didaktischen Hilfestellungen beim Sprachenlernen. Die sprachliche Planung ist meist

inneres Sprechen

intensiv und durch die dauerhafte schriftliche Fixierung wird die Kontrolle begünstigt. So ist auch das Schreiben als Fertigkeit nach dem Leseverstehen wieder in den kommunikativen Sprachunterricht zurückgekehrt.

Schreiben umfasst das Verfertigen von Gebrauchstexten wie Notizen, Einkaufszetteln und Annoncen, aber auch von Seminararbeiten, Protokollen oder literarischen Texten (Gedichte, Erzählungen), also das kreative Schreiben. Eine jede Textsorte hat dabei ihre eigenen strukturellen und konzeptuellen Erfordernisse. Um diese besser bewältigen zu können, können Lerner auf elektronische Hilfsmittel wie einen *E-Assistenten* zurückgreifen, der bei der Analyse von Grammatikfehlern und Rechtschreibproblemen hilft und Verbesserungsvorschläge liefert. Die folgenden Abbildungen illustrieren, wie dabei im Unterricht vorgegangen werden kann.

Beispiel

Als Grundlage dient hier ein authentischer Lesetext mit grafischen Darstellungen und Tabellen (Parallelinformation). Mittels der konkreten Texte werden allgemeine Strategien und Techniken der Verschriftlichung (Schlüsselqualifikationen) vermittelt und in Übungen vertieft. Verschiedene Fertigkeiten sind vernetzt. Der Lerner erhält zudem relevante Informationen zum Lebensalltag im Zielland.

Diese Aufgabe verlangt das intensive Lesen eines Textes, der eine Reihe statistischer Angaben enthält. Diese soll der Lerner zuerst rekonstruieren (verstehen), bevor er sie in eigenen Texten mündlich und schriftlich weiterverarbeitet, ergänzt und für Argumentationszwecke verwendet. Die Funktionstasten in der unteren Leiste erlauben ein Vor- und Zurückblättern, ein Neubearbeiten, ein Anzeigen der Lösung, ein Vergleichen mit der vorangegangenen Bearbeitung der Übung und einen Vergleich mit der richtigen Lösung.

Die anstehenden Aufgaben sind vorstrukturiert, verlangen vom Lerner aber immer selbständige Textproduktionen, für die Redemittel und verschiedene Bearbeitungsressourcen zur Verfügung gestellt werden. Diese Textproduktionen können im Präsenzunterricht oder über die angebotenen elektronischen Kommunikationskanäle im Klassenverband interaktiv weiterbearbeitet werden.

Abb. 6.8: Aufgabe zur Beschreibung von Tabellen und Schaubildern im *Uni-Deutsch Sprachkurs* der Deutsch-Uni Online (*www.deutsch-uni.com*)

Übung 1 | Einsendeaufgabe 1 ✓

In Grafiken, Schaubildern und Diagrammen finden sich häufig statistische Angaben mit Jahreszahlen, Mengen- und Prozentangaben. In dieser Übung finden Sie Redemittel, mit denen man statistische Angaben vergleichen kann. Entscheiden Sie, ob die Aussagen über die Grafik "Akademiker-Arbeitsmarkt: Stabile Nachfrage" richtig oder falsch sind. Kontrollieren Sie dann Ihre Antworten.

	Richtig	Falsch
Demgegenüber: Im Betrachtungszeitraum kommen bei den Forstwissenschaftlern 23 Bewerber auf ein Stellenangebot. Demgegenüber stehen die Informatiker mit nur 0,4 Bewerber pro Stellenangebot.	☑	☐
Mehr als: In diesem Jahr waren mehr Ärzte und Apotheker arbeitslos als im Vorjahr.	☐	☐
Wesentlich/Deutlich/Erheblich mehr: Es waren wesentlich mehr Wirtschaftswissenschaftler arbeitslos gemeldet als im Vorjahr.	☐	☑
Im Vergleich zu/Verglichen mit: Verglichen mit den Sozialwissenschaftlern fanden mehr Sozialarbeiter nach dem Studium eine Anstellung.	☐	☐
Ebenso viele: Auch waren ebenso viele Sozialarbeiter wie Ingenieure ohne eine Stelle.	☐	☐
Wesentlich/Deutlich/Erheblich weniger: In diesem Jahr fanden erheblich weniger Naturwissenschaftler als Wirtschaftswissenschaftler eine Arbeit.	☑	☐
Im Unterschied/Im Gegensatz zu: Im Unterschied zu den Informatikern finden Geisteswissenschaftler leicht eine Arbeit.	☐	☐
Nicht so viele: Im Folgejahr fanden nicht so viele Naturwissenschaftler eine Stelle wie Lehrer.	☐	☑
Die meisten: Die meisten Informatiker fanden eine Stelle nach ihrem Studienabschluss.	☐	☑
Wogegen: Die Arbeitsmarktlage für Ingenieure war in den untersuchten Jahren sehr schlecht, wogegen die Situation für Geisteswissenschaftler sehr gut war.	☐	☐
Jedoch: Bei den Wirtschaftswissenschaftlern bewerben sich im Durchschnitt 7 Arbeitlose auf ein Stellenangebot. Bei den Informatikern kommen jedoch nur 0,4 Arbeitslose auf ein Stellenangebot.	☑	☐
Während: Während die Arbeitsmarktlage für Juristen eher schlecht war, war die Lage für Sozialarbeiter relativ gut.	☐	☐

Hilfe | unbearbeitet | Neustart | Check

Abb. 6.9: Von der unstrukturierten Übung zur selbständigen Textproduktion im *Uni-Deutsch Sprachkurs* der Deutsch-Uni Online (*www.deutsch-uni.com*)

Offene Lernumgebungen bieten den Lernern verschiedene Hilfsmittel und Werkzeuge zur Bearbeitung der Aufgaben. In der Deutsch-Uni Online (*www.deutsch-uni.com*) gehört, neben den bereits genannten, der elektronische Assistent (*E-Assistent*) zum Werkzeuginventar. Er bietet den Lernern Korrekturmöglichkeiten bei der Produktion freier Texte in Form von Grammatik- und Rechtschreibprüfung. Die Rückmeldung vollzieht sich dabei in drei Stufen nach didaktischen Gesichtspunkten, das heißt, der Lerner soll die Fehlerkorrektur möglichst selbständig durchführen. Als Erstes erfolgt daher nur eine Markierung möglicher Fehler und als Zweites werden Korrekturhinweise (*Komma! Relativsatz*) angeboten. Gelingt dem Lerner damit immer noch keine vollständige Korrektur, gibt der *E-Assistent* Korrekturvorschläge, die der Lerner übernehmen oder gegebenenfalls anpassen kann.

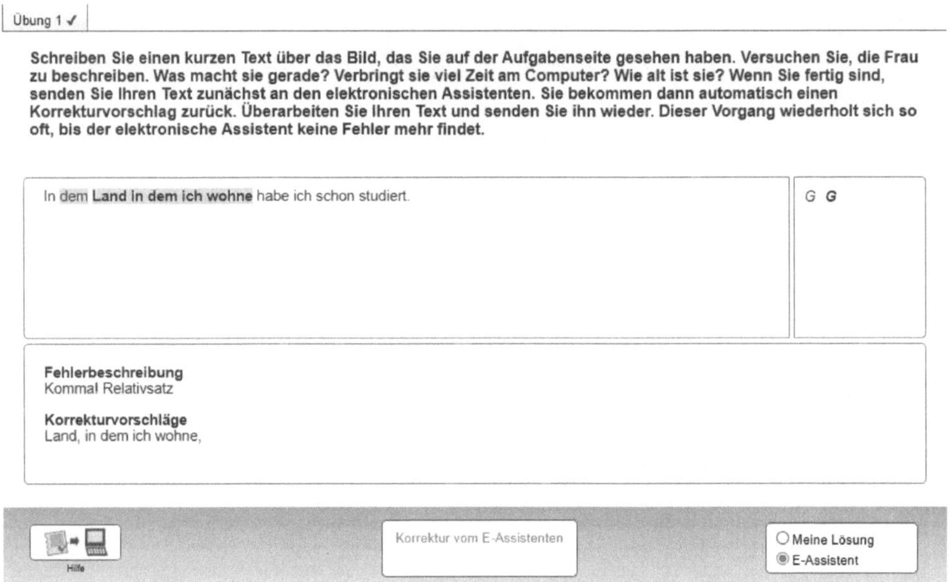

Abb. 6.10: Werkzeuge und Hilfsmittel wie der E-Assistent im *Uni-Deutsch Sprachkurs* der Deutsch-Uni Online (*www.deutsch-uni.com*) unterstützen die Lerner bei der selbständigen Bearbeitung und Korrektur eigener Texte

Grundlegende Schreibstrategien und -techniken

- Zu Beginn hilft ein Überblick über die verschiedenen Textsorten und deren formale Besonderheiten beim Verfassen eines Textes.
- Außerdem ist es hilfreich, passende Redemittel zu sammeln. Es empfiehlt sich, eine thematisch sortierte Liste mit Redemitteln anzulegen, die kontinuierlich ergänzt wird.
- Die Gliederung des Textes in formale, inhaltliche und sprachliche Aspekte erleichtert das Verfassen eines Textes.

- Eine weitere Möglichkeit ist die Unterteilung einzelner Antworten in Abschnitte. Dabei sollte jeder neue Gedankengang einen neuen Abschnitt beginnen. Es muss in diesem Zusammenhang beachtet werden, dass Textsorten in der Regel einen spezifischen Aufbau haben, wie Gliederung/Inhaltsverzeichnis, Einleitung, Hauptteil, Schluss.
- Bei einem logischen Aufbau ist nicht nur die sinnvolle Abfolge der Aspekte wichtig, sondern auch deren gedankliche und argumentative Verknüpfung. Aneinander gereihte Einzelsätze ergeben keinen sinnvollen Text (vergleiche die Ausführungen zur Textgrammatik in 5.6).
- Falls ein Wort nicht zur Verfügung steht oder Unsicherheit über die korrekte Verwendung besteht, hilft eine Umschreibung oder die Suche nach einer gleichbedeutenden Wendung oder einer einfacheren Konstruktion. Die Verwendung von Internationalismen ist eine weitere Möglichkeit.
- Wichtige formale Kriterien bei schriftlichen Texten sind Rechtschreibung und Zeichensetzung. Es ist sinnvoll, den Text am Ende daraufhin immer noch einmal zu kontrollieren.

6.7 Sprechen

Die Vorgehensweise bei der Vermittlung von Kompetenzen im Bereich Sprechen ähnelt in vieler Hinsicht den Aufgaben zum Schreiben. Die mündlichsprachigen Textsorten sind jedoch nach eigenen Kriterien strukturiert, weil der Sprecher stärker auf die Gesprächssituation verweisen kann. Je nach Ausgangssprache der Lerner muss beim Sprechen zudem verstärkt auf lautliche Schwierigkeiten eingegangen werden. Als Stütze bei der Bearbeitung von Aufgaben zum Sprechen können die unter den rezeptiven Kompetenzen beschriebenen Techniken angewendet werden. Das Anfertigen von Notizen, das Erstellen von Verlaufsdiagrammen, Textgerüsten (scaffolding) und Ähnliches können gleichzeitig als Ausgangspunkte für das Sprechen und Schreiben

Techniken

dienen. Eine wichtige Grundlage ist zudem die Beachtung der jeweiligen Struktur der Textsorte. Die elektronischen Medien spielen beim Sprechen durchaus eine zentrale Rolle. In Lernprogrammen bieten sie Lernern die Möglichkeit, die eigene Sprache aufzunehmen, mit Musterlösungen zu vergleichen, zu modellieren und auswerten zu lassen. Die individuelle Geschwindigkeit des Lernens kann so gesteuert werden, ohne dass sich die Lerner zum Beispiel durch Mithören falscher Äußerungen gegenseitig negativ beeinflussen. Über die sozial-kommunikativen Medien (Social Media, Voice-Chat, Skype) lassen sich zudem leicht oder weniger gesteuerte Möglichkeiten für die mündlichsprachige Kommunikation schaffen und sowohl in den Unterricht integrieren, als auch außerunterrichtlich nutzen.

Mediennutzung

Grundlegende Sprechstrategien und -techniken

- Wichtige formale Kriterien beim mündlichen Ausdruck sind Aussprache und Intonation. Jede Gelegenheit für Gespräche mit anderen Lernern und Sprechern der Zielsprache sollten Lerner nutzen. Das Nachsprechen und Aufnehmen eines Textes sind eine Alternative für Übungszwecke.
- In gesprochenen Texten ist die inhaltliche Gliederung nicht sichtbar, aber hörbar. Dies geschieht mit Hilfe von Wörtern und Ausdrücken wie „erstens/zweitens“, „zum einen/zum anderen“, „als Einleitung“, „zum Schluss“, „im Allgemeinen“. Eine Sprechpause kann beispielsweise auf den Beginn eines neuen Sinnabschnitts hinweisen.
- Umschreibungen, Ausweichen auf eine einfachere Konstruktion sowie die Verwendung von Internationalismen sind Ausweichmöglichkeiten, wenn einem Lerner ein Wort nicht einfällt oder Unsicherheit über die korrekte Verwendung besteht.
- Im Gespräch hilft auch der Gesprächspartner: Er kann durch sein Welt- und Situationswissen Lücken füllen. Wörter und Wendungen, die eine Denkpause verschaffen, geben Zeit, über eine geeignete Antwort, das passende Wort oder dessen Verwendung nachzudenken.

Beispiele hierfür sind: „in meinen Augen ist das so, dass …“, „Also, was ich meine, ist Folgendes: …“, „Sehen Sie, meiner Ansicht nach …“.

- Auch durch das Aufgreifen und Umformulieren von Fragen, lässt sich Zeit zum Nachdenken schaffen. Verzögerungsstrategien durch Nachfragen oder Pausenfüller (*gell?, oder?, äh, quasi, sozusagen, also irgendwie/irgendwo/irgendwas,* oder das *unnndddäää* in Sportlerinterviews) sind dagegen ungeeignet, weil sie die Aufmerksamkeit auf eine lästige Angewohnheit des Sprechers lenken.

Die Deskriptoren für den Kompetenzbereich Sprechen stellen die Hessischen Bildungsstandards folgendermaßen dar, in Anlehnung an die Deskriptoren des GER:

Sprechen an Gesprächen teilnehmen	**Die Lernenden können in vertrauten Alltagsgesprächen mit einzelnen Wendungen agieren und reagieren, wenn langsam und deutlich gesprochen wird und die Gesprächspartner sich auf die Lernenden einstellen.** Sie können ■ am einfachen Unterrichtsgespräch aktiv teilnehmen, ■ in kurzen angeleiteten Rollenspielen mit sprachlichen Vorgaben einfache Situationen erproben, ■ Fragen stellen und beantworten, ■ einfache Begrüßungs-, Verabschiedungs- und Höflichkeitsformeln verwenden, ■ Pläne und Wünsche in einfacher Form mitteilen.
Sprechen zusammenhängend sprechen	**Die Lernenden können mit kurzen, einfach strukturierten Wendungen Auskunft über sich und andere Personen und ihren persönlichen Alltag und Erlebnisbereich geben.** Sie können ■ Reime, Lieder und Gedichte auswendig vortragen, ■ kurze Geschichten darstellend lesen, ■ sich mit ihren Interessen, Hobbys, Gewohnheiten und Alltagsbeschäftigungen vorstellen, ■ eine sehr einfache Wegbeschreibung geben, ■ mit sprachlichen Hilfen und Vorbereitung über ein persönliches Erlebnis in einfacher Form berichten.

Abb. 6.11: Auszug aus den neuen Bildungsstandards des *Kerncurriculum für Hessen* (2011: 22 f.)

Beispiel

Aufgabe aus verschiedenen Fertigkeiten

Abschließend noch ein Beispiel dafür, wie verschiedene Fertigkeiten in einer elektronisch vermittelten Aufgabe kombiniert werden können. Die Aufgabe der Lerner besteht in diesem Fall darin, eine passende Wohnung zu suchen. Dazu stehen ihnen verschiedene Wohnungsanzeigen zur Verfügung, die sie zunächst lesen und auswerten sollen. Sie sollen dann die angegebene Telefonnummer anrufen und die Ansage des Anrufbeantworters hören. Anschließend sollen sie, wie das in authentischen Situationen üblich ist, eine Nachricht auf dem Band hinterlassen. Diese können sie allerdings überprüfen und ändern, bevor sie sie abschicken. Abschließend tauschen sich die Lerner (Wohnungssuchende) mit der Vermieterin (Tutorin) oder anderen Lernern über die Wohnung aus und verfassen gegebenenfalls eine schriftliche Bewerbung. In diesem Szenario sind verschiedene Rollenspiele und Erweiterungen denkbar.

Aufgabe: 1 2 3 4

Wohnungssuche

In der folgenden Einheit lesen und entwerfen Sie Anzeigen und Aushänge zum Thema Wohnungssuche.

CHAT

1. Chataufgabe
Lesen Sie den Text "Fröhliches Chaos" und gehen Sie dann in den Klassenchat. Besprechen Sie:

- **welche Wohnformen in dem Text genannt werden.**
- **welche Wohnformen es für Studenten in Ihrem Heimatland gibt.**
- **wie Sie gerne wohnen möchten, wenn Sie in Deutschland studieren.**

Fröhliches Chaos

Die meisten Studenten würden gern in einer Single-Wohnung leben

Das "Hotel Mama" steht bei deutschen Studenten hoch im Kurs: Fast ein Viertel aller Hochschüler sind "Elternwohner", ihre Studentenbude ist das eigene Kinderzimmer. Das liegt nicht nur an Mutters leckerem Braten, sondern auch am Geld: Wer weniger davon hat, bleibt eher zu Hause wohnen. Kommilitonen mit höherem Einkommen leisten sich dagegen häufiger eine eigene Wohnung.
Der studentische Trend hin zu den eigenen vier Wänden verstärkt sich seit den siebziger Jahren. Gut jeder fünfte Hochschüler wohnt heute allein, jeder zweite träumt davon. Nur noch 18 Prozent der Studenten stürzen sich trotz Spülbergen und Putzstreit ins fröhliche Chaos des gemeinsamen Lebens. Die größten Unterschiede bei den Wohnformen in Ost und West betreffen die Wohnheime. In den neuen Ländern leben dort 44 Prozent aller Hochschüler, in den alten nur 12 Prozent.
Völlig out ist das Zimmer zur Untermiete: Lediglich 6 Prozent der Studierenden wohnen noch so. Zu Zeiten der rebellischen 68er hatte sich noch rund ein Drittel der Studentenschaft dem Regime der Zimmerwirtin unterworfen.

Quelle: Spiegel Spezial

2.
Sehen Sie sich die drei Wohnungsanzeigen an. Gehen Sie dann zur Übung.

Uni-Nähe 1ZW, ab 1.Okt. für 400 € warm, ☎ 069/[redacted] (ab 18 h)

Zi. in netter 3er WG, EBK, BLK, Bad neu renoviert, 250€ inkl. NK, ab 15.10. ☎ 069/[redacted], joe@xyz.com

---

2-Zi.-App., nh. U-Bahn Bockenheimer Warte, ab sofort, 600 €, ☎ 069/[redacted], 0173/123456789

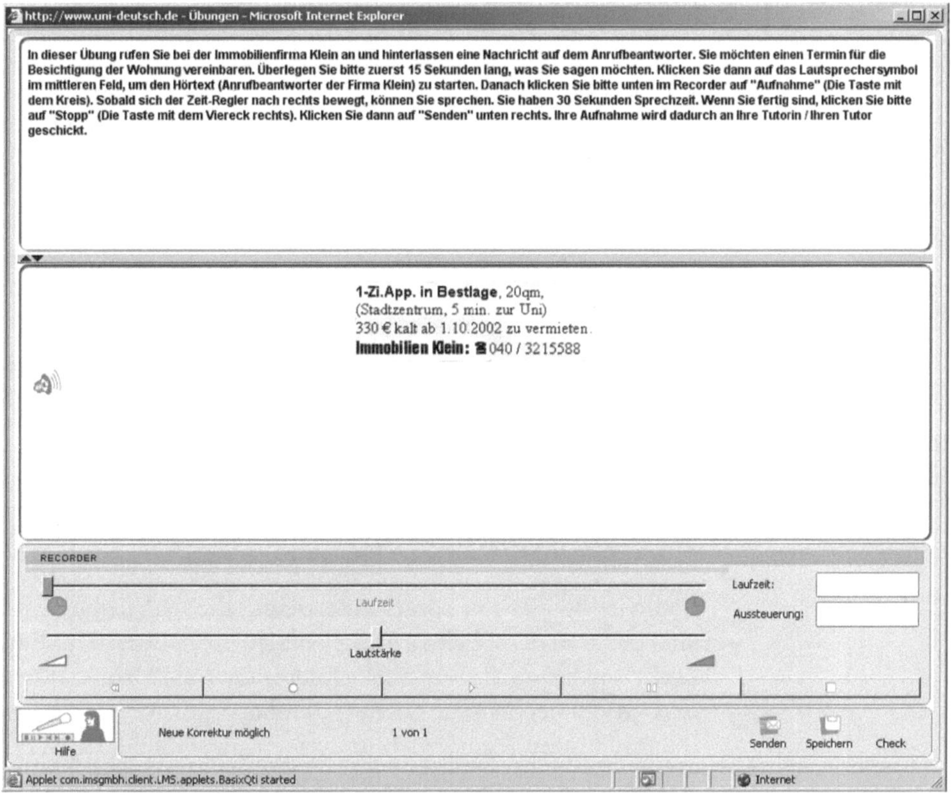

Abb. 6.12: Kombinierte Fertigkeiten in einer zielgerichteten kommunikativen Aufgabe: Lesen der Anweisung und der Annonce, Hören des Anrufbeantworters, eigene Sprachaufnahme und gegebenenfalls mehrfache Korrektur, schriftlicher Austausch darüber mit der Tutorin und/oder anderen Mitschülerinnen, gegebenenfalls auch Verfassen eines Angebotes für die Wohnung und Rollenspiele (aus: *Uni-Deutsch Sprachkurs* der Deutsch-Uni Online (*www.deutsch-uni.com*))

Die elektronischen Medien können gute Dienste beim Erzielen eines Lernmehrwertes im Sprachenerwerb und im Sprachunterricht leisten. Die großen Vorteile liegen hauptsächlich in der Individualisierung, Intensivierung und Interaktivitätssteigerung des Lernens. Je nach Funktionstyp lassen sie sich unterschiedlich einsetzen. Zunehmend treten jedoch offene und kreative Lernumgebungen in den Vordergrund, da sie den Lernern reiches Material zu selbständigem (Weiter-)Lernen bieten. Besonders wichtig ist der Einsatz der Medien als authentisches Werkzeug im Sinne des Sprachhandelns. Mit *Blended Learning*-Verfahren wird versucht, Modelle des Medienmixes mit unterschiedlichem Anteil von Unterricht (Präsenzphasen) und elektronisch vermittelten Phasen zu entwickeln und damit die Vorteile des Kontaktunterrichts und des selbständigen Lernens zu kombinieren. Die durch die Medien neu geschaffenen Möglichkeiten erfordern eine weitgehende Umorganisation des Lernens und Unterrichtens und damit auch der traditionellen Rollen der Lehrkräfte, Lerner und Lehrmaterialien.

Blended Learning

6.8 Medien

6.8.1 Klassifikation von Medien

Wenn im Bereich des Sprachunterrichts von Medien die Rede ist, sind in der Regel die elektronischen Medien gemeint. Dabei wird leicht übersehen, dass es auch andere sinnvolle Medien gibt: gedruckte (Bilder, Poster, Bücher) und menschliche (zum Beispiel die Schall- und Lichtwellen in direkter persönlicher Kommunikation). Technische Medien werden schon länger im Fremdsprachenunterricht eingesetzt, aber der Neuigkeitscharakter der jeweils neuen Medien hat sich immer schnell abgegriffen. Die Sprachlabortechnologie in den 1960er Jahren etwa war schneller veraltet, als sie entwickelt wurde.

Sprachlehr- und Sprachlernsoftware kann auf unterschiedliche Art eingeteilt werden, zum Beispiel nach Medium oder technischem System, nach Funktion, nach Unterrichtsmethode und didaktischem Verfahren oder nach Bezug zu Lerntheorien. Das eigentlich Interessante an den elektronischen Medien ist ihr Potenzial, Mehrwerte zu erzielen.

Daher ist die Klassifikation nach den Lern- und Lehrfunktionen besonders interessant, zum Beispiel nach tutorieller, situativer, konstruktiver oder sozial-kommunikativer Ausrichtung.

Funktionen

Zu den **tutoriellen Programmen** gehören die stark gesteuerten Lehr- oder Wiederholungsprogramme, mit denen ein Lerner selbständig grammatische, lexikalische oder phonetische Themen erarbeiten oder üben kann. In diesem Sinne ersetzen die elektronischen Programme traditionelle Übungsformen gedruckter Lehr- und Arbeitsmaterialien.

Beispiel

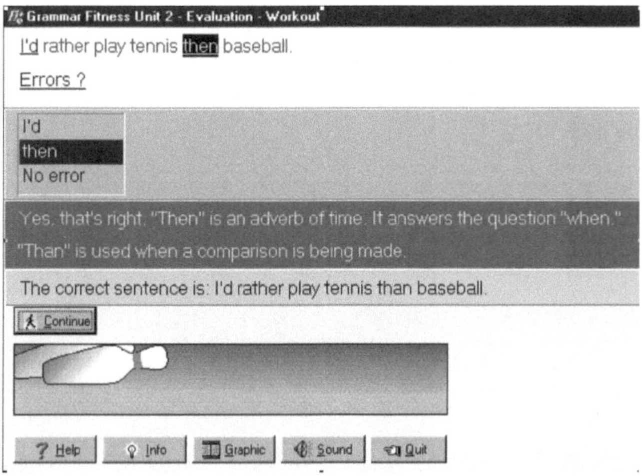

Abb. 6.13: *Grammar Fitness:* einfaches Grammatikübungsprogramm mit vorgefertigten Antworten

Auch **situativ ausgerichtete Programme** weisen in der Regel Übungssequenzen auf. Allerdings sind diese meist an ein kurzes Video oder eine Audio-Aufnahme angeschlossen. Wortschatz und Strukturen sind somit situiert. Die Situationen unterscheiden sich in Art und Ziel jedoch wenig von Kassetten- oder Filmaufnahmen in anderen Medien. An der Oberfläche entsteht leicht der Eindruck, diesen Programmen liege ein kommunikativer Ansatz zu Grunde. Die Bearbeitungsverfahren zeigen aber, dass es sich häufig um stark gesteuerte und geschlossene Übungen und oft um bekannte Drillmethoden handelt. Das kommunikative Prinzip der Authentizität der Materialien wird in den meisten Fällen nicht beachtet. Geschlossene Programme haben nur eine begrenzte Reichweite. Zwar bieten sie einen Schutzraum, verzichten aber auf die lernfördernden Effekte der Interaktion und bereiten nur bedingt auf authentische Kommunikation vor. Meistens sind ihre Inhalte schnell erschöpft und ihre Übungsverfahren werden zur Routine.

Werkzeuge

Die **konstruktiven Programme** betonen dagegen den authentischen, kommunikativen Nutzen elektronischer Werkzeuge bei der Umsetzung von Sprachhandlungen. Zu diesen Werkzeugen gehören Rechtschreibprüfungen, Thesauri, Webeditoren, Textverarbeitungsprogramme, elektronische Wörterbücher, Arbeitsressourcen, Fragebögen, Spiele, E-Schreibassistenten, digitale Werkzeuge für den Beruf und vieles mehr.

Beispiel

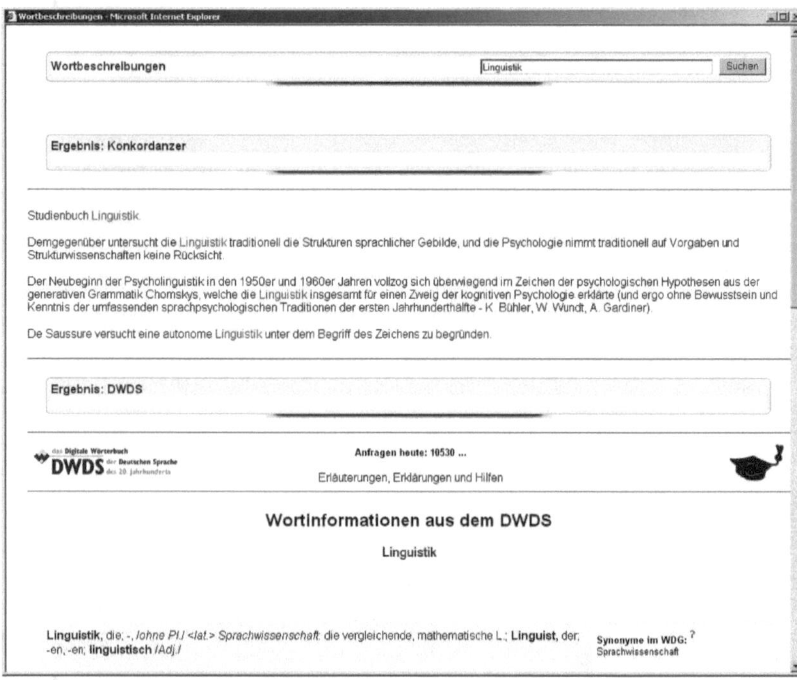

Abb. 6.14: Direkter Online-Link zum größten digitalen Wörterbuch der deutschen Gegenwartssprache und Anbindung an eine Datenbank zur automatischen Erstellung von Kontext-Sätzen (Konkordanzen) im *Uni-Deutsch Sprachkurs* der Deutsch-Uni Online (*www.deutsch-uni.com*). Lerner können Suchbegriffe eingeben oder die Suche aus dem Text durch Markierung des Begriffes starten.

In der Kategorie der konstruktiven Programme ergeben sich zwei weitere Gattungen: die **offenen Online-Programme**, die mit mehr oder weniger starker Steuerung auskommen, und die **Spiel- und Literaturprogramme**, die in sich komplett und geschlossen sein können, dabei aber verschiedene Bearbeitungswege erlauben. Zu dieser Gruppe gehören die Internet-Literatur (Hyperfiction), Spielprogramme und virtuelle Welten wie *Second Life* oder *Xtranormal: Storytelling* (vergleiche Abschnitt 1.4.1).

Szenarien

Mit konstruktiven Programmen können Lerner nicht nur Strukturen üben und Aufgaben bearbeiten, sondern auch kreativ mit Sprache umgehen (Szenarien). So auch in neueren Online-Schreibtrainingsprogrammen, so genannten Online Training Labs (OWL). Eines der bekanntesten OWLs für die Vermittlung von fremdsprachigen Kenntnissen in Deutschland ist das Online-Angebot an der TU Darmstadt (https://www.owl.tu-darmstadt.de/online_hilfe_owl/index.de.jsp). Im Online-Medium bestehen die besten Möglichkeiten, offene und kreative Lernumgebungen zu schaffen und die Lerner gleichzeitig gezielt mit wichtigen Werkzeugen und Informationsquellen zu versorgen. Für einen handlungsbezogenen, entdeckenden Sprachunterricht eignen sich derartige elektronisch vermittelte Programme. Navigationshilfen und Ressourcen verhindern, dass die Lerner von der Weite des Internets und schwierigen Texten überwältigt werden.

Mittels Apps sind verschiedene Ressourcen wie Lexika noch besser verfügbar geworden. Besonders empfehlenswert sind Werkzeuge wie Fahrpläne, Warenkataloge, Konfigurationsprogramme für Fahrzeuge und vieles mehr. Eine Reihe von Spiel-Apps für das Sprachen-Üben lässt sich ebenfalls gut transportierbar und in kleinen Portionen bearbeiten. Darunter sind auch einige Apps, die einfache Serious-Games-Elemente beinhalten, wie etwa die Spiel-Angebote des Goethe Instituts. So zum Beispiel die Apps *Lern Deutsch – Die Stadt der Wörter* oder *Unicampus.*

Abb. 6.15: Screenshot der App *Unicampus* (Goethe-Institut/Deutsch-Uni Online)

Beispiele: *Navi-D* und *WIR in Deutschland*
NAVI-D und *WIR in Deutschland* sind Apps, die als Navigationshilfen für den praktischen Alltag und zur Vermittlung zivilgesellschaftlicher Spielregeln entwickelt wurden und damit auch für den Spracherwerb und die Sprachvermittlung geeignet sind.
Navi-D steht für Navigation in Deutschland und ist eine Orientierungs- und Lern-App, die den Nutzern das Zurechtkommen in alltäglichen sprachlichen Handlungssituationen durch schnell zugängliche Informationen erleichtern soll und dabei grundlegenden Wortschatz und authentische Kommunikationsstrategien vermittelt. In zehn umfangreichen Kapiteln zu alltagsrelevanten Themen wie „Einkaufen", „Unterwegs", „Bildung" und „Arbeit" finden sich neben abwechslungsreichen Dialogen zum Anhören und Mitlesen weitere authentische Materialien und viele Bilder. Die passenden, motivierenden Übungen in vier unterschiedlichen Formaten bieten den Nutzern ein Korrektur-Feedback. Auf diese Weise kann das neu erworbene Wissen direkt innerhalb der App angewendet und getestet werden. Die Inhalte basieren auf dem 2017 erschienenen Ersthelfer-Leitfaden

für Ehrenamtliche des Projekts Lernen – Lehren – Helfen (LLH) des Instituts für Deutsch als Fremdsprache der LMU München (www.lernen-lehren-helfen.de).

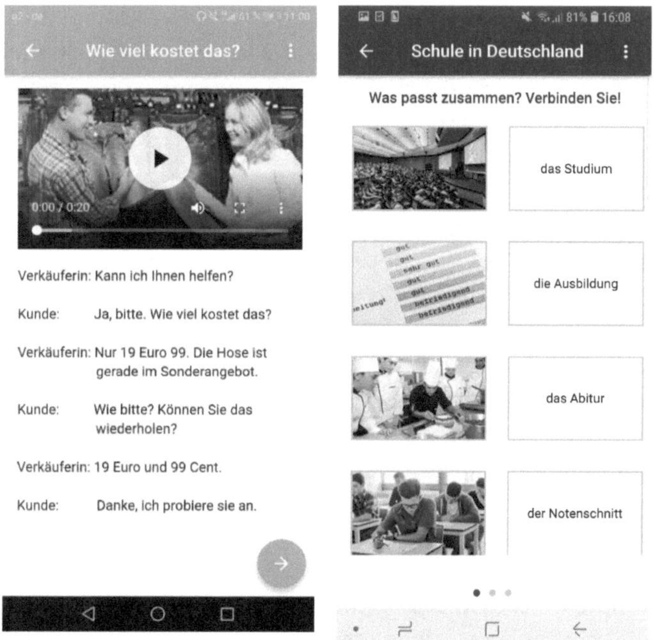

Abb. 6.16 / 6.17: Screenshot der App *Navi-D* (Android: https://goo.gl/SSbEwd, iOS: https://goo.gl/CtJpHX) / Screenshot der App *Wir in Deutschland*

Der Aufbau und die Funktionen der App *WIR in Deutschland* (Projekt Lernen – Lehren – Helfen) gleichen dem Aufbau und den Funktionen von NAVI-D. In sechs Kapiteln bietet die App auf einfachem Sprachniveau (A2) niedrigschwellige Einblicke in die demokratische Grundordnung Deutschlands und gibt den Nutzern die Möglichkeit, sich einen weiten Überblick über die zivilgesellschaftlichen Grundlagen und Prinzipien der deutschen Gesellschaft zu verschaffen.

Dabei werden abstrakte Themen wie Rechtsstaatlichkeit, das Steuersystem, Religionsfreiheit und Föderalismus erläutert und die konkreten Auswirkungen dieser Themen auf den Alltag in Deutschland und die Lebenswirklichkeit der Menschen aufgezeigt.
Beide genannten Apps sind in den App Stores kostenlos verfügbar und auch offline nutzbar. Sie besitzen eine Suchfunktion, die einen schnellen Zugriff auf relevante Inhalte ermöglicht. Die gewünschten Inhalte lassen sich zudem durch die integrierte Favoriten-Funktion auf eine personalisierte Merkliste setzen, sodass sie zu jeder Zeit per Knopfdruck abrufbar sind. Die einzelnen Kapitel beider Apps können unabhängig voneinander heruntergeladen werden, um den Gerätespeicher des Smartphones effizient zu nutzen. Bereits bearbeitete Kapitel können zudem beliebig gelöscht und zu einem späteren Zeitpunkt erneut heruntergeladen werden. Im Fokus beider Apps steht nicht der Spracherwerb, sondern das Zurechtkommen im Land und die Vermittlung von Kenntnissen mit dem Ziel der leichteren Integration von Zuwanderern. Nebenbei wird die Entwicklung von Lernstrategien und der Medienkompetenz gefördert.

Social Media

Zunehmend werden auch sozial-kommunikative Medien (Social Media) für Tandem- oder andere Unterrichtsprojekte eingesetzt, oder Lerner nutzen sie selbständig (Facebook, Twitter, Blogs, Foren, Chats etc.), unabhängig von der Sprache im Alltag. Wegen ihrer Alltagstauglichkeit bedarf es kaum einer gesonderten Einführung im Unterricht. Eher bedarf es sinnvoller kommunikativer, persönlich relevanter Aufgaben, der Kontaktvermittlung und der Begleitung.

6.8.2 Mehrwerterzielung durch elektronische Medien

Lernmehrwerte

Die Erwartungen an die Wunderkräfte der neuen Medien sind die eine Seite der Medaille. Die Realität bei der Erzielung eines Mehrwertes die andere. Ein Blick auf die Erfahrungen mit dem Einsatz von Online-Sprachlernprogrammen zur Erzielung eines Lernmehrwertes kann das illustrieren. Zwei wesentliche Vorteile der neuen Medien gegenüber traditionellen Unterrichtsverfahren zeigen sich jedoch deutlich: die **Individualisierung** und **Intensivierung des Lernens**. Durch verschiedene Angebote (Lernwege) können sie geschickter auf individuelle Interessen und Anlagen der Lerner eingehen und ihnen die Möglichkeit geben, intensiv, selbständig und, wo nötig, in Verbindung mit ihren Tutorinnen am Lernmaterial zu arbeiten. Die neuen Medien bieten darüber hinaus die Möglichkeit der **Interaktivitätssteigerung**. Durch eine interaktive Tafel mit Audio- und Videokanälen lassen sich virtuelle Klassenverbände ohne großen technischen Aufwand herstellen. Ein neuerer Standardcomputer, Headset, Webkamera und eine gute Internetverbindung genügen in der Regel für die Installation moderner elektronischer Kommunikations- und Lernplattformen, von denen einige auch auf Smartphones darstellbar sind. Die neuen Medien können den Präsenzunterricht in vielfacher Hinsicht auch organisatorisch entlasten: durch automatische Archivierung der Lernerleistungen, durch zusätzliche Diagnosewerkzeuge, durch voll automatisierte Korrekturrückmeldung und durch teilstandardisierte Rückmeldemöglichkeiten, die es erlauben, offene Lerneräußerungen auszuwerten (siehe die Sprachstandsdignose-App in Abschnitt 4.7).

organisatorische Entlastung

Beispiel
Durch Anklicken des Hakens wird die fertige Aufgabe entweder an den *E-Assistenten*, den Lehrer/Tutor oder die ganze Klasse geschickt (siehe Kapitel 6.6). Die Lehrkraft/Tutorin hat die Möglichkeit, den gleichen Texteditor, wie ihn der Lerner hat, zur Korrektur der Lerneraufgaben zu verwenden, inklusive farbiger Markierungen, Fettdruck, kursiver Schrifttypen und weiterer Formatierungsfunktionen. Weitere Korrekturhilfen sind vorhanden (im oberen Bild links und unten). Alle Aufgaben und Korrekturen werden automatisch archiviert und stehen für die Kursdauer zur Einsicht und Wiederverwendung zur Verfügung.

Texteditor und Korrekturhilfe

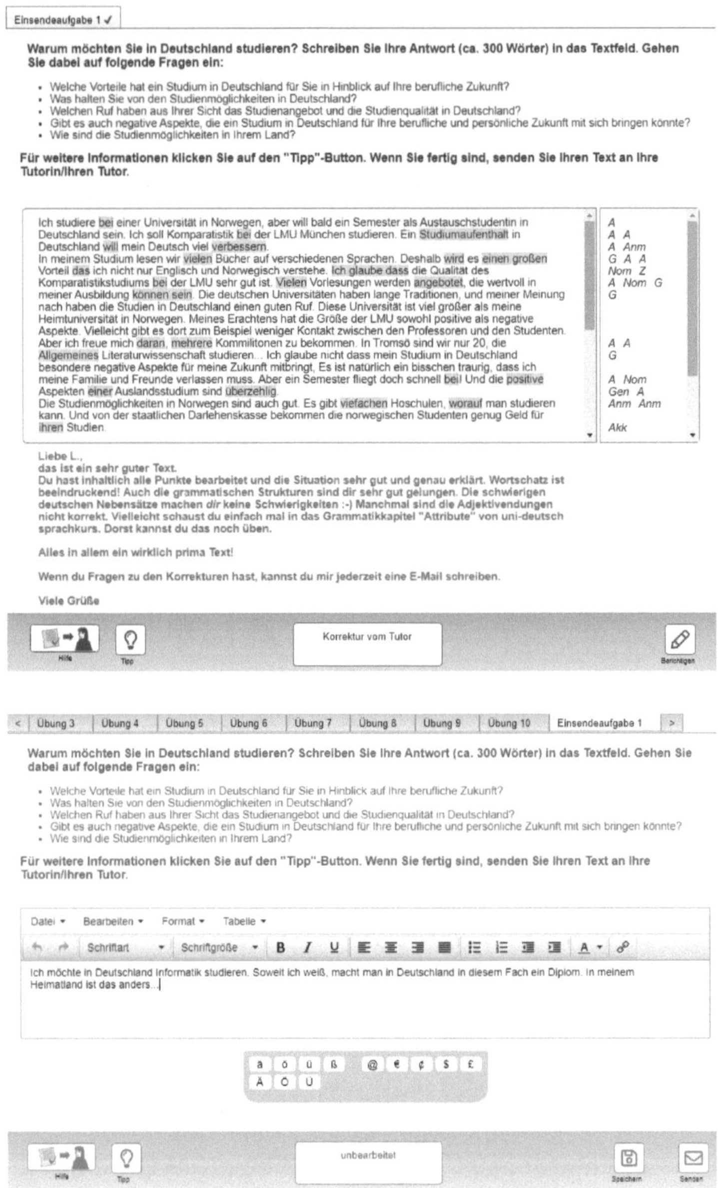

Abb. 6.18: Aufgabe und Freitexteingabe durch den Lerner im *Uni-Deutsch Sprachkurs* der Deutsch-Uni Online (*www.deutsch-uni.com*) und Korrektur durch den Tutor

Für erfolgreiches Lernen in virtuellen Klassenverbänden sind folgende Aspekte zu berücksichtigen:

wichtige Kriterien virtueller Klassen

- **Einstufung:** Jeder Lerner sollte mit einem Online-Programm nach eigenen Erfordernissen lernen, also Lernmenge, Lerntempo, Fertigkeiten und Themen selbst bestimmen können. Deshalb ist es wichtig, die Bedürfnisse der Lerner, ihre Stärken und Schwächen sowie ihre individuellen Interessen zu Kursbeginn festzustellen. Für Lernende ist es oft sehr schwer, alleine herauszufinden, wo ihre Stärken und Schwächen liegen. Sie brauchen die Hilfe und in den Anfangsphasen eines Kurses besonders viel Anleitung durch eine Tutorin, die sich zurücknehmen kann, sobald ein Lerner im Umgang mit dem Programm sicherer geworden ist.
- **Lernwege:** Je nach Unterrichtsniveau, Lernzielen und Lernertyp sollten verschiedene Lernwege möglich sein. Sie werden gemeinsam mit der Tutorin oder von den Lernenden selbst je nach Interesse ausgewählt.
- **Tutorielle Betreuung:** Die tutorielle Betreuung ist äußerst wichtig für den Lernerfolg, da dieser vor allem durch qualifiziertes Feedback gesichert wird. Viele Anbieter neigen zu gemischten Programmformaten, in denen sich Online- und Präsenzphasen abwechseln. Das Standardformat dieser Blended Learning-Programme besteht aus einem Treffen in der Gruppe am Anfang eines Kurses, einer E-Lernphase, gegebenenfalls einem weiteren Gruppentreffen, weiteren E-Lernphasen und einem Abschlusstreffen. Zwischen den Treffen kommunizieren die Kursteilnehmerinnen untereinander und mit ihrer Tutorin über die vorhandenen Kommunikationskanäle und gegebenenfalls auch durch Einsendung schriftlicher Hausaufgaben. Blended Learning-Formate können aber auch in jeder anderen Mischung von Präsenzphasen und virtuellen Lernphasen auftreten.

  Formate des Blended Learning

- **Kommunikation:** Die Kommunikationskanäle von Online-Programmen werden vor allem über Chat und Forum in der Regel dann gut angenommen, wenn sie betreut werden beziehungsweise eine gewisse Verbindlichkeit gewährleistet ist. Zu locker vereinbarte E-Kommunikation hat sich als wenig sinnvoll oder ablenkend erwiesen. Kommunikationsinstrumente sollten regelmäßig genutzt und dafür feste Termine vereinbart werden.

- **Auflösung der Anonymität:** Offene Lernprogramme nutzen zunehmend öffentliche oder klassenöffentliche Foren, Chats und andere Kommunikationsmittel. Die für das Lernen ebenso notwendige persönliche Kommunikation zwischen Tutorin und Lerner ist dadurch nicht immer zu gewährleisten.

6.8.3 Elektronische Lernplattformen

Lernmanagementsysteme

Lernen im Internet erfolgt heute über mehr oder weniger umfangreiche elektronische Lernplattformen. Standard-Plattformen wie *Moodle, Blackboard oder ILIAS* sind im Rohzustand inhaltsleer, haben keine sprachlehrspezifischen Anwendungen und bieten lediglich Verwaltungswerkzeuge für das Lernen und Lehren. Die Inhalte sind von den Nutzern jeweils selbst zu produzieren, einzustellen, zu verwalten und zu pflegen. Daneben gibt es Lernplattformen, die neben Lern- und Lehrverwaltungswerkzeugen auch medienadäquat aufbereitete Inhalte für virtuelle Lehr- und Lernangebote bieten. Da sich viele Komponenten von E-Lernplattformen mit einem Lernmehrwert auch im Präsenzunterricht oder in Blended Learning-Formaten einsetzen lassen, ist die rein räumliche Distanz eine sekundäre Bedingung für die Nutzung solcher Plattformen. Moderne Lernmanagementsysteme und Lernplattformen verfügen über verschiedene Komponenten zur Erstellung oder Nutzung von Inhalten und Kommunikationsinstrumenten.

Komponenten moderner elektronischer Lernplattformen

- **Autorenwerkzeuge** zur einfachen Erstellung von Inhalten (Authoring Tools wie *autolearn, Hotpotatoes, eXeLearning*),
- **Inhaltsverwaltungssysteme** (Content Management Systems),
- **Interaktive Tafel** mit Ton und Bild (Whiteboards wie *Conceptboard* oder *scribblar*, virtuelles Klassenzimmer),
- **Kommunikationskanäle** (Mail, Chat, Forum, Skype, Internettelefonie, Blogs, Twitter, Facebook etc. und Video-

konferenz-/virtuelle Lehrsysteme wie *Adobe Connect* und *Elluminate*),

- **Lernerverwaltung** (Learner Management Systems),
- **Präsentationssysteme** (*Prezi, Power Point* und andere Präsentationswerkzeuge in virtuellen Lehrsystemen),
- **Textverarbeitungssysteme** (Text Processing Systems),
- **Lernerressourcen** (Portfoliofunktionen wie *Mahara*),
- **Lernwerkzeuge** (Wikis, Concept Maps Tools, Multi User Domains Object-Oriented (MOOs), Writeboards, Tablets, Notebooks).

Virtuelle Klassenverbände können mit einer interaktiven Tafel die wesentlichen Kommunikationsformen im Präsenzunterricht nachstellen: Teilnehmerinnen können an die Tafel gerufen werden oder in Gruppenarbeit Aufgaben bearbeiten (virtuelles Klassenzimmer).

virtuelles Klassenzimmer

Beispiel

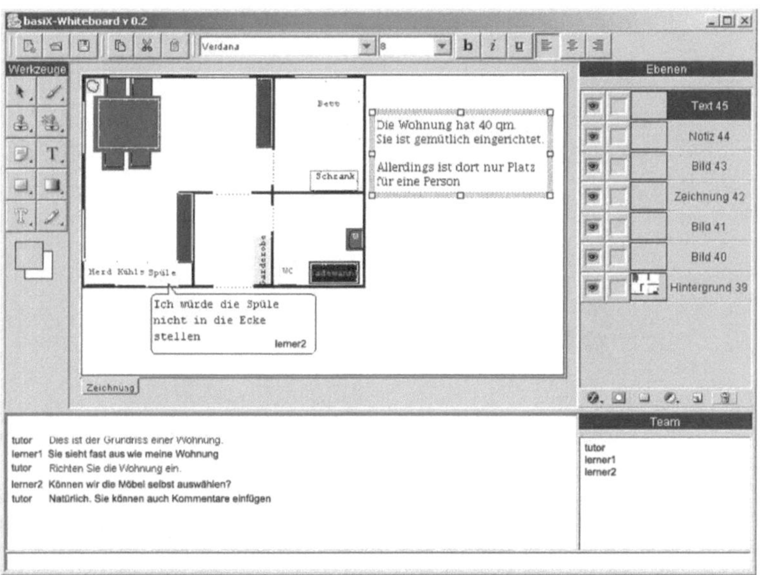

Abb. 6.19: Einer der ersten Vorläufer moderner Kommunikations- und Lernplattformen: interaktive Tafel mit optionaler Bild- und Tonübertragung für den interaktiven Unterricht (*basix 2003*)

Abb. 6.20: Komplexe Lerner- und Aufgabenverwaltung im *Uni-Deutsch Sprachkurs* der Deutsch-Uni Online (*www.deutsch-uni.com*)

Je nach Bedarf können Lehrerinnen und Lehrern Administrationsebenen zugewiesen werden oder sie können sie selbst einrichten. Das schließt die Verwaltung ihrer Klassen, die Möglichkeit der Einrichtung von Chats und Foren, das Durchführen von virtuellen Beratungsstunden und die Aufgabenkorrektur und -archivierung ein.

Wichtige Funktionen elektronischer Lernplattformen im Fremdsprachenerwerb

- Bereitstellung von Aufgaben für **verschiedene Lernertypen**,
- Anbindung an offene und dynamische **Wissenssysteme** (Lernumgebungen, Lernressourcen, frei verfügbare Inhalte, das WWW),
- Integration der elektronischen **Arbeits- und Rechercheinstrumente** (Wörterbücher, Suchmaschinen, Thesauri, Webseiten ...),

- Bereitstellung animierter Inhalte wie **Grammatikanimationen,**
- sorgfältig **koordinierte Aufgaben** in Text, Bild und Ton statt Reizüberflutung in den didaktisch aufbereiteten Materialien,
- Möglichkeiten der Zusammenstellung **individueller Lernwege**,
- **Hausaufgabenverwaltung** und **Korrekturmöglichkeiten** inklusive Archive,
- **automatische** oder **teilautomatische elektronische Korrekturmöglichkeiten** (Grammatik, Rechtschreibung ...),
- **interaktive, nicht ortsgebundene Tafelfunktionen,**
- **Multimedialität und Multikodalität** zur Nutzung und Förderung aller Fertigkeitsebenen zum Beispiel (virtuelle Vorlesungen, Unterrichtsmitschnitte etc.),
- **Schnittstelle** zwischen Unterricht und der außerschulischen Welt,
- Anpassungsfähigkeit, **Materialverwaltung**, **Materialpflege** und **Archivierung**.

neuralgische Aspekte

Bei der Nutzung der neuen Medien in der Fernlehre oder virtuellen Lehre hat sich jedoch auch eine Reihe von neuralgischen Aspekten der Kommunikation ergeben:

- **Komplexität direkter Kommunikation**: Die neuen Medien können trotz diverser Informationskanäle die Komplexität direkter (*face-to-face*) Kommunikation nicht immer vollständig ersetzen, da sie nur bestimmte Aspekte und meist auch nur Ausschnitte aus Situationen (ohne vollständige Kontexte) übertragen. Aber sie können in vielen Fällen ausreichende Alternativen liefern.
- **Reparaturmöglichkeiten**: Aus dem genannten Grund fehlen in medialer Vermittlung auch oft die unmittelbaren Reparaturmöglichkeiten, von denen erfolgreiche Kommunikation immer abhängt. Andererseits lassen sich bestimmte Korrekturen aus der Distanz auch besser vornehmen, zum Beispiel, weil sie verschriftlicht sind oder die

räumliche, zeitliche und situative Distanz mehr Freiräume bei der Formulierung und Korrektur zulässt.

- **Automatische Sprachanalyse**: Die automatische Sprachanalyse, das heißt die Erkennung von gesprochener Sprache durch digitale Sprachverarbeitung, konzentriert sich stark auf standardisierte Gesprächsroutinen, weil die natürliche Sprache in Bezug auf Variantenreichtum, ihren Kontextbezug, ihre Semantik und Pragmatik komplex ist. Die Analyse schriftlich fixierter Texte ist dagegen leichter, wie bereits der E-Assistent und die Sprachstandsdiagnose-App gezeigt haben. Für die Sprachanalyse sind große Mengen an Sprachdaten erforderlich, die **probabilistische Auswertungen** erlauben. Das heißt, die vom Lerner produzierten Äußerungen und Texte werden mit großen Sprachkorpora verglichen und dabei nur bedingt linguistisch analysiert.
- **Interkulturelle Aspekte der Mediennutzung**: Die Nutzung der elektronischen Medien ist in kultureller Hinsicht nicht indifferent, wie es die internationale Uniformität der Technik leicht vorspiegelt. In Wirklichkeit ist die Mediennutzung vom Gerätedesign bis hin zur Entwicklung bestimmter Lernsoftware stark von kulturell geprägten Annahmen zur Informationsverarbeitung, zum Wissenserwerb und zur Kommunikation abhängig. Eine wichtige Rolle spielen zum Beispiel Kernkonzepte, die eine Anhäufung von Fakten durch digitale Programme einer qualitativen Verarbeitung solcher Fakten vorziehen. Auch beeinflussen bestimmte kulturell geprägte Kommunikationskonzepte die Art, wie Wissen vermittelt wird, zum Beispiel über zunehmend verbreitete und nicht in Frage gestellte öffentliche Foren und mittels bestimmter sprachlicher und visueller Symbole (Icons, Smilies). Dabei kommen Lernkulturen, in denen die nicht-öffentliche Kommunikation zwischen Lehrkraft und Schülerin eine sehr wichtige Rolle spielt, zu kurz. Symbole wie die (schlaue) Eule als Markierung für Lerntipps führen in manchen Lernkulturen zu Irritation oder Ablehnung, weil sie dort eine negative symbolische Bedeutung haben. Kulturell unterschiedliche Konzepte von Medien und ihrer Nutzung sind häufig unbewusst für das

Scheitern der Kommunikation verantwortlich. Bei der interkulturellen Nutzung der Medien in der Sprach- und Kulturvermittlung ist daher viel Sensibilität geboten (Reeder/Macfadyen/Roche/Chase 2004, Roche/Macfadyen 2004, Roche 2019).

Überblick: Software
Das Angebot an elektronischen Lehr- und Lernprogrammen ändert sich schnell und ist vor allem von Marketingaspekten überfrachtet und daher für den Laien kaum überschaubar. Fest steht, dass es zu kommerziell verfügbarer Lernsoftware kaum wissenschaftlich belastbare Untersuchungen gibt. Bewertungen in der Computerpresse agieren nach oberflächlichen Kriterien und verzichten auf jede Art des wissenschaftlichen Bezugs. Zudem fehlt ihnen bisher durchweg der nötige Sachverstand zum Sprachenerwerb. Zeitschriften wie *Language Learning and Technology: A Journal for Second and Foreign Language Educators*, CALL (*Computer Assisted Language Learning*), *Educational Technology Research and Development* oder die Spezialnummern etwa in der *Zeitschrift für interkulturellen Fremdsprachenunterricht* (ZIF) oder die Webseiten von Forschungs- und Entwicklungseinrichtungen (www.testdaf.de/institution/tz-forschung.php, www.deutsch-uni.com, http://mediendidaktik.uni-due.de/kerres, https://www.uni-giessen.de/fbz/zmi, http://www.tuezli.uni-tuebingen.de) versammeln dagegen aktualisierte Forschungsberichte, die über Medienanwendungen hinaus für die Fremdsprachendidaktik von Interesse sind. In den Literaturhinweisen zu diesem Kapitel finden sich weitere einschlägige Werke und Zeitschriften, die eine kompetente Bewertung ermöglichen (vergleiche auch die Literaturhinweise in Kapitel 9.2).

Tandem
Elektronische Partnerschaften vermittelt unter anderem das **eTwinning**-Portal für europäische Schulen (https://www.etwinning.net/de/pub/index.htm). Das Französisch-Programm ***cultura*** des *Massachusetts Institute of Technology*

(MIT) (http://cultura.mit.edu/) wendet sich zwar gezielt an französisch-amerikanische Lerngruppen, ist aber wegen seines exemplarischen interkulturellen Konzeptes auch für andere Lerngruppen von Interesse und bietet damit prinzipiell auch eine Plattform für andere Sprachkonstellationen.

Online-Grammatiken
Im Internet gibt es zahlreiche Grammatikhilfen und andere Ressourcen zum Sprachenlernen. Einige kann man kostenlos nutzen, für andere ist eine Kursregistrierung erforderlich und wieder andere sind kostenpflichtig. Qualität, Anspruch und Umfang der Programme variieren in höchstem Maße. Die folgenden Programme enthalten Demos oder sind kostenfrei zu nutzen, wenn nicht anders angegeben. Sie gehören zu den umfangreicheren und professionell gemachten Angeboten.
Französisch: ***Le Point Grammatik*** (www.lepointdufle.net/); ***Grammaire française*** (www.etudes-litteraires.com/grammaire.php); ***French Online Grammar Quiz*** (http://fog.ccsf.cc.ca.us/~creitan/grammar.htm); kostenpflichtige Grammatik: ***Manuels de grammaire française en ligne*** (https://www.cordial.fr/grammaire/francais.htm); ***Suchgrammatik zu Fragen der Orthographie und Grammatik*** (www.orthogram.com/); Aussprachetraining: ***Exercices de phonétique*** (http://phonetique.free.fr/).
Englisch: ***The Internet Grammar of English*** (www.ucl.ac.uk/internet-grammar/); ***Guide to Grammar and Writing*** (http://grammar.ccc.commnet.edu/grammar/) und weitere kostenpflichtige, beziehungsweise zulassungsbeschränkte Ressourcen für den Unterricht: ***Englische Grammatik Online*** (www.ego4u.de/), siehe auch www.sprachlernmedien.de zu Vokabel- und Testressourcen.
Für das Deutsche gibt es vorwiegend kostenpflichtige Programme, aber oft sind kostenlose Demos verfügbar. Zu empfehlen sind unter anderem der ***Duden Korrektor, grammis*** (http://hypermedia.ids-mannheim.de/grammis/) und die propädeutische Grammatik ***ProGr@mm*** (http://hypermedia.ids-mannheim.de/programm) sowie die Pro-

gramme und Ressourcen der ***Deutsch-Uni Online*** (www.deutsch-uni.com).
Für viele Sprachen stehen im Netz und/oder auf CD-ROM/DVD umfangreiche Wörterbuchressourcen zur Verfügung. Die Online-Angebote sind meist kostenfrei. Beispiel: Das etymologische Wörterbuch von Jacob und Wilhelm Grimm im Internet und auf CD-ROM: http://germazope.uni-trier.de/Projects/DWB. Weiter stehen auch unzählige Apps zur kostenfreien Verfügung (PONS, etc.). Das DUDEN Wörterbuch oder das KLUGE etymologische Wörterbuch der deutschen Sprache sind auch als E-Book verfügbar, diese sind aber nicht gerade preiswert.

Grammatikanimationen
Im Rahmen des Projektes „Animierte Grundgrammatik der deutschen Sprache" wird am Institut für Deutsch als Fremdsprache der LMU München eine innovative Grundgrammatik der deutschen Sprache entwickelt, die auf Erkenntnissen der Kognitiven Linguistik und des multimedialen Lernens basiert.
Das *Aktuelle Grammatik-Studio* präsentiert die deutsche Grammatik mit Sport-Bildern. Die Sportarten sind als grammatische Metaphern animiert dargestellt und erklärt. Diese Computeranimationen sind besonders geeignet zur Verdeutlichung der Regeln gerade bei Lernern, die bereits lange mit der Grammatik „kämpfen". Dabei ist das Grammatik-Studio eine Referenzgrammatik. Es enthält auch Hinweise für den Einsatz im Unterricht und Übungen.
Drei Arten von Animationen kommen zum Einsatz: semantische Erklärungen (wie bei der Bedeutung der Präpositionen), konzeptuelle (wie bei der Grenzüberschreitung bei Wechselpräpositionen) und typologische (wie bei der Erklärung der Fugenelemente in der Wortbildung). Oft werden alle drei Varianten für die Erklärung genutzt.
Die konzeptuelle Darstellung basiert auf Erkenntnissen der Kognitiven Linguistik. Grammatik wird als ein holistisches, bedeutungsvolles und transparentes System dargestellt. Die positive und nachhaltige Wirkung des konzeptuellen An-

satzes ist in zahlreichen wissenschaftlichen Erwerbsstudien zu verschiedenen grammatischen Bereichen klar nachgewiesen worden. (Siehe hierzu auch Kapitel 5.7.)

6.9 Hierarchie der Lernarten

Lernmodelle

Die Möglichkeiten der Umsetzung didaktischer Konzepte mit den neuen Medien hat eine stärkere Orientierung auf lerntheoretische Modelle des multimedialen Lernens mit sich gebracht (vergleiche Abschnitt 3.5). Mit dieser Orientierung erfolgt auch eine didaktische Klassifikation der Lerneffizienz verschiedener Aufgabentypen und die Entwicklung theoretisch begründbarer Aufgabentypologien. Mit dem hierarchischen Modell der Lernarten von Gagné (1973) lässt sich der zunehmende Schwierigkeitsgrad der Aufgaben in Bezug auf verschiedene Lernmodelle gut illustrieren. Als Aufgaben mit niedrigerer Schwierigkeit sind dort reflexartige Aufgaben klassifiziert, wie sie vor allem behavioristische Lernmodelle propagieren. Auf einer mittleren Schwierigkeitsebene sind Aufgaben angesiedelt, die das Lernen von Regeln zum Ziel haben, so wie es in kognitivistischen Ansätzen vertreten wird. Auf der schwierigsten Ebene siedelt Gagné das Transferlernen an, das heißt die Fähigkeit, Gelerntes in Aufgaben anzuwenden und auf neue Aufgaben zu übertragen und zu erweitern.

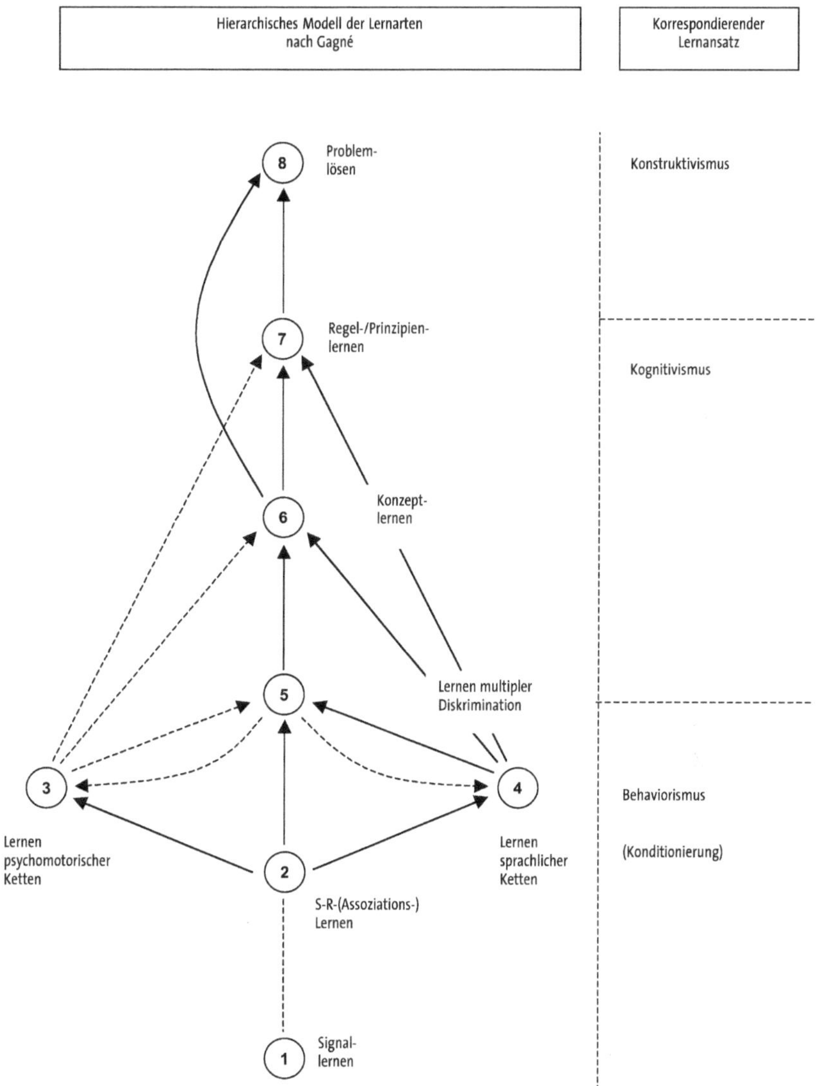

Abb. 6.21: Die Hierarchie der Lernarten und eine grobe Zuordnung der Schwerpunkte der korrespondierenden Lerntheorien (nach Gagné 1973)

Schwierigkeitsstufen

In der *Hierarchie der Lernarten* wird davon ausgegangen, dass das Lernen in verschiedene Stufen unterschiedlicher kognitiver Schwierigkeit unterteilt werden kann. Auf der einfachsten Stufe (1) ist das Signallernen angesiedelt, das von direkten Anweisungen gesteuert wird (im Sprachunterricht etwa das Sprechen im Chor). Es unterscheidet sich kaum vom Reiz-Reaktionslernen (2), das durch direkte akkustische oder visuelle Reize gesteuert wird und aus unmittelbaren Reaktionen auf einen Auslöser (Stimulus) besteht (im Sprachunterricht etwa das schematische Antworten auf eine vorgefertigte Frage). Etwas komplexer sind mehrschrittige Abläufe einfacher Reaktionen (3, 4), das heißt eine Kette von Reaktionen auf einen Stimulus, wie etwa das Nachsprechen oder Nachstellen kurzer Dialogabläufe. Der Schwerpunkt der Stufen 5 bis 7 liegt auf der zunehmenden Einsicht des Lerners in Lernabläufe und deren wachsender Unabhängigkeit von einem konkreten Reiz. Lerner unterscheiden verschiedene Funktionen oder Handlungen (5), im Sprachunterricht etwa zwischen formeller und informeller Situation bei der Anrede. Sie lernen nach allgemeineren Konzepten (Generalisierung) (6) oder abstrakten Regeln (7), im Sprachunterricht zum Beispiel nach mehr oder weniger formalisierten grammatischen Vorgaben (deduktiv). Die kognitiv schwierigste Form des Lernens besteht im selbständigen Problemlösen (8), wie es im aufgaben- und handlungsorientierten Sprachunterricht verlangt wird, zum Beispiel in Szenarien. Dazu nutzen Lerner immer auch untergeordnete Lernformen als Werkzeuge, soweit das effizent oder nötig ist. Problemlösen etwa im Rahmen von Projektarbeit verlangt nach selbständig arbeitenden und motivierten Lernern mit kritischer Kompetenz.

6.10 Übersetzungskompetenz

„Uebersetzest du gern, verwegener
Deutscher, so wisse,
Daß eine Ohrfeig' in Rom wörtlich
ein Messerstich heißt."
Wilhelm Friedrich Waiblinger
(* 21.11.1804, † 17.01.1830)

translatorische Kompetenz

Das Übersetzen und Dolmetschen, das heißt die translatorischen und mediatorischen Kompetenzen, spielen im Fremdsprachenunterricht eine besonders wichtige Rolle. In der Grammatik-Übersetzungsmethode ist die formal korrekte Übersetzung Hauptziel und Grundlage des Fremdsprachenunterrichts. Obwohl die Methode seit der audiolingualen Methode und bis heute im kommunikativen Ansatz nur am Rande behandelt wird, werden Übersetzungsübungen im schulischen Unterricht weiterhin gerne durchgeführt. Was hat es mit dem Übersetzen auf sich?

Während früher angenommen wurde, dass sich die Schülerinnen mit vielen Übungen zum Übertragen von einer Sprache in die andere gerade auch im Anfängerunterricht Wissen und Denkstrukturen der fremden Kulturen aneignen und damit gleichzeitig ein hohes Strukturbewusstsein in der eigenen Sprache ausbilden, haben sich diese Annahmen inzwischen nicht belegen lassen. Haag/Stern 2000 zeigen, dass der Lateinunterricht mit seiner starken Grammatikorientierung nicht die positiven Auswirkungen im Erwerb fremder Sprachen oder in einer erhöhten Sprachkompetenz in der Ausgangssprache (Deutsch) hat, die ihm weitläufig zugesprochen werden. Übersetzungen setzen eine hohe Sprach- und Kulturkompetenz des Lerners in beiden Sprachen und Kulturen voraus. Ist sie nicht vorhanden, werden Fehler zwangsläufig provoziert. Zudem hat sich immer wieder gezeigt (siehe Kapitel 4.1), dass Lerner weniger strukturorientiert arbeiten, als lange angenommen wurde.

Übersetzungen werden als methodisches Mittel häufig zu früh eingesetzt und führen daher zu Fehlern, großer Frustration bei Schülerinnen, Schülern und Lehrkräften und einem gesteigerten Korrekturaufwand. Diese Effekte treten auch dann auf, wenn die

Übersetzungsübungen im schulischen Unterricht weniger funktions- und weltfremd sind, als das oft der Fall ist, beispielsweise beim Übersetzen kontextloser Sätze, die vor allem grammatische Strukturen einüben sollen. Aus ähnlichen Gründen erweist sich die Übersetzungsmethode beim Wortschatz, die Paarassoziation, als weitgehend ineffizient und für Lerner oft irreführend.

didaktische Brücke

Bei der Entscheidung, ob Übersetzen im Unterricht sinnvoll ist oder nicht, spielen allerdings Zielsetzung und Methodenverständnis eine wichtige Rolle. Die interkulturelle Sprachdidaktik benennt zwei Fälle, in denen Übersetzen für den Erwerb der Sprache hilfreich ist: das Übersetzen als didaktische Brücke und das Anstreben von Mediationskompetenzen auf hohem sprachkulturellen Niveau.

Gerade in einer globalisierten Welt hat das Übersetzen als kulturvermittelnde Kompetenz einen zentralen Stellenwert (siehe auch die Ausführungen zur Interkulturellen Sprachdidaktik in Kapitel 7). Die Hauptschwierigkeit besteht darin, funktionale Entsprechungen herzustellen, also Äquivalenz oder Angemessenheit der Übersetzung zu erreichen. Das bedeutet, dass die Ausgangstexte unter Berücksichtigung pragmatischer Faktoren der Kommunikation, also der Kommunikationssituation, des Kontextes, der Textsorte, des Adressaten, der beabsichtigten Wirkung und so weiter übersetzt werden sollen. Da es aber in der Regel nicht möglich ist, Eins-zu-eins-Äquivalenzen in allen Bereichen der Kommunikation herzustellen, müssen die genannten Ebenen je nach Kontext der Übersetzung priorisiert und hierarchisiert werden. Funktional gelingende Übersetzungen sind das Resultat umfangreichen pragmalinguistischen Wissens und großer kognitiver Anstrengungen. Auch professionelle Dolmetscher und Übersetzer sind dabei stark gefordert (siehe hierzu Vermeer 1987, Klein 1991, Miller 1992, Steiner 1993, Kussmaul 2000, Snell-Hornby 2006 und 2007, Emsel/Cuartero Otal 2007, Scheel 2007).

fubnktionales Übersetzen

Etwas anderes ist es, wenn Übersetzungen als Hilfsmittel der Bedeutungserschließung, etwa auf frühen Erwerbsstufen eingesetzt werden, gerade bei abweichenden Strukturen in Ausgangs- und Zielsprache (Transferdifferenz). Es geht dabei also nicht um korrekte Übersetzungen oder darum, eine Übersetzungskompetenz zu erlangen. Vielmehr soll durch kontrastive Verfahren an bereits bestehendes Wissen angeknüpft werden. Die Lerner sollen ein Gefühl für die sprachlichen Unterschiede entwickeln. Das spanische Wort *guardaropa* kann man sich nicht nur in orthografischer Analogie zu *Garderobe* erschließen und merken, sondern auch über die direkte Hilfsübersetzung *bewachte Robe/Kleidung* (ähnlich wie im Englischen *wardrobe*). Ein idiomatischer Ausdruck wie Englisch *He is sitting on the fence* wird schon durch eine bildliche Hilfsübersetzung wie *Er sitzt auf dem Zaun* auf die metaphorische Basis zurückgeführt und damit merkbar (attribute matching). Er lässt sich leicht mit dem Wissen verbinden, dass eine Person in solchen Kontexten im Deutschen eher *zwischen den Stühlen sitzt* oder sich anderweitig nicht entscheiden kann. Durch das Übersetzen in sinnvollen, aber begrenzten Überbrückungsfunktionen zwischen Ausgangs- und Zielstrukturen findet gleichzeitig eine Bewusstmachung von Bedeutungsstrukturen der eigenen Sprache gegenüber anderen Sprachen statt. Auf diese Weise wird der Lerner auf Bedeutungsunterschiede zwischen Sprachen aufmerksam und nimmt die nötigen Restrukturierungen der Bedeutungsrepräsentation vor. Mit der Zeit kann ein Lerner auf die Hilfsübersetzung verzichten (siehe dazu auch Kapitel 7.1).

Hilfsübersetzungen im Unterricht

Zu den wichtigsten traditionellen Methoden des Hilfsübersetzens im Unterricht gehören die folgenden:

Das imitative Übersetzen: Anhand dieser Übersetzungsmethode werden im Unterricht vorgegebene Muster der Fremdsprache geübt und imitiert (automatisiert). Es geht also nicht um eigenständiges oder kreatives Übersetzen, sondern vielmehr um das Reproduzieren zuvor erarbeiteter Strukturen und zuvor eingeführten Wortschatzes (Chunks), zum Beispiel in Anlehnung an einen vorangehenden Lektionstext.

Das grammatische Übersetzen: Zur Illustration und Einübung grammatischer Strukturen der Fremdsprache werden identische oder sehr ähnliche Satzmuster intensiv bearbeitet. Der Kontext spielt dabei keine oder eine untergeordnete Rolle. In der Grammatik-Übersetzungsmethode ist das grammatische Übersetzen eines der wichtigsten Verfahren und Ziele. Die Sätze sind dabei meist so weit von jedem authentischen kommunikativen Kontext abgehoben, dass sie in der Realität kaum jemals verwendet werden können. Als Hilfsübersetzungen sind solche Übungen nicht Ziel, sondern nur kurzzeitiges Hilfsmittel des Lernens. Manchmal stellen sie sich als gar nicht so falsch heraus. Deutschsprachige Englischlerner können so zum Beispiel mit göttlichem Segen die deutsche Negation wörtlich ins Englische übertragen: *And lead us not into temptation*, heißt es etwa im *Lord's Prayer.*

Konzeptwelt

Das bildliche Übersetzen: Bildschemata wie sie in Metaphern ausgedrückt werden, können zur Verdeutlichung der Konzeptwelt in die andere Sprache übertragen werden. Farben, Gegenstände, Ereignisse und Tiernamen eignen sich hierfür besonders. Im Arabischen steht rot ähnlich wie im Deutschen für Ärger, Scham oder Liebe, schwarz für Trauer und weiß für Reinheit, aber gelb unter anderem für Eifersucht und blau unter anderem für Kälte. Metaphorische Übertragungen führen unweigerlich zu Vergleichen zwischen Sprachen. Der folgende Text illustriert das, wenn er in eine andere Sprache übersetzt wird:

Tierischer Ernst

Auch auf einem Weg
der für die Katz ist
kann man auf den Hund kommen
wenn man nicht Schwein hat.
Erich Fried (1998)

6.11 Methodik

Welche Methoden im Unterricht verwendet werden, hängt von der jeweiligen Zielsetzung des Unterrichts und den Ausgangsbedingungen der Lerner ab. Die Wahl der Methoden ist also nicht willkürlich, sondern steht im Zusammenhang mit den angestrebten Kompetenzen, den Lernzielen, den Lernervariablen und den Lernbedingungen (Curriculum, Umfeld, Institution). Eine Lehrkraft muss daher immer überprüfen, ob die gewählte Methode dem Zweck tatsächlich entspricht und in der betreffenden Lernphase angebracht ist, oder ob und wieweit die Lerner den Lernweg selbst gestalten können. Da diese Aufgabe gerade bei größeren Lerngruppen fast nicht so zu bewältigen ist, dass die individuellen Bedingungen aller Lerner berücksichtigt werden, empfehlen sich offenere Lernverfahren (siehe auch Kapitel 6.3). Für jede Unterrichts- beziehungsweise Lernphase, die aber Orientierung oder Steuerung benötigt, gibt es eigene Methoden: vorbereitende, entdeckende, rezeptive, einführende, strukturelle, produzierende, automatisierende, reflektierende. Entsprechend ist der Sprachunterricht in Phasen unterteilt, die normalerweise vom Rezeptiven zum Produktiven aufeinander aufbauen. Als Grundschema eines Fremdsprachenunterrichts, der von der Steuerung (Instruktion) zum selbständigen Lernen führt, empfiehlt sich ein 5-stufiger Aufbau aus:

Grundschema des Fremdsprachenunterrichts

- Aktivierung/Vorentlastung/Einführung,
- thematische Differenzierung,
- strukturelle Differenzierung,
- Erweiterung/Expansion,
- Integration/Reflexion.

Aufgabe von Phase 1 ist die Aktivierung des Vorwissens. Lernen ist immer dann effizient, wenn es an bestehendes Wissen anknüpfen kann, auch wenn dieses unvollständig oder stereotyp ist. Wird das Vorwissen mit Blick auf die anstehenden Aufgaben erweitert, kann diese Phase der **Vorentlastung** (*advance organizer*) dienen. Aktivierungen und Vorentlastungen können zum Beispiel durch Assoziationsübungen geschehen. In dieser Phase finden unter Umständen stärkere Steuerung und Moderation statt (unter anderem auch durch explizite Einführungen). Diese sind jedoch nicht mit lehrerzentriertem Vorgehen zu verwechseln. Vielmehr ist es sinnvoll, die Lerner aktiv in jede Aktivität einzubeziehen (Plenum, Partnerarbeit, Gruppenarbeit).

Nach der **Aktivierungsphase** setzt in diesem Grundschema die eigentliche Beschäftigung mit dem ausgewählten Thema ein (**thematische Differenzierung**). Das geschieht meist mit mündlichen oder schriftlichen Texten oder Redemitteln. Entdeckende Verfahren können dabei sehr gut zum Zuge kommen, sofern die Lerner mit Methoden eigenständigen Lernens vertraut sind. Am besten lassen sich die in Frage stehenden Aspekte in ihrer authentischen Umgebung, das heißt im Text illustrieren. Geeignet für diese Aufgaben sind Unterstreichungen von Bekanntem und Neuem oder die Formulierung von Suchfragen, die dann von der Lerngruppe weiterverfolgt werden. In dieser Phase geht die wesentliche Steuerung von den Texten und Aufgaben aus. Je nach Lernniveau, Lerntradition, Lerntyp, Schwierigkeit und Aufgabenstellung beteiligen sich die Lerner aktiv an der Entwicklung des Unterrichts.

entdeckende Verfahren

In der folgenden Phase der strukturellen Differenzierung werden die gewonnenen Ergebnisse aufgenommen und systematisch vertieft, erklärt, an weiteren Beispielen illustriert und gegebenenfalls gesteuert geübt. In dieser Phase geht es auch gezielt um die Grammatik und den Wortschatz sowie Arbeits- und Lernstrategien und Techniken zur Behaltenssteigerung. Naturgemäß ist in dieser Phase auch das Expertenwissen der Lehrkraft besonders gefragt. Die Lerner sollen Expertenwissen schrittweise selbst herstellen und sich beschaffen lernen. Das geschieht durch die Vermittlung von Strategien, Techniken und Methodenwissen.

Arbeits- und Lernstrategien

Das so Vertiefte wird in der **Expansionsphase** an einen weiteren, etwas schwierigeren Text zurückgetragen oder in eine komplexere Aufgabe integriert, zum Beispiel als Projektarbeit. So können auch die verschiedenen Kompetenzen der Lerner in gegenseitiger Ergänzung am besten genutzt werden. Das vorher Erarbeitete soll in diesem zyklischen Modell erprobt, gefestigt und erweitert werden. Auch können einzelne grammatische Grundregeln im Laufe der Arbeit vertieft und verfeinert werden. Die Aktivitäten gehen stärker auf die Lerner über. Die Lehrkraft tritt in die Rolle eines Moderators zurück und leistet Hilfestellungen, wo diese noch nötig sind.

Projektarbeit

In der letzten Phase, der **Integrations- und Reflexionsphase**, stehen die Integration in die Wissensstrukturen und die

Anwendung und Übertragung des Gelernten auf neue Kontexte im Mittelpunkt. Für diese Phase eignen sich Texte und Aufgaben, die die Lerner fordern, aber nicht überfordern. Die Lehrkraft wirkt idealerweise nur in der Rolle eines Tutors oder Gesprächspartners mit. Interessante Themen können auch außerhalb des Unterrichts selbständig fortgesetzt werden.

Transfer

Nicht immer gelingt es, ideale Bedingungen oder Abläufe im Unterricht herzustellen. Durch die aktive Beteiligung der Lerner, die auch die Übernahme von Verantwortung impliziert, gelingt das meist am besten. Handlungsfokus und Theoriebezug sind wichtige Elemente eines modernen Fremdsprachenunterrichts, der sich von reinem Methodeneklektizismus und -Aktionismus unterscheidet. Hier sind Lehrkräfte aufgefordert, ihr eigenes Expertinnenwissen in die Forschung einzubringen und auch in ihrem eigenen Unterricht die Effizienz ihrer Methoden und deren Übertragbarkeit zu prüfen.

6.12 Handlungsbezogener Unterricht

Im Mittelpunkt des Fremdsprachenunterrichts kann nicht das Fehlerfinden oder -korrigieren stehen, denn dadurch wird es den Lernern nur schwer gemacht, selbständig Sprache zu produzieren, auszuprobieren und damit kreativ zu sein. Trotz der angestrebten Selbständigkeit hat das interaktive Lernen in einer Lerngruppe viele Vorteile, da auf diese Weise Sprache in authentischen Situationen zur Anwendung kommen kann. In einer Lernergruppe lassen sich darüber hinaus unterschiedliche Stärken einbringen und Schwächen ausgleichen. Die durch Thema und Aufgabenstellung einerseits gesteuerte, andererseits aber hinsichtlich der Kreativität freie Sprachanwendung, macht es sowohl schwächeren als auch fortgeschritteneren Schülern und Schülerinnen möglich, individuell ihr Sprachkönnen auszubauen. In diesem Miteinander haben alle die Möglichkeit, von anderen Lernern zu lernen. Kernelement nachhaltigen Lernens ist es, Lernern die Möglichkeit zu geben, aus ihrer Umgebung heraus aktiv Sinn zu konstruieren.

Ein interaktiver handlungsbezogener Fremdsprachenunterricht liefert also authentische, kontextreiche Kommunikationssituationen, situiert die dafür nötigen Sprachmittel, fordert und fördert das Interesse der Schülerinnen und Schüler, spricht die emotionale Intelligenz direkt an, verlangt Flexibilität und Variation in der Kommunikation und evoziert damit soziale Kompetenzen. Er bietet so auch einen idealen Einstieg zum selbständigen Weiterlernen über den Unterricht hinaus, das heißt, er besitzt Relevanz für die Lerner und ist damit ein authentischer Teil ihres Lebens (Goldman-Segall 1998, Bleyhl 2005, Apeltauer 2010, Roos/Polotzek/Schöler 2010, Röhner/Hövelbrinks/Li 2011, Darsow/Paetsch/Stanat/Felbrich 2012).

Szenariendidaktik

In der Szenariendidaktik können unterschiedliche Lerninteressen, Lernertypen und Lernwege berücksichtigt werden, da keinem starren Unterrichtsschema gefolgt werden muss. Denn wie im ungesteuerten Spracherwerb stehen der kommunikative Zweck und die Sprachanwendung (Aufgabenorientierung) im Mittelpunkt des Lernens und Unterrichtsgeschehens. Das Behalten der vermittelten Strukturen wird in der Verzahnung von Handlungsbezug, Vermittlung sprachlicher Mittel und aktiver Sprachanwendung wesentlich erleichtert.

Sprachliches Handeln und Grammatikvermittlung schließen sich nicht aus. In Handlungszusammenhängen, Aufgaben und Spielen können bei jeder Sprachaktivität in einem Lernszenario auch grammatische Strukturen und Strukturbewusstheit (Language Awareness) gefördert werden. Dabei kann die handlungsbegleitende Sprache effektiv für das Sprachenlernen genutzt werden.

Ein Lernszenario beginnt nach Hölscher/Roche/Simic (2009: 6 ff.) mit der gemeinsamen Bestimmung eines Kernthemas durch Jugendliche und Lehrkräfte und der Auswahl einer möglichst authentischen Aufgabe. Der Unterricht sollte an die Welt außerhalb des Unterrichts angebunden werden. Dadurch steigt das Interesse der Schülerinnen und Schüler. Je nach Motivation und individuellen Fähigkeiten können sie selbst entscheiden, ob sie allein, mit einem Partner oder in der Gruppe arbeiten. Bei der Auswahl der Aufgaben werden sie von ihrem Vorwissen geleitet: Sie greifen zu einer Aufgabe, die ihren Interessen, ihrer Persönlichkeit und ihren Fähigkeiten entspricht und führen sie mit unterschiedlichen Arbeits- und Lerntechniken aus. Durch ein vielfältiges Angebot an Arbeitsformen werden mittels Methoden- und Medienvielfalt unterschiedliche Persönlichkeiten und Lernertypen berücksichtigt. Arbeitspartner finden sich sehr oft über die Wahl der Aufgabe. Diese immer wieder neuen Gruppenzusammensetzungen bewirken auch immer neue dialogische Konstellationen mit anderen kulturellen Hintergründen. In Erarbeitungsphasen organisieren sich Schülerinnen und Schüler im Team und tauschen sich über die Planung und Gestaltung ihrer Arbeit aus. Diese wird anschließend vorgestellt und in der Optimierungsphase überarbeitet. Eine Reflexion schließt das Szenario ab (siehe hierzu etwa die Sprachlern-Materialien zum fächerübergreifenden Unterricht und zu Sport und Sprache in Roche/Terrasi-Haufe, 2015/2016a/2016b/2016c/2017 sowie Daschiel/Döhler/Roche/Zangerl, 2017).

Beispiel
Lernszenarios im Fremdsprachenunterricht mit Kindern

Eine Reihe von Lernszenarien für 10- bis 12-jährige Kinder (4./5. Klasse) kann zum Beispiel die Beschäftigung mit dem Leben der Ritter bieten. Eine Aufgabe wie die Erstellung einer Speisekarte oder Gästeliste für ein Burgfest oder die Auswahl der richtigen Kleider für die Burgbewohner verlangt von den Kindern Phantasie und Kreativität genauso wie das Recherchieren in historischen Nachschlagewerken, im Internet und in Wörterbüchern. Dabei können auch gemischtsprachige Gruppen (etwa im Unterricht Deutsch als Zweitsprache) und Gruppen mit unterschiedlichen Sprachniveaus und Interessen sinnvoll zusammenarbeiten und die Teilaufgaben unter sich verteilen.

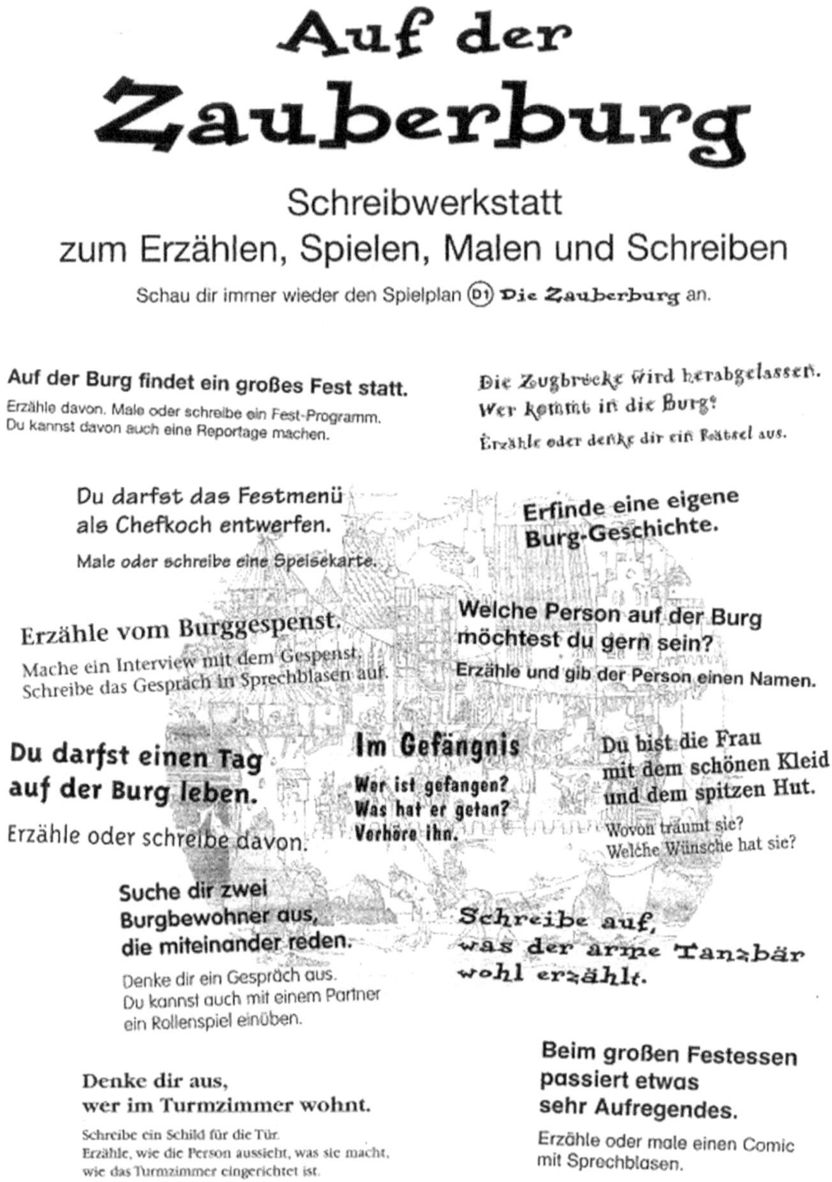

Auf der Zauberburg

Schreibwerkstatt
zum Erzählen, Spielen, Malen und Schreiben

Schau dir immer wieder den Spielplan D1 Die Zauberburg an.

Auf der Burg findet ein großes Fest statt.
Erzähle davon. Male oder schreibe ein Fest-Programm.
Du kannst davon auch eine Reportage machen.

**Die Zugbrücke wird herabgelassen.
Wer kommt in die Burg?**
Erzähle oder denke dir ein Rätsel aus.

**Du darfst das Festmenü
als Chefkoch entwerfen.**
Male oder schreibe eine Speisekarte.

**Erfinde eine eigene
Burg-Geschichte.**

Erzähle vom Burggespenst.
Mache ein Interview mit dem Gespenst.
Schreibe das Gespräch in Sprechblasen auf.

**Welche Person auf der Burg
möchtest du gern sein?**
Erzähle und gib der Person einen Namen.

**Du darfst einen Tag
auf der Burg leben.**
Erzähle oder schreibe davon.

Im Gefängnis
Wer ist gefangen?
Was hat er getan?
Verhöre ihn.

**Du bist die Frau
mit dem schönen Kleid
und dem spitzen Hut.**
Wovon träumt sie?
Welche Wünsche hat sie?

**Suche dir zwei
Burgbewohner aus,
die miteinander reden.**
Denke dir ein Gespräch aus.
Du kannst auch mit einem Partner
ein Rollenspiel einüben.

**Schreibe auf,
was der arme Tanzbär
wohl erzählt.**

**Denke dir aus,
wer im Turmzimmer wohnt.**
Schreibe ein Schild für die Tür.
Erzähle, wie die Person aussieht, was sie macht,
wie das Turmzimmer eingerichtet ist.

**Beim großen Festessen
passiert etwas
sehr Aufregendes.**
Erzähle oder male einen Comic
mit Sprechblasen.

Abb. 6.22: Beispiel Lernszenarien aus *DaZ Lernen aus dem Koffer. Sich orientieren.* (Hölscher/Piepho 2004: 72)

Auch diese Managementfunktionen sowie die etwaige Diskussion strittiger und nicht stimmiger Resultate und Vorschläge kann eine Gruppe innerhalb eines solchen Szenarios in der Zielsprache bewältigen. Die Lehrkraft steht dabei als Ressourcenperson und für Hilfestellungen zur Verfügung und kann gelegentlich steuernd eingreifen. Ein dezenter Hinweis genügt dabei meist. Beim anschließenden Zusammentragen der Vorschläge aller Teilgruppen im Plenum macht jede Gruppe einen authentischen Beitrag zum Gesamtszenario und wird sich dabei aus eigenem Interesse um eine möglichst gute Präsentation (in der Öffentlichkeit) bemühen. Hieraus entstehen weitere Koordinations- und Rechercheaufgaben bis hin zur Möglichkeit einer späteren Inszenierung des Burglebens. Wie gut das in der Praxis funktionieren kann, illustriert die DVD *Lernszenarien* (http://www.finken.de/kindergarten/dvd-lernszenarien.html).

Studie „Focus on Handlung“

Die Wirksamkeit eines szenariendidaktischen Unterrichts wurde im Rahmen der wissenschaftlichen Untersuchung „Focus on Handlung“ (vergleiche Roche/Reher/Simic 2012) überprüft. Während einer 10-tägigen nach Szenarien gestalteten Unterrichtsphase wurde das Verhalten von 50 Kindern (3. Klasse) von einem neunköpfigen Evaluatorenteam im Rahmen von teilnehmenden Beobachtungen protokolliert und ausgewertet (Roche/Reher/Simic 2012: 78-82). Daneben wurden vor und nach der Intervention Lehrkräfte, Eltern und Kinder zu den sprachlichen, sozialen und demokratischen Kompetenzen der Kinder befragt.

Daraus ergibt sich, dass dieses offene, aufgabenbasierte und handlungsorientierte Lernformat Folgendes bewirkt:

- es intensiviert unter den Schülerinnen und Schülern die sprachliche Interaktion über Lerninhalte und Kommunikationsmanagement und fördert soziale und demokratische Prozesse;
- es motiviert Kinder dazu, ihre Strategien der Informationsbeschaffung zu erweitern und zu vertiefen;
- es steigert ihre Motivation für den Unterricht sowie ihr Interesse an formaler Akkuratesse;

- es ermöglicht allen das Einbringen ihres Vorwissens und ihrer Stärken durch einen individuellen Zugang zu den Aufgaben; somit wird es der Heterogenität innerhalb der Schülergruppen gerecht;
- es wirkt nachhaltig.

Ganzheitliches Bildungsideal

Handlungsorientierte Lehransätze haben ihren Ursprung in Rousseaus ganzheitlichem Bildungsideal: Bei der „Erziehung“ von Menschen sollen relevante aufgabenhaltige Situationen geschaffen werden, in denen Schüler und Schülerinnen dazu ermuntert werden „vermeintliche Lösungsangebote oder vorschnelle Urteile zu unterlassen und statt derer zunächst auf der Ebene sinnlicher Wahrnehmung unterschiedliche Versuche durchzuführen, um dem Phänomen auf den Grund zu kommen, dann die Wahrnehmungsresultate so lange aufeinander zu beziehen“ (Hansmann 2006: 37), bis sie zu einer angemessenen Lösung gelangen können. Nach Rousseau bilden solche Lernarrangements die Grundlage, um „die Bildung des logischen, des moralischen und des religiösen Urteils unabhängig von den Meinungen, Launen oder Vorurteilen anderer zu initiieren und umsichtig zu leiten“ (Hansmann, 2006: 46). Der Gedanke, dass die kombinierte Entwicklung sprachlicher, fachlicher, sozialer und demokratischer Kompetenzen eine zentrale Bildungsaufgabe darstellt, wurde zu einem späteren Zeitpunkt unter anderem von Pestalozzi, Diesterweg und der deutschen Arbeitspädagogik des beginnenden 20. Jahrhunderts aufgenommen. Da Erkenntnis durch Wahrnehmung und Erfahrung entstehe, müsse im Unterricht induktiv vorgegangen werden. Durch Selbsttätigkeit werden Schülerinnen und Schüler zu eigenen Überlegungen und der Erprobung unterschiedlicher Lösungsversuche gezwungen. Dies fördert Problembewusstsein und Selbständigkeit im Denken, Handeln und Urteilen (vergleiche Geißler 2006: 142/ das Konzept des „Learning by doing“).

Weitere zentrale Impulse für die handlungsorientierte Unterrichtsmethodik lieferte die Berufspädagogik in den 1970er Jahren mit dem Modell der vollständigen Handlung, auf dem die Entwicklung der Leittextmethode und ihres sechsstufigen Phasenverlaufs (vergleiche Riedl 2011: 244) basiert. Die Unterrichtsphasen sind folgende:

Prinzip der vollständigen Handlung

- Informieren
- Planen
- Entscheiden
- Ausführen
- Kontrollstufe
- Bewerten.

Durch die Entwicklung des Konzeptes Berufssprache Deutsch, das zuerst in bayerischen Berufsschulen als flächendeckendes, fächerübergreifendes Unterrichtsprinzip eingeführt und von der Kultusministerkonferenz in einer Empfehlung weiterbearbeitet wurde, sind Szenariendidaktik und das Prinzip der vollständigen Handlung im sprachsensiblen Fachunterricht und im fachsensiblen Sprachunterricht zusammengeführt und in Lehrpläne, Lehrmaterialien und Fortbildungskonzepte umgesetzt worden.

Berufssprache Deutsch

Übersicht
Tragende Elemente einer systematischen handlungsbezogenen Sprachdidaktik

Unterrichtskonzept

- Szenariendidaktik/Prinzip der vollständigen Handlung,
- offene und flexible Strukturen und Prozesse (im Sinne konstruktivistischer Verfahren), die Lernerautonomie fordern und fördern,
- Erwerb als Prozess, auch als lebenslanges Lernen, gefördert durch Lernstrategien und Techniken zur Nutzung vielfältiger Lernressourcen,
- Erwerb von enzyklopädischem und prozeduralem Wissen,

- Vermittlung funktionaler Kompetenzen in unterschiedlichen Sprachen und Varietäten (Textsorten, Diskurstypen, verschiedene Soziolekte etc.),
- Vermittlung von Medienkompetenzen,
- Vermittlung interkultureller Kompetenzen (inklusive Vermittlungsstrategien, Konfliktidentifikation, -vermeidung und -management),
- Erwerb sozialer Kompetenzen,
- Vermittlung von Methodenkompetenzen für Lehrkräfte und Lerner,
- Aktivierung des Lerners (Lernerzentriertheit, Lernerinteressen, Autonomie),
- Progression vom Verstehen in Richtung auf die aktive Verwendung der Sprache,
- kreative und offene Verwendung von Sprache im Sinne des Sprachhandelns,
- wichtige Rolle von Parallelinformation, insbesondere von Visualisierung und Realien, bei der Herstellung der Bedeutung, der Erklärung von Situationsrahmen und der Konzeptualisierung kommunikativer Aufgaben,
- Nutzung verschiedener kommunikativer Konstellationen (Sozialformen) mit Schwerpunkt auf Interaktivität, einschließlich Partnerarbeit und Gruppenarbeit, auch zum Ausgleich von Schwächen und der Förderung von Stärken,
- Aufgabencharakter: breite Variation der Aufgabentypen und integrierter Übungen,
- Einsatz authentischer Texte und Übungen,
- Projektarbeit,
- Lernen durch Lehren,
- Erwerb weiterer Schlüsselqualifikationen (Umgang mit Ressourcen, Präsentationstechniken und Ähnlichem),
- Einbeziehung des beruflichen, schulischen und gegebenenfalls familiären Umfeldes,
- begleitende Sprachkurse gegebenenfalls auch für Eltern und andere Familienangehörige (etwa in Integrationskontexten),

- Zusammenarbeit mit externen Partnern,
- Durchführung innerer und äußerer Evaluationen.

Kommunikationskonzept

- Kontextualisierung der Kommunikation,
- Handlungsorientierung und Nutzbarkeit der Sprache; daher authentische Sprache und Berücksichtigung verschiedener Ebenen der Sprachverwendung (soziale, pragmatische, grammatische, ...),
- Anbindung an Vorwissen und bekannte Konzepte des Weltwissens,
- Vermittlung zwischen Kulturen,
- Funktionale Mehrsprachigkeit.

Grammatik

- Begleitende Rolle der Grammatik,
- Grammatik als Werkzeug,
- Grammatikvermittlung nach Bedarf der Lernziele, zum Beispiel gezielt für Verstehenszwecke (Verstehensgrammatik); Sprech- und Schreibzwecke (Produktionsgrammatik) oder didaktische Zwecke (didaktische Grammatik),
- Betonung sprachlicher Funktionen vor formalen Aspekten (funktionale Grammatik).

6.13 Lehrqualifikationen

Ein handlungsbezogener interkultureller Fremdsprachenunterricht erfordert besondere Qualifikationen der Lehrkräfte. Die Kriterien lassen sich stichwortartig in einem Profil für professionelle Sprachlehrerinnen und Sprachlehrer zusammenfassen:

Profil einer professionellen Sprachlehrerin

Die Lehrkraft

- hat ein ausgeprägtes pädagogisches Bewusstsein entwickelt;
- hat die Befähigung zu einem ideenreichen, kreativen Unterricht in dem der einzelne Lerner und sein Fortschritt im Mittelpunkt stehen (keine starren Strukturmodelle);
- begründet den Unterricht auf dem Vorwissen und den unterschiedlichen Kompetenzen der Schülerinnen und Schüler und leitet schrittweise zur Zielkultur und zu Vermittlungskompetenzen zwischen den Kulturen;
- geht auf unterschiedliche Lernertypen ein und kann ihre Interessen in heterogenen Klassen produktiv nutzen;
- stellt das Lernen (nicht das Lehren) in den Mittelpunkt des Unterrichts;
- weiß, wie man Lernen lernt;
- kann nach Lernstrategien differenzieren;
- ist Methoden- und Strategienvermittlerin;
- besitzt interkulturelle Kompetenzen: hört auf die Verschiedenheit der Lerner schon im erstsprachlichen Kontext, erzieht zum Respekt vor der jeweiligen Andersartigkeit, überträgt diese Haltungen auf den interkulturellen Kontext und nutzt die Anwesenheit von mehrsprachig aufwachsenden oder zielsprachigen Schülerinnen und Schülern als Lernchance für alle;
- motiviert unterschiedlich begabte Schüler und Schülerinnen durch angemessene Angebote;
- hat fachliches Wissen;
- beherrscht Variationen im Unterricht: methodisch, medial und sozial und kann sie angemessen einsetzen und erklären;
- kann mit den neuen Medien umgehen und setzt sie ein;
- versteht die Prinzipien von Kommunikationsabläufen, insbesondere in interkultureller Kommunikation;
- kann ein angenehmes Lernklima herstellen;

- kann mit Schülerinnen/Schülern, Kolleginnen/Kollegen, Eltern und außerschulischen Einrichtungen kooperieren und außerschulisches Lernen organisieren;
- kennt die Aktivitäten, die rings um Unterricht und Schule mit zu ihrem Arbeitsbereich gehören;
- ist Beraterin, Moderatorin, Initiatorin;
- ist aktive Mitgestalterin des Curriculums.

6.14 Qualitätsmanagement

Qualitätsentwicklung und -sicherung (Qualitätsmanagement), sind im Sprachunterricht relativ neue Begriffe. Sie stehen für eine systematische und kriteriengeleitete Strukturierung und Evaluation der Sprachlehre und ihrer oft komplexen – und auch konträren – Anforderungen. Sie kann extern erfolgen, erweist sich aber als effizienter, wenn sie weitestgehend von den Lehrkräften selbst gesteuert und gegebenenfalls extern begleitet wird, weil die direkt Beteiligten damit Verantwortung übernehmen (Maas/Mehlem 2003, Arnold 2007, Buhren 2007, Buhren/Düring 2008, Ricart Brede 2011). Dazu dienen ein theoretisch abgesicherter Rahmen und Instrumente für die Umsetzung der Ziele und die regelmäßige Überprüfung von deren Einhaltung als Grundlagen. Solche Instrumente können Fragebogen, Portfolios, Hausaufgaben, Hospitationen, Teamkonferenzen, Fortbildungen und vieles mehr sein. Gleichzeitig einigen sich die Verantwortlichen auf Verfahren der Umsetzung ihrer Ziele und eventuell nötige Korrekturverfahren.

partizipatorische Verfahren

Interne Evaluationsinstrumente und -ebenen

Selbstevaluation

- Instrumente: Lehrerfragebogen – Schülerfragebogen;
- Verfahren: Die ausgefüllten Fragebögen miteinander vergleichen;
- Zielsetzung: Den Ist-Zustand feststellen und die Selbsteinschätzung der Lehrkraft überprüfen (validieren), im

Vergleich mit dem Qualitätsrahmen den persönlichen Qualifizierungsbedarf feststellen;

- Unterstützungsangebote: intern aus der Fachgruppe, extern durch schriftliche Erläuterungen und Workshops;
- Dokumentation: Persönliches Fortbildungsportfolio führen.

Evaluation in der Fachgruppe

- Instrumente: Lehrerfragebogen, Schülerfragebogen, Elternbefragungen und andere, Hospitationsbogen, Qualitätsrahmen (Kriterienkatalog), interne Vergleichsarbeiten;
- Verfahren: Gemeinsame Auswertung der Befragungen und internen Vergleichsarbeiten, Vergleich mit einem zuvor erarbeiteten oder verfügbaren Qualitätsrahmen (Kriterienkatalog auf der Basis einschlägiger Didaktikstandards), gegenseitige Hospitationen und kollegiales Feedback;
- Dokumentation: Qualitätsportfolio der Fachgruppe führen.

Die oben genannten internen Instrumente sollen helfen, Ist-und Soll-Zustände festzustellen und gegebenenfalls mit weiteren externen Daten zu kontrastieren (Triangulation), um damit Selbsteinschätzungen zu validieren.

Zielsetzung: Ermittlung des Fortbildungs- und Entwicklungsbedarfs, Entwicklung von Strategien für Materialbestellung, -erstellung und -austausch, Nutzung von externen Fortbildungen und anderen externen Unterstützungsangeboten (zum Beispiel Prozessbegleitung durch externe Berater).

Dazu können Gespräche mit der Schulleitung mit dem Ziel der Abstimmung des Schulprofils, der Schulqualität und der Bereitstellung von Ressourcen geführt werden. Für externe Evaluationen eignen sich etwa ein Qualitätsportfolio der Schule, Hospitationsbögen, zentrale Vergleichsarbeiten als Muster und andere Dokumentationen als Instrumente.

Thema	Kriterien	Quellen der Nachweisbarkeit
Lernzielorientierung und Unterrichtsvorbereitung	Die einzelnen Stunden in einer Sequenz haben einen erkennbaren Zusammenhang untereinander. Die Stundenvorbereitung wird regelmäßig schriftlich fixiert.	Stoffverteilungspläne, schriftliche Stundenvorbereitungen
	Die Stundenvorbereitung enthält klar erkennbare Ziele (Grob- und Feinlernziele) und weist einen deutlichen Bezug zu den Lehrplanvorgaben auf.	
	Methoden, Medien- und Materialieneinsatz sind auf die Lernziele und die Lerner abgestimmt.	
Unterrichtskonzept	Die Abfolge von lehrergesteuerten Unterrichtsphasen (Instruktion) und lernerbezogenen Unterrichtsphasen (Konstruktion, autonomes Lernen) ist begründet.	Lehrerbefragung
	Das Konzept berücksichtigt Binnendifferenzierung und individualisierte Lernkonzepte, um den Lernern angemessene Lernchancen zu bieten.	
	Der langfristige Aufbau von Problemlösungsstrategien und eines Methodenrepertoires ermöglicht dem Lerner zunehmende Selbstständigkeit bei der Lösung komplexer Aufgaben.	
	Das Unterrichtskonzept wird flexibel umgesetzt.	Hospitationsbogen
Fertigkeiten (Hören, Lesen, Sprechen, Schreiben, Grammatik als Werkzeug)	Die Fertigkeiten werden handlungsorientiert an authentischen Materialien bzw. in realistischen Situationen geübt (Aufgaben, Szenarien, Fallstudien) und weiterentwickelt.	Lehrerbefragung, Schülerbefragung
	Die Fertigkeiten werden im Kontext der Inhalte geübt. Die Grammatik ist nicht Selbstzweck, sondern hat Werkzeug-Funktion (Textanalyse, Ausbildung einer Sprachbewusstheit).	Lehrerbefragung
	Die Vermittlung von Lernstrategien und Lerntechniken fördert die Lernerautonomie (entdeckendes Lernen).	Umsetzungsvorschläge
Unterrichtsmethoden	Der Aufbau von Lernsequenzen in den Unterrichtseinheiten führt vom Rezeptiven zum Produktiven.	Lehrerbefragung
	Der Medieneinsatz im Unterricht ist durchdacht und ökonomisch. Die Lernarrangements ermöglichen den Lernern den Aufbau einer Medienkompetenz.	Umsetzungsvorschläge Lehrerbefragung
	Der Unterricht fördert die sozialen Kompetenzen und die Teamfähigkeit der Lerner.	Lehrerbefragung
	Das zielsprachige Lernumfeld (z. B. Wochenzeitungen, Kultur-Institut, Fernsehen usw.) wird im Unterrichtskonzept berücksichtigt.	Umsetzungsvorschläge

Abb. 6.23: Qualitätsrahmen Fremdsprachenbereich 1: Handlungsorientierung und Lernerbezug

Qualitätsrahmen

Mit dem Qualitätsrahmen Deutsch als Fremdsprache, den eine deutsch-ungarische Kommission 2005–2007 im Auftrag des ungarischen Bildungsministeriums, des baden-württembergischen Kultusministeriums und der Zentralstelle für das Auslandsschulwesen exemplarisch für die ungarischen Schulen erarbeitet und erprobt hat, liegt ein Muster für einen Kriterienkatalog und die möglichen Instrumente vor, die leicht auf andere Fremdsprachen und andere Unterrichtsformate übertragen werden können. Hier ein leicht veränderter Auszug aus dem Qualitätsrahmen (vergleiche hierzu Friss et al. 2007.

Wie dieser Qualitätsrahmen umgesetzt werden kann, zeigen die Evaluationsinstrumente für Schülerinnen und Schüler und die Selbstevaluationsinstrumente für Lehrkräfte. Weitere Ausführungen enthält der Band *Unterrichtsmanagement* des Kompendium DAF/DAZ (Roche 2019).

A. Fachkompetenz		trifft voll zu	trifft eher zu	trifft eher nicht zu	trifft nicht zu
1	Die sprachlichen Anforderungen des einsprachigen Unterrichts stellen für mich überhaupt kein Problem dar.	☐	☐	☐	☐
2	Ich setze den Lehrplan in meinem Unterricht um.	☐	☐	☐	☐
3	Ich informiere meine Schüler über die Unterrichts- und Stundenziele.	☐	☐	☐	☐
4	Ich reflektiere meinen Unterricht regelmäßig.	☐	☐	☐	☐
5	Mein Unterricht ist alters- und lernergerecht.	☐	☐	☐	☐
6	Bei der Planung berücksichtige ich, dass das Sprachmaterial weder über- noch unterfordert.	☐	☐	☐	☐
7	Mein Unterricht ist durch ein umfangreiches Methodenrepertoire geprägt.	☐	☐	☐	☐
8	In meinem Unterricht werden die Fertigkeiten handlungsorientiert an authentischen Materialien in realistischen Situationen eingeübt.	☐	☐	☐	☐
9	In meinem Unterricht ist die Grammatik nicht Selbstzweck, sondern Werkzeug.	☐	☐	☐	☐
10	Ich gebe meinen Schülern vielfältige Anregungen, ihren Wortschatz systematisch zu erweitern, zu differenzieren und zu festigen.	☐	☐	☐	☐
11	Ich baue die Methodenkompetenz (z.B. Lesetechniken) der Schüler systematisch aus und vermittle ihnen Lernstrategien.	☐	☐	☐	☐

	B. Pädagogische Kompetenz	trifft voll zu	trifft eher zu	trifft eher nicht zu	trifft nicht zu
23	Ich fördere die Selbstständigkeit meiner Schüler.	☐	☐	☐	☐
24	Ich praktiziere bewusst Werte-Erziehung in meinem Sprachunterricht.	☐	☐	☐	☐
25	In meinem Unterricht gelingt es mir, Schüler für Themen zu interessieren.	☐	☐	☐	☐
26	Die Schüler können ihre Interessen in den Unterricht einbringen.	☐	☐	☐	☐
27	Es gelingt mir, eine angenehme und konstruktive Unterrichtsatmosphäre zu schaffen.	☐	☐	☐	☐
28	Ich stärke das Selbstvertrauen meiner Schüler.	☐	☐	☐	☐
29	Ich mache den Schülern ihre Stärken bewusst.	☐	☐	☐	☐
30	Ich respektiere meine Schüler und behandle sie fair.	☐	☐	☐	☐
31	Disziplin ist für mich ein unverzichtbarer Bestandteil meines Unterrichts.	☐	☐	☐	☐

	C. Engagement	trifft voll zu	trifft eher zu	trifft eher nicht zu	trifft nicht zu
32	Ich fühle mich auch für das Klima an der Schule verantwortlich und gestalte es bewusst mit.	☐	☐	☐	☐
33	Ich nehme mir Zeit für Gespräche mit Eltern und ergreife – wenn nötig – auch selbst die Initiative.	☐	☐	☐	☐

	D. Persönlicher Fortbildungsbedarf	trifft voll zu	trifft eher zu	trifft eher nicht zu	trifft nicht zu
34	Ich möchte gern Zugang zu neuen Erkenntnissen der Sprachlehr- und -lernforschung haben.	☐	☐	☐	☐
35	Ich möchte mich in unterschiedlichen Leistungsmessungs- und Beurteilungsverfahren fortbilden.	☐	☐	☐	☐
36	Ich möchte lernen, bei meinen Schülern systematisch Methodenkompetenz aufzubauen.	☐	☐	☐	☐
37	Ich möchte Konzepte kennen lernen, wie moderne Medien meinen Unterricht sinnvoll ergänzen können.	☐	☐	☐	☐

Abb. 6.24: Auszug aus dem Lehrerfragebogen zur Qualität des modernen Fremdsprachenunterrichts der deutsch-ungarischen Expertenkommission (2007: 98–101)

6.15 Übungsaufgaben zur Wissenskontrolle

1. In welchem Verhältnis stehen Fertigkeiten zu Aufgaben im Fremdsprachenunterricht?
2. Was ist das Besondere am *Lehrplan Deutsch als Zweitsprache*?
3. Worum geht es beim Lesen und Hören?
4. Welche Formen des Lesens und Schreibens und welche Lese- und Schreibtechniken gibt es?
5. Wie würden Sie Fertigkeiten im Unterricht vermitteln oder sich diese in zielsprachlicher Umgebung am besten aneignen?
6. Wie funktionieren Bruchstellen und wie kann eine Lehrkraft produktiv damit umgehen?
7. Woraus besteht die Hierarchie der Lernarten und welche Bedeutung hat sie für den Fremdsprachenunterricht?
8. Wie kann man Übersetzungen als didaktische Brücken nutzen?
9. Welche Mehrwerte lassen sich durch die Nutzung verschiedener (offener und geschlossener) Medien im Spracherwerb und Sprachunterricht erzielen? Was ist dabei zu berücksichtigen?
10. Was sind die Merkmale handlungsorientierten, kommunikativen und interkulturellen Fremdsprachenunterrichts (Szenariendidaktik, Prinzip der vollständigen Handlung) und wie könnten Sie sie umsetzen?
11. Erläutern Sie die wichtigsten Kriterien des Qualitätsmanagements im Fremdsprachenunterricht und nennen Sie die wichtigsten Instrumente. Entwickeln Sie auf dieser Basis ein eigenes Verfahren für Ihre Zwecke.

6.16 Weiterführende Literatur

Apeltauer, Ernst (2010). Lernerselbststeuerung im Vor- und Grundschulbereich. In: Rost-Roth, Martina (Hg.). *DaZ-Spracherwerb und Sprachförderung Deutsch als Zweitsprache. Beiträge aus dem 5. Work-*

shop „Kinder mit Migrationshintergrund". Freiburg im Breisgau: Fillibach, 99–123.

Arnold, Karl-Heinz (Hg.) (2007). *Unterrichtsqualität und Fachdidaktik.* Bad Heilbrunn: Klinkhardt.

Bach/Timm 2013 (siehe Literaturverzeichnis von Kapitel 1).

Baros, Wassilios/Hamburger, Franz/Mecheril, Paul (Hg.) (2010). *Zwischen Praxis, Politik und Wissenschaft. Die vielfältigen Referenzen interkultureller Bildung.* Migrationsforschung 3. Berlin: Regener.

Bausch/Burwitz-Melzer/Königs/Krumm 2006 (siehe Literaturverzeichnis von Kapitel 1).

Bleyhl, Werner (2005). Fremdsprachenlernen – ‚gesteuert' oder nach den Prinzipien des Muttersprachenerwerbs? *Praxis Fremdsprachenunterricht* 2 (3), 2–7.

Buhren, Claus G. (2007). *Selbstevaluation in Schule und Unterricht. Ein Leitfaden für Lehrkräfte und Schulleitungen.* Köln: LinkLuchterhand.

Buhren, Claus/Düring, Katrin (2008). *Critical Friends – Schulentwicklung mit kritischen Freunde. Verfahren, Methoden und Wirkungen von Peer Reviews.* München: Oldenbourg.

Darsow, Annkathrin/Paetsch, Jennifer/Stanat, Petra/Felbrich, Anja (2012). Konzept der Zweitsprachförderung: Eine Systematisierung. *Unterrichtswissenschaft* 40 (1), 64–82.

Emsel, Martina/Cuartero Otal, Juan (Hg.) (2007). *Brücken. Übersetzen und interkulturelle Kommunikation.* Frankfurt/M.: Lang.

Europäische Kommission (2005). *Eine neue Strategie der Mehrsprachigkeit.* KOM 596. Brüssel.

Friss, Peter/Nuding, Johannes/Wegmann, Heribert/Buhren, Claus/ Seiler, Helmut/Lenz, Heinz/Knab, Elizabeth/Mendly, Lajos/Kállai, Mária/Balogh, Laszloné/Roche, Jörg/Haisch, Wolfgang/Uesseler, Dieter/ Einhorn, Ágnes/Englender, Ibolya (2007). *Deutsch-Ungarische Expertenkommissionen 2005–2007 – zur Qualität des modernen Schulleitungsmanagements – zur Qualität des modernen Fremdsprachenunterrichts. Abschlussbericht. (2007).* Köln: Zentralstelle für Auslandsschulwesen.

Gagné, Robert (1973). *Die Bedingungen des menschlichen Lernens. Beiträge zu einer neuen Didaktik.* Hannover: Schroedel.

Glaboniat, Manuela/Müller, Martin/Rusch, Paul (2005). *Profile Deutsch.* München: Langenscheidt.

Goldman-Segall, Ricki (1998). *Points of viewing children's thinking. A digital ethnographer's journey.* Mahwah, N.J.: L. Erlbaum.

Haag, Ludwig/Stern, Elsbeth (2000). Non scholae sed vitae discimus? Auf der Suche nach globalen und spezifischen Transfereffekten des Lateinunterrichts. *Zeitschrift für Pädagogische Psychologie* 14 (2–3), 146–157.

Hessisches Kultusministerium (Hg.) (2011). *Bildungsstandards und Inhaltsfelder. Das neue Kerncurriculum für Hessen. Sekundarstufe I – Hauptschule. Moderne Fremdsprachen.* Wiesbaden: Hessisches Kultusministerium.

Hermanns, Fritz (1988). Überlegungen zur heuristischen Funktion des Schreibens. *Der Deutschunterricht* 40 (4), 69–82.

Hölscher, Petra/Roche, Jörg (2006). *Lernszenarien. Die neue Philosophie des Sprachenlernens. DVD mit Begleitbuch.* Oberursel: Finken.

Hufeisen/Marx 2007 (siehe Literaturverzeichnis von Kapitel 3).

Klein, Jean (1991). Der Dolmetscher als kultureller Mittler. In: Müller, Bernd-Dietrich (Hg.). *Interkulturelle Wirtschaftskommunikation.* München: indicium, 343–352.

Knapp, Werner/Rösch, Heidi (Hg.) (2010). *Lernumgebungen und Lernszenarien im Deutschunterricht.* Freiburg im Breisgau: Fillibach.

Königs, Frank G. (2005). Bildungsstandards und Fremdsprachenunterricht – eine Rechnung mit (noch) vielen Unbekannten. In: Bausch, Karl-Richard (Hg.). *Bildungsstandards für den Fremdsprachenunterricht auf dem Prüfstand. Arbeitspapiere der 25. Frühjahrskonferenz zur Erforschung des Fremdsprachenunterrichts.* Tübingen: Narr, 142–150.

Kühn, Peter (Hg.) (1996). *Hörverstehen im Unterricht Deutsch als Fremdsprache.* Frankfurt/M.: Lang.

Kussmaul, Paul (2000). *Kreatives Übersetzen.* Tübingen: Stauffenburg.

Lehrplan Deutsch als Zweitsprache (2002). *Ausgaben für Bayern, Niedersachsen und Thüringen.* München: Maiß Verlag.

Maas, Utz/Mehlem, Ulrich (Hg.) (2003). *Qualitätsanforderungen für die Sprachförderung im Rahmen der Integration von Zuwanderern. IMIS-Beiträge 21: Institut für Migrationsforschung und Interkulturelle Studien.* Osnabrück: IMIS.

Miller, Hillis J. (1992). Translation as the Double Production of Texts. In: Kramsch, Claire J./McConnell-Ginet, Sally (Hg.). *Text and context. Cross-disciplinary perspectives on language study.* Lexington, Mass: D.C. Heath, 124–134.

Quetz, Jürgen (2003). Der Gemeinsame europäische Referenzrahmen: Ein Schatzkästlein mit Perlen, aber auch mit Kreuzen und Ketten. In: Bausch, Karl-Richard/Christ, Herbert/Königs, Frank G./Krumm, Hans-Jürgen (Hg.). *Der gemeinsame europäische Referenzrahmen für Sprachen in der Diskussion. Arbeitspapiere der 22. Frühjahrskonferenz zur Erforschung des Fremdsprachenunterrichts.* Tübingen: Narr, 145–155.

Reeder, Kenneth/Macfadyen, Leah P./Roche, Jörg/Chase, Mackie (2004). Negotiating Cultures in Cyberspace. Participation Patterns and Problematics. *Language Learning & Technology* 8 (2), 88–105. http://llt.msu.edu/vol8num2/reeder/default.html.

Ricart Brede, Julia (2011). *Videobasierte Qualitätsanalyse vorschulischer Sprachfördersituationen.* Freiburg im Breisgau: Fillibach.

Robinson/Ellis 2008 (siehe gemeinsame Referenz für Handbücher Kapitel 9).

Roche, Jörg (Hg.) (2019). *Medienwissenschaft und Mediendidaktik.* Kompendium Deutsch als Fremdsprache/Deutsch als Zweitsprache. Band 9. Tübingen: Narr.

Roche, Jörg (2013). *Fit für den TestDaF. Tipps und Übungen. Deutsch als Fremdsprache.* Ismaning: Hueber.

Roche, Jörg/Einhorn, Ágnes/Suñer, Ferran (Hg.) (2018). *Unterrichtsmanagement.* Kompendium Deutsch als Fremdsprache/Deutsch als Zweitsprache. Band 6. Tübingen: Narr.

Roche, Jörg/Macfadyen, Leah P. (Hg.) (2004). *Communicating across Cultures in Cyberspace. A Bibliographical Review of Intercultural Communication Online.* Hamburg: Lit.

Roche/Reher/Simic 2012 (siehe Literaturverzeichnis von Kapitel 1).

Roche/Scheller 2008 (siehe Literaturverzeichnis von Kapitel 3).

Röhner, Charlotte/Hövelbrinks, Britta/Li, Meng (2011). Fachsprachliche Elemente in naturwissenschaftlich-technischen Lernsituationen. In: Apeltauer, Ernst/Rost-Roth, Martina (Hg.). *Sprachförderung Deutsch als Zweitsprache. Von der Vor- in die Grundschule. Forum Sprachlehrforschung 11.* Tübingen: Stauffenburg, 43–54.

Roos, Jeanette/Polotzek, Silvana/Schöler, Hermann (2010). *EVAS Evaluationsstudie zur Sprachförderung von Vorschulkindern. Abschlussbericht der Wissenschaftlichen Begleitung der Sprachfördermaßnahmen im Programm „Sag' mal was – Sprachförderung für Vorschulkinder". Unmittelbare und längerfristige Wirkungen von*

Sprachförderungen in Mannheim und Heidelberg. Heidelberg: Pädagogische Hochschule Heidelberg. www.sagmalwas-bw.de/media/WiBe%201/pdf/EVAS_Abschlussbericht_Januar2010.pdf.

Scheel 2007 (siehe Literaturverzeichnis von Kapitel 5).

Schlickau, Stephan (2009). *Neue Medien in der Sprach- und Kulturvermittlung: Pragmatik, Didaktik, interkulturelle Kommunikation*. Frankfurt/M.: Lang.

Snell-Hornby, Mary (2006). *The turns of translation studies. New paradigms or shifting viewpoints?* Philadelphia, PA: John Benjamins.

Snell-Hornby, Mary (2007). Zwischen Diskurssystemen und kultureller Identität: Über verschiedene Formen des Übersetzens in einer globalisierten Welt. In: Emsel, Martina/Cuartero Otal, Juan (Hg.). *Brücken. Übersetzen und interkulturelle Kommunikation*. Frankfurt/M.: Lang, 355–364.

Steiner, George (1993). *After Babel. Aspects of language and translation.* Oxford/New York: Oxford University Press.

Vermeer, Hans J. (1987). Literarische Übersetzung als Versuch interkultureller Kommunikation. In: Wierlacher, Alois (Hg.). *Perspektiven und Verfahren interkultureller Germanistik. Akten des I. Kongresses der Gesellschaft für Interkulturelle Germanistik.* München: iudicium, 541–549.

Wendt 1996 (siehe Literaturverzeichnis von Kapitel 1).

Materialien für den handlungsorientierten Unterricht:

Bundesamt für Migration und Flüchtlinge (2016). Ankommen – App. http://ankommenapp.de/APP/DE/Startseite/startseite-node.html

Dirschedl, Carlo (2012). *Berufsdeutsch*. Berlin: Cornelsen.

Goethe-Institut e.V. (2016). Lern Deutsch – Die Stadt der Wörter. www.goethe.de/de/spr/ueb/led.html

Goethe-Institut e.V. (2017). App zum Wortschatzlernen UNICAMPUS. https://www.goethe.de/de/spr/mag/21103043.html

Helmolt, Katharina/Berkenbusch, Gabriele/Jia, Wenjian (Hg.) (2013). *Interkulturelle Lernsettings. Konzepte – Formate – Verfahren*. Stuttgart: ibidem.

Hölscher, Petra (2003). *Lernszenarien. Ein neuer Weg, der Lust auf Schule macht. Teil 1: Vorkurs. Deutsch lernen vor Schulbeginn*. Oberursel: Finken.

Hölscher, Petra (2004). *Lernszenarien. Ein neuer Weg, der Lust auf Schule macht. Teil 2: Sprachhandeln in den Klassen 1 bis 4, interkulturell – integrativ – interaktiv.* Oberursel: Finken.
Hölscher, Petra (2005). *Lernszenarien. Ein neuer Weg, der Lust auf Schule macht. Teil 3: Sprachhandeln in den Klassen 5 bis 9, interkulturell – integrativ – interaktiv.* Oberursel: Finken.
Hölscher, Petra (2006). *Unser kleiner Wörterladen. Sprachlernspiel für Kinder im Vorschulalter.* Oberursel: Finken.
Hölscher, Petra/Piepho, Hans-Eberhard (Hg.) (2003–2006). *DaZ Lernen aus dem Koffer. Lernszenarien für Deutsch als Zweitsprache Schulen.* 3 Koffer für die Grundschule, 3 Koffer für die weiterführenden Schulen. Oberursel: Finken.
Institut für Deutsch als Fremdsprache, LMU (2018). *NAVI-D – Deutsch für den Alltag (App).* https://www.lernen-lehren-helfen.daf.uni-muenchen.de/navid1/index.html.
Institut für Deutsch als Fremdsprache, LMU (2019). *WIR in Deutschland. Zusammen Leben Lernen (App).* https://www.lernen-lehren-helfen.daf.uni-muenchen.de/app_wir_in_deutschland/index.html.
Roche, Jörg (2003). Deutsch-Uni Online. www.deutsch-uni.com.
Roche, Jörg/Terrasi-Haufe, Elisabetta (Hg.) (2016). 33 Methoden: DaZ im Deutschunterricht: fundiert – praktisch – kompakt. Augsburg: Auer.

7 Interkulturelle Sprachdidaktik

Die kommunikative Sprachdidaktik hat einen deutlichen Wechsel im Fremdsprachenunterricht vor allem dadurch bewirkt, dass sie das Augenmerk auf die authentische Alltagssprache in der zielsprachlichen Kommunikation gelegt hat. Zur Vermittlung von Fertigkeiten und Kompetenzen bedient sie sich folgerichtig auch der Lehrmethoden, die in der jeweiligen Zielkultur Standard sind. Aus dieser Fokussierung auf die Alltagssprache der Zielkultur ergibt sich jedoch eine oft zu geringe Berücksichtigung der Disposition der Lerner (Vorsprachen, Mehrsprachigkeit ,Lernkultur, Lerntraditionen, Kulturspezifik). Diese Mängel der kommunikativen Sprachdidaktik haben –zusammen mit einem gesteigerten gesellschaftlichen Interesse an Aspekten der interkulturellen Kommunikation und der interkulturellen Hermeneutik – zu einer Weiterentwicklung der kommunikativen Ansätze beigetragen. Entstanden ist hieraus eine neue Didaktik-Generation, die interkulturelle Sprachdidaktik (auch skeptische Hermeneutik oder interkultureller Sprachunterricht genannt). Ihr oberstes Ziel ist nicht die muttersprachliche, „near-native" oder zielsprachliche Kompetenz, sondern die katalytische Nutzung fremder Perspektiven für das Verstehen. Die Lerner sollen zwischen Kulturen für sich selbst und andere vermitteln können und mediatorische Kompetenzen entwickeln. Der GER fasst diese interkulturellen Kompetenzen unter dem Bereich der *Sociolinguistic Competence.* Interkulturelle Kompetenz umfasst Fertigkeiten und Wissensgebiete, die über strukturelle Sprachkompetenzen hinausgehen und vielmehr das gesamte linguakulturelle System einschließen (interkulturelle Linguistik, interkulturelle Kommunikation). Sprachliche Handlungskompetenzen spielen jedoch die zentrale Rolle. Bei der Darstellung des mentalen Lexikons wurde bereits gezeigt, wie Sprache und kulturelles Wissen verzahnt sind. Das folgende Kapitel illustriert, wie Fremdheit auf allen sprachlichen Ebenen die Kommunikation beeinflusst, dadurch aber auch systematisch in die Vermittlung von Fremdsprachen einbezogen werden kann.

7.1 Sprache und Kultur

Sprache und Kultur gehören untrennbar zusammen. Sprache erwächst aus kulturellen Gegebenheiten und ist gleichzeitig daran beteiligt, sie zu schaffen. Mit Sprache benennen wir die für uns wichtigen Elemente und Perspektiven der Welt und erzeugen so mentale Modelle und Bilder, die den weiteren Sprachenerwerb und Gebrauch von Sprachen bestimmen. Wie sehr Sprache und Kultur in einem linguakulturellen System verwoben sind, lässt sich an Beispielen aus verschiedenen Sprachen zeigen, die jeweils andere Perspektiven ausdrücken, als sie im Deutschen konventionalisiert sind. Im Türkischen etwa hat die Leber als bildspendendes Körperorgan (Somatismus) eine ähnliche Bedeutung wie Herz oder Magen im Deutschen (*Liebe geht durch den Magen, Herzblatt*). Um große Wertschätzung auszudrücken, wird im Türkischen gerne *Cigerim* (wörtlich *meine Leber, mein Schatz*) benutzt. Dementsprechend finden bildhafte Bezeichnungen auch zum Ausdruck eines großen Schmerzes oder zum Ausdruck großer Sorge Verwendung (*Cigerlerim büyüdü, die Leber wird groß/mir bricht das Herz*).

Linguakultur

Die Kulturbedingtheit, die sich lexikalisch im Bereich der Metaphern gut darstellen lässt, betrifft alle Bereiche der Sprache. Höflichkeit etwa wird in Sprachen sehr unterschiedlich ausgedrückt: Während im Amerikanischen eine ablehnende Position oft direkt kenntlich gemacht wird (*no means no!*), wird Ablehnung in anderen Sprachkulturen oft nur indirekt und ohne die Verwendung von *nein* ausgedrückt. Auch das Gesprächsmanagement regeln Sprachkulturen auf unterschiedliche Art: In den nordamerikanischen indianischen (*First Nations*) Kulturen ist die Sprechgeschwindigkeit zum Beispiel im Vergleich zum nordamerikanischen Englisch oder den mittel- und südeuropäischen

Sprachen betont langsam, wie auch im Finnischen versehen mit langen Pausen. Langsames und pausenhaltiges Sprechen signalisiert in manchen Sprachen aber zum einen Langeweile und zum anderen die Absicht des Redners, das Rederecht schnell abzugeben. Nicht so in den First Nations-Sprachen oder dem Finnischen. So gilt in den indianischen Sprachkulturen (zum Beispiel Inuit im Norden Kanadas oder Musqueam und Squamish an der Westküste Kanadas) das langsame und pausenreiche Sprechen als Standard. Das zeit-, atem- und pausenlose Sprechen im nordamerikanischen Englisch empfinden Sprecher solcher Standards daher häufig eher als lästig oder aufdringlich. Umgekehrt erscheinen Englischsprachigen die Pausen und die langsamere Sprechgeschwindigkeit oft als Ausdruck der Unverbindlichkeit und Unentschlossenheit.

Ähnliche sprachliche Mittel (Wörter, Betonungen, Fragen, Pausen) werden also in Sprachen unterschiedlich genutzt. In vielen Fällen fehlen auch Äquivalente für eine funktional adäquate Übertragung. Sprachliche und außersprachliche Mittel werden von Sprechern, die den Gebrauch dieser Mittel nicht gewohnt sind, meist vor dem Hintergrund der eigenen Sprach- und Konzeptwelt interpretiert. Die Folge: es kommt im Kulturkontakt selbst durch einfache Begriffe und gewohntes Gesprächsmanagement zu gravierenden Kommunikationsproblemen.

Beispiel

Wie unterschiedlich die Wahrnehmung der Welt und ihre linguakulturellen Realisierungen sein können, illustriert der folgende Text einer Titelseite des Magazins der *Süddeutschen Zeitung* anhand von Metaphern für das Nichtverstehen.

ICH VERSTEHE NUR BAHNHOF

Die Trommel ist in (der Stadt) Harasta, aber die Hochzeit in Duma

At-tabl fi Harasta wa-l-´irs fi Duma (Arabisch)

Ich höre ein Buch aus dem Himmel

Wo zai ting tianshu (Chinesisch)

Das kommt mir vor wie doppelt Holländisch
It's double Dutch to me (Englisch)

Das ist Volapük für mich
Tio estas volapukajo por mi (Esperanto; auch Volapük ist eine künstliche Weltsprache)

Ich verstehe nur Steinplatte
J'y comprends que dalle (Französisch)

Ich verstehe nicht einmal „grunz"
Den katalawäno gri (Griechisch)

Ich verstehe davon weder hinauf noch hinunter
Ég skil hvorki upp né niour í pessu (Isländisch)

Ich habe keine getrocknete Feige verstanden
Non ho capito un fico secco (Italienisch)

Daran kann ich kein Tau festknüpfen
Ik kann er geen touw aan vastknopen (Niederländisch)

Ich sitze hier wie in einer türkischen Predigt
Siedzę jak na tureckim kazaniu (Polnisch)

Ich schaue wie ein Schaf auf ein neues Tor
Ja smotrju kak baran na novye vorota (Russisch)

Das klingt wie Chinesisch für mich
Me suena a chino (Spanisch)

Da verstehe ich Pilze
Tomu já houby rozumím (Tschechisch)

Wenn ich was verstanden habe, dann sei ich ein Araber
Anladiysam Arap olayim (Türkisch)

Abb. 7.1: Metaphern für das Nichtverstehen in verschiedenen Sprachen nach Martina Koch

Vieles, was in Lerneräußerungen als grammatischer Fehler erscheint, lässt sich auf fehlerhafte konzeptuelle Übertragungen zurückführen (*Conceptual Transfer Theory*, vergleiche hierzu Groot/Kroll 1997, Langacker 1999, Matlock/Gibbs 2001, Hashemian/Talebinezhad 2007, Danesi 2008, Odlin 2008, Littlemore 2012, Roche 2017 und Kapitel 5.7). Zum Beispiel die Übertragung von Anredeformen in verschiedene Sprachen: In manchen Sprachen, wie dem Englischen, gibt es praktisch nur eine (für Außenstehende erkennbare) Anredeform. Deutsch und Französisch unterscheiden dagegen zwischen *du (tu)* und *Sie (vous)* – und den davon bgeleiteten Varianten – zur Markierung des Status einer Person und in wieder anderen Sprachen, wie dem Koreanischen, dem Japanischen oder dem Singhalesischen, gibt es eine ganze Reihe unterschiedlicher Anredeformen, je nach Sozial- und Berufsstatus, Verwandtschaftsgrad und Alter der angesprochenen Person (Ehrbezeichnungen, Honorifika). Die falsche Verwendung dieser Formen kann nicht nur zu großen Kommunikationsproblemen führen, sondern auch folgenreiche Kommunikationskonflikte auslösen. Auch im Englischen lässt sich bei genauerer Betrachtung unter der einfach erscheinenden Anrede *you* ein – zum Beispiel im beruflichen Bereich – sehr differenziertes Anredesystem feststellen, das unterschiedliche akademische, politische, rechtliche, soziale Titel, die Vor- und Nachnamen und die Anredeformen Mr./Mrs./Ms. und andere umfasst, kombiniert und wechselt.

Anredeformen

An mechanischen Übersetzungen, wie sie elektronische Übersetzungsmaschinen produzieren, lässt sich gut zeigen, wie wichtig die Berücksichtigung kultureller Faktoren in interkultureller Kommunikation ist. Hierzu ein beliebiger Liedtext aus der Oldiebox:

mechanische Übersetzungen

Beispiel

Major Tom
Gründlich durchgecheckt
steht sie da
und wartet auf den Start
Alles klar.
Experten streiten sich
um ein paar Daten

die Crew hat dann noch
ein paar Fragen, doch
der Countdown läuft.
Effektivität
bestimmt das Handeln
Man verlässt sich blind
auf den andern
jeder weiß genau
was von ihm abhängt,
jeder ist im Streß,
doch Major Tom
macht einen Scherz.
Dann hebt er ab und ...

Völlig losgelöst von der Erde
schwebt das Raumschiff
völlig schwerelos ...
Liedtext zu Major Tom von Peter Schilling (1983)

Aus diesem aus alltäglichen Wörtern bestehenden Text macht eine Übersetzungsmaschine bei der Übertragung ins Englische folgende Variante:

maschinelle Übersetzung

> Thoroughly durchgecheckt it stands there and waits for the start everything clearly. Experts argue about a few data the crew have then still a few questions, but hat COUNT down run. Effectiveness determines an acting one relies blindly on the other one everyone white exactly which on it depends, everyone is in the streb, but major Tom makes a joke. Then it takes off and ... Completely detached by the earth the spaceship floats completely weightlessly ...

Übersetzt man diesen Text also mechanisch, ohne die Berücksichtigung kultureller Spezifika ins Englische, entsteht eine Reihe verschiedener Fehler. Dabei ist zu berücksichtigen, dass die Wortstellung, die Endungen und andere grammatische Eigenschaften meist angepasst sind (*it stands, waits*). Schwierigkeiten gibt es vor allem bei idiomatischen Ausdrücken. *Alles klar* lässt sich lexikalisch als *everything clearly* fassen, gibt damit aber nicht die Gesamtbedeutung der Äußerung wieder, die in einem bestimmten kulturellen Kontext die angemessene ist. Auch den wichtigen Merkmalen der Textsorte Liedtext (Verse, Reime) wird die mechanische kulturfreie Übersetzung nicht gerecht. Selbst Grundbedeutungen von Begriffen wie *Handeln* oder *weiß* (Verb, Farbe oder Name) können von einer kulturfreien Maschine nur schwer in den entsprechenden Kontext eingepasst werden. Erst das nötige kulturelle Kontext-Wissen würde klären, welche Einträge im Wörterbuch ausgewählt werden müssten.

Der ultimative Test für die kontextuelle und damit kulturelle Angemessenheit einer sprachlichen Übertragung ist die Rückübersetzung. Durch eine angemessene Übersetzung und eine ebensolche Rückübersetzung müsste der Ausgangstext schließlich originalgetreu wiederhergestellt werden. Hier der Test:

Rückübersetzung ins Deutsche:

Rückübersetzung

> Gänzlich durchgecheckt, das es dort steht und den Anfang alles offenbar wartet. Experten argumentieren über einige Daten, welche die Mannschaft dann noch einige Fragen haben, aber dieser ZÄHLIMPULS laufen unten. Wirksamkeit stellt ein Fungieren man baut blind auf die andere jeder fest, das genau weiß ist, das von ihr abhängt, jeder ist im streb, aber in den Haupt-Marken Tom ein Witz. Dann entfernt sich sie und ..., Vollständig abgetrennt durch die Masse, die das Raumschiff vollständig weightlessly ...

Dieses Beispiel ist kein authentischer Text eines Schülers aus dem Unterricht, sondern die Produktion einer maschinellen Form der modernen kulturfremden Sprachvermittlung: die Übersetzungsmaschine von *Google* im Internet. Auch in Beipackzetteln sowie Bau- und Reparaturanleitungen ausländischer Produkte finden sich ähnliche Beispiele mangelnder Kenntnis der fremden Sprache und Kultur in beliebiger, erschreckender Anzahl.

Wie umfangreich die kulturellen Bezüge der Sprache sind, illustriert auch das folgende, sehr einfache, aber im Kontext interkultureller Kommunikation gerne zur Veranschaulichung der Abhängigkeiten kultureller Bezüge herangezogene Eisbergschema. Nur der obere Teil einer Kultur ist überhaupt sichtbar. Das ist der Bereich des Essens, Tanzens, der Kleidung und Rituale, kurz der Folklore. Zur Verdeutlichung der Bezüge der Sprache zur Kultur könnte man in dieser Oberfläche die wahrnehmbaren sprachlichen Oberflächenstrukturen ergänzen. Was sich darunter verbirgt, hat tragenden Einfluss darauf, ist aber in der Regel nicht unmittelbar zu erkennen: Einstellungen, Werte, Konzepte.

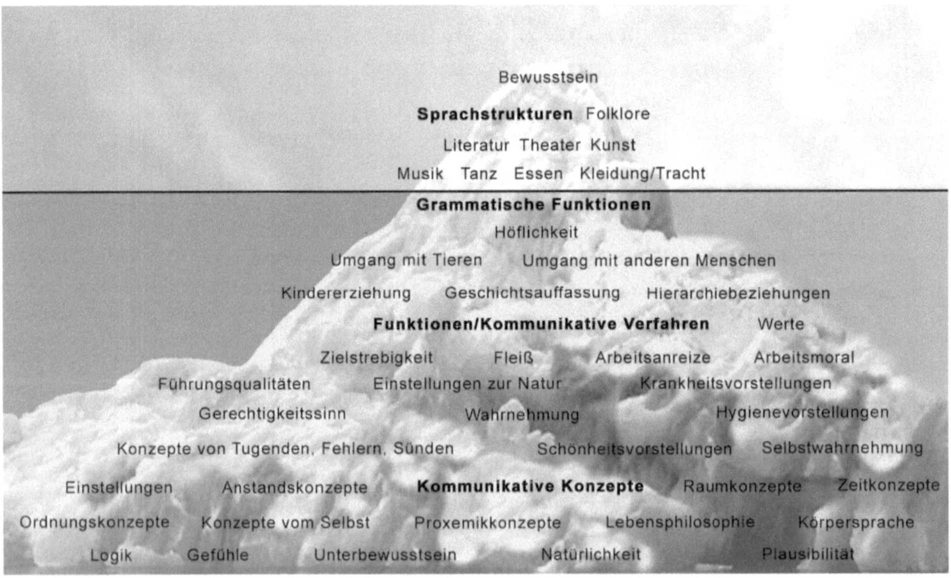

Abb. 7.2: Eisbergschema der kulturellen Einflüsse auf die Wahrnehmung und die Sprache

Diese Einflussgrößen machen sich unter anderem folgendermaßen bemerkbar: Einflussgrößen

- In der Ausprägung einer Zivilgesellschaft und dem Verhältnis von individuellen und gemeinschaftlichen Rechten und Pflichten, in gesellschaftlichen Institutionen, im Bildungssystem ...,
- in der Rolle von Macht, Autorität und Eigenverantwortung in einer Gesellschaft,
- in Bezug auf Akzeptanz, Toleranz und Erwartung von Kritik,
- durch Einstellungen zur Höflichkeit,
- durch die Vermeidung von unsicherem Verhalten/Auftreten,
- in einer spezifischen Auffassung von Geschlechterrollen,
- durch die Bedeutung der Religion in einer Kultur,
- in Zeit-, Raum-, Selbstkonzepten,
- und vielem mehr.

Auch wenn vieles davon nicht oder nur implizit ausgedrückt wird, sind zahlreiche kulturspezifische Einstellungen und Werte in den Diskurs- und Denkkonzepten einer Linguakultur festgeschrieben. Die Sprache wird dabei bestimmt von konzeptuellen Schemata und mentalen Modellen, die über den Gebrauch und über Abstimmungsprozesse in Kommunikationskonventionen verstetigt (konventionalisiert) werden, zudem ist sie von **außersprachlichen Zeichensystemen** begleitet. Textsorten und Diskursmuster sowie Grammatik und Lautkonventionen sind die Folge. Die Konventionen legen unter anderem fest,

- welche Themen ausgewählt oder besser vermieden werden,
- wie mit Tabuthemen umzugehen ist (zum Beispiel Liebe, Religion, Politik),
- in welcher Form kommunikative Stile erscheinen (zum Beispiel formelle oder informelle Stile für verschiedene Adressatengruppen),
- wie kulturspezifische Merkmale eine Textsorte oder ein Diskursmuster prägen (zum Beispiel die kulturell unter-

schiedlichen Formen von Zeitungsartikeln oder wissenschaftlichen Arbeiten),
- wie viel in Worten ausgedrückt werden muss oder implizit bleiben kann.

In verschiedenen Studien sind diese kulturspezifischen Elemente in der Sprache exemplarisch bearbeitet worden, unter anderem in der Wissenschaftssprache, der elektronisch vermittelten Lehre, in Arzt-Patienten-Kommunikation und in Institutionen (Dentler/Hufeisen/Lindemann 2000).

7.2 Interkulturelle Vermittlung

Die Vermittlung zwischen unterschiedlichen Konzept- und Zeichensystemen kann allerdings nicht durch einfache Gegenüberstellung erreicht werden. Die kontrastive Linguistik und die aus ihr abgeleiteten Lehrverfahren haben das genauso deutlich gezeigt wie frühe Lehrwerksversuche mit einfachen kulturkontrastiven Verfahren (vergleiche Kapitel 4.5). Auch ein Nebeneinander verschiedener Kulturen führt nicht automatisch zu gegenseitigem Verstehen, wie etwa schulische und studentische Austauschprogramme demonstrieren (Sato-Prinz 2017). Es müssen also Vermittlungsprozesse in Gang gesetzt und gestaltet werden, die zu einem Verstehen führen, das dem Fremden gerecht wird, die eigene Wahrnehmung aber nicht aufgibt. Diese Ansätze verbinden sich mit Konzepten wie Horizontverschmelzung (Gadamer 1960), dritte Kultur/dritter Ort (Bennett 1993, Kramsch 1993), Perspektivenwechsel und anderen aus dem Umfeld der interkulturellen Hermeneutik (Krusche 1985).

Horizontverschmelzung

Beispiel

Cultural Orientation

Cognitive Styles: How Germans Organize and Process Information

The Germans are generally closed to outside information, and they do not freely share information among units of the same organization. The younger generations are becoming more open. Germans are analytic and conceptual in their information processing. They are strongly committed to the universals of their culture. Friendships are not developed quickly, but they are deep and highly selective.

Negotiation Strategies: What Germans Accept as Evidence

Objective facts form the basis for truth. Feelings are not accepted in negotiations. A strong faith in the social democratic ideology influences Germans' perceptions of the truth.

Value Systems: The Basis for Behavior

One may find some differences in the value systems between what was once East and West Germany. The following three sections identify the Value Systems in the predominant culture—their methods of dividing right from wrong, good from evil, and so forth.

Locus of Decision Making

Germans are strongly individualistic, but cultural history must be considered in the decision-making process. Decision making is slow and involved, as all peripheral concerns must be taken care of in the process. Once a decision is made, it is unchangeable. Individual privacy is necessary in all walks of life, and personal matters are not to be discussed in business negotiations. It is important to develop a personal friendship with your counterparts.

Sources of Anxiety Reduction

Universal rules and regulations combined with strong internal discipline give stability to life and reduce uncertainty. There is a high need for social and personal order, and a low tolerance for deviant behavior. There is very little show of emotion because of strong internal structures and control. Fear or skepticism about the future (economic, political, social) breeds anxiety and pessimism.

Abb. 7.3: Klischeehafte Darstellung der deutschen Kultur in einem Buch zum interkulturellen Training (Morrison et al. 1994: 231 f.)

Bei interkultureller Vermittlung geht es nicht nur um das Vermitteln von Wissen über eine fremde Kultur, sondern auch um grundlegende Konzepte, Denkweisen und Lern- und Arbeitsmethoden. Reine Wissensvermittlung ist problematisch, da das Wissen aus der „einen Kultur" in die Begriffswelt der „anderen" interkulturelles Training

übertragen werden muss, um es verständlich zu machen. Es existiert nicht unabhängig von der Sprache. Außerdem gerät Wissen über fremde Kulturen leicht zu einer klischeehaften Wahrheit oder erstarrt zu Stereotypen. In zahlreichen Trainingsprogrammen für interkulturelle Kommunikation wird das deutlich, wie im Beispiel aus *Kiss, Bow or Shake Hands* in Abbildung 7.3. Wie weit die dort gegebenen Informationen zutreffen, kann jeder selbst entscheiden, der eine Deutsche oder einen Deutschen kennt.

Die Generalisierungen und Klischees reflektieren eine subjektive Sicht der fremden Kultur, die unter Umständen mehr über den Betrachter (Autorin/Autor) sagt, als über die fremde Kultur. Besonders kritisch ist der Anspruch auf Allgemeingültigkeit, der in der Literatur und in Programmen zum interkulturellen Training meist erhoben wird. Er suggeriert kulturelle Einheitlichkeit und weckt damit Erwartungen, die der kulturellen Vielfalt, wie der Plurizentrik der deutschsprachigen Kulturen, und den Entwicklungsprozessen von Kulturen nur schwer gerecht werden können und daher wenig praxistauglich sind.

Um derartige Generalisierungen und Klischees zu vermeiden, versuchen der hermeneutische Fremdsprachenunterricht (Hunfeld 2004) und die interkulturelle Sprachdidaktik (Lorey/Plews/Rieger/Prokop 2007, Caspari/Schinschke 2007, Kaunzner 2008, Reeg 2009, Petermann/Jürgens 2009, Esselborn 2010, Roche 2001) Lerner für Fremdheit zu sensibilisieren und auf einen nicht unnötig vereinfachenden oder nivellierenden Umgang damit vorzubereiten. Das geschieht, indem die Aufmerksamkeit auf die Einflussfaktoren und Prinzipien von interkultureller Kommunikation und auf die Bedeutung des Fremden als notwendige Bedingung für Verstehenszuwachs (und Lernen) gelenkt wird. Die vorgeschlagenen (durchaus unterschiedlichen) Verfahren streben nicht nur tiefgehende Einsichten in die fremde Kultur und Sprache an, sondern wollen gleichzeitig neue Einblicke in die „eigene“ eröffnen. Diese **Reflexion** ist für interkulturelle Kommunikation unabdingbar, weil alles Verstehen auf Vorwissen aufbaut und neues Wissen daran anschließt. Es zeigt sich dabei immer deutlicher, dass eine Trennung in Eigenes und Fremdes und der postulierte Perspektivenwechsel zwar orientierende

Konzepte für Lehrpläne sein können, bei der praktischen Umsetzung Lerner und Lehrkräfte aber häufig überfordern. Das liegt vor allem daran, dass die angestrebten Perspektivwechsel, wie beim Übersetzen, umfangreiche Kenntnisse und Kompetenzen voraussetzen und dass psychologisch und kommunikationstheoretisch schwer zu klären ist, wie die unterschiedlichen Perspektiven im selben kognitiven System der Lerner verarbeitet und verwaltet werden können. Das Modell der **Skeptischen Hermeneutik** (Hunfeld 2004) und der **Transdifferenz-Ansatz** (Allolio-Näcke/Kalscheuer/Manzeschke 2005, Hildebrandt 2005, Lösch 2005, Breinig/Lösch 2006, Borgard 2019) gehören zu den für die Kulturvermittlung wichtigen Versuchen, Fremdheit nicht auflösen zu wollen, sondern das daraus entstehende Problem der kognitiven Dissonanz durch eine Betonung und Akzeptanz von Fremdheit zu lösen. Verschiedene, sich mehr oder weniger stark verändernde Positionen können somit ohne den Zwang zur Auflösung nebeneinander stehen.

Perspektivenwechsel

kognitive Dissonanz

Das Konzept der Transdifferenz ist aus einer intensiven Auseinandersetzung mit der Problematik der statischen Kulturvergleiche in trans- und interkulturellen Kommunikationsmodellen entstanden. Insbesondere die Begrenzungen und Widersprüche binärer Ansätze vom Verstehen des Eigenen und des Fremden sollen damit überwunden werden. Die **Normalität des Fremden** soll als Katalysator für das Lernen wirken. Nach der Kritik an der Fokussierung auf das ‚Verstehen' rückten auch ‚Nichtverstehen' und ‚Missverstehen' ins Blickfeld. So wurde es möglich, „die Aufmerksamkeit auf die Differenzen zu legen, womit wiederum eine wichtige Voraussetzung für den Zugang zu einer ‚produktiven Transdifferenz' gegeben war" (Allolio-Näcke/Kalscheuer 2005: 21).

Dem Transdifferenzansatz geht es also wie der Skeptischen Hermeneutik oder dem Modell des **ethischen Universalismus** darum, Differenzen, die durch den Kontakt verschiedener Perspektiven entstehen, anders zu denken, sie nicht auflösen zu müssen.

„In einem allgemeinen Sinn – und im Anschluss an die Bedeutung ‚quer hindurch' der Vorsilbe ‚trans' – bezeichnet Transdifferenz all das Widerspenstige, das sich gegen die Einordnung

Transdifferenz

in die Polarität binärer Differenzen sperrt, weil es gleichsam quer durch die Grenzlinien hindurch geht und die ursprüngliche eingeschriebene Differenz ins Oszillieren bringt, ohne sie jedoch aufzulösen“ (Lösch 2005: 27).

Differenzen werden als vorübergehende Erscheinungen verstanden, die instabil werden. Sie haben eine orientierungsstiftende Funktion, sollen in dieser Funktion erhalten bleiben und durch eine Komponente Transdifferenz ergänzt werden.

Das folgende Beispiel aus dem interkulturellen Lehrwerk *Für- und Widersprüche* zeigt, wie mit einer geradezu spielerischen Sensibilisierung mit Hilfe einer einfachen entdeckenden Zuordnungsaufgabe (Abbildung 7.4), der Prozess des interkulturellen Verstehens in einem Teilbereich initiiert werden kann, ohne dass daraus die eine richtige Interpretation (zum Beispiel in Form einer grammatischen Korrektur) entstehen müsste.

interkulturelle Kompetenz

Interkulturelle Kompetenz bedeutet, in der Lage zu sein, die Kommunikation adäquat, mit verschiedenen Varietäten und kreativ zu gestalten und kulturadäquat zu vermitteln. Dazu sind umfangreiche kulturelle Kenntnisse und interkulturelle Fertigkeiten nötig, die im Fremdsprachenunterricht schrittweise, aber nur partiell vermittelt werden können. In dem folgenden Beispiel (Abbildung 7.5) aus *Für- und Widersprüche* dient eine Vorlage aus der *Rotfuchsserie* (Küttner/Heygen 1987, Roche/Webber 1995) als Muster für die Behördenkommunikation und als didaktisches Mittel zur Einübung kreativer Kommunikationsverfahren.

Beispiel

Abb. 7.4: Interkulturelle Sensibilisierung durch die Gegenüberstellung unterschiedlicher linguakultureller Kommunikationskonzepte im interkulturellen Lehrwerk *Für- und Widersprüche* (1995: 175)

Beispiel

Abb. 7.5: Vermittlung kreativer kritischer Kompetenzen für die interkulturelle Kommunikation an einem Beispiel aus dem interkulturellen Lehrwerk *Für- und Widersprüche* (1995: 76)

7.3 Bildkulturen

In Unterrichtsmaterialien werden Bilder, Grafiken, Karikaturen und andere Arten der Visualisierung meist zu illustrativen Zwecken eingesetzt, die kommunikative Situationen in der Zielkultur abbilden sollen. Autorinnen und Lehrwerksproduzenten gehen in der Regel von der Annahme aus, dass Bilder an sich eine verständliche Sprache sprechen, so wie die Musik, und dass es genügt, Zeichnungen oder Fotos von den Gegenständen der fremden Kultur abzubilden, um deren Bedeutung an Fremde zu vermitteln. Die Wahrnehmung ändert sich jedoch von Betrachter zu Betrachter und ist kulturspezifisch geprägt. Selbst einfache Darstellungen von Objekten repräsentieren eine kulturspezifische Perspektive, deren Prinzipien für Lerner besonders dann schwer zu erschließen sind, wenn die Symbole in den Sprachen auf unterschiedliche Referenten verweisen. Hierzu ein Beispiel: In westlichen Kulturen betreten die positiv dargestellten Figuren (Protagonisten) in Malereien, Cartoons, Comics und Filmen eine Szene in der Regel von links nach rechts, analog zur Leserichtung. Die Antagonisten betreten eine Szene dagegen von rechts nach links, also mit Widerstand entgegen der Leserichtung. In asiatischen Cartoons erfolgt die Darstellung trotz gleicher Leserichtungen dagegen oft genau umgekehrt. Fehlinterpretationen sind also vorprogrammiert.

Wahrnehmungsgewohnheiten

Darstellungen in Lehrmaterialien nehmen auf die kulturspezifischen Wahrnehmungsgewohnheiten bisher kaum Rücksicht und bemühen sich auch nicht, zwischen unterschiedlichen Semiotiken zu vermitteln. Daher wird auch der Tabucharakter von visuellen Darstellungen in der Sprach- und Kulturvermittlung unterschätzt. Als kulturelle Symbole eröffnen Bilder wichtige Einblicke in die Denkweisen anderer Menschen und Kulturen. Wer den Zeichencode nicht kennt, kann ähnliche Probleme erleben, wie sie in der sprachlichen Kommunikation auftreten können.

Für einen modernen Fremdsprachenunterricht, der das Internet und andere stark bildbasierte Medien systematisch nutzt, ergeben sich aus den genannten Wahrnehmungsdifferenzen wichtige Folgen: da das Internet grundsätzlich über Grenzen hinweg operiert, müsste dort besonders auf die interkulturelle Vermittelbarkeit visueller Nachrichten geachtet werden. Das gilt auch für die zunehmend international verfügbaren virtuellen Lehrangebote (etwa MOOCs), die verbreitet mit bildlichen Symbolen und bildlichen Darstellungen arbeiten. Missverstehen ist ansonsten gerade in einem Bereich vorprogrammiert, der besonders für grenzüberschreitende Kommunikation hilfreich sein soll.

7.4 Kulturvermittlung und „Landeskunde"

In der interkulturellen Sprachdidaktik spielt die Diskussion von Inhalten und Wissensvermittlung eine wichtige Rolle: zum einen, weil sie ausdrücklich an die Sprachvermittlung gebunden ist, zum anderen, weil der gesamte kognitive Apparat stärker von kulturspezifischen Aspekten bestimmt ist, als lange angenommen wurde. Damit wird die Bedeutung einer interkulturellen Vermittlung unterstrichen, das klassische Feld der trans- oder interkulturellen „Landeskunde". Mit ihr wird versucht, ein interkulturell und interdisziplinär erweitertes Verständnis von Kultur zu entwickeln und in den – nicht auf sprachtechnische Aspekte begrenzten – Sprachunterricht zu integrieren. Diese Landeskunde berücksichtigt insbesondere die Ausgangsbedingungen und Interessen der Lerner, aber auch die Lerntraditionen und Methoden ihrer Lernkulturen. Sie ist also nicht nur auf die Zielkultur gerichtet, wie das bei der traditionellen Landeskunde der Fall war, sondern nimmt sich ausdrücklich der Vermittlung zwischen Ausgangs- und Zielkulturen an. Das war nicht immer so. Picht (1989: 54–55) nennt dazu drei Typen der Landeskunde (Schwerpunkt aus französischer Sicht):

- Die **Realienkunde**: „Gegebenheiten der fremden Kultur [werden] zu bloßen Realien herabgewürdigt, zu szientistischer Radikalität verschärft" (Picht 1989: 54).
- Die ***Civilisation allemande***, Frankreichkundebewegung, als Gegenbewegung zur traditionellen Philologie und charakterisiert durch ein Streben nach mehr Wissenschaftlichkeit (Landeswissenschaft).

- Die **Landeskunde**, die sich von der Anglistik ausgehend zu neuen Ansätzen eines mehr inhaltsbezogenen, auf die Realität internationaler Beziehungen zielenden Fremdsprachenunterrichts entwickelt. Hierzu gehören Formen gesellschaftlich relevanter Kommunikation, die Intensivierung kulturspezifischer gesellschaftlicher Bezüge und die Einbindung soziokultureller Elemente in den Fremdsprachenunterricht.

Zur Illustration der auf Realien orientierten Landeskunde ein Beispiel aus der Zeit des Behaviorismus, das den Zustand der englischen Landeskunde in den 1950er Jahren darstellt, allerdings literarisch aufgearbeitet und ins Absurde getrieben (Uraufführung am 11. Mai 1950 im Théâtre des Noctambules, Paris).

Beispiel: Absurdes Theater

Ionesco, *Die kahle Sängerin*

„Ein gutbürgerliches englisches Interieur mit englischen Fauteuils. Eine englische Abendunterhaltung. Mr. Smith, ein Engländer, mit seinen englischen Pantoffeln, sitzt in seinem englischen Fauteuil, raucht eine englische Pfeife und liest eine englische Zeitung an einem englischen Kaminfeuer. Er trägt eine englische Brille, einen kleinen grauen englischen Schnauz. Neben ihm, in einem zweiten englischen Fauteuil, Mrs. Smith, eine Engländerin, die englische Socken flickt. Ein langes englisches Schweigen. Die englische Wanduhr schlägt siebzehn englische Schläge.
Mrs. Smith: Sieh mal an, es ist neun Uhr. Wir haben Suppe, Fisch, Kartoffeln mit Speck und englischen Salat gegessen. Die Kinder haben englisches Wasser getrunken. Wir haben gut gegessen heute abend, weil wir in der Umgebung von London wohnen und weil unser Name Smith ist.“

So wie es der rumänische Autor Eugène Ionesco (1909–1993), der vorwiegend in der französischen Sprache geschrieben hat, hier in der Einleitung zu *Die kahle Sängerin* schreibt, kann man sich das Landeskundeverständnis zur Hoch-Zeit des Behaviorismus in den 50er und 60er Jahren vorstellen. Ionesco hat sein absurdes Theater dabei tatsächlich in Anlehnung an Erfahrungen aus dem Fremdsprachenunterricht geschrieben. Aber nicht nur in Zeiten der audiolingualen und der audiovisuellen Methode war die Landeskunde unterentwickelt. Hierfür gibt es eine Reihe von Gründen:

- Landeskunde wird nicht als konstitutiver Teil der Sprachvermittlung betrachtet und gilt als weniger relevant im Vergleich zu den Kernbereichen des Sprachenunterrichts und lässt sich nur schwer systematisch fassen. Daher wird ihr in der Regel weniger Zeit in Lehrplänen und im Unterricht eingeräumt.
- Lehrmaterialien reflektieren häufig ein randständiges, simplifiziertes und unkritisches Bild von Landeskunde.
- In der Lehrerausbildung wird das Thema nur am Rande behandelt. Deshalb fehlt Lehrkräften häufig die Kompetenz oder Bereitschaft, landeskundliche Themen zu vermitteln.
- Die Erwartungen der Lerner orientieren sich verbreitet an den greifbaren Strukturen der Grammatik und des Wortschatzes.
- Richtlinien wie der *Gemeinsame Europäische Referenzrahmen* behandeln landeskundliche Kompetenzen nur am Rande.

Eine der wichtigsten Fragen, mit denen sich die neuere Kulturvermittlung beschäftigt, ist die nach der Berücksichtigung regionaler Gruppierungen, die nicht zum Mutterland der fremden Kultur gehören. Dieser **Plurizentrismus** zeigt sich im Englischunterricht an der Berücksichtigung amerikanischer, kanadischer und australischer Kulturen, aber noch sehr wenig an anderen Regionen, in denen Englisch auch als Verkehrssprache gilt, wie Indien, Nigeria und verschiedene weitere Schwellen- und Entwicklungsländer. Auch die Sprachenvielfalt in den anglophonen Ländern, die durch Migration bedingt ist, wird bisher wenig berücksichtigt.

Im Französischen ist die Situation mit dem französischsprachigen (frankophonen) Québec oder Belgien, der französisch-sprachigen Schweiz und vielen Ländern Afrikas ähnlich.

Im Bereich Deutsch als Fremdsprache bemühen sich die Verlage sichtlich, alle deutschsprachigen Länder zu berücksichtigen. Mit diesem Thema beschäftigen sich ausdrücklich die so genannten DACH(L)-Thesen, benannt nach den internationalen Abkürzungen der Länder.

DACH-L

Sowohl in den früheren Ansätzen der Kulturkunde- und Literaturvermittlung als auch bei der Vermittlung der Alltagskultur in kommunikativen Ansätzen sind die Ausgangsinteressen und -perspektiven sowie die Rezeptionsbedingungen der Lerner meist wenig berücksichtigt worden. Daher haben sich seit den 70er Jahren mehrere Ansätze der entwickelt. Dazu gehören

- die **Kulturstudien** (*Cultural Studies, German Studies, European Studies*, in Bezug auf das Streben nach mehr Wissenschaftlichkeit bereits in den Ausführungen zur Frankreichkunde bei Picht oben genannt) und andere, die sich auf die Vermittlung von gesellschaftlichen, historischen, wirtschaftlichen und politischen Themen des Ziellandes aus der (vermeintlichen) Perspektive des Ausgangslandes der Lerner konzentrieren (Webber 1990, Koreik 1995 und 2010, Stassen 2002);
- die **integrative Landeskunde** (seit den 80er Jahren), die interdisziplinäre Themen aufgreift und diese von Expertinnen der Ausgangs-und Zielkulturen gemeinsam für die Nutzung im Unterricht erarbeiten lässt (Mog/Althaus 1992, Althaus 2009);
- die **interkulturelle** oder **transkulturelle Landeskunde** (ebenfalls seit den 80er Jahren), die den Schwerpunkt auf die Vermittlungsprozesse zwischen den Kulturen legt (Bauer 2010), und
- die Behandlung der Konstitution und Veränderbarkeit **kultureller Wahrnehmungsmuster** (Hepp/Löffelholz 2002, Budke 2003, Bachmann-Medick 2006, Onuki/Pekar 2006, Segermann 2006, Antor 2007, Hahn/Mannová 2007, Engelbert 2008, Altmayer 2010).

Internationalisierung

Die genannten Ansätze, die sich mit dem zunehmenden wirtschaftlichen und politischen Interesse an fremden Kulturen und der Internationalisierung in politischen, akademischen und wirtschaftlichen Organisationen (zum Beispiel in Europa) entwickelt haben, verfolgen das gemeinsame Ziel, neue Formen der Kulturforschung und -vermittlung zu entwickeln. Sie tun dies auf unterschiedliche Art und Weise, gehen aber zumeist von einem offenen und dynamischen Verständnis von Kultur und davon aus, dass der Zugang individuell in Konstruktionsprozessen erfolgt.

7.4.1 Kulturstudien

„Cultural Studies" wie die *German Studies* und die *European Studies* rücken wie die meisten Kulturstudien anderer Regionen die zeitgenössischen, kulturellen, sozialen, wirtschaftlichen und politischen Aspekte der betreffenden Gesellschaften in ihrem geschichtlichen und internationalen Kontext in den Mittelpunkt ihrer Betrachtungen.

Die drei wichtigsten Merkmale der Kulturstudien sind:

- Multidisziplinarität und Wissenschaftlichkeit,
- Ausrichtung auf die gesellschaftlichen Verhältnisse der Zielkultur,
- Aktualitätsbezug.

Mit diesen Merkmalen setzen sich zum Beispiel die *German Studies* ausdrücklich von der traditionellen, Anfang bis Mitte des 20. Jahrhunderts aus Deutschland importierten Inlandsgermanistik besonders in den englischsprachigen Ländern ab. Diese Art der Nationalphilologie orientierte sich in Thematik, Methodik und Erkenntnisinteresse vor allem an einem tradierten literarischen Kanon, der in den deutschsprachigen/europäischen Ländern als überholt gilt und im Ausland kaum noch nachgefragt wird.

Die amerikanischen *German Studies* behandeln unter anderem Themen wie Raum und Identität im türkisch-deutschen Film, die politische Kultur der höfischen Gesellschaften, Rassismus, Feminismus, Verwissenschaftlichungsprozesse in der deutschen Gesellschaft, Deutschland in Europa und Föderalismus. Trotz des starken Bezugs auf Aktualität und Multidisziplinarität spielen in den USA auch historische Themen wie die Literatur des Barock oder der Zweite Weltkrieg und seine Folgen eine große Rolle. Auf interkulturelle Verstehensprozesse oder die Behandlung der Fremdsprache wird in der Praxis der *German Studies* dagegen wenig eingegangen.

Ein weiteres Beispiel zur Illustration der Vielfalt der Kulturstudien: Die *Canadian Studies* behandeln Themen wie den kanadischen Multikulturalismus, die Konsequenzen religiöser Vielfalt in einer Gesellschaft oder unterschiedliche kulturelle, historische und politische Konzeptionen von Freiheit, Gleichheit und Gemeinschaft.

7.4.2 Das Tübinger Modell einer integrativen Landeskunde

Interdisziplinarität

Einen in vieler Hinsicht ähnlichen Ansatz wie die Kulturstudien vertritt auch das *Tübinger Modell einer integrativen Landeskunde*. Dieser Ansatz wurde Ende der 1980er bis Anfang der 1990er Jahre an der Universität Tübingen von einem interdisziplinären Forscherteam aus Deutschland und unter Beteiligung US-amerikanischer Expertinnen und Experten entwickelt und ist in einem Buch mit dem gleichen Titel gut dokumentiert. Ziel des Forschungsprojektes war es, durch Erarbeitung von Merkmalen grundlegender Konzepte der deutschen Kultur, wie deren Zeit- und Raumverständnis, ein Deutschlandbild zu vermitteln, das die Perspektiven von US-Amerikanern auf Deutschland, aber auch Autostereotype der Deutschen berücksichtigt. Ein weiteres Kernelement ist der Versuch, Landeskunde als interdisziplinäres Aufgabengebiet zu bearbeiten. Konstitutiv ist dabei eine inter- oder transkulturelle Verstehens- und Vermittlungsperspektive. Parallel dazu hat eine Gruppe deutscher und amerikanischer Lehrerinnen und Lehrer unter Berücksichtigung der theoretischen Erkenntnisse und weitreichender Unterrichtserfahrungen ein Lehrbuch für den interkulturellen Sprachunterricht für nordamerikanische Deutschlerner entwickelt. Es wendet sich an Lerner der Mittelstufe (B1/B2) und heißt *Typisch deutsch?*.

Typisch deutsch?

Ein wesentlicher Unterschied des *Tübinger Modells* zu den dargestellten Kulturstudien liegt darin begründet, dass sich das *Tübinger Modell* als Ansatz der Sprach- und Kulturvermittlung versteht und damit die Sprache als kulturbedingtes und kulturschaffendes Element betrachtet, das besonderer Aufmerksamkeit und Vermittlungsanstrengungen bedarf. In dieser Hinsicht entspricht es dem Konzept der Landeskundevermittlung der interkulturellen Sprachdidaktik.

Beispiel

Der folgende Text illustriert, wie eng Kultur- und Sprachvermittlung in *Typisch deutsch?* aneinander gebunden sind:

1. Was assoziieren Sie mit den englischen Wörtern *private* und *public*?

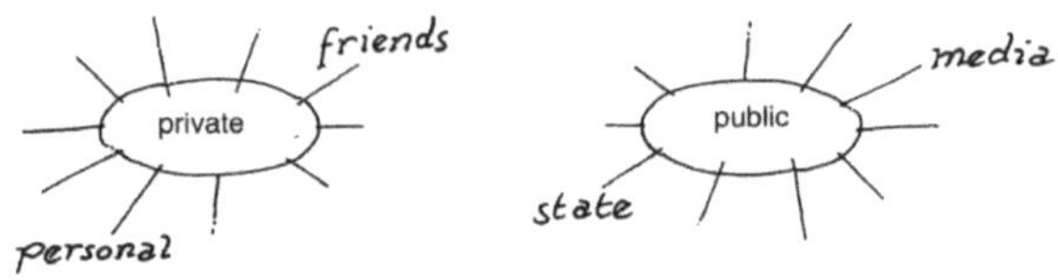

2. Vergleichen Sie bitte Ihre Assoziationen mit denen von anderen in der Gruppe. Diskutieren Sie miteinander über unterschiedliche Vorstellungen und Meinungen. Stellen Sie auch fest, ob bestimmte Assoziationen bei allen oder den meisten übereinstimmen.

3. Wortfelder *private* und *public*: Welche verwandten oder abgeleiteten englischen Wörter, Ausdrücke, Redewendungen etc. fallen Ihnen ein?

private	public
privacy	PR
in private	to publish
...	...

4. Welche deutschen Übersetzungen finden Sie im Wörterbuch für *private* und *public* und die verwandten Wörter, Ausdrücke etc., die Sie in den Listen oben zusammengestellt haben? Für welche englischen Wörter und Wendungen gibt es im Deutschen genaue Entsprechungen, für welche nicht? Was z. B. finden Sie unter dem Stichwort *privacy*?

Privat

pri-vat ‹Adj.› *außeramtlich, nicht öffentlich, persönlich, vertraulich; nicht staatlich* (Geschäft, Unternehmen); -' (Aufschrift auf Türschildern in Geschäften, Hotels usw.); - e Angelegenheiten; - er Eingang; das ist meine - e Meinung (die ich nicht öffentlich äußere); - e Mitteilung; kann ich bitte Hernn X einmal - sprechen? [von lat. *privatus* „(der Herrschaft) beraubt, gesondert"; zu lat. *privare* „berauben, befreien, sondern"].

aus: Gerhard Wahrig, Deutsches Wörterbuch, Mosaikverlag, München 1980

privat „persönlich; vertraulich, familiär; nicht öffentlich, außeramtlich": Im 18. Jh. aus *lat.* privātus „(der Herrschaft) beraubt; gesondert, für sich stehend; nicht öffentlich" entlehnt, dem Partizipialadjektiv von *lat.* privāre „berauben; befreien; sondern". Stammwort ist *lat.* privus „für sich stehend, einzeln", das als Bestimmungswort in → Privileg erscheint.-

aus: Duden, Etymologie, Bibliographisches Institut, Mannheim 1963

Abb. 7.6: Vergleichendes Arbeiten mit gegensätzlichen Begriffspaaren und ähnlich erscheinenden Begriffen verschiedener Sprachen am Beispiel von *Typisch deutsch?* Die Lerner werden von der Vorentlastung (Assoziationsübungen) zur intensiven Wortschatzarbeit mittels Wörterbüchern angeleitet.

7.4.3 Interkulturelle/transkulturelle Landeskunde

Die interkulturelle Landeskunde ist ein tragendes und integrales Element der interkulturellen Sprachdidaktik. Ihr wichtigstes Prinzip ist der wechselseitige Prozess der Kultur- und Sprachbetrachtung von Ausgangs- und Zielkultur. Lerner einer Ausgangskultur K1 behandeln vor dem Hintergrund ihres kulturell geprägten Vorwissens, einschließlich der Methoden und Stereotypen, Verhältnisse in der Zielkultur K2. Das Vorwissen wird dabei gezielt zur Entwicklung von Fragen und zur Verfolgung von eigenen Erkenntnisinteressen eingesetzt. Den Lernern soll es schließlich gelingen, beide Kultur- und Sprachsysteme zu verstehen und zwischen ihnen im Sinne eines dritten Ortes vermitteln zu können. Das lässt sich schematisch folgendermaßen darstellen.

wechselseitige Prozesse

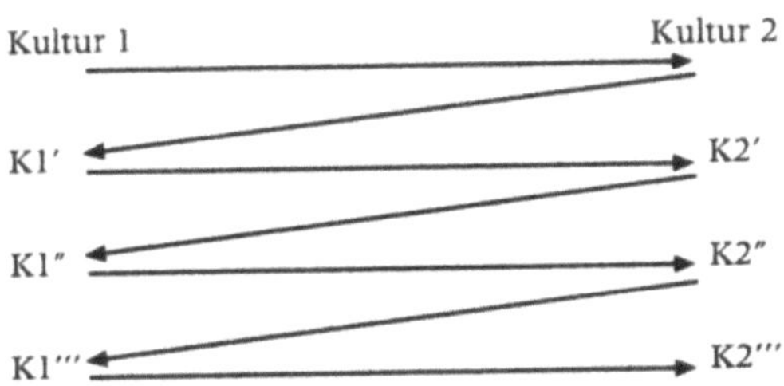

Abb. 7.7: Schema des Verstehensprozesses in interkultureller Kommunikation

Dieser Prozess des zunehmenden Verständnisses kann im Fremdsprachenunterricht durch folgende Maßnahmen in Gang gesetzt werden:

- Durch die Thematisierung **kulturübergreifender Ereignisse**, etwa die internationale Friedensbewegung, den Klimawandel und weitere Umweltthemen (zum Beispiel die Bewegung „Fridays for Future"), internationale Bildungsstudien, den internationalen Terrorismus oder die Auswirkungen der Globalisierung.

- Durch die Behandlung **kulturübergreifender Texte**, wie sie in grundlegenden Schriftstücken ihren Ausdruck finden, etwa in Gesetzestexten oder religiösen Dokumenten.
- Durch die **Konfrontation** mit (mehr oder weniger) gegensätzlichen Strukturen in den Sprachen und Kulturen. In der konfrontativen Semantik (Müller-Jacquier 1981) und verschiedenen Arbeiten zur interkulturellen Sprachdidaktik wurden diese Ansätze einer kontrastiven Interkulturalität bereits ausführlicher beschrieben (vergleiche die Lehrwerke *Typisch deutsch?*, *Sichtwechsel* und *Für- und Widersprüche)* und in jüngerer Zeit im Rahmen der Kognitiven Sprachdidaktik weiterentwickelt (Transferdifferenz).

7.4.4 Wahrnehmungsmuster und Erinnerungskulturen

Einen neuartigen Ansatz der Kulturvermittlung stellt das Konzept der Erinnerungsorte dar, das von Pierre Nora unter Berufung auf Theoretiker des kollektiven Gedächtnisses wie Maurice Halbwachs und andere entwickelt wurde. Nicht Fakten und Zahlen allein sind für das Verständnis von Geschichte wichtig, sondern die kontinuierliche Konstruktion und Rekonstruktion von Personen, Orten, Ereignissen, die als Teil des kollektiven Gedächtnisses einer Nation hervorgehen und als Bezugsrahmen für die nationale Identität angesehen werden. Der Wandel der Zeiten und der beteiligten Ethnien bringt es jedoch mit sich, dass sich nicht nur bestimmte gesellschaftliche Wahrnehmungsmuster – oder sogar wenig wandelbare Deutungsmuster – ausprägen, sondern dass sich auf Grund gesellschaftlicher Dynamiken intra- und interkulturell divergente, wandelnde und oft konfliktreiche Betrachtungsalternativen formen, die trotz ihres augenscheinlichen Wahrheitsgehaltes einem gemeinsamen Verstehens- und Verständigungsprozess im Wege stehen. In der Gegenüberstellung verschiedener Perspektiven werden Erinnerungsorte und **Erinnerungskulturen** zu einem genuinen Arbeitsbereich Sprache und Kultur vermittelnder Fächer. Eine ausführliche Behandlung der Thematik Erinnerungsorte mit Verweisen auf die Arbeiten von Assmann/Assmann, Halbwachs, Nora, Nüning/Nüning und Robbe sowie Modellen für die Sprach- und Kulturvermittlung findet sich in Reimann 2019, Roche/Röhling

2014 (siehe auch Bhabha 1994, Webber/Brown 2001, Dufour/Roy 2007). Als Gegenstand der Landeskunde eignen sich Erinnerungsorte aus folgenden Gründen:

Erinnerungsorte in der Landeskunde

Konstruktionscharakter

- Als kollektive Konstruktionen und individuelle Rekonstruktionen bieten Erinnerungsorte einen fruchtbaren Ansatz, um für den Konstruktionscharakter von Kulturen zu sensibilisieren und die perspektivische Auseinandersetzung damit anzuregen. Ziel ist aber nicht die Auflösung von Fremdheit oder die Übernahme einer fremden Perspektive im Prozess der Auseinandersetzung. Gesellschaftlich kodifizierte Konstruktionen von Erinnerungsorten, die im kommunikativen Gedächtnis tradiert und bestätigt werden, enthalten nicht selten Aspekte, die in den Erinnerungskulturen der Zielgesellschaften (zu denen der Lerner einen Zugang bekommen will) konfliktreiche, adversative und polarisierende Perspektiven evozieren. Die Auflösung dieser Konflikte ist im unterrichtlichen Rahmen kaum, oder höchstens exemplarisch möglich (vergleiche hierzu die Parallelen im Konzept der Transdifferenz).
- Erinnerungsorte erlauben, den kollektiven und individuellen Konstruktions- und Rekonstruktionscharakter von Kulturen zugänglich und reflektierbar zu machen. Hierüber können grundlegende Aspekte kulturdifferenter Perspektivierungen und des Umgangs damit erprobt werden.
- Erinnerungsorte eignen sich vor allem deshalb, weil sie konkret oder als Symbole konkretisierbar, also auch für Lerner nachvollziehbar und greifbar sind.
- Erinnerungsorte halten eine kristallisierende Schlüsselstellung in Gesellschaften.
- Erinnerungsorte fordern keine zwingende Perspektivenübernahme des anderen oder eine Harmonisierung, sondern sind als symbolische Konstruktionen durchschaubar.

7.5 Übungsaufgaben zur Wissenskontrolle

1. Welche Arbeitsbereiche umfasst die interkulturelle Sprachdidaktik?
2. Was besagt das Eisbergschema der Kultur und Kommunikation?
3. Welche Ansätze der Kulturvermittlung/Landeskunde gibt es und was zeichnet sie aus? Was ist das Besondere an den neueren Ansätzen, was am Konzept der Transdifferenz?
4. Wie ermittelt die interkulturelle Landeskunde ihre Themen?
5. Was kann man gegen den Einwand der mangelnden Zeit für Landeskunde vorbringen?
6. Wie können Erinnerungsorte im Fremdsprachenunterricht behandelt werden und welcher didaktische Nutzen ergibt sich daraus?
7. Betrachten Sie abschließend im Lichte Ihrer neuen Erkenntnisse nochmal Ihre eigenen Erfahrungen mit dem Lernen fremder Sprachen und dem Landeskundeunterricht. Was würden Sie heute anders machen, was hat sich bewährt? Verwenden Sie auch Ihre Notizen von Frage 2 in Kapitel 1.

7.6 Weiterführende Literatur

Allolio-Näcke, Lars/Kalscheuer, Britta/Manzeschke, Arne (Hg.) (2005). *Differenzen anders denken. Bausteine zu einer Kulturtheorie der Transdifferenz.* Frankfurt/M., New York: Campus.

Althaus, Hans-Joachim (2009). Was müsste man nicht alles wissen! Landeskunde als Teildisziplin im Studium Deutsch als Fremdsprache. In: Joachimsthaler, Jürgen (Hg.). *Theorie ohne Praxis – Praxis ohne Theorie? Kulturwissenschaft(en) im Spannungsfeld zwischen Theorie, Didaktik und kultureller Praxis.* München: Meidenbauer, 131–142.

Altmayer, Claus (2010). Konzepte von Kultur im Kontext von Deutsch als Fremd- und Zweitsprache. In: Krumm, Hans-Jürgen/Fandrych, Christian/Riemer, Claudia/Hufeisen, Britta (Hg.). *Deutsch als Fremd-*

und Zweitsprache. Ein internationales Handbuch. Berlin: Walter de Gruyter, 1402–1412.

Antor, Heinz (Hg.) (2007). *Inter- und transkulturelle Studien. Theoretische Grundlagen und interdisziplinäre Praxis.* Heidelberg: Universitätsverlag Winter.

Bachmann-Medick, Doris (2006). *Cultural turns. Neuorientierungen in den Kulturwissenschaften.* Reinbek: Rowohlt Taschenbuch Verlag.

Bauer, Gerd Ulrich (2010). *Auswärtige Kulturpolitik als Handlungsfeld und „Lebenselixier". Expertentum in der deutschen Auswärtigen Kulturpolitik und der Kulturdiplomatie.* München: iudicium.

Bennett, Milton J. (1993). Towards ethnorelativism: A developmental model of intercultural sensitivity. In: Paige, R. Michael (Hg.). *Education for the intercultural experience.* Yarmouth: Intercultural Press, 21–71.

Bhabha, Homi (1994). *The location of culture.* London: Routledge.

Borgard, Thomas (2019). Kultur und Sprache. Wiederholte kognitivistische Orientierungssuche. In: Fjordevik, Anneli/Roche, Jörg (Hg.). *Angewandte Kulturwissenschaften.* Kompendium Deutsch als Fremdsprache/Deutsch als Zweitsprache Band 10. Tübingen: Narr, 127–142.

Bourdieu, Pierre (1983). Ökonomisches Kapital, kulturelles Kapital, soziales Kapital. In: Kreckel, Reinhard (Hg.). *Soziale Ungleichheit.* Göttingen: Soziale Welt. Sonderband 2, 183–198.

Breinig, Helmbrecht/Lösch, Klaus (2006). Transdifference. *Journal for the Study of British Cultures* 13 (2), 105–122.

Brunnhuber, Petra (2008). Interkulturalität interlingual. Literatur als Brücke zwischen Kulturen und Sprachen. In: Kaunzner, Ulrike A. (Hg.). *Der Fall der Kulturmauer. Wie kann Sprachunterricht interkulturell sein?* Münster: Waxmann, 135–150.

Budke, Alexandra (2003). *Wahrnehmungs- und Handlungsmuster im Kulturkontakt. Studien über Austauschstudenten in wechselnden Kontexten.* Göttingen: V & R Unipress.

Caspari, Daniela/Schinschke, Andrea (2007). Interkulturelles Lernen: Konsequenzen für die Konturierung eines fachdidaktischen Konzepts aufgrund seiner Rezeption in der Berliner Schule. In: Bredella, Lothar (Hg.). *Fremdverstehen und interkulturelle Kompetenz.* Tübingen: Narr, 78–100.

Danesi 2008 (siehe Literaturverzeichnis von Kapitel 3).

Dentler/Hufeisen/Lindemann 2000 (siehe Literaturverzeichnis von Kapitel 3).

Dufour, Frédérick Guillaume/Roy, Melanie (2007). L'Éducation de l'Holocauste et d'antiracisme face au défi de l'hétérogénéité: analyse d'une formation pédagogique tri-nationale. *Canadian Jewish Studies* 15, 54–74.

Engelbert, Sonja (2008). Wahrnehmung, Stereotype und Vorurteile. Kenntnisse und Kompetenzen für den Umgang mit Stereotypen und Vorurteilen. In: Kaunzner, Ulrike A. (Hg.). *Der Fall der Kulturmauer. Wie kann Sprachunterricht interkulturell sein?* Münster: Waxmann, 57–72.

Esselborn, Karl (2010). *Interkulturelle Literaturvermittlung zwischen didaktischer Theorie und Praxis.* München: iudicium.

Fäcke, Christiane (2006). *Transkulturalität und fremdsprachliche Literatur. Eine empirische Studie zu mentalen Prozessen von primär mono- oder bikulturell sozialisierten Jugendlichen.* Frankfurt/M.: Peter Lang.

Fix, Ulla (2007). Zugänge zu Textwelten. Linguistisch-literaturwissenschaftliche Möglichkeiten, in die Geschlossenheit eines Erzähltextes einzudringen. In: Werner Holly und Fritz Hermanns (Hg.) *Linguistische Hermeneutik. Theorie und Praxis des Verstehens und Interpretierens.* Berlin, New York: de Gruyter, 323–356.

Fix/Habscheid/Klein 2001 (siehe Literaturverzeichnis von Kapitel 5).

Földes, Csaba (2003). *Interkulturelle Linguistik: Vorüberlegungen zu Konzepten, Problemen und Desiderata.* Veszprém: Universitäts-Verlag.

Gadamer, Hans-Georg (1960). *Wahrheit und Methode. Grundzüge einer philosophischen Hermeneutik.* Tübingen: Mohr.

Groot, Annette M.B. de/Kroll, Judith F. (1997). Lexical and Conceptual Memory in the Bilingual: Mapping Form to Meaning in Two Languages. In: Annette M.B. de Groot und Judith F. Kroll (Hg.) *Tutorials in bilingualism. Psycholinguistic perspectives.* Mahwah: Erlbaum, 169–199.

Hahn, Hans-Henning/Mannová, Elena (2007). *Nationale Wahrnehmungen und ihre Stereotypisierung. Beiträge zur historischen Stereotypenforschung.* Frankfurt/M.: Lang.

Hashemian, Mahmood/Talebinezhad, Mohammad Reza (2007). The development of conceptual fluency & metaphorical competence in L2 learners. *Linguistik Online* 30 (1). https://bop.unibe.ch/linguistik-online/article/view/548/925.

Hepp, Andreas/Löffelholz, Martin (Hg.) (2002). *Grundlagentexte zur transkulturellen Kommunikation.* Konstanz: UVK.

Hildebrandt, Mathias (2005). Von der Transkulturalität zur Transdifferenz. In: Allolio-Näcke, Lars/Kalscheuer, Britta/Manzeschke, Arne (Hg.). *Differenzen anders denken. Bausteine zu einer Kulturtheorie der Transdifferenz.* Frankfurt/M., New York: Campus, 342–354.

Hufeisen, Britta (2007). Multilingualism (plurilingualism) in Europe and multiple language acquisition. In: David C. Marsh (Hg.) *Diverse contexts – converging goals. CLIL in Europe.* Frankfurt/M.: Lang, 115–129.

Hufeisen 2010 (siehe Literaturverzeichnis von Kapitel 2).

Hunfeld, Hans (2004). *Fremdheit als Lernimpuls. Skeptische Hermeneutik, Normalität des Fremden, Fremdsprache Literatur.* Meran, Klagenfurt: Drava/Alpha beta.

Kapumba Akenda, Jean C. (2004). *Kulturelle Identität und interkulturelle Kommunikation. Zur Problematik des ethischen Universalismus im Zeitalter der Globalisierung.* Frankfurt/M.: IKO – Verlag für Interkulturelle Kommunikation.

Kaunzner, Ulrike A. (Hg.) (2008). *Der Fall der Kulturmauer. Wie kann Sprachunterricht interkulturell sein?* Münster: Waxmann.

Koreik, Uwe (2010). Landeskundliche Gegenstände: Geschichte. In: Krumm, Hans-Jürgen/Fandrych, Christian/Riemer, Claudia/Hufeisen, Britta (Hg.). *Deutsch als Fremd- und Zweitsprache. Ein internationales Handbuch.* Berlin: Walter de Gruyter, 1477–1482.

Kramsch, Claire J. (1993). *Context and Culture in Language Teaching.* Oxford: Oxford University Press.

Krusche, Dietrich (1985). *Literatur und Fremde. Zur Hermeneutik kulturräumlicher Distanz.* München: iudicium.

Kuhn/Siegler 2006 (siehe die gemeinsame Referenz für Handbücher Kapitel 9).

Küttner, Wolfgang Peter/Heygen, Heinz G. (1987). *The most English for runaways.* Frankfurt/M.: Eichborn.

Langacker, Ronald W. (1999). *Grammar and conceptualization.* Berlin: Mouton de Gruyter.

Littlemore, Jeannette (2012). *Metaphor and the foreign language learner. 4th International Conference of German Cognitive Linguistis Association. Deutsche Gesellschaft für Kognitive Linguistik.* Bremen, 07.10.2012.

Lorey, Christoph/Plews, John L./Rieger, Caroline Lea Anne Marie/Prokop, Manfred (Hg.) (2007). *Interkulturelle Kompetenzen im Fremdsprachenunterricht. Intercultural literacies and German in the classroom: Festschrift für Manfred Prokop.* Tübingen: Narr.

Lösch, Klaus (2005). Begriff und Phänomen der Transdifferenz: Zur Infragestellung binärer Differenzkonstrukte. In: Allolio-Näcke, Lars/Kalscheuer, Britta/Manzeschke, Arne (Hg.). *Differenzen anders denken. Bausteine zu einer Kulturtheorie der Transdifferenz.* Frankfurt/M., New York: Campus, 26–49.

Matlock, Teenie/Gibbs, Raymond W. (2001). Conceptual knowledge and polysemy. Psycholinguistic studies on meanings of the „make". *Communication and Cognition* (34), 234–256.

Mog, Paul/Althaus, Hans-Joachim (1992). *Die Deutschen in ihrer Welt. Tübinger Modell einer integrativen Landeskunde.* Berlin, New York: Langenscheidt.

Morrison, Terri/Conaway, Wayne A./Borden, George A. (1994). *Kiss, bow, or shake hands. How to do business in sixty countries.* Holbrook, Mass.: Adams Media Corp.

Müller-Jacquier, Bernd-Dietrich (1981). *Konfrontative Semantik.* Weil der Stadt: Narr.

Odlin, Terence (2008). Conceptual transfer and meaning extensions. In: Peter Robinson und Nick C. Ellis (Hg.). *Handbook of cognitive linguistics and second language acquisition.* Mahwah, NJ: L. Erlbaum Associates, 306–340.

Onuki, Atsuko/Pekar, Thomas (Hg.) (2006). *Figuration – Defiguration. Beiträge zur transkulturellen Forschung.* München: iudicium.

Petermann, Ulrike/Jürgens, Matthias (2009). Sprachliche, interkulturelle und didaktische Aspekte beim Einsatz von Werbung im DaF-Unterricht. In: Reeg, Ulrike (Hg.). *Schnittstelle Interkulturalität. Beiträge zur Didaktik Deutsch als Fremdsprache.* Münster, New York, München, Berlin: Waxmann, 65–92.

Picht, Robert (1989). Kultur- und Landeswissenschaften. In: Bausch, Karl-Richard/Christ, Herbert/Krumm, Hans-Jürgen (Hg.) *Handbuch Fremdsprachenunterricht.* Tübingen: Francke, 54–59.

Reeg 2006 (siehe Literaturverzeichnis von Kapitel 5).

Reeg, Ulrike (Hg.) (2009). *Schnittstelle Interkulturalität. Beiträge zur Didaktik Deutsch als Fremdsprache.* Münster, New York, NY, München, Berlin: Waxmann.

Reimann, Daniel (2019). Geschichte und Kultur I. In: Roche, Jörg (Hg.). *Kultur- und Literaturwissenschaften.* Kompendium Deutsch als Fremdsprache/Deutsch als Zweitsprache Band 7. Tübingen: Narr, 261–270.

Reimann, Daniel (2019). Geschichte und Kultur II. In: Roche, Jörg (Hg.). *Kultur- und Literaturwissenschaften.* Kompendium Deutsch als Fremdsprache/Deutsch als Zweitsprache Band 7. Tübingen: Narr, 271–286.

Roche, Jörg (2017). Sprachenlernen und Kogniton. In: Roche, Jörg/Suñer, Ferran (Hg.). *Sprachenlernen und Kognition.* Kompendium Deutsch als Fremdsprache/Deutsch als Zweitsprache Band 1. Tübingen: Narr, 17–39.

Roche, Jörg/Röhling, Jürgen (Hg.) (2014). *Erinnerungsorte und Erinnerungskulturen als Themen der Sprach- und Kulturvermittlung.* Baltmannsweiler. Schneider Verlag Hohengehren (Perspektiven Deutsch als Fremdsprache).

Roche, Jörg/Webber, Mark Joel (1995). *Für- und Wider-Sprüche. Ein integriertes Text-Buch für Colleges und Universitäten.* New Haven: Yale University Press.

Sato-Prinz, Manuela (2017). *Deutschlandbilder und Studienaustausch: zur Veränderung von Nationenbildern im Rahmen von Studienaustauschaufenthalten am Beispiel japanischer Austauschstudierender in Deutschland.* München: Iudicium.

Segermann, Krista (2006). Ein fremdsprachenunterrichtliches Reformkonzept auf lexiko-grammatischer Grundlage. In: Siepmann, Dirk (Hg.). *Wortschatz und Fremdsprachenlernen.* Landau: VEP, 97–143.

Stassen, Manfred (2002). Genese und weitere Entwicklungen der Zentren [Papier für] DAAD Konferenz ‚Zentren für Deutschland- und Europastudien' 2002. Berlin.

Webber, Mark J. (1990). Intercultural Stereotypes and the Teaching of German. *Die Unterrichtspraxis/Teaching German* 23 (2), 132–141.

Webber, Mark/Brown, Michael (2001). Ist Holocaust-Unterricht mit antirassistischem Unterricht vereinbar? Eine kanadische Perspektive. In: Fuchs, Ottmar/Boschki, Reinhold/Frede-Wenger, Britta (Hg.). *Zugänge zur Erinnerung. Bedingungen anamnetischer Erfahrung; Studien zur subjektorientierten Erinnerungsarbeit.* Münster: Lit, 249–269.

Lehrwerke und Materialien zu Erinnerungsorten

Boer, Pim den/Durchardt, Hein/Kreis, Georg/Schmale, Wolfgang (Hg.) (2012). *Europäische Erinnerungsorte. Gesamtausgabe.* München: Oldenbourg.

Bundeszentrale für politische Bildung (2013). *Erinnerungsorte für die Opfer des Nationalsozialismus.* Informationen über die App abrufbar unter: https://itunes.apple.com/de/app/erinnerungsorte-fur-die-opfer/id535073862?mt=8.

Clemens, Catharina (2009). Deutsch-französische Erinnerungsorte im Landeskundeunterricht am Beispiel von Versailles. In: Nieradka, Magali Laure (Hg.). *Fremdkörper? Aspekte der Geisteswissenschaften in der Auslandsgermanistik und im DaF-Unterricht; Fachtagung vom 05. bis 07. Februar 2009 des Deutschen Akademischen Austauschdienstes an der Université de Nice – Sophia Antipolis* 3. Berlin, Münster: Lit, 63–78.

Erll, Astrid (2005). *Kollektives Gedächtnis und Erinnerungskulturen. Eine Einführung.* Stuttgart: J.B. Metzler.

Fornoff, Roger (2009). Erinnerungsgeschichtliche Deutschlandstudien in Bulgarien. Theoriekonzepte – unterrichtspraktische Ansätze – Lehrerfahrungen. *Informationen Deutsch als Fremdsprache* 36 (6), 499–517.

François, Étienne/Schulze, Hagen (2001). *Deutsche Erinnerungsorte.* 3 Bände. München: C.H. Beck.

Freundes- und Arbeitskreis der Lektoren-Vereinigung Korea (FALK e.V./Berlin) & Lektorenvereinigung Korea (LVK/Seoul) (Hg.) (2009). *Erinnerungskultur. Themenheft der Zeitschrift DaF-Szene Korea* 30.

Fuchs, Ottmar/Boschki, Reinhold/Frede-Wenger, Britta (Hg.) (2001). *Zugänge zur Erinnerung. Bedingungen anamnetischer Erfahrung; Studien zur subjektorientierten Erinnerungsarbeit.* Münster: Lit.

Hahn, Hans-Henning/Traba, Robert (Hg.) (2013). *Deutsch-Polnische Erinnerungsorte. Band 1: Geteilt/Gemeinsam 1.* Paderborn: Schöningh.

Immler, Nicole L. (Hg.) (2006). *Nationale Erinnerungsorte hinterfragt: Neue methodische, interdisziplinäre und transnationale Ansätze. Tagungsbericht:* H-Soz-u-Kult. http://hsozkult.geschichte.hu-berlin.de/tagungsberichte/id=1405.

Isnenghi, Mario (2004). *L'Italia in piazza. I luoghi della vita pubblica dal 1848 ai giorni nostri.* Bologna: Il mulino.

Jäger, Andreas/Mörl, Karma (2006). *Appunto 1. Unterrichtswerk für Italienisch.* Bamberg: Buchner.

Kaluza, Manfred (2010). „..., dass es Menschen gibt, ... die nach wie vor Rechte von Juden in Dtl. einfordern, ...“. Annäherungen an die deutsche Erinnerungskultur in Lernertexten. *Zeitschrift für Interkulturellen Fremdsprachenunterricht [Online]* 15 (2), 25–42.

Nora, Pierre (1984). *Les lieux de mémoire. La République.* Paris: Gallimard.

Nora, Pierre (1986). *Les lieux de mémoire. La Nation – Héritage, historiographie, paysages.* Paris: Gallimard.

Nora, Pierre (1992). *Les lieux de mémoire. Les France.* Paris: Gallimard.

Sabrow, Martin (2009). *Erinnerungsorte der DDR.* München: C.H. Beck.

Schmenk, Barbara/Hamann, Jessica (2007). From History to Memory. New Perspektives on the Teaching of Culture in German Language Programs. In: Lorey, Christoph/Plews, John L./Rieger, Caroline L. (Hg.). *Interkulturelle Kompetenzen im Fremdsprachenunterricht.* Tübingen: Narr, 373–394.

Schmidt, Sabine/Schmidt, Karin (2007). *Erinnerungsorte. Deutsche Geschichte im DaF-Unterricht. Materialien und Kopiervorlagen.* Berlin: Cornelsen.

Beispiele für interkulturell ausgerichtete Lehrwerke und Sammlungen für Deutsch als Fremdsprache

Bachmann, Saskia (1995). *Sichtwechsel neu. Text- [und] Arbeitsbuch.* München: Klett.

Behal-Thomsen, Heinke/Lundquist-Mog, Angelika/Mog, Paul (1993). *Typisch deutsch? Arbeitsbuch zu Aspekten deutscher Mentalität.* Berlin: Langenscheidt.

Buchetmann, Franz/Gruber, Siglinde/Jenkins, EvaMaria/Kabisch, Andreas/Mebus, Gundula/Pauldrach, Andreas/Rall, Marlene/Rösler, Dietmar (1996). *Sprachbrücke. Lehrwerk für Deutsch als Fremdsprache.* München: Klett.

Hog, Martin/Müller, Bernd-Dietrich/Wessling, Gerd (1991). *Sichtwechsel. Elf Kapitel zur Sprachsensibilisierung; ein Deutschkurs für Fortgeschrittene.* Stuttgart, München: Klett.

Krusche, Dietrich (1987). *Aufschluss. Kurze deutsche Prosa im Unterricht Deutsch als Fremdsprache.* Bonn: Inter Nationes.

Krusche, Dietrich (1990). *Mit der Zeit. Gedichte in ihren Epochen; ausgewählt für den Unterricht Deutsch als Fremdsprache.* Bonn: Inter Nationes.

Krusche, Dietrich/Krechel, Rüdiger (1984). *Anspiel. Konkrete Poesie im Unterricht Deutsch als Fremdsprache.* Bonn: Inter Nationes.

Lundquist-Mog, Angelika (1996). *Spielarten. Arbeitsbuch zur deutschen Landeskunde.* Berlin und München, Warsaw: Langenscheidt; Wydawnictwo REA.

Perlmann-Balme, Michaela/Schwalb, Susanne/Weers, Dörte/Orth-Chambah, Jutta (2008). *Em neu. Deutsch als Fremdsprache.* Ismaning: Hueber.

Roche, Jörg/Webber, Mark (1995). *Für- und Widersprüche.* New Haven, London: Yale University Press.

8 Parameter zukünftiger Fremdsprachendidaktik

Die Fremdsprachendidaktik und ihre Folgen für den modernen Fremdsprachenunterricht

Die Sprachdidaktik ist mit einer Reihe von Aufgaben konfrontiert, bei deren Lösung sie oft einen Balanceakt zwischen den Erwartungen der Lerner und Lehrkräfte, den Anforderungen moderner Curricula und Qualitätsstandards, den Möglichkeiten moderner Medien, der Umsetzbarkeit von Forschungsergebnissen und einem Sinn für die Pragmatik des Lernens und Lehrens vollbringen muss. Diese Aufgaben können nicht allein durch unterrichtsmethodische Anwendungen, durch methodische Glaubensbekenntnisse oder durch Methodenaktionismus gelöst werden. Vor allem bedarf es einer systematischen Nutzung von Forschungsergebnissen aus der Linguistik, der Lernpsychologie und der Spracherwerbsforschung und der Orientierung auf Mehrwerte in der Medien- und Methodendiskussion. Zudem sollten Lehrkräfte mutiger das von ihnen erworbene Expertenwissen nutzen, systematisieren und in die Fachdiskussion einbringen. Dazu bedarf es jedoch einer entsprechenden Sensibilisierung, Ausbildung, Einbindung und Betreuung.

Eine theoretisch verankerte, aber praxisorientierte und praxistaugliche Fremdsprachendidaktik sollte nicht primär darauf ausgerichtet sein, neuen und fremden Stoff (die fremde Sprache) als Widerstand zu behandeln, sondern vielmehr zu verstehen, wie die natürlichen Prozesse des Lernens zu optimieren sind. Dafür müssten folgende Aspekte eines erfolgreichen Lernens und Lehrens von Sprachen berücksichtigt werden:

- **Kommunikative, kulturelle und interkulturelle Kompetenzen.** Wenn das Hauptziel des Fremdsprachenunterrichts ist, kommunikative, kulturelle und kultur(ver)mittelnde Kompetenzen zu vermitteln, dann sind linguistische oder landeskundliche Systemmerkmale Hilfsmittel, nicht Ziel des Unterrichts. Lerner müssen dabei eine

Möglichkeit sehen, sich als lernende Individuen mit ihren eigenen Interessen, Wahrnehmungen und Vorkenntnissen einzubringen. Es gilt, die Dynamiken von Kulturen, die Normalität des Fremden als Katalysator und die Beeinflussungsprozesse differenter Perspektiven zu vermitteln.

- **Sprache als Handlung.** Sprache existiert primär in sozialen Handlungszusammenhängen. Die situativen, kulturellen und pragmatischen Bezüge der Kommunikation müssen berücksichtigt werden, wenn das im Unterricht Gelernte auch „im richtigen Leben" angewendet werden soll. Sprachliche Handlungen sind in der Regel dialogische. Das heißt, man kann aus den Reaktionen der Gesprächspartner lernen.
- **Sprachliche Variation.** Sprache existiert in vielen regionalen, funktionalen und sozialen Varianten. Ihre Normen, Entstehung, Funktionen und Prinzipien sollten Teil der Sprachvermittlung sein. Dafür bedarf es eines variantenreichen authentischen Lernmaterials und aufgaben- und handlungsorientierter Zugänge dazu. Auch plurizentrische Ansätze wie die DACHL-Initiative müssten daher Berücksichtigung finden und wesentlich erweitert werden.
- **Sprachliche Einfachheit.** Sprachliche Einfachheit, das zeigen zum Beispiel SMS, Graffiti, Werbetexte, lyrische Texte und die Vereinfachungsstrategien des Ansatzes „Verständliche Sprache" muss nicht zwangsläufig in kognitiver Unterforderung münden. Sie sollte gezielt zur Erleichterung des Zugangs zur fremden Linguakultur genutzt und als Element natürlicher sprachlicher Vielfalt geschätzt werden.
- **Handlungs- und Aufgabenorientierung.** Handlungs- und Aufgabenorientierung haben sich als effiziente treibende Kräfte des Sprachenerwerbs erwiesen. Die Inhaltsorientierung ist eine notwendige Bedingung, ohne die Sprachenlernen nur schwer stattfinden kann. Aber erst in der Einbindung in vollständige sprachliche Handlungen und mit dem Ziel der Lösung von relevanten Aufgaben entfaltet sie ihre motivierenden Kräfte.

- **Kognition.** Die Entwicklung von Lehr- und Lernmaterial und der Unterricht müssen sich stärker an den kognitiven Bedingungen der Lerner ausrichten, wenn es wirklich um die effiziente und nachhaltige Vermittlung brauchbarer kommunikativer und transkultureller Kompetenzen geht. Es geht im Unterricht nicht primär um die akkurate Beschreibung von sprachlichen Systemen, sondern darum, diese mit dem zu vermitteln, was in den Köpfen der Lerner passiert und was erwerbslinguistisch möglich ist. Gebraucht wird daher eine Kognitive Didaktik auf Basis erwerbs- und kognitionslinguistischer Erkenntnisse, die die Funktionsprinzipien und Strukturen von Sprachen und Kommunikationssystemen verständlich macht, erwerbsgerecht vermittelt, sukzessive erweitert und mittels relevanter Kontexte und Aufgaben nachhaltig sichern hilft.
- **Spracherwerbsprinzipien.** Der Erwerb von Sprachen erfolgt im Rahmen allgemeiner Erwerbsprinzipien, die sich nicht durch Methoden außer Kraft setzen oder überschreiben lassen. Der Sprachunterricht ist gut beraten, diese Prinzipien zu nutzen und nicht gegen sie zu arbeiten.
- **Individualität.** Im Rahmen erwerbslinguistischer Prinzipien und kognitiver Dispositionen spielen individuelle Faktoren wie Interessen, Vorwissen, Reflexionsfähigkeit und Stärken der Lerner sowie Umfeldbedingungen aus Förderung und Anforderung eine wichtige Rolle. Zwei Lerner mit den gleichen Ausgangs- und Umfeldbedingungen können dennoch unterschiedliche Ergebnisse und unterschiedliche Lerner können gleich gute Ergebnisse erzielen. Unterricht muss auf diese individuellen Zugänge zur Fremdsprache und Fremdkultur in vielfältiger Weise Rücksicht nehmen können, unter anderem mittels interessanter Themen und relevanter Aufgaben, Binnendifferenzierung und Betreuung.
- **Sprachenerwerb als Chance.** Der Fremdsprachenerwerb sollte nicht als Problem gesehen, sondern im Zusammenspiel mit vorerworbenen Sprachen und als natürliche Erweiterung der „inneren" Mehrsprachigkeit des Menschen behandelt werden. Eine Konzentration auf die Markierung

und Behebung von Fehlern ist weniger wichtig als eine Fokussierung auf authentische Kommunikationsprozesse.

- **Inhaltsorientierung.** Die Trennung von Fach- und Sprachvermittlung ist nicht mehr zeitgemäß. Sprachvermittlung ist eine grundlegende Komponente – und ein Erfolgsindikator – in jeder Fach-, Berufs- und Wissenschaftsausbildung. Sprachsensibler Fachunterricht und fachsensibler Sprachunterricht, wie sie unter anderem im Querschnittsprinzip Berufssprache Deutsch an Berufsschulen umgesetzt werden, stellen daher bewährte Modelle moderner Sprach- und Fachvermittlung dar.
- **Diagnosekompetenzen.** Eine richtige Diagnose ist Bedingung für einen erfolgreichen Unterricht und die individuelle, optimale Förderung der Lerner. Eine Fehldiagnose kann für die individuellen Lerner verheerende Folgen haben, etwa die Verweigerung des Zugangs zu oder den Abgang von einer weiterführenden Schule. Gerade in Migrationskontexten bedarf es der Vermittlung ausgeprägter Diagnosekompetenzen für die Kompetenzdiagnose. Hierzu ist eine profunde Kenntnis der Erwerbsprinzipien und die Begründung einer neuen Fehlerkultur nötig.
- **Medienmehrwert.** Medien sollten unter dem Gesichtspunkt der Mehrwerterzielung Einsatz finden, nicht aus Gründen der Mode oder des reinen Aktionismus. Digitale und andere Medien sind im Alltag selbstverständlich. Diese Selbstverständlichkeit kann mit Gewinn auch im Unterricht genutzt werden.
- **Pragmatische Mehrsprachigkeitspolitik.** Mehrsprachigkeitsideale und -politik dürfen nicht abstrakt bleiben. Wenn jede EU-Bürgerin und jeder EU-Bürger über Kompetenzen in mindestens zwei Fremdsprachen (2 + Erstsprache) verfügen soll, muss ihnen der reale Praxisbezug der Sprachen klar sein. Ein Sprachenkonzept zum Anfassen muss Familien- und Umgebungssprachen (L1n), internationale Basissprachen (Eurolatein, Transfersprachen), internationale Verkehrssprachen wie ein internationales und interkulturelles Englisch, Arbeitssprachen und Begegnungs- oder Nachbarsprachen berücksichtigen. Es muss

allerdings nicht das Ziel sein, alle Sprachen gleichermaßen oder in allen Kompetenzbereichen vollständig zu beherrschen. Eine pragmatische Orientierung auf den Gebrauch der Sprachen im „richtigen Leben“ ist hier geboten (siehe auch Variation, Codewechsel, „translanguaging“).

- **Qualifizierung.** Die Ausbildung, Fort- und Weiterbildung von Lehrkräften ist nicht nur eine Frage der Unterrichtsmethodik, sondern auch der Theorie. Sie muss die Lehrkräfte befähigen, selbständig eigene Konzepte zu entwickeln, anzupassen und zur Praxisforschung (action research) beizutragen.
- **Qualitätsmanagement.** Aus Bildungsstandards, Qualitätsrahmen, Referenzrahmen, Didaktikrichtlinien und „best practice“-Erfahrungen ergeben sich überprüfbare Kriterien für die Qualitätsentwicklung und das Qualitätsmanagement. Diese können über Eigen- und Fremdevaluationsverfahren dafür genutzt werden, Lernfortschritte und Programmentwicklungen intern, das heißt von den Betroffenen selbst (partizipatorisch) gesteuert, zu überprüfen.

9 Referenzmaterialien zu Forschung und Didaktik

9.1 Handbücher

Burwitz-Mezler, Eva/Mehlhorn, Grit/Riemer, Claudia/Bausch, Karl-Richard/Krumm, Hans- Jürgen (Hg.) (2016). *Handbuch Fremsprachenunterricht.* 6. überarb. Aufl. Tübingen: Francke.

Buhlmann, Rosemarie/Fearns, Anneliese (2018). *Handbuch des fach- und berufsbezogenen Deutschunterrichts DaF, DaZ, CLIL.* Berlin: Frank & Timme.

Bußmann, Hadumod (2008). *Lexikon der Sprachwissenschaft.* 4. durchges. Aufl. Stuttgart: Kröner.

Dietrich, Rainer/Gerwien, Johannes (2017). *Psycholinguistik. Ein Lehrbuch.* 3. Aufl. Stuttgart: Metzler.

Digitales Lexikon Fremdsprachendidaktik. www.lexikon-mla.de.

Engelkamp, Johannes/Zimmer, Hubert D. (2006). *Lehrbuch der kognitiven Psychologie.* Göttingen: Hogrefe.

Eppert, Franz (2011). *Grammatik-ABC für Deutsch als Fremdsprache auf Zertifikatsniveau und Niveaustufen A1, A2, B1, B2. Ein kleines Handbuch für Lernende und Lehrende: einfach, klar, praktisch.* 2. Aufl. Frankfurt/M.: R.G. Fischer.

Glück, Helmut (Hg.) (2016). Metzler Lexikon Sprache. 5. aktualisierte und bearb. Aufl. Stuttgart, Weimar: Metzler.

Hallet, Wolfgang/Königs, Frank G. (Hg.) (2010). *Handbuch Fremdsprachendidaktik.* 2. Aufl. Seelze: Kallmeyer.

Herschensohn, Julia/Young-Scholten, Martha (2018). *The Cambridge handbook of second language acquisition.* New York, Cambridge, Melbourne [etc.]: Cambridge University Press.

Horst, Jessica/von Koss Torkildsen, Janne (2019). *International Handbook of Language Acquisition.* London: Routledge.

Issing, Ludwig J. (2011). *Online Lernen. Handbuch für Wissenschaft und Praxis.* 2. Aufl. München: Oldenbourg.

Jung, Udo (Hg.) (2009). *Praktische Handreichung für Fremdsprachenlehrer.* 5. überarb. Aufl. Frankfurt/M.: Lang.

Klann-Delius, Gisela (2016). *Spracherwerb. Eine Einführung.* 3. aktualisierte Aufl. Stuttgart: Metzler.

Kuhn, Deanna/Siegler, Robert (Hg.) (2006). *Handbook of Child Psychology. Cognition, perception, and language.* 6. Aufl. New York: Wiley.

Langacker, Roland W. (2008). *Cognitive grammar. A basic introduction.* Oxford, New York: Oxford University Press.

Levelt, Willem J.M. (1993). *Speaking. From Intention to Articulation.* 3. print. Cambridge: MIT Press.

Rehbein, Jochen/Schmidt, Thomas/Meyer, Bernd/Watzke, Franziska/Herkenrath, Annette (2004). *Handbuch für das computergestützte Transkribieren nach HIA. Arbeiten zur Mehrsprachigkeit Folge B (Nr. 56).* Universität Hamburg: Sonderforschungsbereich Mehrsprachigkeit. www.exmaralda.org/hiat/files/azm_56.pdf.

Rickheit, Gert/Herrmann, Theo/Deutsch, Werner (Hg.) (2003). *Psycholinguistik. Ein internationales Handbuch.* Berlin: de Gruyter.

Ritchie, William C./Bhatia, Tej K. (2013). *The new handbook of second language acquisition.* Bingley: Emerald.

Roche, Jörg (2016). *Handbuch Mediendidaktik.* Ismaning: Hueber.

Roche, Jörg (Hrsg.) (2017–2019). *Kompendium Deutsch als Fremdsprache/Deutsch als Zweitsprache.* 10 Bde. Tübingen: Narr.

9.2 Fachzeitschriften

Zeitschriften mit einem Bezug zu Sprachenlernen, Fremdsprachenerwerb und Fremdsprachenunterricht

Applied Language Learning
Bellaterra Journal of Teaching & Learning Language & Literature
Brain and Language
Cognition and Instruction
Deutsch als Fremdsprache
Electronic Journal of Foreign Language Teaching (e-FLT)
Fremdsprache Deutsch
Fremdsprachen Lehren und Lernen (FLuL)
German as a Foreign Language (GFL)
International Journal of Instructional Technology and Distance Learning
Journal of Language and Learning
Journal of Language Teaching and Research (JLTR)
Journal of Memory and Language
Language and Cognition
Language and Cognitive Processes
Language Learning
Learning and Instruction
Memory and Cognition
Metacognition and Learning
Mind & Language
Modern Journal of Language Teaching Methods (MJLTM)
Second Language Research
Studies in Second Language Acquisition
Teaching English as a Second or Foreign Language (TESL-EJ)
Zeitschrift für interkulturellen Fremdsprachenunterricht (ZIF) (Kostenlose Online-Zeitschrift mit ausführlichem Archiv: https://tujournals.ulb.tu-darmstadt.de/index.php/zif).

10 Anhang

10.1 Abbildungs- und Quellenverzeichnis

Abbildungen

Abb. 1.1 Schematische Darstellung der Grammatik-Übersetzungsmethode; eigene Abbildung.
Abb. 1.2 German One. Chicago 1949: Houghton Mifflin, S. 9.
Abb. 1.3 Grundschema behavioristischer Lernmodelle; eigene Abbildung.
Abb. 1.4 nach: Issing, Ludwig J. (2002). Instruktionsdesign für Multimedia. In: Ders./Klimsa, Paul (Hg.): Information und Lernen mit Multimedia und Internet. Weinheim: Beltz, S. 156.
Abb. 1.5 in Anlehnung an Issing, Ludwig J. (2002). Instruktionsdesign für Multimedia. In: Ders./Klimsa, Paul (Hg.): Information und Lernen mit Multimedia und Internet. Weinheim: Beltz, S. 156.
Abb. 1.6 in Anlehnung an Issing, Ludwig J. (2002). Instruktionsdesign für Multimedia. In: Ders./Klimsa, Paul (Hg.): Information und Lernen mit Multimedia und Internet. Weinheim: Beltz, S. 156.
Abb. 1.7 Berliner sehen. A Hypermedia Learning Environment for the Study of German Culture and Language. Copyright MIT 2005. (Authors: Ellen W. Crocker, Kurt E. Fendt).
Abb. 2.1 Todorova, Dessislava (2009). Einsatzmöglichkeiten der elektronischen Medien im interkulturellen DaF-Unterricht. Evaluation des Sprachlernprogramms www.uni-deutsch.de seitens bulgarischer und litauischer Studierender unter Berücksichtigung ihrer Lerndispositionen. Berlin: LIT Verlag, S. 50.
Abb. 2.2 Padlo, Barbara (2004). Geschlechtsspezifische Präferenzen und Differenzen im mediengestützten Wortschatzerwerb. Unveröffentlichte Magisterarbeit. LMU München, S. 48.
Abb. 2.3 Ebd., S. 55.
Abb. 3.1 Übersicht über die wichtigsten Verarbeitungszentren des Gehirns; eigene Abbildung.

Abb. 3.2 Kandel, Eric R./Schwartz, James H./Jessell, Thom M. (Hg.) (1995). Neurowissenschaften. Eine Einführung. Heidelberg/Berlin/ Oxford: Spektrum Akademischer Verlag, S. 23.

Abb. 3.3 nach Evans, Vyvyan/Green, Melanie (2006). Cognitive linguistics. An introduction. Edinburgh: Edinburgh University Press.

Abb. 3.4 Das aktuelle Grammatikstudio. https://granima.de.

Abb. 3.5 Ebd.

Abb. 3.6 Roche, Jörg/EL-Bouz, Katsiaryna (2018). Raum für Grammatik. Zeitschrift für Interkulturellen Fremdsprachenunterricht 23, 2, S. 86 -99. Abrufbar unter http://tujournals.ulb.tu-darmstadt.de/index.php /zif/.

Abb. 3.7 Abbildung des Speichermodells; eigene Abbildung.

Abb. 3.8 Modell der Sprachverarbeitung; eigene Abbildung.

Abb. 3.9 Visual Thesaurus. www.visualthesaurus.com.

Abb. 3.10 nach Weinreich, Uriel (1953). Languages in contact. Findings and problems. New York: Mouton, S. 9f.

Abb. 3.11 in Anlehnung an Pavlenko, Aneta (2009). Conceptual representation in the bilingual lexicon and second language vocabulary learning. In: Pavlenko, Aneta (Hg.). The Bilingual Mental Lexicon: Interdiciplinary Approaches. Clevedon, UK: Multilingual Maters, S. 15-160.

Abb. 3.12 Visual Thesaurus. www.visualthesaurus.com.

Abb. 3.13 Hueber Wörterbuch Deutsch als Fremdsprache (2003). Ismaning: Hueber, S. 330. © 2003 Max Hueber Verlag.

Abb. 3.14 Ebd., S. 79. © 2003 Max Hueber Verlag.

Abb. 3.15 Langenscheidt Großwörterbuch Deutsch als Fremdsprache (2000). München: Langenscheidt, S. 4f.

Abb. 3.16 Dudenredaktion (Hg.) (1997). Duden – Das Synonym-Wörterbuch. Überarbeiteter Nachdruck der 2. Auflage. Mannheim; Leipzig; Wien; Zürich: Dudenverlag, S. 13.

Abb. 3.17 Das Online-Wörterbuch Linguee. www.linguee.de

Abb. 3.18 Memo. München 1995: Langenscheidt, S. 130.

Abb. 4.1 nach Givón, Talmy (1979). From Discourse to Syntax. Grammar as a Processing Strategy. In: Kimball, John P./Givón, Talmy (Hg.). Syntax and Semantics. New York, San Francisco, London: Academic Press, Harcourt Brace Jovanovich, S. 98.

Abb. 4.2 Tangram aktuell. Deutsch als Fremdsprache (2004). Ismaning: Hueber, S. 41. © 2004 Max Hueber Verlag.

Abb. 4.3 Modell regelhafter Erwerbssequenzen der Grundgrammatik; eigene Abbildung.

Abb. 4.4 nach Pienemann, Manfred et al. (1988). Constructing an Acquisition-Based Procedure for Second Language Assessment. In: Studies in Second Language Acquisition 10, 2, S. 222f.

Abb. 4.5 Sprachstandsdiagnose-App für Kinder („Wuschel") (Jörg Roche)

Abb. 4.6 nach Lewis, M. Paul/Simons, Gary F. /Fennig, Charles D. (Hg.) (2013). Ethnologue: Languages of the World, Seventeenth edition. Dallas, Texas: SIL International. Online version: www.ethnologue.com/statistics.

Abb. 4.7 Toukomaa, Perti/Skutnabb-Kangas, Tove (1977). The Intensive Teaching of the Mother Tongue to Migrant Children of Pre-School Age and Children in the Lower Level of Comprehensive School. Helsinki: The Finnish National Commission for Unesco, S. 92.

Abb. 4.8 Die Sprachverarbeitungskette; eigene Abbildung.

Abb. 5.1 gezeichnet von Theo Scherling.

Abb. 5.2 Göpferich, Susanne (1995). Textsorten in Naturwissenschaften und Technik: pragmatische Typologie – Kontrastierung – Translation. Tübingen: Narr, S. 124.

Abb. 5.3 DIN 2330: 1993-12. Wiedergegeben mit Erlaubnis des DIN Deutsches Institut für Normung e. V. Maßgebend für das Anwenden der DIN-Norm ist deren Fassung mit dem neuesten Ausgabedatum, die bei der Beuth Verlag GmbH, Burggrafenstraße 6, 10787 Berlin, erhältlich ist.

Abb. 5.4 Claus, Uta/Kutschera, Rolf: Bockstarke Klassiker, Frankfurt am Main, August 1985, S. 272.

Abb. 5.5 Wiese, Heike (2012). Kiezdeutsch. Ein neuer Dialekt entsteht. München: Beck, S. 60, 64.

Abb. 5.6 Schulz, Dora/Griesbach, Heinz (1960). Grammatik der deutschen Sprache. München: Hueber, S. 35. © 1960 Max Hueber Verlag.

Abb. 5.7 Durrell, Martin (1998). Hammer's German Grammar and Usage. London: Edward Arnold, S. 232.

Abb. 5.8 Rall, Marlene/Engel, Ulrich/Rall, Dieter (1985). DVG für DaF: Dependenz-Verb-Grammatik für Deutsch als Fremdsprache. Heidelberg: Julius Groos Verlag, S. 38.

Abb. 5.9 Ebd., S. 40.

Abb. 5.10 Harald Weinrich (2007). Textgrammatik der deutschen Sprache, zweite revidierte Auflage. Georg Olms Verlag, S. 91

Abb. 5.11 Tangram aktuell 2. Deutsch als Fremdsprache (2005). Ismaning: Hueber, S. 21. © 2005 Max Hueber Verlag.

Abb. 5.12 Neuner, Gerd et al. (1986). Deutsch aktiv Neu, Lehrbuch 1A. München: Langenscheidt, S. 115.

Abb. 5.13 Deutsch-Uni Online. www.deutsch-uni.com. Animation von Julia Scheller und Team.

Abb. 5.14 Deutsch-Uni Online. Romana Brunnauer (2002). Zwei Tote?. www.uni-deutsch.de. Bearbeitung von Marika Schwaiger.

Abb. 5.15 Deutsch-Uni Online. Romana Brunnauer (2002). Zwei Tote?. www.uni-deutsch.de.

Abb. 5.16 Evans, Vyvyan/Green, Melanie C. (2006). Cognitive linguistics: An introduction. Edinburgh: Edinburgh University Press, S. 234.

Abb. 5.17 Eigene Abbildung.

Abb. 5.18 Veranschaulichung der verschiedenen Kraft-Dynamik-Verhältnisse; eigene Abbildung.

Abb. 5.19 Bühler, Karl. Sprachtheorie. Die Darstellungsfunktion der Sprache. 2. unveränderte Auflage. Stuttgart 1965, S. 28.

Abb. 5.20 Visuelle Symbole in japanischen Schriftzeichen; eigene Abbildung.

Abb. 5.21 Kombination visueller Symbole in japanischen Schriftzeichen; eigene Abbildung.

Abb. 5.22 Fischer, Steven R. (1997). Rongorongo, the Easter Island Script. Oxford: Oxford University Press, S. 407.

Abb. 5.23 Website Turmtheater St. Veit. www.turmtheater.ch.

Abb. 5.24 Tomaszewski, Andreas/Rug, Wolfgang (2005). Grammatik mit Sinn und Verstand. Stuttgart: Ernst Klett Sprachen GmbH, S. 26.

Abb. 5.25 Roche, Jörg/Webber, Mark (2009). Minigrammatik Deutsch als Fremdsprache. Stuttgart, S. 20.

Abb. 6.1 Gemeinsamer Europäischer Referenzrahmen. https://www.europaeischer-referenzrahmen.de/.

Abb. 6.2 Glaboniat, Manuela/Müller, Martin/Rusch, Paul/Schmitz, Helen/Wertenschlag, Lukas (2005). Profile Deutsch: Gemeinsamer europäischer Referenzrahmen. Lernzielbestimmung, Kannbestimmung, kommunikative Mittel. Niveau A1-A2, B1-B2, C1-C2. Berlin: Langenscheidt, S. 113.

Abb. 6.3 Roche, Jörg (2013). Fit für den TestDaF. Tipps und Übungen. Deutsch als Fremdsprache. Ismaning: Hueber, S. 134f. © Max Hueber Verlag.

Abb. 6.4 Auszug aus: Lehrplan Deutsch als Zweitsprache: Grundschule. Bayerisches Staatsministerium für Unterricht und Kultus (2002). München: Verlag J. Maiß, S. 14.

Abb. 6.5 Lerngebiet „Selbstständiges Handeln und Verantwortung übernehmen“ aus dem Lehrplan für Berufsintegrations- und Sprachintensivklassen www.isb.bayern.de/download/19734/lp_berufsintegrationsklassen_07_2017.pdf.

Abb. 6.6 Dirschedl, Carlo (Hg.) (2012). Berufsdeutsch. Handlungssituationen. Grundstufe Metall/Fachstufe Metallbau. Berlin: Cornelsen, S. 56. Abbildungen der Dübel: © fischerwerke GmbH & Co. KG.

Abb. 6.7–6.10 Deutsch-Uni Online. www.deutsch-uni.com.

Abb. 6.11 Hessisches Kultusministerium (2011). Bildungsstandards und Inhaltsfelder. Das neue Kerncurriculum für Hessen. Primarstufe. Deutsch. Wiesbaden: Hessisches Kultusministerium, 17 f. und 21 f.

Abb. 6.12 Deutsch-Uni Online. www.deutsch-uni.com.

Abb. 6.13 Grammar Fitness. www.meritsoftware.com/software/esl fitness/.

Abb. 6.14 Deutsch-Uni Online. www.deutsch-uni.com.

Abb. 6.15 App „Unicampus“. www.goethe.de/de/spr/mag/21103043.html.

Abb. 6.16 App „NAVI-D“. https://www.lernen-lehren-helfen.daf.uni-muenchen.de/navid1/index.html

Abb. 6.17 App „Wir in Deutschland“. https://www.lernen-lehren-helfen.daf.uni-muenchen.de/app_wir_in_deutschland/index.html

Abb. 6.18 Deutsch-Uni Online. www.deutsch-uni.com.

Abb. 6.19 Interaktive Tafel aus der Lernplattform basix (2003): www.basix-gmbh.com.

Abb. 6.20 Deutsch-Uni Online. www.deutsch-uni.com.

Abb. 6.21 nach Gagné, Robert (1973). Die Bedingungen des menschlichen Lernens. Beiträge zu einer neuen Didaktik. Hannover: Schroedel, S. 59.

Abb. 6.22 DaZ Lernen aus dem Koffer. Sich orientieren. Herausgeber: Petra Hölscher, Hans-Eberhard Piepho. © Finken-Verlag GmbH, Oberursel. www.finken.de.

Abb. 6.23 + 6.24 Deutsch-Ungarische Expertenkommissionen 2005 – 2007 – zur Qualität des modernen Schulleitungsmanagements – zur

Qualität des modernen Fremdsprachenunterrichts. Abschlussbericht (2007). Köln, S. 98–101.

Abb. 7.1 Martina Koch (2001). SZ-Magazin vom 13.07.2001.

Abb. 7.2 Eisbergschema; eigene Abbildung.

Abb. 7.3 Morrison, Terri et al. (1994). Kiss, Bow or Shake Hands. How to do business in sixty countries. Holbrook: Adams Media Corporation, S. 231f.

Abb. 7.4 zitiert nach Roche, Jörg/Webber, Mark (1995). Für- und Widersprüche. Yale: Yale University Press, S. 175. Original: Heygen, Heinz G.: The Most English for Runaways. Frankfurt am Main, April 1987, S. 76.

Abb. 7.5 zitiert nach Roche, Jörg/Webber, Mark (1995). Für- und Widersprüche. Yale: Yale University Press, S. 76. Original: Jan P. Schniebel: „Du besorgst dir eine Gebührenmarke ...“. Copyright © 1984 by Rowohlt Taschenbuch Verlag GmbH, Reinbek bei Hamburg [Titel: Norbert Ney (Hg.): Sie haben mich zu einem Ausländer gemacht ... ich bin einer geworden Ausländer schreiben vom Leben bei uns].

Abb. 7.6 Behal-Thomsen, Heinke et al. (1993). Typisch Deutsch? Berlin/München: Langenscheidt, S. 45. Wörterbuchauszüge ‚privat‘ aus: Gerhard Wahrig (1980). Deutsches Wörterbuch. München: Mosaikverlag sowie: Dudenredaktion (Hg.): Duden – Das Herkunftswörterbuch. 1. Auflage. Dudenverlag: Mannheim; Leipzig; Wien; Zürich.

Abb. 7.7 Schema des Verstehensprozesses in interkultureller Kommunikation; eigene Abbildung.

Quellen

Transkript 4.1 Sancak, Melek (2004). Techniken und Strategien in der Kommunikation zwischen deutschen Ärzten und türkischen Patienten. Unveröffentlichte Magisterarbeit, LMU München, S. 69/70.

Transkript 4.2 Ebd., S. 74/75f.

Transkript 4.3 Roche, Jörg.

Transkript 5.1 Schlickau, Stephan (1995). Linguistische Feldforschung ‚vor Ort‘: Bergleute, ihre Sprache und ihre Kommunikation im Ruhrgebiet und in Yorkshire. In: Ehlich, Konrad/Elmer, Wilhelm/Noltenius, Rainer (Hg.): Sprache und Literatur an der Ruhr. Essen: Klartext, S. 105f.

Gedicht S. 191. „Die unbesiegliche Inschrift“, aus: Bertolt Brecht, Werke. Große kommentierte Berliner und Frankfurter Ausgabe, Band 12: Gedichte 2. © Bertolt-Brecht-Erben/Suhrkamp Verlag 1988.

Textauszug S. 375. Ionesco, Eugène (1987). Die kahle Sängerin. Stuttgart: Reclam, S. 5.

(Nicht in allen Fällen konnten die Rechteinhaber ermittelt werden. Rechtmäßige Ansprüche können beim Verlag geltend gemacht werden).

Register